Völkerrechtliche Verpflichtungen von Staaten bei der Entscheidung über Rüstungsexporte

Europäische Hochschulschriften Recht

European University Studies in Law

Publications Universitaires Européennes de Droit

Band/Volume 6265

Larissa Furtwengler

Völkerrechtliche Verpflichtungen von Staaten bei der Entscheidung über Rüstungsexporte

PETER LANG

Bibliografische Information der Deutschen Nationalbibliothek
Die Deutsche Nationalbibliothek verzeichnet diese Publikation in der Deutschen Nationalbibliografie; detaillierte bibliografische Daten sind im Internet über http://dnb.d-nb.de abrufbar.

Zugl.: Heidelberg, Univ., Diss., 2021

Gedruckt auf alterungsbeständigem, säurefreiem Papier.

D 16
ISSN 0531-7312
ISBN 978-3-631-86563-7 (Print)
E-ISBN 978-3-631-86749-5 (E-PDF)
E-ISBN 978-3-631-86750-1 (EPUB)
DOI 10.3726/b19125

Peter Lang – Berlin · Bern · Bruxelles · New York · Oxford · Warszawa · Wien

Diese Publikation wurde begutachtet.

www.peterlang.com

Weil sie mich frei ließ,
meiner Mutter gewidmet.

Vorwort

Die vorliegende Dissertation wurde im Dezember 2019 der Juristischen Fakultät der Ruprecht-Karls-Universität Heidelberg zur Begutachtung vorgelegt. Sie wurde nach ihrer Verteidigung im September 2020 in Teilen aktualisiert und zum Druck freigegeben.

Bedanken möchte ich mich an erster Stelle bei meiner Doktormutter Frau Prof. Dr. Anne Peters, die mir stets mit wertvollen Ratschlägen und den richtigen Fragen zur Seite stand. Sie hat mich mit der Idee, sich näher mit Waffenlieferungen im Völkerrecht auseinander zu setzen, auf eine Reise geschickt, die mich persönlich und beruflich nachhaltig verändert hat. Dafür bin ich ihr sehr dankbar. Herrn Prof. Dr. Bernd Grzeszick danke ich für die zügige Erstellung des Zweitgutachtens und die darin enthaltenen, wertvollen Anregungen. Ferner gilt mein Dank Herrn Prof. Dr. Rüdiger Wolfrum für die sehr angenehme Atmosphäre in der mündlichen Prüfung. Ich möchte mich an dieser Stelle auch bei allen Teilnehmer:innen der zahlreichen Dienstagsrunden und Veranstaltungen am Max-Planck-Institut für ausländisches- öffentliches Recht und Völkerrecht bedanken. Der inspirierende Austausch in diesen Runden hat es mir ermöglicht, meinen Horizont kontinuierlich zu erweitern und meine Perspektive immer wieder zu hinterfragen. Außerdem danke ich den Mitarbeiter:innen der Bibliothek des Instituts für ihre stets hilfsbereite und freundliche Unterstützung.

Die Zeit, die ich beim Stockholm International Peace Research Institute im Jahr 2016 verbringen durfte, hat meinen Blick auf Rüstungsexporte und mein Verständnis für die ihnen unterliegenden Dynamiken nachhaltig geprägt. Dafür danke ich Frau Dr. Sibylle Bauer, Herrn Mark Bromley und allen Mitarbeiter:innen von SIPRI, die großzügig ihre langjähriger Erfahrung und Einschätzung mit mir geteilt haben.

Herrn Assistenzprofessor Dr. Godard Busingye habe ich sowohl persönlich als auch beruflich viel zu verdanken. Er hat mich nicht nur herzlich in seine Familie aufgenommen, wofür auch seiner Frau Rita und ihren Kindern mein Dank gebührt, sondern er hat es mir auch ermöglicht, eine ganz andere Seite der Welt und von Rüstungsexportkontrollen kennenzulernen. Dafür danke ich ihm herzlich.

Meine langjährigen Kolleginnen in der Kanzlei Dr. Maul & Janson-Czermak in Mannheim, Frau Dr. Silja Maul, Frau Julia Janson-Czermak und Frau Alexandra Horschler, werden mir stets ein Beispiel dafür sein, dass man den

Arbeitsalltag – allen Anforderungen zum Trotz – mit Menschlichkeit, gegenseitigem Respekt und ein bisschen Spaß meistern kann. Dafür bin ich ihnen in tiefer Dankbarkeit verbunden.

Von Herzen danke ich all meinen (Studien-)Kolleg:innen, von denen viele zu langjährigen Freund:innen wurden, wie Daniel Wiltinger und Raphael Schäfer, die mir vor allem in praktischen Fragen in den letzten Jahren stets zur Seite standen, sowie Theresa Lenger, Katja Ostrowski und Carolin Thomsen, bei denen ich immer ein offenes Ohr für fachliche Diskussionen und alles andere im Leben fand. Die Ablenkung, die die Leyergasse mit Tillmann Steinhilber und allen Gästen immer bereithielt, hat vor allem zum Ende der Arbeit maßgeblich zu ihrer Fertigstellung beigetragen.

Meiner Familie, im weitesten und wahrsten Sinne des Wortes, die neben meiner Mutter und meinem Onkel auch Christina Geis, Benjamin Walter und noch so viele andere umfasst, verdanke ich mehr, als es hier in Worte gefasst werden könnte. Das gilt allen voran für meine Großmutter, ohne die all dies gar nicht erst möglich gewesen wäre.

Und danke Mutti.

Berlin, August 2021 Larissa Furtwengler

Einleitung

Deutschland hat seit Jahren einen festen Platz in den Top 5 der Liste der führenden Exportnationen für Rüstungsgüter inne, die durch das Stockholm International Peace Research Institute geführt und jährlich aktualisiert wird. Dennoch sind Waffen nicht Teil des Alltags, der Lebensrealität, der meisten Deutschen. Waffen und der Handel mit Waffen sind der Stoff, aus dem in Hollywood Actionfilme gemacht werden oder finden sich in der „Tagesschau" bei der Berichterstattung über weit entfernte Kriege, aber nicht vor der eigenen Haustüre. Allzu leicht kann so in Vergessenheit geraten, wie nachhaltig, wie grundlegend der Handel mit Waffen und das bloße Vorhandensein von Waffen Lebensrealitäten überall auf der Welt beeinflussen und den Beginn, den Verlauf und den Ausgang von Konflikten weltweit prägen. Ein Gesprächspartner in Uganda, der dort selbst an der Ausarbeitung eines neuen Rüstungskontrollgesetzes beteiligt war, drückte in einem Gespräch seinen Unmut über die bisweilen fehlende Initiative des ugandischen Parlaments aus, einen vorliegenden Gesetzesentwurf weiter voranzutreiben: „Every one of us in this country has lost someone to gun violence. How can they do nothing? How can they not care?" Ein anklagendes „they", das in seiner Tragweite mehr als nur einzelne Politiker oder einzelne Länder zu umfassen scheint. Denn wie kommt es, dass es gerade in instabilen Regionen Waffen im Überfluss gibt? Denkt man über den Handel mit Waffen nach, ist man geneigt, sich Waffenhändler vorzustellen, wie man sie aus Hollywoodfilmen kennt. Waffenhändler, wie der Protagonist in „Lord of War", der den Film mit den Worten beginnt: „There are over 550 million firearms in worldwide circulation. That's one firearm for every twelve people on the planet. The only question is: How do we arm the other eleven?" Er steht in einem Meer aus Patronenhülsen und schaut direkt in die Kamera. Es folgt eine Filmsequenz in der die Produktion, die Verpackung und schließlich der Transportweg einer Patrone nachvollzogen werden, von der Fabrik bis schließlich zum Einschlag in ihr Zielobjekt, ihr Opfer, auf der anderen Seite der Welt. Ein langer Weg mit Schiffen und Fahrzeugen, über Staatsgrenzen, Meere und Kontinente hinweg. Bei einem Gut wie Waffen, das Leben nehmen und Konflikte nähren kann, kann dieser Weg nicht dem Zugriff des Rechts entzogen sein. Dies gilt umso mehr, als dass die meisten Waffen gerade nicht wie in Actionfilmen von einzelnen notorischen Waffenhändlern in Umlauf gebracht werden, sondern von Staaten. So ist es sehr wahrscheinlich, dass die meisten Waffen, die sich gegenwärtig im Umlauf befinden, aus der legalen Produktion stammen und auf legalem Wege aus den Produktionsländern ausgeführt wurden. Wenn dies der Fall ist, welchen Verpflichtungen unterliegen Staaten dann bei der Entscheidung über Rüstungsexporte?

Inhaltsverzeichnis

Teil 1 Vorüberlegungen

Kapitel 1 Zum Forschungsgegenstand, seiner Eingrenzung und dem Gang der Bearbeitung

Auf Sätze wie „Die Bundesregierung wird ab sofort keine Ausfuhren [von Rüstungsgütern] an Länder genehmigen, solange diese am Jemenkrieg beteiligt sind“,[1] stößt man in den Nachrichten mit einer gewissen Regelmäßigkeit. Dennoch sollten sie den Leser kurz innehalten lassen. Überraschender als das, was hier inhaltlich gesagt wird, ist die Tatsache, dass es überhaupt gesagt werden muss. Aus Sätzen wie diesem lässt sich zweifelsohne der Rückschluss ziehen, dass bis zu diesem Zeitpunkt – das obige Zitat stammt aus dem Jahr 2018 – Ausfuhren an Länder, die am Jemenkonflikt beteiligt sind, genehmigt wurden, der humanitären Katastrophe im Jemen zum Trotz. Dies überrascht nun vor allem, da die Bundesregierung ihre Genehmigungspraxis selbst regelmäßig als besonders restriktiv beschreibt.[2] Man würde erwarten, dass bei einer restriktiven Genehmigungspraxis keine Waffen an Staaten geliefert werden, die aktiv an einem Konflikt beteiligt sind und die aufgrund ihrer innerstaatlichen Menschenrechtspraxis in der Kritik stehen. Tatsächlich waren 25 Prozent der gesamten deutschen Exporte von größeren konventionellen Waffen[3] im Zeitraum von 2014 bis 2018 für den Mittleren Osten bestimmt.[4] Alleine im Jahr 2018 wurden Genehmigungen für Exporte von Kriegswaffen im Wert von 147.070.952 Euro nach Saudi-Arabien erteilt.[5] Dies scheint unvereinbar mit Aussagen der Bundesregierung, Rüstungsexporte nur unter Berücksichtigung der Menschenrechtssituation sowie der inneren und äußeren Lage im

1 Ergebnisse der Sondierungsgespräche von CDU, CSU, SPD 12.01.2018, S. 26, abrufbar unter: https://www.tagesschau.de/inland/ergebnis-sondierungen-101.pdf (zuletzt aufgerufen am 15.01.2021).

2 So beispielsweise in der Antwort auf Fragen 35–37 Drucksache 18/12788.

3 Sogenannte „Major Conventional Weapons“, vgl. https://www.sipri.org/databases/armstransfers/sources-and-methods (zuletzt aufgerufen am 17.08.2019) für die Definition des Begriffs durch das Stockholm International Peace Research Institute.

4 *Pieter D. Wezeman et al.*, Trends in international arms transfers, 2018, SIPRI Factsheet (March 2019) S. 5.

5 Bericht der Bundesregierung über ihre Exportpolitik für konventionelle Rüstungsgüter im Jahre 2018, S. 21.

Empfangsstaat zu genehmigen.[6] Das Königreich Saudi-Arabien ist seit Beginn des Konflikts im Jemen aufseiten der international anerkannten Regierung von Präsident Abed Rabbo Mansur Hadi maßgeblich an dem Krieg beteiligt. Es führt eine Militärallianz an, die zur Unterstützung Hadis unter anderem mit Luftschlägen gegen die Opposition vorgeht, wie beispielsweise wohl auch noch Ende des Jahres 2020.[7] In dieser Rolle sieht Saudi-Arabien sich vor allem in der jüngeren Vergangenheit verstärkt dem Vorwurf der Verletzung von Menschenrechten und humanitärem Völkerrecht ausgesetzt. Dokumentiert wurden diese sowohl durch anerkannte Nichtregierungsorganisationen[8] und zuletzt auch durch ein *Panel of Experts*[9] der Vereinten Nationen.[10] Sowohl Medien also auch Nichtregierungsorganisationen befassen sich auch mehr und mehr mit der Rolle deutscher Waffen im jemenitischen Bürgerkrieg, vor allem vor dem Hintergrund einer potenziellen rechtlichen Verantwortlichkeit Deutschlands oder deutscher Firmen.[11]

Als es kurzzeitig zu einem Stopp der Rüstungsexporte an das Königreich Saudi-Arabien kommt, steht dies nicht im Zusammenhang mit dessen Rolle

---

6 So beispielsweise auf der Website des Bundesministeriums für Wirtschaft und Energie dargestellt, abrufbar unter https://www.bmwi.de/Redaktion/DE/FAQ/Aussenwirtschaft/faq-ruestungsexporte.html (zuletzt aufgerufen am 15.01.2021).

7 https://www.zdf.de/nachrichten/politik/jemen-angriff-regierung-vergeltung-100.html (zuletzt aufgerufen am 15.01.2021).

8 Vgl. statt vieler Amnesty International Report 2017/2018, S. 42.

9 Final report of the Panel of Experts in accordance with paragraph 6 of resolution 2402 (2018), UN-Doc. S/2019/83, S. 47.

10 Mehr dazu und weitere Nachweise in Kapitel 5 C.; vgl. vor allem auch die schon im Jahr 2015 verfasste *Legal Opinion: Philippe Sands, Andrew Clapham, and Blinne Ní Ghrálaigh*, The lawfulness of the authorisation by the United Kingdom of weapons and related items for export to Saudi Arabia in the context of Saudi Arabia's military intervention in Yemen, (2015) S. 473; erstellt auf Anfrage von Amnesty International UK, Oxfam und Saferworld, abrufbar unter: https://www.amnesty.org.uk/files/webfm/Documents/issues/final_legal_opinion_saudi_arabia_18_december_2015_-_final.pdf (zuletzt aufgerufen am 13.08.2019).

11 So beispielsweise das European Center for Constitutional and Human Rights, das Ende 2019 zusammen mit anderen NGOs eine Strafanzeige beim Internationalen Strafgerichtshof einreichte mit dem Ziel, Rüstungsproduzenten und hochrangige Regierungsbeamte, unter anderem aus Deutschland, zur Verantwortung zu ziehen; Case Report „Made in Europe, bombed in Yemen: How the ICC could tackle the responsibility of arms exporters and government officials", abrufbar unter https://www.ecchr.eu/fileadmin/Fallbeschreibungen/CaseReport_ECCHR_Mwatana_Amnesty_CAAT_Delas_Rete.pdf (zuletzt aufgerufen am 15.01.2021).

im Jemenkonflikt, sondern mit dem Fall des ermordeten Journalisten Jamal Khashoggi, der im saudischen Konsulat in Istanbul durch Angehörige des saudischen Sicherheitsapparats getötet worden sein soll.[12] Das Bundeswirtschaftsministerium gab infolgedessen am 19. November 2018 bekannt, „dass es *derzeit* keine Ausfuhren von Deutschland nach Saudi-Arabien gibt"[13] (Hervorhebung durch die Verfasserin). Auch Mitte des Jahres 2019 wird aber über Rüstungsexporte in Milliardenhöhe an das Königreich berichtet.[14] Im Jahr 2020 gelangen weiterhin Waffen in das Königreich, wenn nun auch über Umwege und in weitaus geringerem Umfang.[15]

Die Art und Weise, wie über Rüstungsexportentscheidungen gesprochen wird, sowohl von den handelnden Staatsorganen selbst als auch von der Presse, Nichtregierungsorganisationen oder von Gremien internationaler Organisationen, erweckt oft den Eindruck, es handle sich um Entscheidungen, die Regierungen nach eigenem Ermessen und frei von äußeren Einflüssen oder Vorgaben treffen können. Doch schon die oberflächliche Betrachtung dieses einen, pointiert und grob vereinfacht dargestellten grenzüberschreitenden Sachverhalts, wirft die Frage auf, ob Regierungen bei der Entscheidung über Rüstungsexporte wirklich alleine ihrem Gewissen unterworfen sind oder ob vielmehr nationale, regionale und gegebenenfalls auch internationale Verpflichtungen bestehen, an denen sich Rüstungsexportentscheidungen von Regierungen letztlich messen lassen müssen?

A. Der Forschungsgegenstand: Die völkerrechtlichen Anforderungen an Rüstungsexportentscheidungen

Die Arbeit befasst sich mit den rechtlichen, vor allem den völkerrechtlichen Verpflichtungen von Staaten, bei der Entscheidung über Rüstungsexporte an andere Staaten oder nichtstaatliche Akteure. Einen besonderen Schwerpunkt der Betrachtung bilden dabei innerstaatliche bewaffnete Konflikte[16].

---

12 Hierzu mehr in Kapitel 5 C. II. 1. b. (5).

13 https://www.spiegel.de/politik/deutschland/jamal-khashoggi-deutschland-stoppt-ruestungsexporte-nach-saudi-arabien-komplett-a-1239216.html (zuletzt aufgerufen am 13.08.2019).

14 https://www.zeit.de/politik/deutschland/2019-06/jemen-krieg-ruestungsexporte-deutschland-saudi-arabien (zuletzt aufgerufen am 13.08.2019).

15 https://www.zeit.de/politik/2020-10/ruestungsexporte-saudi-arabien-deutsche-waffen-umwege-exportstopp (zuletzt aufgerufen am 19.02.2021).

16 Im Folgenden auch NIAC (Non-international Armed Conflict).

I. Rüstungskontrolle im Spannungsfeld von Recht und Politik

Ihrer hohen politischen und militärisch-taktischen Bedeutung zum Trotz, wurde die Frage nach den völkerrechtlichen Verpflichtungen von Staaten bei der Entscheidung über Rüstungsexporte bisher noch nicht umfassend bearbeitet. Dies ist nicht zuletzt der Tatsache geschuldet, dass diesen Entscheidungen ein weitverzweigtes Netz aus teils widerstreitenden Interessen unterliegt, das zu durchdringen nicht immer leicht ist. Waffenlieferungen haben von Natur aus eine hohe innen- und außenpolitische, wirtschaftliche und vor allem auch sicherheitspolitische Bedeutung. Infolgedessen tritt ihre rechtliche Natur, also ihre Rolle als Regelungsgegenstand internationalen, regionalen oder nationalen Rechts, oftmals in den Hintergrund. Es ist allen voran ihre sicherheitspolitische Bedeutung, in der die überwiegend geheimen Entscheidungsfindungsprozesse begründet sind, die Rüstungsexporten zumeist zugrunde liegen. In vielen Fällen können diese Entscheidungsprozesse keiner Rechtmäßigkeitsprüfung durch die Judikative zugeführt werden. Generell wird schon die Ermittlung der Fakten erheblich dadurch beeinflusst und erschwert, dass Staaten die fast vollständige Kontrolle über die Berichterstattung innehaben. Nur jene Informationen treten nach außen, die von den jeweiligen Regierungen dafür bestimmt wurden oder im Einzelfall durch investigativen Journalismus[17] aufgedeckt werden konnten. Diese Schwierigkeiten bei der Suche nach belastbaren Fakten könnten dazu beigetragen haben, dass die konkreten nationalen, regionalen und auch internationalen rechtlichen Anforderungen an Waffenlieferungsentscheidungen bisher, wenn überhaupt, nur vereinzelt in der (völker-)rechtlichen Fachliteratur angesprochen wurden.

Dabei mangelt es dieser Fragestellung bis heute nicht an Aktualität: In den fünf Jahren von 2012 bis 2017 wurden weltweit mehr *Major Conventional Weapons* geliefert als in jeder anderen Fünfjahresperiode seit Ende des Kalten Krieges, wobei sich darüber hinaus kein Abflachen dieses seit Beginn der 2000er Jahre andauernden Aufwärtstrends abzeichnet.[18] Mehr noch: Der

17 Vgl. beispielsweise den Artikel von Robert Fisk, der Waffen, die in den Händen von syrischen Oppositionellen mit Verbindungen zu al-Qaida gefunden wurden, zu Waffenlieferungen von Bosnien an Saudi-Arabien zurückverfolgt: https://www.independent.co.uk/voices/syria-war-bosnia-saudi-arabia-aleppo-weapons-arms-deals-a8451841.html (zuletzt aufgerufen am 18.10.2018).

18 *Pieter D. Wezeman et al.*, Trends in international arms transfers, 2017, SIPRI Factsheet (March 2018) S. 1.

konfliktbelastete Mittlere Osten erfuhr in diesem Zeitraum gar mehr als eine Verdopplung der Waffenimporte im Vergleich zum vorherigen Fünfjahreszeitraum:

> „Most countries in the Middle East were directly involved in violent conflict in 2013–17, and arms imports by states in the region increased by 103 percent between 2008–12 and 2013–17. During 2013–17, 31 per cent of arms transfers to the region went to Saudi Arabia, 14 per cent to Egypt and 13 per cent to the UAE. Iran, the second most populous state in the Middle East, accounted for 1 per cent of arms imports to the region. The USA supplied 52 per cent of total arms transfers to the region, followed by the UK (9.4 per cent) and France (8.6 per cent).“[19]

Auch zwischen 2014 und 2018 zeichnet sich eine Zunahme der weltweiten Exporte um 7,8 Prozent ab, wobei Lieferungen in alle Regionen abnahmen, mit Ausnahme des Mittleren Ostens. Hier konnte ein Anstieg um 87 Prozent verzeichnet werden.[20] Entsprechendes gilt für Waffenlieferungen an nichtstaatliche Akteure. So sehr diese auch wie ein Thema unserer Zeit anmuten, wurden sie jedenfalls seit Mitte der 1950er Jahre – zwar in variierendem Ausmaß, aber doch mit einer gewissen Regelmäßigkeit – vorgenommen, wie die Grafik im Annex A. I verdeutlicht.

Seit 2014 steht all dies nun völkerrechtlich auch vor dem Hintergrund des Vertrages über den Waffenhandel, welcher gerade auch die menschenrechtliche Situation im Empfangsstaat und dessen Einhaltung von humanitärem Völkerrecht zum Gegenstand hat. Bisher wurde er von mehr als der Hälfte der Top 10 Exportnationen unterzeichnet,[21] allesamt Mitgliedsstaaten der Europäischen Union. Mit den USA und Russland sind allerdings zwei zentrale Rüstungsexporteure unter den 56 Staaten, die dem Vertrag noch nicht beigetreten sind.[22] Wie sich diese mangelnde Universalität des Vertrages und dessen vager Wortlaut in der Praxis niederschlagen, wird an späterer Stelle Gegenstand eingehender Betrachtung. Die weitreichende Unterstützung die der *Arms Trade Treaty*[23] erfuhr, grenzt – trotzt aller Unzulänglichkeiten – an ein Wunder. Möglich wurde der ATT, nach fast jahrhundertelangen Bemühungen, den

19 *Pieter D. Wezeman et al.*, Trends in international arms transfers, 2017, SIPRI Factsheet (March 2018) S. 10.

20 *Pieter D. Wezeman et al.*, Trends in international arms transfers, 2018, SIPRI Factsheet (March 2019) S. 11.

21 Vgl. Grafik im Annex A. I. für eine Übersicht.

22 https://thearmstradetreaty.org/treaty-status.html?templateId=209883 (zuletzt aufgerufen am 30.11.2019).

23 Im Folgenden ATT.

internationalen Waffenhandel zu regulieren nur, dank der mit dem Ende des Kalten Krieges beginnenden Periode der Humanisierung der Rüstungs(export)kontrolle. Ihre Perpetuierung ist nicht zuletzt auch der medialen Aufmerksamkeit geschuldet, die Waffenlieferungen in Konfliktzonen erfuhren und auch weiterhin erfahren. So beispielsweise bei den Konflikten in Libyen, Syrien und zuletzt im Jemen. Dies war vormals, zu Zeiten der Blockkonfrontation, noch undenkbar. Denn Waffenlieferungen sind trotz jüngster Fortschritte in staatlicher Transparenz bis heute das Paradebeispiel für sogenannte *covert actions*, also verdeckte Militäroperationen, die politische, wirtschaftliche oder militärische Veränderungen im Ausland herbeiführen sollen.[24] Als solche wirken sie weitreichend und tiefgreifend auf den Ausbruch und die Dauer von Konflikten ein, während sie für den liefernden Staat selbst ein verhältnismäßig geringes Risiko bergen, vor allem im Vergleich zu Militäreinsätzen im Ausland. Der Zusammenhang von Waffenlieferungen und der potenziellen Beeinträchtigung von Menschenrechten und dem humanitären Völkerrecht ist daher naheliegend. Als Mittel der Außenpolitik kann ihnen darüber hinaus gegebenenfalls auch Eingriffscharakter innewohnen oder sie könnten gar verbotene Gewalt im Sinne des Gewaltverbotes darstellen. Wie im Folgenden dargestellt wird, ist die umfassende Einordung von Waffenlieferungen in das System des Völkerrechts angezeigt, die bisher aber noch weitgehend unterblieben ist. Dies wird durch den folgenden Überblick über den gegenwärtigen Stand der Forschung unterstrichen. Daran schließt sich die Formulierung der Forschungsfrage der Arbeit an.

II. Gegenwärtiger Stand der Forschung

Völkerrechtliche Pflichten bei der Entscheidung über Rüstungsexporte werden in der Völkerrechtsliteratur, wenn überhaupt, nur am Rande besprochen. Werke wie „Neutralität und Waffenhandel" von *Stefan Oeter* aus dem Jahr 1992,[25] die gezielt auf einzelne völkerrechtliche Aspekte des Handels mit Waffen eingehen,

24 „*Covert action*" ist beispielsweise in den USA durch das Gesetzbuch (50 U.S.C. § 3093(e)) definiert als: „an activity or activities of the United States Government to influence political, economic, or military conditions abroad, where it is intended that the role of the United States Government will not be apparent or acknowledged publicly."

25 *Stefan Oeter*, Neutralität und Waffenhandel, eds., Rudolf Bernhardt et al., (Beiträge zum ausländischen öffentlichen Recht und Völkerrecht; Berlin: Springer Verlag, 1992).

sind äußerst selten. „The Arms Trade and International Law" titelt *Zeray Yihdego* 2007,[26] schränkt jedoch den Umfang seiner Studie entscheidend auf sogenannte *Small Arms and Light Weapons*[27] ein. *Jörg Künzli* befasst sich in seiner Habilitation „Vom Umgang des Rechtsstaates mit Unrechtsregimes"[28] aus dem Jahr 2008 mit den „Grenzen des Verhaltensspielraums der Schweiz gegenüber Völkerrecht missachtenden Staaten" und erarbeitet diese Problematik unter anderem am Beispiel von Kriegswaffenexporten.

In der Vergangenheit wurden Waffenlieferungen regelmäßig eher aus einer politischen Perspektive heraus betrachtet. Es wurde versucht, ihre Rolle in der Außenpolitik zu erklären und Entscheidungsfindungsprozesse nachzuzeichnen.[29] *Romain Yakemtchouk* stellt daher im Jahr 1980 noch fest, dass

> „[i]l n'y a pas de nos jours de règlementation normative à de tels transferts, ou plutôt il y en a peu, et il n'y a pas beaucoup d'espoir qu'il soit possible de réaliser en cette matière dans un proche avenir des progrès plus ou moins substantiels."[30]

Er sollte Recht behalten mit seiner Annahme, dass eine Änderung in naher Zukunft nicht realisierbar sein würde: bis zum Vertrag über den Waffenhandel der Vereinten Nationen sollten noch 34 Jahre vergehen. Seine Einschätzung, dass es an normativer Regulierung von Waffenlieferungen fehlt, teilen auch später noch andere Bearbeiter.[31] Stellt man „règlementation normative" mit spezialgesetzlicher Regelung gleich, ist diese Erkenntnis schwer von der Hand zu weisen. Außerhalb spezialgesetzlicher Regelungen sind Waffenlieferungen aber im Rahmen des bestehenden Völkervertragsrechts seit jeher in gewissem Maße quasi *mitgeregelt*, beispielsweise als verbotene Intervention oder Menschenrechtsverletzung, sofern sie die jeweiligen Voraussetzungen erfüllen.

---

26 *Zeray Yihdego*, The Arms Trade and International Law, (Studies in International Law; Oxford: Hart Publishing, 2007).

27 Im Folgenden SALW.

28 *Jörg Künzli*, Vom Umgang des Rechtsstaates mit Unrechtsregimes: Völker- und landesrechtliche Grenzen des Verhaltensspielraums der schweizerischen Aussenpolitik gegenüber Völkerrecht missachtenden Staaten, (Bern: Stämpfli Verlag AG, 2008).

29 Beispielsweise für die USA vgl. *Paul Y. Hammond et al.*, The Reluctant Supplier: U.S. Decisionmaking for Arms Sales, (Massachusetts: Oelschlager Gunn & Hain Publishers Inc., 1983); *John Stanley und Maurice Pearton*, The International Trade in Arms, (London: Chatto and Windus Ltd, 1972).

30 *Romain Yakemtchouk*, Les Transferts Internationaux d'Armes de Guerre, (Paris: Pedone, 1980).

31 Beispielsweise *Nicholas Marsh*, Two Sides of the Same Coin? The Legal and Illegal Trade in Small Arms, Brown Journal of World Affairs, 9/1 (2002).

Mit den Verhandlungen zum ATT nahmen auch wissenschaftliche Auseinandersetzungen mit der Exportkontrolle als solcher zu. Diese waren vorwiegend mit der Notwendigkeit eines Vertrages befasst, berührten aber immer wieder auch völkerrechtliche Vorgaben, entweder allgemein[32] oder auf bestimmte Problemstellungen wie nichtstaatliche Akteure bezogen.[33] Nach dem Inkrafttreten des ATT im Jahr 2014 finden sich dann auch Kommentare,[34] die, im Rahmen der Erläuterung der *lex specialis*-Rolle des ATT, auch Ausführungen zu den allgemeinen menschenrechtlichen Verpflichtungen und solchen des humanitären Völkerrechts machen.

Hinsichtlich der menschenrechtlichen Verpflichtungen bei der Entscheidung über Rüstungsexporte im Speziellen sind das von *Stuart Casey Maslen* herausgegebene Buch „Weapons Under International Human Rights Law“ aus dem Jahr 2014[35] und die Masterarbeit von *Maya Brehm* aus dem Jahr 2005[36] auch heute noch maßgeblich. Hin und wieder finden sich auch kurze Hinweise auf die mögliche Problematik von Menschenrechten und Waffenlieferungen im Rahmen der Bearbeitung von menschenrechtlichen Fragestellungen, darunter bei *Marko Milanovic* in „Extraterritorial Application of Human Rights Treaties“,[37] *Walter Kälin* und *Jörg Künzli* in ihrem Menschenrechtslehrbuch[38] und jüngst *Anja Seibert-Fohr* in ihrem Aufsatz zu *due diligence* mit einem Fokus auf Menschenrechte und Waffenlieferungen[39].

---

32 Vgl. statt vieler *Mark Bromley und Paul Holtom*, Import Controls and an Arms Trade Treaty, SIPRI Background Paper (July 2011).

33 *Paul Holtom*, Prohibiting Arms Transfers to Non-State Actors and the Arms Trade Treaty.

34 *Andrew Clapham et al.*, The Arms Trade Treaty: A Commentary, (Oxford Commentaries on International Law; Oxford: Oxford University Press, 2016); *Loic Simonet*, Le Traité sur le Commerce des Armes: genèse, analyse, enjeux, perspectives du premier instrument juridique consacré à la réglementation des transferts internationaux d'armes conventionnelles, (Paris: Pedone, 2015).

35 *Stuart Casey-Maslen* (ed.), Weapons Under International Human Rights Law, (Cambridge: Cambridge University Press, 2014).

36 *Maya Brehm*, Conventional Arms Transfers in the Light of Humanitarian and Human Rights Law, (2005), ab S. 43.

37 *Marko Milanovic*, Extraterritorial Application of Human Rights Treaties, (Oxford Monographs in International Law; Oxford: Oxford University Press, 2011) S. 121.

38 *Walter Kälin und Jörg Künzli*, Universeller Menschenrechtsschutz: der Schutz des Individuums auf globaler und regionaler Ebene, (Baden-Baden: Nomos, 2013).

39 *Anja Seibert-Fohr*, From Complicity to Due Diligence: When do States incur Responsibility for their Involvement in Serious International Wrongdoing?, German Yearbook of International Law, 60 (2018).

Im Bereich des humanitären Völkerrechts finden sich zahlreiche Arbeiten, die mit der Zulässigkeit bestimmter Waffenarten und deren Vereinbarkeit mit dem humanitären Völkerrecht befasst sind.[40] Hier stehen jedoch regelmäßig nicht Lieferung oder Handel dieser Waffen im Vordergrund, sondern vielmehr die Art und Weise ihres Einsatzes.[41] Auch im Bereich des humanitären Völkerrechts ist die Arbeit von *Maya Brehm* grundlegend.[42] Vereinzelt finden sich Berichte über bestimmte Einzelfälle, wie beispielsweise Rüstungsexporte nach Saudi-Arabien durch das Vereinigte Königreich, in denen deren Implikationen für das humanitäre Völkerrecht im Detail herausgearbeitet werden.[43]

Innerhalb des Friedenssicherungsrechts der Charta der Vereinten Nationen und im entsprechenden Völkergewohnheitsrecht werden Interventions- und Gewaltverbot regelmäßig im Zusammenhang mit Waffenlieferungen angesprochen. Leider erschöpft sich dies zumeist in einem kursorischen Verweis auf das Nicaragua-Urteil des Internationalen Gerichtshofes[44] und dessen Feststellungen zur Verletzung des Interventions- und eventuell gar des Gewaltverbots. Eine tiefergehende Auseinandersetzung mit den rechtlichen Einzelheiten des Friedenssicherungsrechts bleibt jedoch aus, auf ihr Fehlen wird bisweilen hingewiesen.[45] Im Lichte gegenwärtiger Konflikte, die nicht unerheblich durch Waffenlieferungen geprägt sind, sind das Interventions- und Gewaltverbot und vor allem die Möglichkeit ihrer gewohnheitsrechtlichen Veränderung

---

40 *William H. Boothby*, Weapons and the Law of Armed Conflict, (2 edn.; Oxford: Oxford University Press, 2016).

41 *Bachtijar Raisovič Tuzmuchamedov*, Legal dimensions of arms control agreements: an introductory overview, (Recueil des cours. Collected Courses, 377; The Hague, Netherlands: Nijhoff, 2016).

42 *Maya Brehm*, Conventional Arms Transfers in the Light of Humanitarian and Human Rights Law, (2005), ab S. 32.

43 So beispielsweise *Philippe Sands, Andrew Clapham, and Blinne Ní Ghrálaigh*, The lawfulness of the authorisation by the United Kingdom of weapons and related items for export to Saudi Arabia in the context of Saudi Arabia's military intervention in Yemen, Legal Opinion (2015).

44 *Military and Paramilitary Activities in and against Nicaragua*, (Nicaragua v. United States of America). Merits, Judgment. I.C.J. Reports 1986.

45 *Tom Ruys*, Of Arms, Funding and „Non-lethal Assistance": Issues Surrounding Third-State Intervention in the Syrian Civil War, Chinese Journal of International Law, 13 (2014); *Olivier Corten und Vaios Koutroulis*, The Illegality of Military Support to the Rebels in the Libyan War: Aspects of jus contra bellum and jus in bello, Journal of Conflict & Security Law, 18 (2013).

Gegenstand reger Diskussionen.[46] Hier werden vor allem die Waffenlieferungen an nichtstaatliche Akteure betrachtet und die Schwierigkeiten, die sich aus deren ohnehin unklarer Rolle im Völkerrecht im Allgemeinen ergeben, angesprochen. Zum Inhalt und Umfang des Interventionsverbots im Bürgerkrieg ist die Dissertation von *Christina Nowak* derzeit wohl die umfassendste Bearbeitung. Sie ist auch ausführlich mit der Praxis der Staaten befasst.[47] In einem Kapitel widmet sie sich auch der Frage, ob die Waffenlieferungspraxis der Staaten in den Konflikten in Libyen, Syrien, Irak und Jemen zu einem Wandel des Interventionsverbots in diesem Bereich geführt hat, was sie letztlich sowohl für Lieferungen an die Regierung als auch für Lieferungen an die Opposition verneint.[48] Waffenlieferungen an Regierungen werden an sich nur sehr selten im Zusammenhang mit der Frage nach einem Verbot der Einmischung in Bürgerkriege diskutiert, da sie meist jedenfalls aufgrund einer wirksamen Einladung der Regierung[49] als zulässig erachtet werden. Teils wird die Wahrung einer negativen Gleichheit, *negative equality*,[50] als völkerrechtlich geboten erachtet, also eine Gleichbehandlung von Regierung und nichtstaatlichen Akteuren, sodass folglich von Lieferungen an die Regierung abzusehen wäre, soweit solche an die Opposition verwehrt wären.[51] Wurden Regierungen hingegen in

---

46 *Christine D. Gray*, International law and the use of force, (4 edn.; Oxford: Oxford University Press, 2018); *Christian Henderson*, The use of force and international law, (Cambridge: Cambridge University Press, 2018).

47 *Christina Nowak*, Das Interventionsverbot im Bürgerkrieg, (Europäische Hochschulschriften, 5994; Berlin: Peter Lang, 2018).

48 *Christina Nowak*, Das Interventionsverbot im Bürgerkrieg, (Europäische Hochschulschriften, 5994; Berlin: Peter Lang, 2018) Kapitel 14, ab S. 345.

49 Dazu grundlegend *Georg Nolte*, Eingreifen auf Einladung: Zur völkerrechtlichen Zulässigkeit des Einsatzes fremder Truppen im internen Konflikt auf Einladung der Regierung, eds., Jochen Abr. Frowein et al. (Beiträge zum ausländischen öffentlichen Recht und Völkerrecht, 136; Berlin [u.a.]: Springer, 1999).

50 *Louise Doswald-Beck*, The Legal Validity of Military Intervention by Invitation of the Government, British Yearbook of International Law, 56 (1985).

51 Kritisch hierzu: *Dapo Akande und Zachary Vermeer*, The Airstrikes against Islamic State in Iraq and the Alleged Prohibition on Military Assistance to Governments in Civil Wars, (2015), http://www.ejiltalk.org/the-airstrikes-against-islamic-state-in-iraq-and-the-alleged-prohibition-on-military-assistance-to-governments-in-civil-wars/ (zuletzt aufgerufen am 15.08.2019); *Raphael Van Steenberghe*, The Alleged Prohibition on Intervening in Civil Wars Is Still Alive after the Airstrikes against Islamic State in Iraq: A Response to Dapo Akande and Zachary Vermeer, (2015),

unzulässiger Weise mit Waffen beliefert, könnten als Konsequenz Lieferungen an nichtstaatliche Akteure im Rahmen einer sogenannten Gegenintervention – *counterintervention* – zulässig sein; wobei dann *vice versa* das Gleiche gelten muss.[52] Diese Rechtsfigur ist allerdings umstritten und gegenwärtig noch *de lege ferenda*, also gerade nicht Teil des gegenwärtig geltenden Völkerrechts.

Neben der Frage nach der Vereinbarkeit von Waffenlieferungen mit den genannten Völkerrechtsbereichen und ihren Primärnormen kann auch das Sekundärrecht, namentlich das Recht der Staatenverantwortlichkeit, den Handlungsspielraum von Staaten beschränken. In Betracht kommt hier etwa eine derivative Haftung von liefernden Staaten für Handlungen, die mithilfe der gelieferten Waffen von einem Drittstaat oder einem nichtstaatlichen Akteur vorgenommen wurden. Dieser Problembereich wird unter der Überschrift *complicity* besprochen, wobei dabei nur vereinzelt auch auf Waffenlieferungen als ein möglicher Unterfall dieser Problematik eingegangen wird.[53]

Beiträge zur Regulierung von Rüstungsexporten sind, jedenfalls in Deutschland, schon einige Jahre alt[54] oder erschöpfen sich weitestgehend in der

---

http://www.ejiltalk.org/the-alleged-prohibition-on-intervening-in-civil-wars-is-still-alive-after-the-airstrikes-against-islamic-state-in-iraq-a-response-to-dapo-akande-and-zachary-vermeer/ (zuletzt aufgerufen am 15.08.2019).

52 *John A. Perkins*, The Right of Counterintervention, Georgia Journal of International and Comparative Law, 17 (1987); *Joseph Klinger*, Counterintervention on Behalf of the Syria Opposition? A Illustration of the Need for Greater Clarity in the Law, Harvard International Law Journal, 55 (2014).

53 *Anja Seibert-Fohr*, From Complicity to Due Diligence: When do States incur Responsibility for their Involvement in Serious International Wrongdoing?, German Yearbook of International Law, 60 (2018); *Helmut Philipp Aust*, Complicity and the Law of State Responsibility, eds., James Crawford et al., (Cambridge studies in international and comparative law; Cambridge: Cambridge University Press, 2011); *Georg Nolte und Helmut Philipp Aust*, Equivocal Helpers: Complicit States, Mixed Messages and International Law, International and Comparative Law Quarterly, 58/1 (2009); *Alexandra Boivin*, Complicity and beyond: International law and the transfer of small arms and light weapons, International Review of the Red Cross, 87 (2005); *Miles Jackson*, Complicity in International Law, eds., Cathrine Redgwell et al., (Oxford Monographs in International Law; Oxford: Oxford University Press, 2015).

54 So beispielsweise *Adelheid Puttler*, Völkerrechtliche Grenzen von Export- und Rexportverboten: eine Darstellung am Beispiel des Rechts der Vereinigten Staaten von Amerika und der Bundesrepublik Deutschland, ed. Ignaz Seidl-Hohenveldern, (Völkerrecht und Internationales Wirtschaftsrecht; Baden-Baden: Nomos, 1989); *Stefan Oeter*, Neutralität und Waffenhandel, eds., Bernhardt et al., (Beiträge zum ausländischen öffentlichen Recht und Völkerrecht; Berlin: Springer Verlag, 1992).

Betrachtung des nationalen Rechts[55]. Der internationale Rahmen von Rüstungsexportregulierungen wird, wenn überhaupt, nur beschreibend dargestellt.[56] Dabei erschöpft sich hier sodann auch die Darstellung von Exportkontrollsystemen meist in der Beschreibung der Systeme, eine kritische Auseinandersetzung mit einzelnen oder ein Vergleich mehrerer Systeme bleibt aus.

III. Forschungsfrage

Im Rahmen der Arbeit wird folgende Forschungsfrage aufgeworfen und beantwortet:

> Welche völkerrechtlichen Verpflichtungen treffen einen exportierenden Staat bei der Entscheidung über Rüstungsexporte an eine Regierung oder einen nichtstaatlichen Akteur, insbesondere zu Zeiten des innerstaatlichen bewaffneten Konflikts im Empfangsstaat?

IV. Die Herangehensweise

Zur Beantwortung der Forschungsfrage bedient sich die Arbeit eines vielschichtigen Ansatzes, in dessen Zentrum stets die Ermittlung des geltenden Rechts steht. Hierfür werden die Bereiche des Völkerrechts dargestellt, deren Anwendungsbereich durch Rüstungsexportentscheidungen in vielfältiger Weise besonders betroffen zu sein scheint. Unter Zuhilfenahme von Fallbeispielen soll nun für diese Bereiche erörtert werden, welche Voraussetzungen *de*

---

55 So beispielsweise *Yann Aubin und Arnaud Idiart* (eds.), Export control law and regulations handbook: a practical guide to military and dual-use goods trade restrictions and compliance (3 edn., Alphen aan den Rijn: Wolters Kluwer, 2016); *Dirk Ehlers und Hans-Michael Wolffgang* (eds.), Recht der Exportkontrolle: Bestandsaufnahme und Perspektiven; Handbuch zum Exportkontrollrecht; zugleich Festgabe für Dr. Arnold Wallraff zum 65. Geburtstag (Schriften zum Außenwirtschaftsrecht; Frankfurt am Main: Dt. Fachverl., Fachmedien Recht und Wirtschaft, Dfv-Mediengruppe, 2015).

56 So beispielsweise bei *Klaus Bieneck* (ed.), Handbuch des Außenwirtschaftsrechts mit Kriegswaffenkontrollrecht (2 edn., Aschendorffs Juristische Handbücher; Köln: Aschendorff Rechtsverlag, 2005); *Yann Aubin und Arnaud Idiart* (eds.), Export control law and regulations handbook: a practical guide to military and dual-use goods trade restrictions and compliance (3 edn., Alphen aan den Rijn: Wolters Kluwer, 2016); *Dirk Ehlers und Hans-Michael Wolffgang* (eds.), Recht der Exportkontrolle: Bestandsaufnahme und Perspektiven; Handbuch zum Exportkontrollrecht; zugleich Festgabe für Dr. Arnold Wallraff zum 65. Geburtstag (Schriften zum Außenwirtschaftsrecht: Frankfurt am Main: Dt. Fachverl., Fachmedien Recht und Wirtschaft, Dfv-Mediengruppe, 2015).

lege lata Rüstungsexportentscheidungen erfüllen müssen. Dies geschieht unter Zuhilfenahme der Rechtsquellen des Art. 38 IGH-Statut sowie der üblichen Auslegungsmethoden. Eine besondere Rolle spielt dabei regelmäßig die Frage, ob eine einheitliche Staatenpraxis ein bisheriges Verständnis dieser Prinzipien und Normen gewohnheitsrechtlich verändern konnte oder ob eine eventuell abweichende Praxis einen bloßen Rechtsverstoß darstellt. Die Auswahl der Fallbeispiele ist hier vor allem dadurch bedingt, dass gewisse Konstellationen die zentralen Herausforderungen einzelner Bereiche besonders zutage treten lassen. Die Fallauswahl wird in Kapitel 1 unter B. IV. gesondert begründet.

In jedem Einzelfall muss stets ermittelt werden, ob, wann, an wen und in welchem Umfang Waffen geliefert wurden. Die Beantwortung dieser zentralen Fragestellung ist faktisch schwierig und die Bewältigung dieser empirischen Aufgabe gelang nur im Rückgriff auf die gängigen Datenbanken des *Stockholm International Peace Research Institutes*[57], des *Peace Research Institutes Oslo* in Zusammenarbeit mit der Universität Uppsala und des *Uppsala Conflict Data Programs*[58]; wobei sich nicht alle aus den Datenbanken gewonnenen Erkenntnisse in der Arbeit niederschlagen. Diese Datenbanken bedienen sich nationalen und regionalen Rüstungsexportberichten sowie Notifikationen im Rahmen des Wassenaar-Übereinkommens und des UN-Waffenregisters. Aufgrund des jeweils individuell definierten Arbeitsbereichs dieser Institutionen – die SIPRI-Datenbanken sind beispielsweise auf sogenannte *Major Conventional Weapons* beschränkt[59] – fallen jedoch regelmäßig Lieferungen durch das Raster und werden von den Datenbanken nicht erfasst. Auch die bisweilen hohen Anforderungen an die Nachweisbarkeit von Lieferungen zur Aufnahme in die Datenbanken führen oft dazu, dass Lieferungen an nichtstaatliche Akteure oder Regierungen in Konfliktzonen nicht erfasst werden. Die Arbeit greift daher in diesen Bereichen zusätzlich auf Berichte von internationalen Organisationen und Nichtregierungsorganisationen zurück. Fälle, in denen keine der genannten Quellen verfügbar sind, für die sich allerdings seriöse Zeitungsberichte finden, werden ebenfalls in die Bearbeitung aufgenommen. Dies rechtfertigt sich vor allem durch die Aufgabenstellung der Arbeit: Ziel ist es nicht, auf belastbare Weise den Nachweis zu führen, dass bestimmte Waffenlieferungen tatsächlich

---

57 Abrufbar unter https://www.sipri.org/databases (zuletzt aufgerufen am 15.08.2019), im Folgenden SIPRI.

58 http://www.pcr.uu.se/research/UCDP/ (zuletzt aufgerufen am 15.08.2019).

59 https://www.sipri.org/databases/armstransfers/sources-and-methods (zuletzt aufgerufen am 30.11.2019), mehr dazu auch im Verlauf der Arbeit.

stattgefunden haben. Vielmehr soll das Völkerrecht im Lichte der Praxis der Staaten dargestellt und analysiert werden. Diese Praxis tritt auch in Fällen zutage, in denen sich Staaten lediglich dem Vorwurf ausgesetzt sehen, Waffen geliefert zu haben und Waffenlieferungen so Teil der öffentlichen Diskussion werden, ohne dass es auf ihren eindeutigen Nachweis ankäme.

Im Verlauf der Erstellung der Arbeit hatte die Bearbeiterin Gelegenheit, im Rahmen eines mehrwöchigen Aufenthaltes Einblicke in die Rüstungskontrollpraxis des *National Focal Point for Small Arms and Light Weapons* in Uganda zu erlangen. Ferner lieferte ein weiterer mehrwöchiger Aufenthalt beim Stockholm International Peace Research Institute Einblicke in die Gewinnung der Daten für die Datenbank des Instituts. Diese Erfahrungen beeinflussten den Umgang mit und die Herangehensweise an die Fragestellung und finden dadurch Eingang in die Arbeit, ohne empirisch quantifizierbar zu sein.

B. Eingrenzung des Themas

Rüstungsexporte berühren, wie einleitend dargestellt, eine Vielzahl von staatlichen Kerninteressen, die ein weitverzweigtes Netz bilden, das der Fragestellung unterliegt. Die Einschränkung des Themas ist daher geboten, um eine nachvollziehbare Bearbeitung der zentralen Aspekte zu ermöglichen. Die vorgenommenen Einschränkungen dienen dazu, nach einem Überblick über das Thema als solches zentrale Einzelprobleme hervortreten zu lassen. Gegenstand der Arbeit sind demnach die völkerrechtlichen Anforderungen an Rüstungsexportentscheidungen von Staaten, wobei ein besonderer Fokus auf den Besonderheiten zu Zeiten des innerstaatlichen bewaffneten Konflikts im Empfängerstaat liegt.

Im Fortgang wird nun eine Abgrenzung dieser Fragestellung zu Rüstungsexportkontrolle im Allgemeinen vorgenommen (I.) bevor sich den Akteuren (II.) und schließlich den notwendigen Arbeitsdefinitionen (III.) zugewandt wird. Nach einer Erläuterung der rechtlichen Dimension der Arbeit (IV.) wird der Umgang mit der Staatenpraxis erläutert (V.)

I. Rüstungsexportkontrolle: Eine Abgrenzung

Eine erste Einschränkung findet mit der Fokussierung auf *Entscheidungen über Rüstungsexporte* in Abgrenzung zu *arms control* (Rüstungskontrolle), *disarmament* (Abrüstung) und *non-proliferation* (Nichtweiterverbreitung) statt. Im Folgenden werden diese Begriffe und ihr Verhältnis zueinander kurz dargestellt. Dies erlaubt es, ihre inhärenten Unterschiede aufzuzeigen und sie gleichzeitig grob in den größeren rechtlichen und politischen Zusammenhang einzuordnen. Allen drei Begriffen, Rüstungskontrolle, Nichtweiterverbreitung und Abrüstung, liegt im Kern der Gedanke zugrunde, die Anzahl der in der Welt zirkulierenden Waffen und die mit ihnen ausgetragenen Konflikte zu reduzieren. Hinsichtlich des Verständnisses des Zusammenhangs von Waffen und Konflikten gehen die drei Konzepte jedoch von unterschiedlichen Grundannahmen aus.

Rüstungskontrolle ist hier der allgemeinere Begriff, der oft verwendet wird, um alle Unternehmungen zu beschreiben, die mit der Einschränkung und Beschränkung von Rüstungsgütern in einem irgendwie gearteten Zusammenhang stehen.[60] Der Begriff der *Rüstungskontrolle* als solcher kann daher die beiden anderen Konzepte, *Abrüstung* und *Nichtweiterverbreitung*, begrifflich durchaus umfassen. Die Rüstungskontrolle ist darüber hinaus aber auch Selbstzweck. Eines der zentralen Ziele von Rüstungskontrolle ist die Verhütung von Konflikten durch die Schaffung von mehr Sicherheit und Stabilität.[61] Staaten versuchen mit Rüstungskontrolle diese Sicherheit zu schaffen oder zu fördern, indem sie kooperativ vorgehen und ihr Rüstungsverhalten wechselseitig anpassen.[62] Stabilität soll vor allem durch erhöhte Vorhersehbarkeit geschaffen werden, die das gegenseitige Wissen um die Verteidigungskapazitäten unter Staaten mit sich bringt.[63] Konflikte, und mit ihnen die darin zum Einsatz kommenden Waffen, werden als gegeben angesehen und Rüstungskontrolle zielt, schon begrifflich, auf deren Regulierung, nicht aber auf deren Abschaffung. Dabei erkennt das Konzept der Rüstungskontrolle aber durchaus die destabilisierende Wirkung des Anhäufens von Waffen an und will dieser durch Kontrolle entgegenwirken.[64]

---

60 *Jeffrey Arthur Larsen,* An Introduction to Arms Control, in: Jeffrey Arthur Larsen (ed.), Arms Control: Cooperative Security in a Changing Environment, (Boulder: Lynne Rienner Publishers, 2002) S. 1.

61 *Niklas Schörnig,* Rüstung, Rüstungskontrolle und internationale Politik, in Carlo Masala et al. (eds.), Handbuch Internationale Beziehungen, (Wiesbaden: VS Verlag für Sozialwissenschaften, 2015) unter 3.1.

62 *Jeffrey Arthur Larsen*, An Introduction to Arms Control, in Larsen (ed.), Arms Control: Cooperative Security in a Changing Environment, (Boulder: Lynne Rienner Publishers, 2002) S. 2.

63 *Niklas Schörnig*, Rüstung, Rüstungskontrolle und internationale Politik, in Masala et al. (eds.), Handbuch Internationale Beziehungen, (Wiesbaden: VS Verlag für Sozialwissenschaften, 2015) unter 3.2.

64 *Jeffrey Arthur Larsen*, An Introduction to Arms Control, in Larsen (ed.), Arms Control: Cooperative Security in a Changing Environment, (Boulder: Lynne Rienner Publishers, 2002) S. 2.

Exportkontrollen werden im Rahmen der Rüstungskontrolle als Mittel eingesetzt, das Stabilität und Balance fördern soll. Ein vollständiges Absehen von Exporten ist auch hier schon rein begrifflich nicht das Ziel, vielmehr geht es darum, dem illegalen Handel mit Waffen beziehungsweise ihrer unvorhergesehenen Verbreitung vorzubeugen oder diese zu bekämpfen. Der Exportkontrolle obliegt es ferner regelmäßig, die teils widerstreitenden Interessen aller betroffenen Akteure angemessen in Ausgleich zu bringen: Denn Waffen sind, wie in der Folge noch dargestellt werden wird, nicht nur Mittel der Kriegsführung, sondern auch der Selbstverteidigung. Sie sind darüber hinaus ein Gut, mit dem über Grenzen hinweg gehandelt wird, wodurch staatliche Exportbeschränkungen und Regelungen gegebenenfalls auch mit den Rechten der produzierenden Unternehmen in Einklang gebracht werden müssen.

Non-Proliferation, ein Begriff, der vor allem im Zusammenhang mit Nuklearwaffen geläufig ist, stellt einen Teilbereich beziehungsweise einen besonderen Unterfall der Rüstungskontrolle dar. Dieser hat es sich zum Ziel gemacht, die Verbreitung bestimmter Waffen an Staaten, die diese noch nicht besitzen, zu verhindern. Der Atomwaffensperrvertrag, *Non-Proliferation Treaty*, ist ein prominentes Beispiel für einen solchen Vertrag, der gleichwohl allen Vertragsparteien Pflichten auferlegt. In Art. 1 verpflichten sich die Staaten, die Nuklearwaffen besitzen, diese nicht weiterzugeben, und in Art. 2 wird den Staaten, die keine Nuklearwaffen besitzen, die Pflicht auferlegt, solche nicht zu beschaffen. Dem liegt der Gedanke zugrunde, dass es zur Stabilität beitrage, wenn weniger Staaten diese Waffen zu ihrer Verfügung haben.

Abrüstung steht nun insoweit im Gegensatz zu den vorgenannten Konzepten, als dass hier die Existenz und Verfügbarkeit von Waffen schon als Ursprung für Konflikte gesehen wird und daher ihre vollständige Abschaffung das Ziel ist, um Konflikte zu minimieren und zu verhindern.[65] Dabei beschreibt der Begriff *Abrüstung* sowohl den Prozess als auch dessen Ziel.[66] Während also alle drei der dargestellten Instrumente der Außen- und Sicherheitspolitik, die Eindämmung von Konflikten durch die Reduktion von Waffen anstreben, wird im Rahmen von Rüstungskontrolle und Nichtweiterverbreitung ausreichende Stabilität schon durch die Herbeiführung einer gewissen Balance und

65 *Jeffrey Arthur Larsen*, An Introduction to Arms Control, in Larsen (ed.), Arms Control: Cooperative Security in a Changing Environment, (Boulder: Lynne Rienner Publishers, 2002) S. 2.

66 *Niklas Schörnig*, Rüstung, Rüstungskontrolle und internationale Politik, in Masala et al. (eds.), Handbuch Internationale Beziehungen, (Wiesbaden: VS Verlag für Sozialwissenschaften, 2015) unter 3.1.

Vorhersehbarkeit erwartet. Verfechter von Abrüstung hingegen verlangen für das Erreichen dieses Zieles die vollständige Eliminierung aller Waffen.[67]

Seit einigen Jahren ist nun noch ein Teilbereich der Rüstungskontrolle auf dem Vormarsch, die sogenannte humanitäre Rüstungskontrolle.[68] Dieser Begriff beschreibt eine Rüstungsexportkontrolle, die im Gegensatz zu wirtschaftlichen oder politischen Überlegungen humanitäre Betrachtungen in den Mittelpunkt rückt.[69] Sie steht im natürlichen Fortgang des, mit dem Ende des Kalten Krieges beginnenden, zunehmenden Eingangs humanitärer Überlegungen in die Rüstungskontrolle und deren entsprechender Regelungswerke,[70] der seinen vorläufigen Höhepunkt in der Unterzeichnung des ATT im Jahr 2014 fand.

Mit der Fokussierung auf Rüstungsexportentscheidungen von Staaten beschränkt sich diese Arbeit also maßgeblich auf einen bestimmten Bereich der Rüstungskontrolle, den der Exportkontrollen. Diese können durchaus als Rüstungskontrolle im engeren Sinne verstanden werden, wohingegen der Überbegriff Rüstungsexportkontrolle im weiteren Sinne auch Abrüstung und Nichtweiterverbreitung umfasst. Diese Einschränkung wurde bewusst gewählt, da es sich hier gerade um den Bereich handelt, den der exportierende Staat direkt kontrolliert: Ein legaler Transfer von Waffen ist in allen[71] Staaten von der Genehmigung beziehungsweise Lizensierung durch die Regierung abhängig. Durch diesen Prozess der Autorisierung unterstehen die Lieferungen der Waffen, die überwiegend von privaten Unternehmen produziert und verkauft werden, so weit der Einflussnahme und mithin dem Verantwortungsbereich von Regierungen, dass sich gegebenenfalls auch Konsequenzen für sie ergeben können oder müssen.

---

67 So auch beispielsweise der Report der Disarmament Commission: General Assembly UN-Doc. A/34/42 „Elements of a comprehensive programme of disarmament", S. 8.

68 Für einen Überblick siehe *Simone Wisotzki*, Between Morality and Military Interests: Norm Setting in Humanitarian Arms Control, PRIF-Reports No. 92 (2009).

69 *Bonnie Docherty*, Ending Civilian Suffering: The Purpose, Provisions, and Promise of Humanitarian Disarmament Law, Austrian Review of International and European Law, 15 (2010) S. 7.

70 *Simone Wisotzki*, Between Morality and Military Interests: Norm Setting in Humanitarian Arms Control, PRIF-Reports No. 92 (2009) S. 1 f.

71 Der Verfasserin ist kein Staat bekannt, der Rüstungsexporte nicht der staatlichen Kontrolle unterwirft.

II. Akteure

1. Lieferungen eines Staates …

Die Begriffe *Rüstungsexportentscheidungen* oder *Waffenlieferungen* – die im Laufe der Arbeit synonym verwendet werden – bezeichnen die Autorisierung eines Transfers von Waffen durch eine Regierung an eine andere Regierung oder einen nichtstaatlichen Akteur. Durch die Entscheidung, sich auf die „Lieferung *eines Staates*" zu beschränken, ist die Problematik der Waffenlieferungen durch private Unternehmen bewusst ausgeklammert, wohl wissend, dass auch diese durchaus Potenzial haben, völkerrechtlich problematisch zu sein.[72] Begründet liegt diese Entscheidung darin, dass kein Staat bekannt ist, dessen Regierung sich nicht die letztendliche Entscheidungsgewalt über Waffenlieferungen von privaten Akteuren, über die Erteilung von Genehmigungen oder durch ähnliche Mechanismen, vorbehält. So wird das Problem der legalen Rüstungsexporte von privaten Unternehmen außerhalb staatlicher Kontrolle faktisch neutralisiert. Es ist nun gerade diese Verantwortung des Staates, die eine eventuelle (völker-)rechtliche Verantwortlichkeit nach sich ziehen könnte. Diese etwaige Verantwortlichkeit des Staates wiederum führt im Einzelfall keineswegs zur Befreiung des Herstellers von jeglicher Verantwortlichkeit, zumal sich diese Verantwortlichkeiten oftmals gerade nicht überschneiden werden: Eine menschenrechtliche Verpflichtung von Unternehmen[73] ist im Völkerrecht gerade noch nicht anerkannt. Für Unternehmen kommt daher in erster Linie je nach Einzelfall eine Haftung nach Maßgabe der nationalen zivilrechtlichen, strafrechtlichen oder verwaltungsrechtlichen Vorgaben in Betracht. Ihnen allen ist für den Fall von Waffenlieferungen gemein, dass das Unternehmen für Handlungen in Haftung genommen wird, die staatliche Vorgaben umgehen oder aushebeln sollten.

Unterstützt wird diese Verantwortungszuschreibung zum Staat auch durch die Wahrnehmung von Waffenlieferungen auf dem internationalen Parkett, in der Presse und in der Bevölkerung: Forderungen, dass einzelne Unternehmen keine Waffen mehr an bestimmte Länder liefern sollten, sind selten, in

---

72 *Eliav Lieblich*, International Law and Civil Wars, eds., Chandra Lekha Sriram et al., (Law, Conflict and International Relations; London: Routledge, 2013) S. 110.

73 Dies ist vor allem im Zusammenhang mit transnational tätigen Unternehmen unter der Überschrift „business and human rights" viel diskutiert. Siehe zum Einstieg mit weiteren Nachweisen *Walter Kälin und Jörg Künzli*, Universeller Menschenrechtsschutz: der Schutz des Individuums auf globaler und regionaler Ebene, (Baden-Baden: Nomos, 2013) Rn. 232 ff.

der Regel wird stattdessen der Staat in die Verantwortung genommen. So wird beispielsweise berichtet, Deutschland,[74] die USA,[75] Russland[76] oder Großbritannien[77] hätten Waffen geliefert, beziehungsweise gefordert, sie sollten welche liefern oder eben von Lieferungen absehen.

Bisweilen lassen sich die Politik eines Staates und die Verhandlungen über Rüstungsexporte kaum trennen. Ein eindrucksvolles Beispiel für die Verstrickung einer Regierung in Rüstungsgeschäfte Privater ist hier der als „biggest arms deal of all time“ bezeichnete Al-Yamamah-Vertrag aus dem Jahr 1985.[78] Dabei rettete ein Rüstungsexportvertrag der britischen Regierung mit Saudi-Arabien von beträchtlichem Ausmaß die gerade privatisierte britische Gesellschaft *British Aerospace Electronic Systems*[79,80] Hierfür sollen wiederum hohe Bestechungsgelder an Mitglieder der saudischen Königsfamilie gezahlt worden sein sowie an Militär und Regierung des Königreiches, wie durch Whistleblower, investigativen Journalismus und einen Aktivisten aufgedeckt wurde.[81] Man vermutet, dass der Vertrag bis zum Jahr 2007 Einnahmen

---

74 So auch der Bericht der Bundesregierung über ihre Exportpolitik für konventionelle Rüstungsgüter im Jahr 2018, abrufbar unter https://www.bmwi.de/Redaktion/DE/Publikationen/Aussenwirtschaft/ruestungsexportbericht-2018.html (zuletzt aufgerufen am 15.08.2019), vor allem S. 4 f. Schon der Titel des Rüstungsexportberichtes verdeutlicht mit der Verwendung der Formulierung „ihre Exportpolitik“, dass die Bundesregierung sich selbst in der Verantwortung sieht.

75 Statt vieler https://www.reuters.com/article/us-usa-taiwan-exclusive/exclusive-u-s-pursues-sale-of-over-2-billion-in-weapons-to-taiwan-sources-say-angering-china-idUSKCN1T62CA (zuletzt aufgerufen am 17.08.2019).

76 Statt vieler https://www.zeit.de/politik/ausland/2018-04/syrien-konflikt-russland-waffenlieferung-luftabwehr-sergei-lawrow (zuletzt aufgerufen am 17.08.2019).

77 Statt vieler https://www.aljazeera.com/news/2019/07/uk-2018-year-arms-exports-190731074142657.html (zuletzt aufgerufen am 17.08.2019).

78 *Andrew Feinstein*, A Shadow World: Inside the Global Arms Trade, (London: Penguin Books, 2011) S. 35.

79 Im Folgenden BAE Systems.

80 *Andrew Feinstein*, A Shadow World: Inside the Global Arms Trade, (London: Penguin Books, 2011).

81 https://sites.tufts.edu/corruptarmsdeals/the-al-yamamah-arms-deals/ (zuletzt aufgerufen am 17.08.2019); https://www.theguardian.com/politics/2015/jul/16/margaret-thatcher-lobbying-saudi-royals-arms-deal (zuletzt aufgerufen am 17.08.2019); https://www.theguardian.com/uk/2006/dec/15/saudiarabia.armstrade (zuletzt aufgerufen am 17.08.2019).

in Höhe von 43 Milliarden US-Dollar für BAE Systems generierte.[82] Bezahlt wurden die Lieferungen von Saudi-Arabien an das britische Verteidigungsministerium in Öl, wodurch die Einnahmen nicht Teil des britischen Staatshaushaltes wurden. Korruptionsvorwürfe begannen unmittelbar nach dem Vertragsschluss laut zu werden und hielten sich bis ins neue Jahrtausend. Auch zahlreiche Ermittlungen gegen die Beteiligten und BAE Systems konnten diese nicht vollends ausräumen. Der Grund: Eine Untersuchung des *Serious Fraud Office* wird im Jahr 2006 grundlos ausgesetzt, 2010 bekennt BAE sich des „false accounting“ für schuldig und bezahlte eine Strafe von 400 Millionen US-Dollar.[83] Damit finden alle Ermittlungen ein Ende, zu Verhaftungen kommt es nicht.[84] Dieser Fall zeigt, neben der eindrücklichen Größenordnung der infrage stehenden Exportverträge, dass, obwohl Waffen oft von privaten Unternehmen hergestellt und verkauft werden, die Rolle der Regierung bei den Verhandlungen über ihren Export und dessen Ausführung zentral ist. So zentral, dass sich dies schließlich auch im Sprachgebrauch internationaler Organisationen niederschlägt: Auch hier wird stets auf Staaten, nicht auf einzelne Unternehmen, Bezug genommen.[85] Gleiches gilt für führende Forschungseinrichtungen wie SIPRI[86] oder das *Small Arms Survey*[87] sowie für NGOs wie Saferworld[88], *Campaign Against the Arms Trade*[89] oder *Conflict Armament*

82 https://sites.tufts.edu/corruptarmsdeals/the-al-yamamah-arms-deals/ (zuletzt aufgerufen am 17.08.2019).

83 https://www.independent.co.uk/news/business/news/bae-protesters-win-sfo-injunction-1914892.html (zuletzt aufgerufen am 17.08.2019).

84 https://sites.tufts.edu/corruptarmsdeals/the-al-yamamah-arms-deals/ (zuletzt aufgerufen am 17.08.2019).

85 Statt vieler: Report des Hochkommissars für Menschenrechte vom 28. September 2018, UN-Doc. A/HRC/39/43, Rn. 112 lit. b.

86 Statt vieler: *Pieter D. Wezeman et al.*, Trends in international arms transfers, 2018, SIPRI Factsheet (March 2019).

87 Im Folgenden SAS; statt vieler: *Paul Holtom und Irene Pavesi*, Trade Update 2018: Sub-Saharan Africa in Focus (December 2018), vor allem S. 18 f.

88 Beispielsweise im Annual Report 2017–2018, zu finden unter https://www.saferworld.org.uk/downloads/pubdocs/saferworld---signed-accounts-31-march-2018.pdf (zuletzt aufgerufen am 17.08.2019), vor allem S. 6 und 31.

89 Im Folgenden CAAT; beispielsweise im Rahmen ihrer Klage gegen Waffenlieferungen des Vereinigten Königreichs an Saudi-Arabien.

Research[90], die allesamt in ihren Berichten durchweg von Lieferungen *von Staaten* sprechen.

Die Herausforderungen, vor die der Handel privater Unternehmen das Völkerrecht stellt, sind eine gänzlich andere Angelegenheit.[91] Eine Verpflichtung des Territorialstaates, den Handel durch private Händler zu unterbinden, besteht selbst zu Zeiten eines innerstaatlichen bewaffneten Konflikts hier wohl gerade nicht.[92] Dies muss nun vielleicht mit Inkrafttreten des ATT, wenn nicht gar schon mit dem Gemeinsamen Standpunkt der Europäischen Union 944/2008[93] möglicherweise neu bewertet werden. Diese Fragen sollen vorliegend jedoch hinter der Verpflichtung von Staaten zurücktreten.

2. *… an einen anderen Staat oder einen nichtstaatlichen Akteur*

Unter Lieferungen *an einen anderen Staat* werden Lieferungen an die amtierende, international anerkannte Regierung in einem anderen Staat verstanden.

Lieferungen *an einen nichtstaatlichen Akteur* sollen Lieferungen an Gruppen, die die Regierung eines Drittstaates über einen längeren Zeitraum herausfordern, umfassen. Die Begriffe *Opposition*, *Rebellen*, *Aufständische* und *nichtstaatlicher Akteur* werden in der vorliegenden Arbeit synonym verwendet. Die Verwendung eines der Begriffe soll stets keine Rückschlüsse auf die Rechtmäßigkeit der Gruppe, ihren Rückhalt in der Gesellschaft oder ihre Organisationstruktur zulassen. Damit sind auch Gruppierungen, die die Voraussetzungen einer *organized armed group* im Sinne der vorherrschenden Auffassung über die Klassifizierung von nichtinternationalen bewaffneten Konflikten[94] (noch) nicht oder nicht mehr erfüllen, vom Umfang der Arbeit erfasst. Denn es ist zu vermuten, dass die Rechtmäßigkeit von Lieferungen an nichtstaatliche Akteure auch maßgeblich vom Zeitpunkt der Lieferung beeinflusst wird, namentlich ob die Schwelle zum Bürgerkrieg bereits überschritten wurde und die Gruppierung dies aus eigener Kraft herbeiführen konnte.

---

90 Im Folgenden CAR; beispielsweise hier: Weapons of the Islamic State: A three year investigation in Iraq and Syria (December 2017), https://www.conflictarm.com/download-file/?report_id=2568&file_id=2571 (zuletzt aufgerufen am 17.08.2019), vor allem S. 19 f.

91 Hierzu allgemein *Eliav Lieblich*, International Law and Civil Wars, eds., Sriram et al., (Law, Conflict and International Relations; London: Routledge, 2013).

92 *Eliav Lieblich*, International Law and Civil Wars, eds., Sriram et al., (Law, Conflict and International Relations; London: Routledge, 2013) S. 110 f.

93 Im Folgenden Gemeinsamer Standpunkt 2008/944/GASP.

94 Im Folgenden auch NIAC.

III. Der Waffenbegriff

1. Ein weiter Waffenbegriff

Der Begriff „Waffe" wird hier weitgreifend verstanden. Es wird bewusst gerade keine Einschränkung auf bestimmte Waffentypen vorgenommen, wie dies beispielsweise durch SIPRI geschieht, welches sich auf sogenannte *Major Conventional Weapons* beschränkt.[95] Zentrale Kategorien wie Munition, Technologien und Reparatur/Supportsysteme und vor allem auch SALW[96] (außer sogenannte MANPADS[97]), sind dadurch von der Aufnahme in die Datenbanken des Institutes ausgeschlossen. Dabei handelt es sich bei Letzteren nun allerdings um einen Waffentypus, der maßgeblich zur Intensität von Konflikten beiträgt und zu einem nicht unwesentlichen Teil in Konfliktzonen geliefert wird. Eine derartige Einschränkung mag sich zwar für das Format einer Datenbank als sinnvoll erweisen, da das öffentlich zugängliche Material oftmals nicht ausreicht, um gerade den Handel mit dieser Art von Waffen, die klein sind und daher leicht verdeckt gehandelt werden können, in belastbarer Weise zu dokumentieren.[98] Sie ist jedoch im Rahmen einer Arbeit verfehlt, die sich umfassend mit der völkerrechtlichen Zulässigkeit von Waffenlieferungen befasst.

Der Arbeit liegt daher ein weites Verständnis des Begriffs Waffe zugrunde, das alle bekannten Kategorien von Waffen im weitesten Sinne umfasst. Dieses Verständnis von Waffenlieferungen erstreckt sich auch auf sogenannte *dual use*-Güter[99], auf die allerdings nicht gesondert eingegangen wird.

---

95 Im Folgenden MCW; vgl. die Erklärung abrufbar unter http://www.sipri.org/databases/armstransfers/armstransfers/background, mit einer Liste der „major conventional weapons" nach SIPRI.

96 Definiert durch das Small Arms Survey als: „small arms: rifles and carbines, submachine guns and light machine guns. Light weapons: hand-held under-barrel and mounted grenade launchers, portable anti-aircraft guns, portable anti-tank guns, recoilless rifles, portable launchers of and rocket systems; and of calibres of less than 100 mm", http://www.smallarmssurvey.org/weapons-and-markets/definitions.html, (zuletzt aufgerufen am 17.08.2019).

97 Man-portable airdefense systems.

98 So auch SIPRI unter 3. auf https://www.sipri.org/databases/armstransfers/sources-and-methods.

99 Definition: Dual-use-Güter sind Güter mit doppeltem Verwendungszweck – sowohl militärisch als auch zu zivilen Zwecken, http://www.duden.de/rechtschreibung/Dual_Use_Produkt (zuletzt aufgerufen am 27.08.2019). Vgl. auch die Definition von „dual use items" in Council Regulation (EC) No 428/2009 of 5 May 2009 in Art. 1: „‚dual-use items' shall mean items, including software and technology, which can be used for both civil and military purposes, and shall include all goods which

2. *Non-lethal assistance*

Neben Waffenlieferungen soll auch die Lieferung sogenannter *non-lethal weapons* beziehungsweise die Bereitstellung von sogenannter *non-lethal assistance* in die Bearbeitung mit einbezogen werden. Eine gesonderte Auseinandersetzung mit diesen Phänomenen findet allerdings nicht statt, einige einleitende Worte sollen hier genügen.

Wie der Name schon andeutet, handelt es sich dabei um Waffen oder eine Art von Hilfe, die ihrer Natur nach nicht dazu geeignet oder entworfen sind, schwere Verletzungen hervorzurufen oder gar zu töten.[100] Die Einbeziehung dieser Unterstützungshandlungen ist dadurch gerechtfertigt, dass sie oft zusätzlich zu den Lieferungen von Waffen erfolgt oder ihnen vorausgeht. Auch der Umfang, in dem sogenannte *non-lethal assistance* gewährt wird, ist bisweilen beachtlich. So berichtete beispielsweise die *New York Times* 2015, dass die amerikanische Regierung 75 Millionen US-Dollar für *non-lethal assistance* zugunsten des ukrainischen Militärs bereitgestellt hatte.[101] Diese Unterstützung umfasste nach Angaben der *New York Times* unter anderem „radios, first-aid kits, surveillance drones, countermortar radar systems and military ambulances".[102] Unterstützungsmaßnahmen in diesem Ausmaß, auch im Hinblick auf Technologien, die hier als *non-lethal* eingestuft wurden, können das Kräftegleichgewicht in einem innerstaatlichen Konflikt nachhaltig beeinflussen. Dies gilt vor allem für den Fall, dass sie der Opposition zur Verfügung gestellt werden, die meist neben dem Kampf gegen die Regierung auch einen Kampf um Ausrüstung führt. Die obige Aufzählung verdeutlicht ferner, dass eine Unterscheidung zwischen Waffen, *dual use*-Gütern und *non-lethal assistance* abstrakt nicht ohne Weiteres getroffen werden kann. War während der gegen den Irak verhängten Wirtschaftssanktionen der Import von Bleistiften wegen des *dual use*-Charakters des Graphits untersagt, war es im Fall von Kuwait der Export von Babymilch.[103]

---

can be used for both non-explosive uses and assisting in any way in the manufacture of nuclear weapons or other nuclear explosive devices."

100 https://www.non-lethal-weapons.org/nlw.html (zuletzt aufgerufen am 17.08.2019).

101 http://www.nytimes.com/2015/03/12/us/us-imposes-sanctions-on-pro-russian-separatists-in-ukraine.html (zuletzt aufgerufen am 17.08.2019).

102 http://www.nytimes.com/2015/03/12/us/us-imposes-sanctions-on-pro-russian-separatists-in-ukraine.html (zuletzt aufgerufen am 17.08.2019).

103 *Vera Gowlland-Debbas,* The Security Council as Enforcer of Human Rights, in Bardo Fassbender (ed.), Securing Human Rights? Achievements and challenges of the UN Security Council, (Oxford: Oxford University Press, 2011) S. 53 f.

Die Einbeziehung von *non-lethal assistance* erscheint auch vor dem Hintergrund der gegenwärtigen Praxis von Lieferungen an Konfliktparteien als geboten: Die Unterstützung von Parteien eines innerstaatlichen bewaffneten Konflikts erfährt schleichend eine immer weitergehende Ausdifferenzierung durch die Neuschöpfung von Kategorien wie *non-lethal assistance*. So entstand beispielsweise eine weitere Kategorie von Unterstützungshandlungen beziehungsweise Waffen, die sogenannten *defensive weapons/defensive lethal aid*[104]. Welchen Inhalt *defensive lethal aid* genau hat oder haben soll[105], kann für die vorliegende Bearbeitung dahinstehen. Aber es wird in Zukunft interessant sein zu sehen, ob diese Arten der Unterstützung eine andere rechtliche Einordnung erfahren werden und das geltende Völkerrecht gegebenenfalls dementsprechend modifiziert wird.[106]

IV. Innerstaatlicher bewaffneter Konflikt

Der Begriff des „innerstaatlichen bewaffneten Konflikts“ wird in der vorliegenden Arbeit normativ verstanden. Er orientiert sich an den im humanitären Völkerrecht ausgearbeiteten und anerkannten Kriterien. Diese werden im Folgenden kurz im Überblick dargestellt.

Im Rahmen der Vorschriften, die das Verhalten von Staaten im innerstaatlichen bewaffneten Konflikt regeln – *laws of non-international armed conflict*[107] –, lassen sich vier Schwellen (*thresholds*) identifizieren: Gewalt unterhalb der Schwelle zum innerstaatlichen bewaffneten Konflikt (auch *below-the-threshold violence*[108]), gefolgt von zwei quantitativ verschiedenen Stufen innerhalb des innerstaatlichen bewaffneten Konflikts und schließlich die letzte Schwelle, die den Übergang zum qualitativ unterschiedlichen internationalen Konflikt[109] markiert. Innerstaatliche bewaffnete Konflikte zeichnen sich

---

104 *Ivo Daalder et al.*, Preserving Ukraine's Independence, Resisting Russian Aggression: What the United States and NATO Must Do, (2015) S. 1/5.

105 Waffen, die denjenigen gegeben werden, die sich verteidigen, beziehungsweise, die vorwiegend zur Verteidigung geeignet sind, http://www.bbc.com/news/blogs-magazine-monitor-31141840 (zuletzt aufgerufen am 18.08.2019).

106 Hierzu beispielsweise für das Interventionsverbot: *Christina Nowak*, The changing law of non-intervention in civil wars: assessing the production of legality in state practice after 2011, Journal on the Use of Force and International Law, 5/1 (2018).

107 Im Folgenden LONIAC.

108 *Yoram Dinstein*, Non-International Armed Conflicts in International Law, (Cambridge: Cambridge University Press, 2014) Rn. 111.

109 In der Folge IAC.

dadurch aus, dass es sich nicht nur um sogenannte *below-the-threshold violence* handelt, aber gleichwohl noch kein internationaler Konflikt vorliegt.

Below-the-threshold violence ist dadurch gekennzeichnet, dass der Anwendungsbereich des gemeinsamen Art. 3 der Genfer Konventionen I–IV von 1949 – die erste Schwelle – gerade nicht erreicht ist. Art. 3 GK I–IV legt dabei lediglich fest, dass es sich um einen „armed conflict not of an international character" handeln muss. Der Begriff des bewaffneten Konflikts – *armed conflict* – wurde durch die Rechtsprechung der *ad hoc*-Tribunale für das ehemalige Jugoslawien und Ruanda näher ausdifferenziert und abgegrenzt. So befand der ICTY in einem Beschluss 1995 in dem Fall *Prosecutor v. Tadic*:

> „[...] an armed conflict exists whenever there is a resort to armed force between States or **protracted armed violence between governmental authorities and organized armed groups** or between such groups within a State"[110] (Hervorhebung durch die Verfasserin).

Innerhalb des Völkervertragsrechts wird sporadische Gewalt dann in einem weiteren Schritt vom bewaffneten Konflikt abgegrenzt. So legt Art. 1 § 2 AP II fest, dass das Zusatzprotokoll keine Anwendung findet auf:

> „situations of **internal disturbances** and tensions, such as riots, isolated and sporadic acts of violence and other acts of a similar nature, as **not being armed conflicts**" (Hervorhebung durch die Verfasserin).

Dieser Wortlaut wird durch eine Vielzahl von Übereinkommen aufgegriffen und findet so Eingang in das Römische Statut des Internationalen Strafgerichtshofes in Art. 8 (2) d sowie in Art. 22 II des zweiten Zusatzprotokolls der Haager Konvention zum Schutz von Kulturgut bei bewaffneten Konflikten und Art. 1 II des Zusatzes zum Übereinkommen über das Verbot oder die Beschränkung des Einsatzes bestimmter konventioneller Waffen, die übermäßiges Leiden verursachen oder unterschiedslos wirken können.[111] Es überzeugt daher, dass innere Unruhen und sporadische Gewalt nicht ausreichen sollen, um die Schwelle zum innerstaatlichen bewaffneten Konflikt für überschritten zu erklären.[112]

---

110 *Prosecutor v. Dusko Tadic*, Decision on the Defence Motion for interlocutory Appeal on Jurisdiction, 1995, para. 70

111 So auch *Yoram Dinstein*, Non-International Armed Conflicts in International Law, (Cambridge: Cambridge University Press, 2014) S. 21.

112 *Yoram Dinstein*, Non-International Armed Conflicts in International Law, (Cambridge: Cambridge University Press, 2014) S. 21.

Art. 3 GK I–IV selbst schweigt zu den weiteren Kriterien der Feststellung eines innerstaatlichen bewaffneten Konflikts. Auch hier wurde daher in der Vergangenheit das geltende Gewohnheitsrecht durch die Rechtsprechung der *ad hoc*-Tribunale für das ehemalige Jugoslawien und Ruanda weiter ausdifferenziert. Demnach muss die bewaffnete Auseinandersetzung zwischen zwei oder mehr bewaffneten Gruppen stattfinden, wobei im Rahmen des Art. 3 GK I–IV nicht zwangsläufig die Regierung beteiligt sein muss.[113] Darin unterscheiden sich die erste und zweite Schwelle: Zum Überschreiten der zweiten Schwelle muss es sich laut Art. 1 I AP II um eine Auseinandersetzung handeln, an der die Regierung beteiligt ist.

Eine bewaffnete Gruppe kann nur Partei eines innerstaatlichen bewaffneten Konflikts sein, sofern es sich um eine *organized armed group* handelt.[114] Hier unterscheiden sich erste und zweite Schwelle in den Anforderungen, die an die Organisation der bewaffneten Gruppe gestellt werden. Wie durch die Berufungskammer des ICTY in dem Urteil *Boskoski et al.* 2008[115] festgestellt wurde, muss eine bewaffnete Gruppe, um Partei eines *armed conflicts* zu sein, zwar immer jedenfalls ein Minimum an Organisation aufweisen,[116] im Anwendungsbereich des AP II werden die Anforderung an die Organisation aber dann noch verschärft. Während bei Art. 3 GK I–IV nur eine „gewisse" Organisation vorliegen muss, wurden in *Boskoski et al.* die durch andere Kammern erarbeiteten Kriterien, die das Vorliegen einer Organisation im Sinne des AP II vermuten lassen, zu folgenden Gruppen zusammengefasst: das Bestehen einer Befehlskette (*chain of command*),[117] die Kapazität, auch komplexe militärische

113 *Prosecutor v. Dusko Tadic,* Decision on the Defence Motion for interlocutory Appeal on Jurisdiction, 1995, para. 54: „*protracted armed violence between governmental authorities and organized armed groups or between such groups within a state*".

114 *Dapo Akande,* Classification of Armed Conflicts: Relevant Legal Concepts, in Elisabeth Wilmshurst (ed.), International Law and the Classification of Conflicts, (Oxford: Oxford University Press, 2012) S. 51; *Yoram Dinstein,* Non-International Armed Conflicts in International Law, (Cambridge: Cambridge University Press, 2014) S. 41 f., 47, die beide in großen Teilen auf verschiedene Urteile des *Tadic*-Falls zurückgreifen. So aber auch *Prosecutor v. Akayesu,* ICTR, Trial Chamber, 1998, para. 620; *Prosecutor v. Fatmir Limaj, Haradin Bala and Isak Musliu,* Case No. IT-03-66-T, Judgement, 30 November 2005, para. 88 f.

115 *Prosecutor v Boskoski et al.*, ICTY Judgement Appeals Chamber 2008, para. 197.

116 *Prosecutor v. Fatmir Limaj, Haradin Bala and Isak Musliu,* Case No. IT-03-66-T, Judgement, 30 November 2005, para. 89.

117 M.w.N. und Beispielen *Prosecutor v. Boskoski et al.*, ICTY Judgement Appeals Chamber 2008, para. 199.

Handlungen vorzunehmen,[118] hinreichende Logistik,[119] Disziplinarregeln, welche die Einhaltung der Anforderungen von Art. 3 GK I–IV gewährleisten können,[120] und schließlich die Fähigkeit, mit einer Stimme zu sprechen.[121] Es gilt jedoch zu bedenken, dass es sich bei all dem nur um Indizien handelt und eine definitive Feststellung nur im Einzelfall getroffen werden kann.

Wird in dieser Arbeit auch ein spezieller Fokus auf den innerstaatlichen bewaffneten Konflikt gelegt, soll dies dennoch nicht dazu führen, dass ausschließlich die Zeitpunkte betrachtet werden, in denen die „formellen" Voraussetzungen eines innerstaatlichen bewaffneten Konflikts schon oder noch vorliegen. Vielmehr soll die Frage von Bedeutung sein, ob das Vorliegen der Voraussetzungen und damit das Überschreiten der Schwelle von inneren Unruhen zum innerstaatlichen bewaffneten Konflikt die rechtliche Bewertung beeinflusst. Dies spielt denkbarerweise im Fall von Waffenlieferungen an die Regierung eine Rolle, die jedenfalls zu Friedenszeiten für zulässig erachtet werden. Es gibt gleichwohl Ansätze, von dieser Feststellung im Falle eines innerstaatlichen bewaffneten Konflikts im Zielland abweichen.[122]

Überdies ist auch der genaue Zeitpunkt der Lieferung von Waffen oder Rüstungsgütern an die Opposition für deren Rechtmäßigkeit bedeutsam. Betrachtet man den Verlauf eines Konflikts über die obengenannten Schwellen hinweg als Kontinuum, dann können Lieferungen in unterschiedlichen Phasen durchaus auch unterschiedliche Bewertung erfahren. Die Frage, ob die Opposition den Schritt von *internal disturbance* zum innerstaatlichen bewaffneten Konflikt aus eigener Kraft geschafft hat oder erst Unterstützungshandlungen von außen diesen möglich gemacht haben, ist geeignet, die rechtliche Bewertung von Waffenlieferungen zu beeinflussen. Denn sollte der „Aufstieg" zum NIAC von der Opposition nicht alleine vollbracht worden sein, ist das Argument, der NIAC sei Ausdruck des mangelnden Rückhalts der Regierung in der Bevölkerung, bei Weitem nicht mehr so überzeugend. Der besondere Charakter

---

118 M.w.N. und Beispielen *Prosecutor v. Boskoski et al.*, ICTY Judgement Appeals Chamber 2008, para. 200.

119 M.w.N. und Beispielen *Prosecutor v. Boskoski et al.*, ICTY Judgement Appeals Chamber 2008, para. 201.

120 M.w.N. und Beispielen *Prosecutor v. Boskoski et al.*, ICTY Judgement Appeals Chamber 2008, para. 202.

121 M.w.N. und Beispielen *Prosecutor v. Boskoski et al.*, ICTY Judgement Appeals Chamber 2008, para. 203.

122 *Louise Doswald-Beck*, The Legal Validity of Military Intervention by Invitation of the Government, British Yearbook of International Law, 56 (1985) S. 251.

des NIAC besteht in der Regel ja gerade darin, dass die Opposition trotz einer schlechteren Ausgangsituation, im Hinblick auf Ausrüstung, finanzielle Mittel und Organisation, mithilfe umfassenden Rückhalts in der Bevölkerung ausnahmsweise eine Situation zu schaffen vermag, in der sie die Regierung für eine nicht unerhebliche Zeit herausfordert und damit ernsthaft infrage stellt. Wird dies nun maßgeblich von außen gefördert, initiiert oder beeinflusst, kann oder muss sich auch die rechtliche Bewertung ändern.

Die Frage der Internationalisierung von Konflikten durch Waffenlieferungen kann schließlich offenbleiben. Sie beeinflusst die völkerrechtliche Zulässigkeit von Waffenlieferungen nicht, da im Falle der Internationalisierung eines Konflikts lediglich neben den innerstaatlichen ein zweiter, zwischenstaatlicher Konflikt gestellt wird. Zu Bedenken ist jedoch, dass, sofern Waffenlieferungen das Interventions- und/oder das Gewaltverbot verletzen, eine Internationalisierung des Konflikts folgerichtig auf der Hand liegt. Ein internationaler bewaffneter Konflikt setzt definitorisch die Gewaltanwendung zwischen Staaten voraus, die in einem solchen Fall gerade gegeben wäre.[123]

V. Rechtliche Dimension

In rechtlicher Hinsicht befasst sich die Arbeit im Wesentlichen mit dem Völkerrecht, speziell mit dem Interventions- und Gewaltverbot, Menschenrechten, humanitärem Völkerrecht und der Staatenverantwortlichkeit nach Art. 16 ASR. Im Zusammenhang mit den Vorgaben der Menschenrechte und des humanitären Völkerrechts, findet überdies eine detaillierte Auseinandersetzung mit dem ATT und dem Gemeinsamen Standpunkt in der Außen- und Sicherheitspolitik der Europäischen Union 2008/944/GASP[124] statt. Zusätzlich wird ein kurzer Überblick über nationale Rüstungskontrollsysteme wichtiger Staaten gegeben, um die Einordnung der regionalen und internationalen Verpflichtungen zu ermöglichen.

VI. Die Auswahl der Fallbeispiele

Die Arbeit wird auch hinsichtlich der Staatenpraxis nicht auf bestimmte Fälle von Waffenlieferungen oder Rüstungsexporten beschränkt. Doch schon die

---

123 Separate Opinion Judge Shahabuddeen, Tadic Trial Judgement, ICTY 1999 IT-94-1-A, para. 7, S. 151; *Dapo Akande*, Classification of Armed Conflicts: Relevant Legal Concepts, in Wilmshurst (ed.), International Law and the Classification of Conflicts, (Oxford: Oxford University Press, 2012) S. 61.

124 Im Folgenden Gemeinsamer Standpunkt 2008/944/GASP.

schiere Menge an offiziellen jährlichen Rüstungsexporten macht es nahezu unmöglich, sie jederzeit vollumfänglich zu überblicken. Ganz zu schweigen davon, dass auch verdeckte oder jedenfalls weniger öffentliche Lieferungen nicht unüblich sind. Die Arbeit kann daher keine über jeden Zweifel erhabene Vollständigkeit für sich beanspruchen. Die Beispiele, die vertieft besprochen werden, wurden gewählt, um von der Vielzahl der Herausforderungen, die Rüstungsexporte an das Völkerrecht stellen, diejenigen hervortreten zu lassen, die zentral für die hier dargestellten rechtlichen Bereiche sind.

Die Mehrzahl der genannten Fallbeispiele fällt in die Zeit nach 2011. Dies liegt zum einen im Fokus der Arbeit auf innerstaatliche bewaffnete Konflikte begründet. Zum anderen trat mit dem Arabischen Frühling eine tiefgreifende Veränderung des Verhaltens von Staaten ein, mit dem Ergebnis, dass fortan offen(er) über Waffenlieferungen an nichtstaatliche Akteure gesprochen wurde und -lieferungen an Regierungen, allen voran gegenwärtig im Jemenkonflikt, öffentlich infrage gestellt wurden.

Der Konflikt in Libyen bildete hier den Anfang. Ob die Sicherheitsratsresolution 1973 (2011) und ihre Formulierung

> „to take **all necessary measures**, notwithstanding paragraph 9 of resolution 1970 (2011), to protect civilians and civilian populated areas under threat of attack in the Libyan Arab Jamahiriya“[125] (Hervorhebung durch die Verfasserin)

auch das in Paragraf 9 der Resolution 1970 (2011) etablierte umfassende Embargo aufhebt und ob auch Waffenlieferungen an nichtstaatliche Akteure erfasst werden, steht im Zentrum der Diskussion. Der Konflikt in Syrien kann sodann im Hinblick auf Waffenlieferungen an nichtstaatliche Akteure und ihre Rechtfertigung als eine Verfestigung der Praxis in Libyen verstanden werden. Dieser Konflikt ist in besonderer Weise geeignet aufzuzeigen, wo und wie Waffenlieferungen das Interventions- und Gewaltverbot herausfordern. Ob die Praxis der Staaten aber ausreicht, um eine völkerrechtliche Abweichung von der bisher geltenden Annahme der Zulässigkeit von Lieferungen an Regierungen und der Unzulässigkeit von Lieferungen an nichtstaatliche Akteure zu konstituieren, wird geklärt werden müssen. Das Nicaragua-Urteil und die zugrunde liegenden Waffenlieferungen der USA an die Contras in den 1980er Jahren bedürfen in diesem Zusammenhang besonderer Aufmerksamkeit.

Der Konflikt im Jemen ist für die vorliegende Bearbeitung insofern zentral, als einerseits dem Iran von Beginn an die rechtswidrige Unterstützung der

125 UN-Doc. S/Res/1973 (2011), para. 4.

aufständischen Huthis vorgeworfen wurde. Andererseits hat das Eingreifen der saudisch geführten Koalition aufseiten der amtierenden Regierung in vielen Staaten zu Protesten gegen Waffenlieferungen an das Königreich geführt, da ihm wiederholt Menschenrechtsverletzungen und Verletzungen des humanitären Völkerrechts vorgeworfen wurden. Im Vereinigten Königreich wurde dieser Fall Gegenstand eines *judicial review*-Verfahrens. Den Kern dieses Verfahrens bildet die Überprüfung der genehmigten Exporte auf ihre Vereinbarkeit mit dem Gemeinsamen Standpunkt 2008/944/GASP der EU und seiner nationalen Umsetzung. Im Zuge dessen wird auch detailliert auf die Rechte und Pflichten der Entscheidungsträger eingegangen. Der Fall ist in dieser Hinsicht einzigartig und eignet sich besonders, um der Frage nach den Vorgaben des humanitären Völkerrechts und der der Menschenrechte im Zusammenhang mit Rüstungsexporten nachzugehen. Welche Anforderungen diese Bereiche des Völkerrechts an Waffenlieferungen stellen und ob diese vollumfänglich im ATT und/oder regionalen Übereinkommen aufgehen, wird in diesem Zusammenhang beantwortet.

Um ein möglichst umfassendes Bild der Problematik zu schaffen, folgen kürzere Exkurse in einzelne Problembereiche. Die Auswirkungen von Staatsgründungen und des Selbstbestimmungsrechts vor dem Hintergrund eines „Rechts auf Waffen" im Sinne des Art. 51 der UN-Charta werden unter Rückgriff auf den Jugoslawienkonflikt verdeutlicht. Dort wurde argumentiert, dass das zu Zeiten des Jugoslawienkonflikts bestehende Embargo den neu gegründeten Staat Bosnien unrechtmäßig benachteilige, woraufhin schließlich die USA unter Berufung auf das Recht auf Selbstverteidigung Bosniens Waffen lieferten.[126]

Schließlich wird die Situation der Rohingya in Myanmar angesprochen, da das Vorgehen der Regierung gegen diese von den Vereinten Nationen mitunter als Völkermord eingestuft wird. Ihre Betrachtung bietet schließlich die Möglichkeit, der Frage auf den Grund zu gehen, ob die Unterstützung von Regierungen jedenfalls zu Zeiten eines andauernden Völkermordes in letzter Konsequenz unzulässig ist.

C. Gang der Bearbeitung

Um die Forschungsfrage zu beantworten, werden im Rahmen von Kapitel 2 die politischen und wirtschaftlichen Interessen, die Waffenlieferungen zugrunde

126 Pub. L. 103-236 (30 April 1994), sec. 520 *(a)* (19), *(b)*.

liegen, dargestellt. Hierdurch wird verdeutlicht, dass das ihnen unterliegende, komplexe Interessengefüge seit jeher den Umgang von Staaten mit Waffenlieferungen und schließlich auch deren rechtliche Regulierung beeinflusst – und das, obwohl ihre Auswirkungen auf Konflikte nachhaltig und tiefgreifend sind.

Im Anschluss wird sich in Kapitel 3 der Rüstungsexportkontrolle zugewandt. Das Zusammenspiel von nationalen, regionalen und internationalen Reglungen, die den Handel mit Waffen betreffen, wird erläutert. Am Ende dieses Kapitels steht die Erkenntnis, dass es durchaus neben speziellen nationalen und regionalen Regelungen auch solche des internationalen Rechts gibt, dass gleichwohl deren Anwendungsbereich allerdings durch Lücken, vage und unklare Formulierungen faktisch wieder eingeschränkt wird.

Kapitel 4 hat das Interventions- und das Gewaltverbot zum Gegenstand. Aufbauend auf dem für diesen Bereich grundlegenden Urteil des Internationalen Gerichtshofes im Nicaragua-Fall, wird ein eventueller Paradigmenwechsel zu Zeiten des Arabischen Frühlings nachvollzogen. Dabei werden die Fragen aufgeworfen, ob es sich um einen wirklichen Wandel handelt und ob das Nicaragua-Urteil des Internationalen Gerichtshofes – an sich „not an easy reading“[127] – vielleicht gar nicht so uneingeschränkt als Grundlage für die Bewertung jeglicher Waffenlieferungen dienen kann.

Im Zentrum von Kapitel 5 stehen menschenrechtliche Verpflichtungen und solche des humanitären Völkerrechts. Die diesbezügliche Praxis der Staaten wird eingehend am Beispiel des Konflikts im Jemen dargestellt.

Im 6. Kapitel wendet sich die Bearbeitung dem Sekundärrecht zu. Dieser Bereich des Völkerrechts, der gegenwärtig viel Aufmerksamkeit und Ausdifferenzierung erfährt, könnte auch hinsichtlich der Regulierung von Rüstungsexporten in Zukunft wichtiger werden, als sein Name zunächst vermuten lässt. Hier wird schließlich auch die Frage aufgeworfen, ob das Verbot der Unterstützung von Völkermord eine wichtige letzte und vielleicht die einzig feste Grenze für Rüstungsexporte bildet.

Eine Zusammenfassung der Ergebnisse und eine Skizzierung der Zukunftsaussichten in Kapitel 7 bilden den Schluss der Arbeit.

---

127 Separate Opinion Judge Shahabuddeen, Tadic Trial Judgement, ICTY 1999 IT-94-1-A, para. 8, S. 151.

„With the munition business booming
through the world depression, this sensational,
history of the greatest armament
manufacturer of them all has
a grim timeliness
and grimmer significance“
(Hervorhebung durch die Verfasserin).[128]

Kapitel 2 „A grim timeliness and a grimmer significance“ – historische Entwicklung und politische Aspekte von Rüstungsexportkontrollen

Waffen und Waffenlieferungen haben nichts von dieser „grauenvollen Aktualität und noch grauenvolleren Bedeutung“ eingebüßt, die *Xavier Hautecloque* ihnen hier 1932 beimisst. Überträgt man nun dieses Zitat, welches sich in einem Aufsatz über den notorischsten Waffenhändler seiner Zeit, Basil Zaharoff, bezieht, in die Gegenwart, sind es nicht mehr wie im Jahr 1932 private Waffenhändler und Rüstungshersteller, die den Handel mit Waffen und ihre Produktion vorantreiben. Auch heute sind Rüstungsunternehmen weitüberwiegend privat, doch wird der Staat, der in letzter Instanz jeden Handel genehmigen muss, so selbst unweigerlich, pointiert ausgedrückt, zum Waffenhändler. Doch was macht Waffen im Unterschied zu anderen Exportgütern zu einem so kontroversen Gut und warum sind die Debatten um sie heute noch genauso zeitgemäß wie damals zu Zeiten *Hautecloques?* Was macht ihre „grim timeliness and grimmer significance“ aus? Und in welchem Zusammenhang stehen diese mit ihrer (völker-)rechtlichen Regulierung?

Um die gegenwärtig geltenden Rüstungsexportkontrollvorschriften und die entsprechende Praxis von Staaten besser nachvollziehen zu können, bedarf es der Darstellung sowohl des allgemeinen historischen Hintergrundes dieser Regelungen als auch der politischen Interessen und Überlegungen, die ihre Kodifikation seit jeher entscheidend geprägt haben. Im Folgenden wird aufgezeigt, wie sich die Regeln zur Exportkontrolle aus dem Zusammenspiel

128 *Xavier Hautecloque*, Zaharoff: Merchant of Death, The living Age (May 1932) S. 204.

ebendieser Interessen heraus entwickelt haben. Ob sie diesen Interessen noch heute dienen und ob beziehungsweise wie dies den Blick auf die Staatenpraxis beeinflussen muss, ist ein entscheidender Aspekt dieser Arbeit. Er wirkt fort auf die Frage, wie das geltende Recht im Hinblick auf Waffenlieferungen verstanden werden muss. Nach einer Darstellung der Entstehungsgeschichte der Rüstungsexportkontrolle (A.) folgt daher eine Auseinandersetzung mit den ihr zugrunde liegenden politischen und wirtschaftlichen Interessen (B.) und wie diese die Kodifikation beeinflusst haben. Abschließend wird vertieft darauf eingegangen, wie sich Waffenlieferungen auf Konflikte auswirken (C.).

A. Die Entstehungsgeschichte der Rüstungsexportkontrolle

Es war der zitierter Artikel von *Xavier Hautecloque*, der den heute bisweilen noch geläufigen Begriff *Merchants of Death*, also Händler des Todes, für Waffenhändler wie Basil Zaharoff und später auch Victor Bout prägte.[129] Zaharoff, 1918 noch durch die britische Regierung zum Ritter geschlagen und von Frankreich mit dem „Grand-croix de la Légion d'Honneur“ versehen, fiel tief, als man sich nach dem Ersten Weltkrieg eingehend Gedanken darüber machte, was diesen Krieg ausgelöst und gefördert hatte.[130] Private Waffenhändler wurden als Wurzel allen Übels identifiziert und als Händler des Todes gebrandmarkt. Vom Völkerbund sowie der amerikanischen und britischen Regierung wurden sie zum Gegenstand von Untersuchungen gemacht, die ihrer Rolle im Ersten Weltkrieg auf den Grund gehen sollten.[131] Hierauf folgten schließlich erste Forderungen, den Waffenhandel unter staatliche Kontrolle zu bringen, um zu verhindern, dass private Unternehmer aufgrund kapitalistischer Interessen Kriegszustände heraufbeschwören und verlängern. Beginnend in den 1930er Jahren wurden in den wesentlichen Exportnationen in Europa und Nordamerika daher staatliche Genehmigungen zur Voraussetzung für Rüstungsexporte.[132] Die Erkenntnis, dass es im nationalen Interesse eines jeden Staates liegt, selbst zu überwachen und zu kontrollieren, ob und wenn ja unter

---

129 *Xavier Hautecloque*, Zaharoff: Merchant of Death, The living Age (May 1932).

130 *John Stanley und Maurice Pearton*, The International Trade in Arms, (London: Chatto and Windus Ltd, 1972) S. 4.

131 *John Stanley und Maurice Pearton*, The International Trade in Arms, (London: Chatto and Windus Ltd, 1972) S. 4/5. Dort Fn. 2, „Report of the First Sub-Committee of the Temporary Mixed Commission of the League of Nations 1921“.

132 *John Stanley und Maurice Pearton*, The International Trade in Arms, (London: Chatto and Windus Ltd, 1972) S. 5.

welchen Voraussetzungen andere Staaten auf die innerstaatlich entwickelten, fortschrittlichen Waffensysteme zurückgreifen können, wog schwer. Sie vermochte es, den Wunsch eines jeden Staates, gerade im Bereich Rüstung so frei wie möglich Handel zu betreiben, einzuschränken.

Die ersten Regelungen der Rüstungsexportkontrolle waren also bei Weitem nicht rein humanitär motiviert, auch wenn man aus heutiger Sicht geneigt ist, sie in diesem Lichte zu sehen. Ihr erklärter Sinn und Zweck war es, zu verhindern, dass private Akteure beim Handel mit Waffen Staaten zur Gewinnmaximierung gegeneinander ausspielen. Dies kann zwar in letzter Konsequenz auch humanitäre Interessen fördern, war aber im Kern sicherheitspolitisch motiviert. Ein so zentraler Bereich wie Rüstung sollte einzig der Kontrolle eines jeden Staates unterstehen.

Vergleichbares gilt interessanterweise für das Motiv, das dem ersten internationalen Versuch, Waffenlieferungen verbindlich zu regeln, unterlag: Die General-Akte der Brüsseler Anti-Sklaverei-Konferenz von 1890 verbietet zwar Waffenlieferungen, aber nur weil sich die Kolonialmächte die Vormachtstellung in ihren jeweiligen Kolonien für Waffenlieferungen vertraglich sichern wollten.[133]

B. Ein Kaleidoskop politischer Interessen

Waffenlieferungen berühren eine Vielzahl von staatlichen Kerninteressen: innere Sicherheit, Außenpolitik, Wirtschaft, internationalen Frieden und Sicherheit sowie zunehmend auch humanitäre Erwägungen. Diese einzelnen Interessen wiegen bei genauerer Betrachtung allerdings faktisch bei Weitem nicht so schwer, wie man zunächst vermuten würde.

I. Der internationale Waffenhandel, ein lukratives Geschäft?

Die Bestimmung des Umfangs des internationalen Waffenhandels gestaltet sich nicht nur aufgrund hoher Geheimhaltung schwierig. Hinzutritt, dass die Transportwege von Waffen wie SALW nur schwer nachverfolgt (sogenanntes *tracking*) werden können und man sich so auf die öffentlich zugänglich gemachten Informationen der Regierungen verlassen muss. Diese wiederum sind bei Weitem nicht in allem Staaten so umfangreich und einfach zu finden, wie dies in Deutschland der Fall ist, wo mittlerweile halbjährliche Berichte zum Umfang

133 Stuart Casey-Maslen in: *Andrew Clapham et al.*, The Arms Trade Treaty: A Commentary, (Oxford Commentaries on International Law; Oxford: Oxford University Press, 2016) S. 3.

und Inhalt von Rüstungsexporten veröffentlicht werden.[134] Darüber hinaus trägt auch das zeitliche Auseinanderfallen von Auftragserteilung und tatsächlichem Export dazu bei, dass die Zahlen nur schwer in Relation gesetzt werden können. Geschätzt wird, dass sich der internationale Waffenhandel im Jahr 2017 auf rund 100 Milliarden US-Dollar beläuft.[135] Dem *Small Arms Survey* zufolge waren 2007 ungefähr 875 Millionen Handfeuerwaffen im Umlauf, 650 Millionen davon in den Händen von Zivilisten.[136] Heute, mehr als zehn Jahre später, wird sich diese Zahl aller Wahrscheinlichkeit nach deutlich erhöht haben.

Der wirtschaftliche Aspekt von Waffenexporten, den man hier vermuten mag, sollte gleichwohl auch nicht überschätzt werden. Als Wirtschaftsunternehmen tragen Rüstungsunternehmen ohne Frage zur Erwirtschaftung des Bruttoinlandsprodukts des jeweiligen Staates bei. Während eine gewisse wirtschaftliche Bedeutung daher nicht von der Hand gewiesen werden kann, muss diese aber volkswirtschaftlich in Relation gesetzt werden. Für Deutschland,[137] Russland und die USA liegt der Anteil der Rüstungsindustrie am Bruttoinlandsprodukt im Jahr 2018 nach eigenen Berechnungen weit unter 1 Prozent. Wie diese Zahlen errechnet wurden, muss im Folgenden allerdings noch genauer erklärt werden.

Es ist nahezu unmöglich, die Zahlen unterschiedlicher Staaten für verschiedene Rüstungsprodukte über Währungen hinweg miteinander zu vergleichen. Dies gilt selbst innerhalb eines Staates, wie am Beispiel von Deutschland deutlich wird. Im Jahr 2018 wurden Einzelausfuhrgenehmigungen für Kriegswaffen und sonstige Rüstungsgüter im Wert von 4,824 Milliarden Euro erteilt.[138]

---

134 Vgl. https://www.bmwi.de/Redaktion/DE/Dossier/ruestungsexportkontrolle.html (zuletzt aufgerufen am 20.02.2021).

135 SIPRI, https://www.sipri.org/databases/financial-value-global-arms-trade (zuletzt aufgerufen am 30.01.2018) und https://www.amnesty.org/en/latest/news/2015/08/killer-facts-the-scale-of-the-global-arms-trade/ (zuletzt aufgerufen am 30.01.2018) unter Berufung auf https://www.thesolutionsjournal.com/article/the-arms-trade-treaty-building-a-path-to-disarmament/ (zuletzt aufgerufen am 30.01.2018).

136 Small Arms Survey 2007: Guns and the City, Kapitel 2. Siehe hierzu auch die Grafik in Appendix A I.

137 Vgl. den Report der Stiftung Wissenschaft und Politik, der von „großzügig 1 %“ ausgeht für die Verteidigungs- und Sicherheitsindustrie mit Zahlen aus dem Jahr 2011: *Hilmar Linnenkamp und Christian Mölling*, Rüstung und Kernfähigkeiten, (Juni 2014) S. 2.

138 Bericht der Bundesregierung über ihre Exportpolitik für konventionelle Rüstungsgüter im Jahr 2018, abrufbar unter https://www.bmwi.de/Redaktion/DE/Publikationen/Aussenwirtschaft/ruestungsexportbericht-2018.html, (zuletzt aufgerufen am 15.08.2019), S. 16 unten.

Die bloße Erteilung der Genehmigung bedeutet indes nicht, dass dieser Betrag der Volkswirtschaft in diesem Jahr in dieser Höhe auch zugeflossen ist. Vielmehr liegen oft Jahre zwischen der erteilten Genehmigung, der Bezahlung und schließlich der Ausfuhr der Waffen. SIPRI hat daher mit dem sogenannten *trend-indicator value*[139] eigens ein komplexes System erarbeitet, dass die Vergleichbarkeit zwischen Staaten und Waffentypen im Bereich der größeren konventionellen Waffen gewährleisten soll.[140] Auf der Website zur Methodologie von SIPRI und dem TIV wird ausdrücklich darauf hingewiesen, dass sich diese Zahl allerdings nicht eignet, um sie zum Bruttoinlandsprodukt in Relation zu setzen. Stellt man diesen Vergleich dennoch als bloßes Gedankenexperiment an, um ein Gefühl für die Größenordnungen zu bekommen, um die es hier geht, kommt man bei Deutschland für das Jahr 2018 bei Zugrundelegung eines Bruttoinlandsprodukts von 3,34 Billionen Euro[141] und eines TIV von 1.277.000.000[142] zu einem Anteil am Bruttoinlandsprodukt von rund 0,04 Prozent. Nimmt man statt des TIV-Wertes den der erteilten Genehmigungen für das Jahr 2018 von 4.824.000.000 Euro aus dem Rüstungsexportbericht der Bundesregierung, sind es rund 0,14 Prozent.

Für die USA ergibt die entsprechende Rechnung einen Anteil von 0,05 Prozent des TIV von 10.508.000.000[143] am BIP von 20,49 Billionen US-Dollar[144]; für Russland entspricht ein TIV von 6.409.000.000[145] einem Anteil von 0,39 Prozent des Bruttoinlandsproduktes von 1,63 Billionen US-Dollar[146]. Der Beitrag von Rüstungsexporten zum BIP ist also verhältnismäßig gering.

Man mag nun einwenden, dass die Rüstungsindustrie als solche dennoch von hoher Bedeutung ist, da sie unzählige Arbeitsplätze schafft. Laut einer Studie der Stiftung Wissenschaft und Politik (SWP) hat die Rüstungsindustrie

---

139 Im Folgenden TIV.

140 https://www.sipri.org/databases/armstransfers/sources-and-methods (zuletzt aufgerufen am 20.08.2019).

141 https://de.statista.com/statistik/daten/studie/1251/umfrage/entwicklung-des-bruttoinlandsprodukts-seit-dem-jahr-1991/ (zuletzt aufgerufen am 20.08.2019).

142 TIV der Top 5 des Jahres 2018 im Annex C. V.

143 TIV der Top 5 des Jahres 2018 im Annex C. V.

144 https://data.worldbank.org/indicator/NY.GDP.MKTP.CD?locations=EU-US-CN (zuletzt aufgerufen am 20.08.2019).

145 TIV der Top 5 des Jahres 2018 im Annex C. V.

146 https://data.worldbank.org/indicator/NY.GDP.MKTP.CD?locations=EU-US-CN (zuletzt aufgerufen am 20.08.2019).

in Deutschland im Allgemeinen allerdings nur geringes volkwirtschaftliches Gewicht.[147]

> „Laut Statistik stellt die Branche 310 000 Arbeitsplätze; bei schärferer Abgrenzung von der Verteidigungsindustrie sind es nur etwa 98 000, in der klassischen Rüstungsindustrie (Waffensysteme, Waffen und Munition) sogar weniger als 20 000 direkte Beschäftigte.“[148]

Dabei gilt es gleichzeitig zu bedenken, dass

> „[d]ie klassische Rüstungsindustrie […] vollständig staatlich finanziert oder subventioniert [wird]. Rund 90 Prozent der 10 Milliarden Euro, die im Haushalt des Verteidigungsministeriums für Investitionen eingestellt sind, gehen an deutsche Unternehmen.“[149]

Auch der sogenannte *spin off*-Effekt, der von der Annahme ausgeht, dass die zivile Wirtschaft letztlich von technologischen Entwicklungen in der Rüstungsindustrie profitiert, scheint sich – jedenfalls in Deutschland – nach der Studie der SWP im Laufe der Zeit eher umgekehrt zu haben.[150]

All dies lässt vermuten, dass es jedenfalls nicht oder nicht alleine wirtschaftliche Interessen sind, die Staaten bei der Kontrolle von Waffenexporten motivieren. Unterstrichen wird diese Feststellung, wenn man Fälle bedenkt, in denen Staaten Waffen liefern oder vollständig von der Lieferung von Waffen absehen, obwohl es ihnen keinen wirtschaftlichen Vorteil bringt oder gar nachteilig ist. Hier kann beispielsweise an Lieferungen gedacht werden, die im Rahmen militärischer Hilfe unentgeltlich gewährt werden, um Verbündete zu unterstützen.[151] Ein weiteres Beispiel sind Waffenembargos, die unter Umständen sogar finanzielle Nachteile für die sie aufrechterhaltenden Staat mit sich bringen. Mit ihnen wird dem Schmieden und der Aufrechterhaltung von Allianzen der Vorrang vor finanziellen und wirtschaftlichen Interessen eingeräumt. Während also die Wichtigkeit der Branche vor allem im Wahlkampf

---

147 *Hilmar Linnenkamp und Christian Mölling*, Rüstung und Kernfähigkeiten, (Juni 2014) S. 2.

148 *Hilmar Linnenkamp und Christian Mölling*, Rüstung und Kernfähigkeiten, (Juni 2014) S. 2.

149 *Hilmar Linnenkamp und Christian Mölling*, Rüstung und Kernfähigkeiten, (Juni 2014) S. 2.

150 *Hilmar Linnenkamp und Christian Mölling*, Rüstung und Kernfähigkeiten, (Juni 2014) S. 2.

151 Zum Beispiel in Deutschland sogenannte Länderabgaben, siehe im Detail hierzu Kapitel 3 A. V. 4.

gerne gegen eine restriktive Rüstungspolitik ins Feld geführt wird, vermag sie bei genauerer Betrachtung die nationalen, regionalen und internationalen Regelungen ebenso wenig zu erklären wie die entsprechende Praxis der Staaten. Hier kann nun ein Blick auf die politischen Aspekte von Waffenlieferungen helfen zu erklären, warum beispielsweise bei bestimmten Waffentypen relativ früh Einigkeit über ein Verbot oder eine Begrenzung herrschte und warum es hinsichtlich des Handels mit Waffen im Allgemeinen bis 2014 dauern sollte, bis ein internationales Abkommen zu seiner Regulierung zustande kam. Im Folgenden wird der Grundstein für das Verständnis der Staatenpraxis und ihre Einordnung in das Völkerrecht gelegt.

II. Rüstungsexportkotrolle als Sicherheitsstrategie

Wie in Kapitel 1 unter B. I. kurz dargestellt, geht man in der Rüstungskontrolle allgemein davon aus, dass Konflikte unvermeidbar sind, die Art und Weise aber, wie sie geführt werden, und wie lange sie andauern, ist nachhaltig durch Rüstungsgüter und deren Verfügbarkeit bedingt und kann demnach durch ihre Kontrolle beeinflusst werden. Durch die Kontrolle aufseiten der produzierenden Staaten, welche Waffen in welchem Umfang wohin exportiert werden, soll Vorhersehbarkeit hinsichtlich künftiger Konflikte geschaffen und ein Wettrüsten langfristig verhindert werden. Warum sollte es dennoch über 100 Jahre dauern, bis aus den ersten Versuchen der Regulierung des internationalen Waffenhandels der Waffenhandelsvertrag der Vereinten Nationen hervorgehen konnte?

1. Politische Interessen: innere und äußere Sicherheit

Die Antwort auf diese Frage ist im Sicherheitsverständnis von Staaten zu finden. Bei einer Gefährdung der inneren oder äußeren Sicherheit werden Überlegungen der Wirtschaftlichkeit durchaus hintangestellt. Was also auf den ersten Blick erneut nach einem klaren Sieg humanitärer Werte aussieht, ist immer auch, wenn nicht gar ausschließlich, durch Sicherheitsinteressen bedingt. Dies kann am Beispiel der Konvention über das Verbot der Entwicklung, Herstellung und Lagerung bakteriologischer Waffen und Toxinwaffen sowie über die Vernichtung solcher Waffen aus dem Jahr 1972[152] nachvollzogen werden.

152 Interessanterweise, obwohl der Einsatz dieser Waffen schon 1925 mit dem „Protokoll über das Verbot der Verwendung von erstickenden, giftigen oder ähnlichen Gasen sowie von bakteriologischen Mitteln im Kriege“ völkerrechtlich verboten worden war.

Diese Waffen könnten durchaus gewinnbringend produziert werden. Aber die Gefahr, die von ihnen für die Menschheit ausgeht, überwiegt in diesem Fall. Vor allem da es sich um eine Kategorie von Waffen handelt, deren Einsatz nur schwer kontrolliert werden kann und man somit nie ganz ausschließen kann, dass auch der Staat, der sie einsetzt, auf lange Sicht unter den Folgen ihres Einsatzes leiden würde. In der Präambel der Konvention heißt es daher:

> „Convinced that such use would be repugnant to the conscience of mankind and that no effort should be spared to minimize this risk.“[153]

Die Tatsache, dass die Produktion von und der Handel mit biologischen und chemischen Waffen vertraglich weitestgehend abgedungen wurden, spricht also dafür, dass eine Orientierung an politischen Erwägungen die wirtschaftlichen Interessen überwiegen kann.

Dass der enge Zusammenhang von Waffenlieferungen und politischen Interessen bisweilen zu Problemen in der Rechtssetzung führt, verdeutlicht in der jüngeren Vergangenheit die Kodifikationsgeschichte des Vertrages über den Waffenhandel. Während der Gebrauch von und der Handel mit bestimmten Waffentypen schon in der ersten Hälfte des 20. Jahrhunderts reguliert wurde,[154] war der ATT, als er im Dezember 2014 in Kraft trat, der erste internationale Vertrag, der den Handel mit Rüstungsgütern umfassend regelt und erheblich einschränkt. Dass somit erst verhältnismäßig spät der Handel mit Waffen international reguliert wurde, ist nicht darauf zurückzuführen, dass es an Wissen um die erheblichen Auswirkungen des ungeregelten Handels mit Waffen bis dato mangelte. Auch das Ausmaß des Handels mit Waffen war seit jeher beträchtlich und nicht erst neuerdings unverhältnismäßig angestiegen. Aus diesen Gründen mangelte es auch nicht an mehr oder weniger vielversprechenden Versuchen: Das erste Übereinkommen, das sich unter anderem mit Waffenhandel befasst, ist die oben bereits erwähnte General-Akte der Brüsseler Antisklaverei-Konferenz von 1890.[155] Im 20. Jahrhundert gab es sodann wiederholt Versuche, einen Konsens zu finden, um den Grundgedanken der Brüsseler General-Akte an die veränderten Gegebenheiten anzupassen. Ein detaillierter Versuch der Kodifizierung wurde im Jahr 1919 mit der *Convention for the*

---

153 Präambel der Biowaffenkonvention von 1972.

154 Vgl. das Genfer Protokoll über das Verbot der Verwendung von erstickenden, giftigen oder ähnlichen Gasen sowie von bakteriologischen Mitteln im Kriege aus dem Jahr 1925.

155 Wenn auch nicht aus humanitären Überlegungen, siehe hierzu unter A. dieses Kapitels.

Control of the Trade in Arms and Ammunition unternommen, gefolgt von der *Convention for the Supervision of the International Trade in Arms, Munitions and Implements of War* des Völkerbundes im Jahr 1925. Aus Mangel an Unterstützung entscheidender Staaten, vor allem der USA,[156] traten beide nie in Kraft.

Während des Kalten Krieges traten dementsprechende Regulierungsbestrebungen dann in den Hintergrund. Das Hauptaugenmerk galt in dieser Zeit der Aufrechterhaltung und Ausbalancierung des fragilen Mächtegleichgewichts der Supermächte.[157] In dieser Zeit wurden zwar Verträge geschlossen, diese beschränkten sich aber entweder auf einen bestimmten Waffentypus, so 1968 der Non-Proliferation Treaty und 1972 das Abkommen über biologische Waffen, oder wurden von einer kleinen Gruppe von Staaten für einen bestimmten Einzelfall geschaffen, beispielsweise die dreigliedrige Erklärung von Frankreich, Groß-Britannien und den USA über die Sicherheit im Mittleren Osten von 1950 oder die Erklärung von Ayacucho von 1974, die durch Panama, Peru, Bolivien, Venezuela, Chile, Argentinien, Kolumbien und Ecuador unterzeichnet wurde.[158] Das bis zum ATT wohl umfassendste Regelwerk auf freiwilliger Basis, das Wassenaar-Übereinkommen, entstammt in seinen Grundzügen der Zeit des Kalten Kriegs: Es baut auf dem informellen Übereinkommen der USA und ihrer Verbündeten – dem *Coordinating Committee for Multilateral Export Controls (CoCom)* – auf und wurde für die Zeit nach der Blockkonfrontation angemessen umstrukturiert. Zentrales Instrument ist hier die Meldung von abgelehnten Exportanfragen durch Mitgliedsstaaten, um sicherzustellen, dass abgelehnte Anträge nicht durch andere Staaten erfüllt werden.

Erst mit dem Ende des Kalten Krieges wurden Bestrebungen, den Waffenhandel zu regulieren, wieder vermehrt laut und zunächst regional[159] und

156 Die Rolle der USA wird in diesem Zusammenhang laut *Stuart Casey-Maslen* als besonders zentral erachtet, *Andrew Clapham et al.*, The Arms Trade Treaty: A Commentary, (Oxford Commentaries on International Law; Oxford: Oxford University Press, 2016) S. 4.

157 *Loic Simonet*, Le Traité sur le Commerce des Armes: genèse, analyse, enjeux, perspectives du premier instrument juridique consacré à la réglementation des transferts internationaux d'armes conventionnelles, (Paris. Pedone, 2015) S. 27.

158 *Loic Simonet*, Le Traité sur le Commerce des Armes: genèse, analyse, enjeux, perspectives du premier instrument juridique consacré à la réglementation des transferts internationaux d'armes conventionnelles (Paris: Pedone, 2015) S. 27.

159 Auf Ebene der Europäischen Union mit dem Verhaltenskodex für Waffenexporte vom 5. Juni 1998 und auf afrikanischer Ebene mit dem Nairobi Protocol for the Prevention, Control and Reduction of Small Arms and Light Weapons in the Great Lakes Region and the Horn of Africa aus dem Jahr 2005.

schließlich mit dem Waffenhandelsvertrag der Vereinten Nationen von 2014 auch international umgesetzt. Die Interessen von Staaten beeinflussen also nicht nur ob, was und an wen geliefert wird, sondern naturgemäß auch, ob und inwieweit sie sich (internationalen) Regelungen zur Beschränkung ihrer Entscheidungsfreiheit unterwerfen. Warum aber sollten sich Staaten, in deren wirtschaftlichem und politischem Interesse es liegt, Waffen nach ihrem Belieben zu exportieren oder solche Exporte zu versagen, wo sie es für angemessen erachten, überhaupt gesetzlich und völkerrechtlich zu einer restriktiven Exportpraxis verpflichten?

2. Menschenrechte im Zentrum staatlicher Reputationsüberlegungen

Eine Antwort auf diese Frage findet sich in einem, vor allem nach dem Kalten Krieg hinzutretenden Faktor, der nicht nur die Schaffung der Rüstungsexportregulierungen nachhaltig beeinflusst, sondern im Ergebnis zentral für ihre Einhaltung ist: die öffentliche Meinung.[160] Dies liegt weitgehend in den Auswirkungen, die Waffenlieferungen auf die humanitäre Lage in ihren Zielgebieten haben, begründet.

Waffen töten Menschen und sind ein viel genutztes Mittel zur Verletzung von Menschenrechten. Deshalb werden sie naturgemäß in der öffentlichen Meinung wahrgenommen und problematisiert. Mit der zunehmenden Bedeutung von Menschenrechten im Völkerrecht und einem korrelierenden gesteigerten Bewusstsein der Zivilbevölkerung für die mit ihnen zusammenhängende Fragestellungen veränderte sich auch unweigerlich die Rolle von Menschenrechten und ihrer Einhaltung für die Reputation eines Staates sowohl in der eigenen Bevölkerung als auch in der internationalen Gemeinschaft. Es passt für Staaten wie Deutschland einfach nicht zum *Image*, zur Reputation, zum Selbstbild, Waffen in Bürgerkriegsgebiete oder an Unterdrückerregime zu liefern. Wenig überraschend gerieten in diesem Zuge Waffenlieferungen vermehrt öffentlich in Kritik, wie zuletzt im Zusammenhang mit der Unterstützung von Saudi-Arabien trotz seiner Rolle im Jemenkonflikt.[161] Dies wird noch weiter

---

160 Vgl. dazu allgemein *Jennifer L. Erickson*, Dangerous Trade: Arms Exports, Human Rights, and International Reputation, (New York: Columbia University Press, 2015); *John Stanley und Maurice Pearton*, The International Trade in Arms, (London: Chatto and Windus Ltd, 1972); *Loic Simonet*, Le Traité sur le Commerce des Armes: genèse, analyse, enjeux, perspectives du premier instrument juridique consacré à la réglementation des transferts internationaux d'armes conventionnelles, (Paris: Pedone, 2015).

161 Dazu mehr in Kapitel 5 C.

verstärkt durch die in den letzten Jahrzehnten stetig zunehmende freiwillige und unfreiwillige Transparenz: Zwar sind die einzelnen Verhandlungen und Verträge über Lieferungen meist weiterhin geheim, nach ihrer Durchführung kann und wird allerdings oft umfangreich über sie berichtet – in Deutschland beispielsweise seit 1999 im jährlichen und seit 2014 gar im halbjährlichen Rüstungsexportbericht der Bundesregierung. Ferner erlauben neue Technologien, beispielsweise die Zuhilfenahme der Analyse von sogenanntem *user-generated content,* Menschenrechtsverletzungen mit Waffen aufzudecken und über das Internet einer großen Öffentlichkeit bekannt zu machen.[162] Hier wird beispielsweise Bildmaterial, das Nutzer auf Internetplattformen wie YouTube oder in sozialen Medien hochladen, analysiert. Spezifische Seriennummern oder andere Kennzeichen und Erkennungsmerkmale ermöglichen dann die Ermittlung von Produzenten und sogar dem Produktionsort der Waffen. Die Größe der Waffe spielt hier natürlich eine Rolle: Handelt es sich beispielsweise um einen Flugzeugträger, ist der Nachweis darüber, wo er sich befindet und wer ihn gefertigt hat, weitaus leichter zu erbringen als bei Kleinwaffen.

Die Zivilgesellschaft nimmt bei der Regulierung von Rüstungsexporten historisch eine entscheidende Rolle ein. Der ATT wurde maßgeblich durch eine Gruppe von neun Friedensnobelpreisträgern, darunter der damalige Präsident Costa Ricas, Óscar Arias Sánchez, vorangetrieben.[163] Das steht im Einklang mit der Feststellung von *Jennifer Erickson*, dass es vor allem nationale Skandale und der aus ihnen resultierende Druck der Zivilgesellschaft sind, die Staaten aus Reputationsüberlegungen zur Unterwerfung unter restriktive Vorschriften bewegen.[164] Entsprechendes ließ sich bei der Biowaffenkonvention beobachten oder beim Verbot von Streumunition[165]. Gegenwärtig findet eine vergleichbare

162 Es handelt sich um die Analyse von Videos, die aus erster Hand stammen und von Privaten auf Plattformen wie youtube.com hochgeladen werden, vgl. hierzu allgemein und im Hinblick auf deren Nützlichkeit bei der Untersuchung von Menschenrechtsverletzungen: *Jay D. Aronson,* The Utility of User-Generated Content in Human Rights Investigations, in Molly K. Land et al. (eds.), New Technologies for Human Rights Law and Practice, (Cambridge: Cambridge University Press, 2018).

163 *Loic Simonet*, Le Traité sur le Commerce des Armes: genèse, analyse, enjeux, perspectives du premier instrument juridique consacré à la réglementation des transferts internationaux d'armes conventionnelles, (Paris: Pedone, 2015) S. 30 ff.

164 *Jennifer L. Erickson*, Dangerous Trade: Arms Exports, Human Rights, and International Reputation, (New York: Columbia University Press, 2015) vor allem S. 140 f.

165 Siehe für einen Überblick über die Entstehung *Brian Rappert und Richard Moyes*, The Prohibition on Cluster Munitions: Setting International Precedents for Defining Inhumanity, Nonproliferation Review, 16 (2009).

Entwicklung im Hinblick auf sogenannte *Killer Robots* statt.[166] Hier kommt das moralische Gewicht der Humanisierung des Völkerrechts im Rahmen der zunehmenden Bedeutung von Menschenrechten zum Tragen.

In vielen Exportnationen hat mit dem Konflikt im Jemen und dem dortigen Eingreifen der saudisch geführten „Koalition der Willigen" die öffentliche Diskussion um Lieferungen an Staaten, die Menschenrechte oder humanitäres Völkerrecht verletzen, zuletzt stark zugenommen. Bisweilen wurde diesbezüglich auch die gerichtliche Überprüfung von Exportentscheidungen angestrebt.[167] Dass der Diskurs hierbei nun vermehrt auf rechtliche Erwägungen gestützt wird, sollte gerade bei einem rechtlich derart problematischen Thema zwar nicht überraschen, ist aber dennoch durchaus eine neuere Entwicklung. Zwar besteht weitgehend Einigkeit darüber, dass auch außerhalb spezialgesetzlicher Regelungen wie des ATT rechtliche Vorgaben für Rüstungsexporte existieren. Zu dieser Erkenntnis gelangt beispielsweise auch *Zeray Yihdego* in seinem 2007 veröffentlichten Buch *The Arms Trade and International Law* für SALW[168], was denklogisch dann auch für MCW gelten muss. Dennoch findet man in der politikwissenschaftlichen Bearbeitung des Themas regelmäßig Formulierungen wie:

---

166 Siehe „Final report" CCW/MSP/201310 für die Entscheidung der Mitgliedsstaaten des *Übereinkommens über das Verbot oder die Beschränkung des Einsatzes bestimmter konventioneller Waffen, die übermäßige Leiden verursachen oder unterschiedslos wirken können,* sich dem Thema der Autonomen Waffensysteme anzunehmen, sowie „Draft Report of the 2019 session of the Group of Governmental Experts on Emerging Technologies in the Area of Lethal Autonomous Weapons Systems", CCW/GE.12019/CRP.1 vom 16. August 2019 für den aktuellen Stand.

167 Im Vereinigten Königreich (https://www.theguardian.com/world/2017/jul/10/uk-arms-exports-to-saudi-arabia-can-continue-high-court-rules, zuletzt aufgerufen am 20.08.2019), Kanada (https://www.theglobeandmail.com/news/politics/court-rejects-ottawas-bid-to-halt-saudi-arms-deal-lawsuit/article37550869/, zuletzt aufgerufen am 20.08.2019) und zuletzt unter anderem durch das *European Center for Constitutional and Human Rights* auch in Italien (https://www.ecchr.eu/fileadmin/Fallbeschreibungen/Fallbeschreibung_Jemen_Italien_Waffen_ECCHR_Mwatana_ReteDisarmo_20180418.pdf, zuletzt aufgerufen am 20.08.2019). Mehr dazu in Kapitel 5.

168 Allerdings auf SALW beschränkt, *Zeray Yihdego*, The Arms Trade and International Law, (Studies in International Law; Oxford: Hart Publishing, 2007).

> „The one case where international law intrudes on the export of small arms is in the case of states or organizations that are subjects of arms embargoes, such as those initiated by the UN Security Council, the EU, and the OSCE.“[169]

Oder

> „At the time of the attempted shipment, only the European Union (EU) had imposed a multilateral arms embargo on Zimbabwe. Neither China nor South Africa were party to any convention prohibiting the supply of arms to that country. **In fact, there were no international legal restrictions barring the sale of conventional weapons to Zimbabwe**“[170] (Hervorhebung durch die Verfasserin).

Und vergleichbare Formulierungen finden sich auch in den Medien:

> „London wie Paris sind überzeugt, dass die Drohung mit mehr Waffen Assad zum Einlenken bringen kann. **Es liegt ab jetzt im Belieben eines jeden EU-Staates, ob er Waffen an die Aufständischen liefert**“[171] (Hervorhebung durch die Verfasserin).

Der Grund für diese zumindest irreführend anmutenden Formulierungen lässt sich nicht mit Sicherheit feststellen, sie dürften aber jedenfalls anteilig auf die fehlende Einhaltung und Durchsetzung der bestehenden allgemeinen Regeln, darunter des Gewalt- und Interventionsverbots, der Menschenrechte und des humanitären Völkerrechts sowie der speziellen Regelungen, wie des Gemeinsamen Standpunkts 2008/944/GASP, zurückzuführen sein. Dies führt dazu, dass das (Völker-)Recht sowohl bei der praktischen Umsetzung von Rüstungsexportentscheidungen als auch in der öffentlichen Wahrnehmung marginalisiert wird. Die große Aufmerksamkeit, die der ATT in diesem Zusammenhang erfährt, könnte hierzu sogar noch beitragen. Teilweise wird vermutet, dass die Mitgliedschaft zwar das Ansehen der Staaten nach außen und untereinander steigert, aber zur Rechtseinhaltung wenig beitragen wird, da Staaten bereits durch ihren Beitritt zum Vertrag oder seine formale Einhaltung eine positive Reputation generieren können, sodass es auf dessen faktische Einhaltung nicht mehr ankommt.[172]

---

169 *Nicholas Marsh*, Two Sides of the Same Coin? The Legal and Illegal Trade in Small Arms, Brown Journal of World Affairs, 9/1 (2002) S. 218.

170 *Jennifer L. Erickson*, Dangerous Trade: Arms Exports, Human Rights, and International Reputation, (New York: Columbia University Press, 2015) S. 2.

171 https://www.sueddeutsche.de/politik/eu-hebt-waffenembargo-auf-syriens-rebellen-profitieren-von-europas-zerrissenheit-1.1682693 (zuletzt aufgerufen am 20.08.2018).

172 *Jennifer L. Erickson*, Dangerous Trade: Arms Exports, Human Rights, and International Reputation, (New York: Columbia University Press, 2015) S. 153.

„**To give arms to all** men who offer an honest price for
them, **without respect of persons or principles**:
[...]
all nationalities, all faiths, all follies,
all causes and all crime"[173]
(Hervorhebung durch die Verfasserin).

C. Ein Vietnamkrieg für Russland

Staaten handeln also nicht rein wirtschaftlich motiviert mit Waffen, wie es der Waffenhändler „Undershaft" in Bernhard Shaws „Major Barbara" tut, der sich ganz dem eingangs zitierten „Faith of the Armorer" verschrieben hat. Im Gegenteil: Waffenlieferungen scheinen durchaus taktisch eingesetzt zu werden, um außenpolitische Ziele zu verfolgen oder jedenfalls zu fördern. Gerade die Tatsache, dass private Waffenhändler eben jegliche Politik außer Acht ließen und an jeden Waffen lieferten, der bereit war, einen guten Preis für sie zu bezahlen, war es, was Staaten nach dem Ersten Weltkrieg dazu motivierte, Rüstungsexporte unter staatliche Kontrolle zu bringen. Wie tiefgreifend und weitreichend sich Waffenlieferungen in der Praxis auf Konflikte auswirken können, wird in der Folge erörtert.

Waffen prägen Konflikte. Ihre Verfügbarkeit, der Grad ihrer technischen Entwicklung, ihre Reichweite, Durchschlagskraft und Nachladegeschwindigkeit beeinflussen die Taktik der Kriegsführung und mit ihr den Ausgang und Ablauf von Konflikten nachhaltig. Einer Studie aus dem Jahr 2012 zufolge lässt eine einprozentige Zunahme der Waffenlieferungen an eine im Bürgerkrieg befindliche Regierung eine Verlängerung des Konflikts um rund 28,3 Prozent vermuten, sogar um 86,4 Prozent, betrachtet man nicht nur das letzte Jahr, sondern alle Waffenlieferungen in den fünf Jahren vor dem Konflikt.[174] Eine Erhöhung der Waffenkapazitäten von Rebellen lässt zwar nicht auf eine derartige Verlängerung des Konflikts schließen, jedoch tendenziell auf mehr Eskalation: 1 Prozent mehr Waffen an Rebellen führt nach dieser Studie zu 0,4 Prozent mehr Todesopfern durch direkte Kampfhandlungen.[175] Gerade das Erlangen

173 „The true faith of an Armorer", Act III § iii, George Bernhard Shaw, Major Barbara.

174 *Matthew Moore*, Selling to Both Sides: The Effects of Major Conventional Weapons Transfers on Civil War Severity and Duration, International Interactions, 38 (2012) S. 341.

175 *Matthew Moore*, Selling to Both Sides: The Effects of Major Conventional Weapons Transfers on Civil War Severity and Duration, International Interactions, 38 (2012) S. 339.

von Luftabwehrraketen ist essenziell für Rebellen, da diese ihnen erlauben, die sonst bestehende Asymmetrie des Konflikts aufzuheben: Es ist sonst gerade der Luftraum, in dem die Regierung aufgrund ihrer überlegenen Ausrüstung die Überhand hat.[176] Wie sich dieser Umstand in der Praxis auswirkt, kann anhand des Beispiels der sowjetischen Intervention in Afghanistan Ende der 1970er und in den 1980er Jahren verdeutlicht werden: Die Lieferung von *Stinger*-Luftabwehrraketen durch die USA neutralisierte die bis dahin meistgefürchtete Waffe der UdSSR – den schwerbewaffneten Mi-24-Helikopter – faktisch.[177] Zwar wurde dieser Einfluss der amerikanischen Raketen später durch russische Stellungnahmen in den Medien relativiert,[178] doch alleine die Tatsache, dass die Helikopterpiloten nun gezwungen wurden, wann immer möglich, außerhalb der Reichweite der *Stinger*-Luftabwehrraketen zu fliegen, beeinflusste unweigerlich die Art und Weise der Kriegsführung der Sowjetunion und nahm ihr einen bis dahin bestehenden entscheidenden Vorteil.

Das Ausmaß amerikanischer Einflussnahme war in dem konkreten Fall jedoch vielleicht noch weitreichender als zunächst vermutet. Jahre nach der sowjetischen Intervention in Afghanistan wurde bekannt, dass die USA die afghanischen *Mudschahedin* wohl schon *vor* Beginn der sowjetischen Intervention am 24. Dezember 1979 unterstützten und sie damit nicht nur in ihrer Selbstverteidigung stärkten. Diese Unterstützung erfolgte, laut der Stellungnahme des damaligen Sicherheitsberaters von US-Präsident Jimmy Carter, Zbigniew Brzezinski, in der erklärten Absicht, die UdSSR zu einer Intervention zu verleiten und in einen jahrelangen demoralisierenden Konflikt zu verwickeln. Brzezinski bezog hierzu in einem Interview aus dem Jahr 1998 Stellung, das im Folgenden ausführlich wiedergegeben wird, da es nur schwer aufzufinden ist:

> ***Le Nouvel Observateur***: Former CIA director Robert Gates states in his memoirs: The American secret services began six months before the Soviet intervention to support the Mujahideen [in Afghanistan]. At that time you were president Carter's security advisor; thus you played a key role in this affair. Do you confirm this statement?

---

176 *Matthew Moore*, Selling to Both Sides: The Effects of Major Conventional Weapons Transfers on Civil War Severity and Duration, International Interactions, 38 (2012) S. 331.

177 *Max Boot*, Invisible Armies: An Epic History of Guerrilla Warfare from Ancient Times to the Present, (London: Liveright Publishing, 2013) S. 497.

178 *Max Boot*, Invisible Armies: An Epic History of Guerrilla Warfare from Ancient Times to the Present, (London: Liveright Publishing, 2013) S. 497, demzufolge dies zwar ein Rückschlag für die Besatzer war, aber keineswegs das Ende der Intervention. Dieses wurde vielmehr schon ein Jahr zuvor durch Gorbatschow beschlossen.

Zbigniew Brzezinski: Yes. According to the official version, the CIA's support for the Mujahideen began in 1980, i.e. after the Soviet army's invasion of Afghanistan on 24 December 1979. But the reality, which was kept secret until today, is completely different: **Actually, it was on 3 July 1979 that president Carter signed the first directive for the secret support of the opposition against the pro-Soviet regime in Kabul. And on the same day I wrote a note, in which I explained to the president that this support would in my opinion lead to a military intervention by the Soviets.**

Le Nouvel Observateur: Despite this risk you were a supporter of this covert action? But perhaps you expected the Soviets to enter this war and tried to provoke it?

Zbigniew Brzezinski: It's not exactly like that. We didn't push the Russians to intervene **but we knowingly increased the probability that they would do it.**

Le Nouvel Observateur: When the Soviets justified their intervention with the statement that they were fighting against a secret US interference in Afghanistan, nobody believed them. Nevertheless, there was a core of truth to this ... Do you regret nothing today?

Zbigniew Brzezinski: Regret what? This secret operation was an excellent idea. It lured the Russians into the Afghan trap, and you would like me to regret that? On the day when the Soviets officially crossed the border, I wrote president Carter, in essence: **„We now have the opportunity to provide the USSR with their Viet Nam war."** Indeed for ten years Moscow had to conduct a war that was intolerable for the regime, a conflict which involved the demoralization and **finally the breakup of the Soviet Empire.**

Le Nouvel Observateur: And also, don't **you regret having helped future terrorists,** having given them weapons and advice?

Zbigniew Brzezinski: **What is most important for world history? The Taliban or the fall of the Soviet Empire? Some Islamic hotheads or the liberation of Central Europe and the end of the cold war?**[179] (Hervorhebungen durch die Verfasserin).

Die USA setzten also allem Anschein nach Waffenlieferungen an einen nichtstaatlichen Akteur ein, mit dem erklärten Ziel, die Wahrscheinlichkeit einer russischen Intervention in Afghanistan zu erhöhen. Dies sollte dazu dienen, die UdSSR zu schwächen und sie – dem signifikanten Anstieg der Hilfe an die Mudschahedin durch die USA von 30 Millionen US-Dollar 1980 auf 630 Millionen US-Dollar 1987 nach zu urteilen – auch zu bekämpfen[180]: Russland sollte ein „Vietnamkrieg" beschert werden, von dem man hoffte, die UdSSR würde

---

179 https://archives.globalresearch.ca/articles/BRZ110A.html (zuletzt aufgerufen am 18.08.2019).

180 *Max Boot*, Invisible Armies: An Epic History of Guerrilla Warfare from Ancient Times to the Present, (London: Liveright Publishing, 2013) S. 497.

daran zerbrechen,[181] und die Rechnung ging auf. Die Sowjetunion zerfiel. Die Unterstützung der USA blieb aber auch über diesen Konflikt hinaus nicht folgenlos. So haben beispielsweise die Taliban ihren Ursprung in Pakistan in sogenannten *Medresen*, also islamischen juristisch-theologischen Hochschulen, die in dieser Zeit durch Saudi-Arabien und die USA mitfinanziert wurden.[182] Dieser *blow-back* ist historisch betrachtet, keineswegs einzigartig.[183] Die Angst davor ist gleichwohl ein entscheidender Faktor, der zur Restriktion von Rüstungsexporten beiträgt. Die Angst, irgendwann einen Gegner zu bekämpfen, dem man zuvor (auch indirekt) die Waffen für den Kampf geliefert hat.

Vor dem Hintergrund der möglichen Auswirkungen von taktischen oder strategischen Waffenlieferungen auf Konflikte ist nicht von der Hand zu weisen, dass der liefernde Staat über sie Einfluss auf Konflikte nehmen kann oder sie wie im oben beschriebenen Fall der sowjetischen Intervention in Afghanistan sogar heraufbeschwören kann. Der ihrer Lieferung vorausgehende innerstaatliche Prozess unterscheidet sich allerdings maßgeblich von der Entscheidung über militärische Unterstützung durch Truppen: Während bei der Entscheidung über Truppeneinsätze in Deutschland beispielsweise parlamentarische Beteiligung notwendig ist,[184] werden Rüstungsexportentscheidungen hinter sprichwörtlichen verschlossenen Türen getroffen, dem Parlament steht, wenn überhaupt, nur ein eingeschränktes Informationsrecht zu, das sich nur auf erteilte Genehmigungen erstreckt, nicht aber auf solche, die versagt wurden.[185] Begründet mit der Souveränität des Staates, dem Kernbereich exekutiver Eigenverantwortung der Regierung oder sicherheitspolitischen Erwägungen, sind Rüstungsexportentscheidungen dem Zugriff des Rechts weitgehend entzogen. Dies wiederum kann der Schwere ihrer möglichen Auswirkungen, die nicht notwendigerweise hinter der von Truppeneinsätzen zurücksteht, nicht gerecht werden, wobei sich bisher nicht abzeichnet, dass das Inkrafttreten des ATT dies verändern konnte.

181 *Max Boot*, Invisible Armies: An Epic History of Guerrilla Warfare from Ancient Times to the Present, (London: Liveright Publishing, 2013) S. 495 ff.

182 *Max Boot*, Invisible Armies: An Epic History of Guerrilla Warfare from Ancient Times to the Present, (London: Liveright Publishing, 2013) S. 496 f.

183 *Max Boot*, Invisible Armies: An Epic History of Guerrilla Warfare from Ancient Times to the Present, (London: Liveright Publishing, 2013) S. 497.

184 Vgl. beispielsweise für Deutschland: Urteil des Bundesverfassungsgerichts vom 12. Juli 1994, BVerfGE 90, 286.

185 Urteil des Bundesverfassungsgerichts vom 21. Oktober 2014, BVerGE 137, 185.

D. Ergebnis

Die vorangegangene Darstellung diente dazu, einen kurzen Einblick in die vielschichtigen Interessen zu geben, die Waffenlieferungsentscheidungen zugrunde liegen. Waffen sind sowohl Handelsgut als auch Mittel, die zur Verletzung von Menschenrechten eingesetzt werden können. Sie dienen nicht nur der legitimen Selbstverteidigung, sondern können auch zur außenpolitischen Einflussnahme genutzt werden und stellen so die Bearbeitung vor vielerlei Herausforderungen. Gleichwohl bieten die Auseinandersetzung mit ihnen und ihre Einordung in das System des Völkerrechts daher auch besonderes Potenzial, sich den im Völkerrecht teils unscharfen Grenzen zwischen zulässig und unzulässig zu nähern.

Die Verfügbarkeit von Waffen beeinflusst den Fort- und Ausgang von Konflikten. Dies erlegt einem liefernden Staat viel Verantwortung auf: Jede Lieferung oder Nichtlieferung wirkt sich im Empfangsstaat aus, vor allem zu Zeiten eines innerstaatlichen bewaffneten Konflikts. Das Völkerrecht ist nicht blind für diese Dynamik und adressiert sie mit einem weitreichenden Netz aus allgemeinen und speziellen Verpflichtungen. Die Nachzeichnung dieses Netzes steht im Zentrum dieser Arbeit. Neben einem Überblick über die spezialgesetzlichen Regelungen sind Interventions- und Gewaltverbot, Menschenrechte und humanitäres Völkerrecht Gegenstand der Bearbeitung, und diese sind allesamt so umstritten wie zentral. Die komplexe Natur von Waffenlieferungen erlaubt es, durch ihr Prisma Licht auf tieferliegende strukturelle Unklarheiten in diesen Bereichen des Völkerrechts zu werfen, die allesamt auf die Gretchenfrage des Völkerrechts zurückzuführen sind:

> „Nun sag, wie hast du's mit der Politik?“

„The death toll from small arms
dwarfs that of all other weapons systems –
and in most years greatly exceeds the toll of the atomic
bombs that devastated Hiroshima and Nagasaki.
In terms of the carnage they cause, **small arms**,
indeed, could well be described as **„weapons of mass
destruction“**[186]
(Hervorhebung durch die Verfasserin).

Kapitel 3 Rüstungsexportkontrolle im Überblick

Um die Rolle des Friedenssicherungsrechts, der Menschenrechte, des humanitären Völkerrechts und der Staatenverantwortlichkeit bei Rüstungsexportentscheidungen von Staaten herauszuarbeiten, empfiehlt es sich, sich vor Augen zu führen, welche speziellen nationalen, regionalen und internationalen Vorschriften die Entscheidungen von Regierungen gegenwärtig regeln und wie sich diese in der Praxis der Staaten niederschlagen.

A. Nationale, regionale und internationale Regulierung des Waffenhandels: „realizing utopia“ oder „organized hypocrisy”?

Rüstungsexporte sind auf verschiedenen Ebenen – national, regional und international – direkten und indirekten Regelungen unterworfen. Diese Regelungen stehen immer vor der schwierigen Aufgabe, die in Kapitel 2 skizzierten Interessen bestmöglich in Ausgleich zu bringen. So stehen auch beim legalen Handel mit Waffen nationale Souveränität, zwischenstaatliche Allianzen, wirtschaftliche Vorteile und die Verpflichtungen von Staaten gegenüber nationalen Rüstungsunternehmen bisweilen diametral humanitären Überlegungen, der potenziellen Gefahr des Gebrauchs der Waffen zu Rechtsverletzungen oder der illegalen Weitergabe an terroristische Organisationen gegenüber. Dem Völkerrecht ist diese Art des Balanceakts letztlich inhärent. Er ist der grundlegenden Struktur des völkerrechtlichen Arguments geschuldet, welches immer zwischen

186 *Kofi A. Annan*, We the peoples: The Role of the United Nations in the 21 Century, (2000) S. 52.

apology und *utopia*[187] schwebt. Zwischen Apologie von Staatshandeln einerseits und überzogenen, utopischen Anforderungen an Staaten andererseits. Diese Dynamik lässt sich nun auch bei Waffenlieferungen erkennen. Einerseits wird das Verhalten von Staaten im Rückgriff auf die Einhaltung vager Vorschriften „entschuldigt", andererseits sind Forderungen aus der Zivilgesellschaft hinsichtlich der Menschenrechtspraxis von Empfangsstaaten „utopisch", da sie Verpflichtungen von Staaten verlangen, die zu konträr zu den Gewohnheiten der internationalen Gemeinschaft und bisheriger Verpflichtungen im Völkerecht wären. Ob ein Ausgleich hier überhaupt überzeugend und durchsetzbar gelingen kann, ist fraglich. In diesem Kapitel wird sich dieser Problematik über die bisher bestehenden nationalen, regionalen und seit dem ATT auch internationalen Rüstungsexportkontrollen genähert.

Die Zahlen sprechen auf den ersten Blick für sich, und zwar nicht für einen Siegeszug humanitärer Rüstungsexportkontrolle, den man nach dem Ende des Kalten Krieges 1990 erwartete: Im Jahr 2016 wurden durch europäische Staaten alleine 607 Rüstungsexportgenehmigungen für Saudi-Arabien erteilt, versagt wurden 23, davon zwölf unter Berufung auf Bedenken im Hinblick auf Menschenrechte oder humanitäres Völkerrecht, sechs weitere wegen des Risikos der Weiterverbreitung.[188] Diese Zahlen stehen vor dem Hintergrund wiederholter Stellungnahmen von Politikern, dass es keine Waffenlieferungen an völkerrechtsverletzende Staaten gebe, und gehäuften Medienberichten über die Verletzungen des humanitären Völkerrechts durch Saudi-Arabien und der saudisch geführten Koalition im Jemen. Waffenlieferungen in die Region *Middle East* haben im Zeitraum von 2014–2018 um 83 Prozent zugenommen, während Lieferungen in alle anderen Weltregionen abnahmen.[189] Die Frage, in welchem Verhältnis diese Zahlen nun mit den bestehenden Regelungen zur Rüstungsexportkontrolle stehen, soll ein Überblick über die regionalen und internationalen Exportkontrollvoraussetzungen sowie ein Einblick in die Systeme zentraler Exportnationen beantworten.

---

187 *Martti Koskenniemi*, From Apology to Utopia: The Structure of International Legal Argument, (Cambridge: Cambridge University Press, 2005).

188 Überarbeiteter neunzehnter Jahresbericht gemäß Artikel 8 Absatz 2 des Gemeinsamen Standpunkts 2008/944/GASP des Rates betreffend gemeinsame Regeln für die Kontrolle der Ausfuhr von Militärtechnologie und Militärgütern, Amtsblatt der Europäischen Union C/394/1.

189 *Pieter D. Wezeman et al.*, Trends in international arms transfers, 2018, SIPRI Factsheet (March 2019).

Den nationalen (V.), regionalen (II.) und internationalen (III.) Exportkontrollen werden einleitende Worte zu Embargos (I.) vorangestellt. Die wohl bekannteste und gängigste Handlungsform von Staaten im Hinblick auf die Regulierung von Rüstungsexporten zu Zeiten von Konflikten in den internationalen Beziehungen ist nicht Thema der Arbeit, lässt aber durchaus Rückschlüsse auf das staatliche Selbst- und Rechtsverständnis zu.

I. Embargos: Die Versagung von Waffen als Sanktion

An Embargos führt bei der Befassung mit Rüstungsexporten kein Weg vorbei. Sie sind das bekannteste und wahrscheinlich das am meisten verwendete Mittel zur Versagung von Rüstungsexporten an Staaten, etwa zu Zeiten eines innerstaatlichen bewaffneten Konflikts oder als Reaktion völkerrechtswidriges Verhalten anderer Staaten. Bei genauerer Betrachtung wird deutlich, dass sich aus der Art und Weise wie Embargos eingesetzt werden, durchaus Rückschlüsse darauf ziehen lassen, wie Staaten ihre eigenen Rechte und Pflichten im Hinblick auf Rüstungsexporte verstehen. Die Versagung von Waffen wird als Druckmittel, als „Bestrafung", verstanden und im Rahmen von wirtschaftlichen Sanktionen eingesetzt. Dies unterstreicht im Umkehrschluss, dass ihre Lieferung als ein Mittel der Diplomatie und Pflege zwischenstaatlicher Beziehungen verstanden und auch als solches genutzt wird.

Die geringen Auswirkungen von Waffenembargos auf die Zivilbevölkerung[190] lassen sie ferner gegenüber anderen Handelsembargos überlegen erscheinen. So zeichnen sie sich ja gerade dadurch aus, dass sie nicht auf die Wirtschaft eines Landes abzielen, sondern vielmehr auf dessen militärischen Handlungsspielraum.[191] Dennoch wohnt ihnen nicht weniger der Wille inne,

190 *Gary Clyde Hufbauer et al.*, Economic Sanctions Reconsidered, (3 edn.; Washington: Peter G. Peterson Institute for International Economics, 2009) S. 139.

191 *Hans-Konrad Ress*, Das Handelsembargo: Völker-, europa- und außenwirtschaftsrechtliche Rahmenbedingungen, Praxis und Entschädigung, eds., Jochen Abr. Frowein et al., (Beiträge zum ausländischen öffentlichen Recht und Völkerrecht, 137; Berlin: Springer, 2000) Fn. 15, S. 7. Unter Berufung auf: *Detlev Christian Dicke*, Die Intervention mit wirtschaftlichen Mitteln im Völkerrecht: Zugleich ein Beitrag zu den Fragen der wirtschaftlichen Souveränität, ed. Ignaz Seidl-Hohenveldern, (Völkerrecht und Internationales Wirtschaftsrecht, 10; Baden-Baden: Nomos, 1978) S. 208.

Einfluss auf das Verhalten des betroffenen Staates zu nehmen, und zwar unterhalb der Schwelle des Einsatzes militärischer Gewalt.[192]

Die Gründe, ein Embargo zu verhängen, sind vielfältig. Sie reichen von der Demonstration einer Führungsrolle in der internationalen Gemeinschaft, über Abschreckung bis – vor allem zu Beginn des 21. Jahrhunderts – zur Demonstration von Entrüstung und Vorbereitung härterer Maßnahmen.[193] Nicht weniger vielfältig sind die außenpolitischen Motive der Staaten, in deren Zentrum oft der Wille, in dem betroffenen Staat einen Regimewechsel herbeizuführen, zu vermuten ist.[194] Gerade multilaterale Embargos treffen den mit dem Embargo belegten Staat empfindlich: Wird einer Konfliktpartei der legale Zugang zu Rüstungsgütern multilateral durch ein Embargo der Vereinten Nationen abgeschnitten, ist diese auf den Schwarzmarkt oder auf Staaten angewiesen, die bereit sind, das Embargo zu brechen. Lieferungen werden dadurch problematischer, wenn nicht ganz unmöglich und auch hinsichtlich des Nachschubs an Munition und Ersatzteilen entsteht Unsicherheit, die wiederum grundlegenden Einfluss auf die Art und Weise der Konfliktführung hat. So grundlegend gar, dass man argumentieren kann, dass die Entscheidung, eine Seite eines Konflikts mit einem Embargo zu belegen, also keine Waffen (mehr) zu liefern, sich faktisch gleich schwerwiegend auswirkt wie die Entscheidung, sie zu liefern. Dies gilt besonders, wenn nicht die Regierung, sondern die Opposition, die sich ohnehin in einer unterlegenen Position befindet, mit einem Embargo belegt wird.

Staaten, die ein Embargo verhängen, senden mit diesem ein dreifaches Signal: Dem Zielstaat wird verdeutlicht, dass sein gegenwärtiges Verhalten nicht geduldet wird; Verbündeten wird signalisiert, dass der betreffende Staat seinen Worten auch Taten folgen lässt; und der eigenen Bevölkerung wird demonstriert, dass nationale Interessen auch außenpolitisch verfolgt werden.[195] All dies soll aber nicht darüber hinweg täuschen, dass Embargos oft aufgrund schwacher Durchsetzungsmechanismen, schlechter Überwachung, regionaler

---

192 *Gary Clyde Hufbauer et al.*, Economic Sanctions Reconsidered, (3 edn.; Washington: Peter G. Peterson Institute for International Economics, 2009) S. 5.

193 Vgl. dazu auch *Gary Clyde Hufbauer et al.*, Economic Sanctions Reconsidered, (3 edn.; Washington: Peter G. Peterson Institute for International Economics, 2009) S. 5.

194 *Gary Clyde Hufbauer et al.*, Economic Sanctions Reconsidered, (3 edn.; Washington: Peter G. Peterson Institute for International Economics, 2009) S. 67.

195 *Gary Clyde Hufbauer et al.*, Economic Sanctions Reconsidered, (3 edn.; Washington: Peter G. Peterson Institute for International Economics, 2009) S. 7.

Spannungen und nicht zuletzt gegenläufiger wirtschaftlicher und politischer Interessen aufseiten der liefernden Staaten nicht, nicht dauerhaft oder nicht konsequent eingehalten werden.

Ein Selbstverständnis von Staaten, nach dem sie in letzter Konsequenz bei Waffenlieferungen nur ihrem Gewissen unterworfen seien, tritt bei Verhandlungen über Embargos immer wieder zutage. Bei solchen Verhandlungen wird nahezu nie auf ohnehin entgegenstehendes Völkerrecht hingewiesen. Eine Ausnahme hierzu bilden die Verhandlungen über die Aufhebung des europäischen Syrienembargos im Jahr 2013, in deren Rahmen ein *policy paper* Österreichs bekannt wurde. In diesem wurde darauf verwiesen, dass Lieferungen an die Opposition ohnehin schon gegen europäisches Recht und Völkerrecht verstießen.[196] Lieferungen an die Opposition zu ermöglichen, war aber für Großbritannien und Frankreich seinerzeit beispielsweise der Hauptgrund, sich gegen eine Verlängerung des Embargos auszusprechen.[197] Die Berichterstattung zu den Verhandlungen hingegen nahm von den Einwänden Österreichs keine Notiz. Vielmehr hieß es, es „könne nun jeder Staat selbst entscheiden, ob Waffen an die Opposition geliefert werden".[198] Als einzige Einschränkung wird hier das Versprechen vorausgesetzt, dass die Lieferungen ausschließlich dem Schutze der Zivilbevölkerung – *protection of civilians* – dienen.[199] Von entgegenstehendem Völkerrecht ist keine Rede.

Embargos können auch dann in Kritik geraten, wenn sie einen Staat unangemessen benachteiligen. Hier wirkt sich ein Recht *auf* Waffen als Kehrseite des in Art. 51 UN-Charta kodifizierten Rechts auf Selbstverteidigung aus: Ein Staat muss eben auch das Recht haben, sich die zu seiner legitimen Selbstverteidigung nach Art. 51 UN-Charta nötigen Mittel zu beschaffen. Dieses Recht findet oftmals in den Präambeln entsprechender Übereinkommen Erwähnung.[200] Bei den Verhandlungen zum ATT wurde die explizite Aufnahme einer entsprechenden Regelung in den Vertragstext diskutiert, letztlich blieb es aber bei

196 Das Policy paper findet hier als Pdf-Datei https://im.ft-static.com/content/images/1721c482-bcbc-11e2-b344-00144feab7de.pdf (zuletzt aufgerufen am 20.08.2019).

197 https://www.reuters.com/article/us-syria-crisis-eu-idUSBRE94Q09320130527 (zuletzt aufgerufen am 19.04.2021).

198 https://euobserver.com/foreign/120273 (zuletzt aufgerufen am 20.08.2019), so auch https://www.zeit.de/politik/ausland/2013-05/eu-aussenminister-syrien-sanktionen (zuletzt aufgerufen am 20.08.2019) sowie https://www.bbc.com/news/world-middle-east-22684948 (zuletzt aufgerufen am 20.08.2019).

199 https://euobserver.com/foreign/120273 (zuletzt aufgerufen am 20.08.2019).

200 So beispielsweise Präambel des Gemeinsamen Standpunkts 2008/944/GASP.

einer Erwähnung in der Präambel.[201] Wie genau dieses Recht ausgestaltet sein soll, bleibt daher auch weiterhin im Einzelnen unklar. Es ist unwahrscheinlich, dass ein Staat unter Berufung auf dieses Recht aus Art. 51 UN-Charta einen anderen Staat zum Verkauf und zur Lieferung von bestimmten Waffen drängen oder gar zwingen kann. Hier würde jedenfalls diese Ausprägung des Selbstverteidigungsrechts des einen Staates mit der Souveränität des anderen Staates kollidieren. Es kann allerdings argumentativ von einem potenziellen Lieferstaat dazu genutzt werden, das Durchbrechen eines Embargos in einem bestimmten Fall zu rechtfertigen. Als Beispiel hierfür kann der Fall des im Jahr 1992 durch die Vereinten Nationen verhängten Embargos gegen die Sozialistische Föderative Republik Jugoslawien dienen.[202] Das Embargo geriet stark in Kritik, als sich abzeichnete, dass es den mit dem Zerfall Jugoslawiens neu entstandenen und international anerkannten Staat Bosnien-Herzegowina in besonderem Maße benachteiligte. Dieser konnte keine Waffen erlangen, um sich gegen die übermächtige Bundesrepublik Jugoslawien zu verteidigen, welche als Rechtsnachfolger der Sozialistischen Föderativen Republik Jugoslawien Zugriff auf deren umfangreiche Waffenvorräte hatte. Die USA entsagten dem Embargo im Jahr 1994 schließlich ihre Unterstützung unter Verweis auf das legitime Recht auf Selbstverteidigung von Bosnien-Herzegowina im Sinne des Art. 51 UN-Charta.[203]

Die Tatsache alleine, dass Embargos das Mittel der Wahl zur Begrenzung von Waffenlieferungen in Konfliktzonen sind, sagt an sich noch nichts über die Vereinbarkeit von Waffenlieferungen mit dem Völkerrecht aus. Die Verhandlungen über Embargos und die Art und Weise, wie über sie gesprochen wird, offenbaren aber, dass sich Staaten außerhalb von Embargos in ihrer Handlungsfreiheit bei Waffenlieferungen durch das Völkerrecht kaum eingeschränkt fühlen. Ihrem Selbstverständnis nach scheinen sie bei der Entscheidung über Rüstungsexporte nur ihrem Gewissen unterworfen.

---

201 Stuart Casey-Maslen, Art. 5 General Implementation, in: *Andrew Clapham et al.*, The Arms Trade Treaty: A Commentary, (Oxford Commentaries on International Law; Oxford: Oxford University Press, 2016) Rn. 5.06, der hierin den Geist der einst geplanten Regelung wiedergegeben sieht.

202 Etabliert durch Paragraf 6 UN-Doc. S/Res/713 (1991).

203 Pub. L. 103-236 (30 April 1994), sec. 520 *(a)* (19), *(b)*.

II. Gemeinsamer Standpunkt in der Außen- und Sicherheitspolitik der Europäischen Union 2008/944/GASP

Bei Gründung der Europäischen Wirtschaftsgemeinschaft behielten die Mitgliedsstaaten sich in Art. 223 des Vertrages von Rom aus dem Jahr 1957 die volle Souveränität über die Rüstungsproduktion und Waffenhandel vor. Dieser Art. 223 ging sodann in Art. 346 des Vertrages von Lissabon auf. Hier wird in Absatz 1 lit. b festgelegt:

> „[…] jeder Mitgliedstaat kann die Maßnahmen ergreifen, die seines Erachtens für die Wahrung seiner wesentlichen Sicherheitsinteressen erforderlich sind, soweit sie die Erzeugung von Waffen, Munition und Kriegsmaterial oder den Handel damit betreffen; […].“

Heute bildet der Gemeinsame Standpunkt 2008/944/GASP[204] des Rates der Europäischen Union vom 8. Dezember 2008 auf europäischer Ebene die Grundlage für die einheitliche Handhabung der Ausfuhr von Militärtechnologien und Militärgütern. Der Gemeinsame Standpunkt 2008/944/GASP ist ein Beschluss nach Art. 29 EUV. Er ersetzt den Verhaltenskodex für Waffenexporte vom 5. Juni 1998,[205] welcher aufgrund seiner Natur als Erklärung des Rates der Europäischen Union keine rechtliche Bindungswirkung besaß. Die vormals durch den Verhaltenskodex festgelegten Kriterien – acht an der Zahl – hatten ihren Ursprung wiederum in den gemeinsamen Kriterien für Waffenausfuhren, die der Europäische Rat 1991 und 1992 im Anschluss an die Arbeitsgruppe für konventionelle Rüstungsexporte (COARM[206]) vereinbarte.[207]

Zeitlich lässt sich diese Entwicklung wie folgt nachvollziehen: Zum Ende des Kalten Krieges wurden vermehrt Forderungen nach Konfliktvermeidung in der Zukunft laut, die sich bald auch auf eine ethischere Waffenlieferungspraxis bezogen.[208] War es doch auch gerade die zentrale Rolle der Mitgliedsstaaten als

---

204 Council Common Position 2008/944/CFSP of 8. December 2008 defining common rules governing control of exports of military technology and equipment, Official Journal of the European Union, L335, 8. Dec. 2008; Text abrufbar unter http://eur-lex.europa.eu/legal-content/DE/TXT/HTML/?uri=CELEX:32008E0944&from=DE (zuletzt aufgerufen am 20.08.2019).

205 Council of the European Union, „European Union Code of Conduct on Arms Exports“, 8675/2/98 Rev 2, 5 June 1998.

206 Working Group on Conventional Arms Exports.

207 *Jan Grebe*, Harmonized EU Arms Exports Policies in Times of Austerity? Adherence to the Criteria of the EU Common Position on Arms Exports, (2013).

208 *Mark Bromley*, The Review of the EU Common Position on Arms Exports: Prospects for strengthened Controls, Non-proliferation Papers (2012) S. 3.

Rüstungslieferanten für den Nahen Osten in den 1980er Jahren, die zur Debatte über eine einheitliche Rüstungsexportpolitik beitrug, nachdem die Versagung von Lieferungen durch einen Mitgliedsstaat faktisch durch Lieferungen anderer umgangen wurde.[209] Eine Reihe von Skandalen in den 1980er und 1990er Jahren offenbarte ferner, wie oft Rüstungskonzerne in der Lage waren, nationale Verbote zu umgehen und gar an Staaten zu liefern, die unter Embargos standen.[210] Im Mittelpunkt der Entwicklung der Rüstungsexportkontrolle auf europäischer Ebene stand also das Streben nach mehr Harmonisierung und Vereinheitlichung innerhalb der Union.

a) Inhalt

Inhaltlich legt der Gemeinsame Standpunkt in der Außen- und Sicherheitspolitik der Europäischen Union 2008/944/GASP in insgesamt acht Kriterien fest, welche Umstände zur Versagung einer Ausfuhrgenehmigung führen müssen. Es handelt sich dabei zunächst um die

1. Einhaltung internationaler Verpflichtungen,
2. Achtung von Menschenrechten und humanitärem Völkerrecht im Bestimmungsland,
3. Innere Lage im Endbestimmungsland,
4. Aufrechterhaltung von Frieden, Sicherheit und Stabilität in der Region.

Bei diesen vier Kriterien folgt direkt aus dem Wortlaut, dass das Vorliegen ihrer jeweiligen Voraussetzungen zu einer Versagung der Genehmigung führen muss. Anders ist dies bei den Kriterien 5–8, hier verbleibt dem Staat ein Abwägungsspielraum. Diese Kriterien betreffen:

5. Nationale Sicherheit der Mitgliedsstaaten
6. Verhalten des Käuferlandes gegenüber der Internationalen Gemeinschaft
7. Risiko der Abzweigung […] im Käuferland
8. Vereinbarkeit der Ausfuhr […] mit der technischen und wirtschaftlichen Leistungsfähigkeit des Empfängerlandes.

---

209 *Mark Bromley*, The Review of the EU Common Position on Arms Exports: Prospects for strengthened Controls, Non-proliferation Papers (2012) S. 3.

210 *Susanne Therese Hansen und Nicholas Marsh*, Normative power and organized hypocrisy: European Union member states' arms export to Libya, European Security, 24/2 (2015) S. 268.

Der Benutzerleitfaden – *User's Guide* – dient nach Art. 13 des Gemeinsamen Standpunkts 2008/944/GASP als Orientierungshilfe bei dessen Anwendung. Er ist zentral in der Praxis, da

> „[…] in ihm die vereinbarten Leitlinien für die Umsetzung der operativen Bestimmungen des Gemeinsamen Standpunkts 2008/944/GASP und für die Auslegung der darin festgelegten Kriterien zusammengefasst sind."[211]

Zu diesem Zweck enthält der Benutzerleitfaden Listen mit möglichen Ressourcen zum Sammeln von Informationen für die Feststellung des Sachverhalts und gegebenenfalls der Tatbestandmäßigkeit des Handelns des Empfangsstaates. Darüber hinaus finden sich Kataloge mit Fragen, durch deren Beantwortung sich die Mitgliedsstaaten bei der Sachverhaltsermittlung leiten lassen sollen. Der Benutzerleitfaden verdeutlicht die Komplexität des Entscheidungsprozesses durch das Zusammenspiel widerstreitender Interessen, deren Auflösung sich im Einzelfall schwierig gestaltet. Staaten kommt hier ein weites Ermessen bei der Einschätzung hinsichtlich der Tatbestandsmäßigkeit von Handlungen zu, welches sich bisweilen auch bis ins nationale Recht fortsetzt. So beispielsweise in Deutschland, wo die Genehmigungsentscheidung Teil des Kernbereichs der exekutiven Eigenverantwortung der Regierung ist und daher nicht der parlamentarischen oder gerichtlichen Kontrolle unterliegt.

Im Rahmen der vorliegenden Arbeit sind das zweite, das dritte und das siebte Kriterium von besonderer Bedeutung. Sie geben Aufschluss über die Verpflichtung europäischer Staaten im Hinblick auf Menschenrechte, humanitäres Völkerrecht und der Lage im Empfangsland während des Entscheidungsfindungsprozesses vor der Erteilung einer Genehmigung. Positive und negative Entscheidungen über Genehmigungen werden auf europäischer Ebene bisweilen detaillierter als auf nationaler Ebene dokumentiert. Die Bundesregierung beispielsweise gibt keine Auskunft über versagte Genehmigungen,[212] im Rahmen der Jahresberichte auf europäischer Ebene nach Art. 8 Abs. 2 des Gemeinsamen Standpunkts 2008/944/GASP werden diese hingegen auch aufgeführt.[213]

---

211 Achtzehnter Jahresbericht gemäß Artikel 8 Absatz 2 des Gemeinsamen Standpunkts 2008/944/GASP des Rates betreffend gemeinsame Regeln für die Kontrolle der Ausfuhr von Militärtechnologie und Militärgütern (2017/C 153/01), abrufbar unter https://eur-lex.europa.eu/legal-content/DE/TXT/HTML/?uri=CELEX:52017XG0516(01)&from=EN (zuletzt aufgerufen am 09.06.2018).

212 Muss sie laut Bundesverfassungsgericht auch nicht: BVerfGE-Urteil vom 21. Oktober 2014 2 BvE 5/11, Rn. 142.

213 Mehr zu Deutschland im Folgenden unter V. 6.

(1) Kriterium 2: Menschenrechte und humanitäres Völkerrecht

Artikel 2 (2) des Gemeinsamen Standpunktes 2008/944/GASP legt fest:

> „Die Mitgliedstaaten bewerten die Haltung des Empfängerlandes zu den einschlägigen Grundsätzen der internationalen **Menschenrechtsübereinkünfte** und
>
> a) **verweigern** eine Ausfuhrgenehmigung, wenn eindeutig das Risiko besteht, dass die Militärtechnologie oder die Militärgüter, die zur Ausfuhr bestimmt sind, zur **internen Repression** benutzt werden könnten;
> b) lassen **besondere Vorsicht und Wachsamkeit** bei der Erteilung von Ausfuhrgenehmigungen an Länder walten, in denen von den zuständigen **Gremien der Vereinten Nationen, der Europäischen Union oder des Europarates schwerwiegende Menschenrechtsverletzungen festgestellt wurden,** und nehmen dabei eine Einzelfallprüfung unter Berücksichtigung der Art der Militärtechnologie oder der Militärgüter vor.
>
> Die Mitgliedstaaten bewerten die Haltung des Empfängerlandes zu den einschlägigen Grundsätzen der Übereinkünfte des **humanitären Völkerrechts** und
>
> c) **verweigern** eine Ausfuhrgenehmigung, wenn eindeutig das Risiko besteht, dass die Militärtechnologie oder die Militärgüter, die zur Ausfuhr bestimmt sind, **verwendet werden, um schwere Verstöße gegen das humanitäre Völkerrecht** zu begehen“ (Hervorhebung durch die Verfasserin).

Es werden sodann Beispiele dafür aufgezählt, was unter interner Repression verstanden werden soll. Demnach

> „umfasst [interne Repression] unter anderem Folter sowie andere grausame, unmenschliche und erniedrigende Behandlung oder Bestrafung, willkürliche oder Schnell-Hinrichtungen, das Verschwindenlassen von Personen, willkürliche Verhaftungen und andere schwere Verletzungen der Menschenrechte und Grundfreiheiten, wie sie in den einschlägigen Menschenrechtsübereinkünften, einschließlich der Allgemeinen Erklärung der Menschenrechte und des Internationalen Pakts über bürgerliche und politische Rechte, niedergelegt sind.“

Es fällt auf, dass Menschenrechtsverletzungen außerhalb interner Repression vergleichsweise schwach bei der Entscheidung über Rüstungsexporte zum Tragen kommen. Nur insoweit ein Gremium der Europäischen Union oder Vereinten Nationen schwerwiegende Menschenrechtsverletzungen festgestellt hat, sollen diese besonders berücksichtigt werden. In diesen Fällen soll der Mitgliedsstaat dann nicht die Genehmigung direkt verweigern, sondern lediglich „besondere Sorgfalt und Wachsamkeit walten lassen“, wenn über den Export entschieden wird. Dies liegt unter anderem darin begründet, dass meist eine schwächere kausale Verbindung zwischen den Lieferungen der Waffen und Verletzung von Menschenrechten besteht, als dies bei Verletzungen des humanitären Völkerrechts der Fall ist. Darüber hinaus variieren menschenrechtliche Standards und

Verpflichtungen international weitaus mehr als die des humanitären Völkerrechts, und die Feststellung einer Rechtsverletzung ist daher immer in gewissem Maße subjektiv. Einer Auswahl von Menschenrechten soll zwar universelle Geltung zukommen, im Einzelnen sind deren Inhalt und Umfang allerdings unklar. Da Staaten so bisweilen sehr unterschiedlichen Menschenrechtstandards unterworfen sind, besteht die Gefahr, dass ein Staat durch die Anwendung eines Menschenrechtskriteriums bei der Entscheidung über Rüstungsexporte durch einen anderen Staat an anderen Standards gemessen wird, als denen, denen er sich selbst unterworfen hat.[214] Dieser Einwand wurde auch bei den Verhandlungen über der Aufnahme eines Menschenrechtskriteriums in den ATT angebracht.[215] Soweit man überhaupt von Menschenrechten mit universeller Anerkennung und Geltung sprechen kann, handelt es sich wohl weitgehend um diejenigen, deren Verletzung im Zuge der Definition von „interner Repression" in Kriterium 2 beschrieben wird. Die Verletzung wiederum führt dann unversehens zu einer Versagung der Genehmigung, wodurch der Anwendungsbereich von Kriterium 2 auch hinsichtlich der Menschenrechte letztlich nicht so weit eingeschränkt ist, wie es auf den ersten Blick scheint. Der Unterschied in der Regulierung von Menschenrechten und humanitärem Völkerrecht tritt dennoch deutlich hervor. Nach der hier schwierigen Frage der Bestimmung des Risikos von Verletzungen des humanitären Völkerrechts, auf die in der Folge gesondert eingegangen wird, ist eine Versagung im Fall einer schweren Kriegsvölkerrechtsverletzung eindeutig vorgesehen; die Feststellung durch ein kompetentes Organ, wie bei den Menschenrechten, ist gerade nicht gefordert. Hier schlägt sich die universellere Anerkennung von Standards des humanitären Völkerrechts und der insgesamt gesteigerten Objektivität des Rechtssystems nieder.

Im Jahr 2014 wurden 72 Genehmigungen unter Berufung auf das zweite Kriterium versagt,[216] 2015 waren es 89,[217] 2016 dann 119.[218]

---

214 Näheres dazu unten bei den Ausführungen zu Menschenrechten in Kapitel 5.

215 Vgl. dazu in der Folge die Ausführungen zum ATT unter III und in Kapitel 5 zu Menschenrechten.

216 Siebzehnter Jahresbericht gemäß Artikel 8 Absatz 2 des Gemeinsamen Standpunkts 2008/944/GASP des Rates betreffend gemeinsame Regeln für die Kontrolle der Ausfuhr von Militärtechnologie und Militärgütern (2016/C 163/01) S. 489.

217 Achtzehnter Jahresbericht gemäß Artikel 8 Absatz 2 des Gemeinsamen Standpunkts 2008/944/GASP des Rates betreffend gemeinsame Regeln für die Kontrolle der Ausfuhr von Militärtechnologie und Militärgütern (2017/C 153/01) S. 470.

218 Überarbeiteter Neunzehnter Jahresbericht gemäß Artikel 8 Absatz 2 des Gemeinsamen Standpunkts 2008/944/GASP des Rates betreffend gemeinsame Regeln für

(2) Kriterium 3: Innere Lage im Endbestimmungsland

Kriterium 3 betrifft die innere Lage im Endbestimmungsland als Ergebnis von Spannungen und bewaffneten Konflikten. Es legt fest:

> „Die Mitgliedstaaten verweigern eine Ausfuhrgenehmigung für Militärtechnologie oder Militärgüter, die im Endbestimmungsland bewaffnete Konflikte auslösen bzw. verlängern würden oder bestehende Spannungen oder Konflikte verschärfen würden."

Wurden im Jahr 2014 noch rund 99 Genehmigungen unter Berufung auf Kriterium 3 abgelehnt,[219] waren es 2015 139[220] und 2016 dann 103.[221]

(3) Kriterium 7: Risiko der Abzweigung

Unter Abzweigungsgefahr ist die Gefahr zu verstehen, die dadurch entsteht, dass der tatsächliche Endverbleib von gelieferten Waffen und Rüstungsmaterialien schlichtweg unmöglich zu gewährleisten ist. Staaten müssen sich also weitgehend darauf verlassen, dass die Empfänger die an sie gelieferten Waffen nicht an einen „unerwünschten Endverwender" weitergeben oder einer „unerwünschten Endverwendung" zuführen. Vor allem vor dem Hintergrund des internationalen Terrorismus hat dieses Kriterium an Bedeutung gewonnen.

2014 wurden 117[222] Genehmigungen unter Verweis auf die Gefahr der Abzweigung und damit Kriterium 7 abgelehnt, 2015 waren es 149[223] und 2016

die Kontrolle der Ausfuhr von Militärtechnologie und Militärgütern (2018/C 397/01)S. 509.

219 Siebzehnter Jahresbericht gemäß Artikel 8 Absatz 2 des Gemeinsamen Standpunkts 2008/944/GASP des Rates betreffend gemeinsame Regeln für die Kontrolle der Ausfuhr von Militärtechnologie und Militärgütern (2016/C 163/01) S. 489.

220 Achtzehnter Jahresbericht gemäß Artikel 8 Absatz 2 des Gemeinsamen Standpunkts 2008/944/GASP des Rates betreffend gemeinsame Regeln für die Kontrolle der Ausfuhr von Militärtechnologie und Militärgütern (2017/C 153/01) S. 470.

221 Überarbeiteter Neunzehnter Jahresbericht gemäß Artikel 8 Absatz 2 des Gemeinsamen Standpunkts 2008/944/GASP des Rates betreffend gemeinsame Regeln für die Kontrolle der Ausfuhr von Militärtechnologie und Militärgütern (2018/C 397/01) S. 509.

222 Siebzehnter Jahresbericht gemäß Artikel 8 Absatz 2 des Gemeinsamen Standpunkts 2008/944/GASP des Rates betreffend gemeinsame Regeln für die Kontrolle der Ausfuhr von Militärtechnologie und Militärgütern (2016/C 163/01) S. 489.

223 Achtzehnter Jahresbericht gemäß Artikel 8 Absatz 2 des Gemeinsamen Standpunkts 2008/944/GASP des Rates betreffend gemeinsame Regeln für die Kontrolle der Ausfuhr von Militärtechnologie und Militärgütern (2017/C 153/01) S. 470.

schließlich 139[224]. Damit bildete Kriterium 7 die häufigste Grundlage für die Ablehnung von Genehmigungen in den letzten drei Jahresberichten der EU. Dies könnte sich dadurch erklären, dass Kriterium 7 von allen Kriterien des Gemeinsamen Standpunkts in der Außen- und Sicherheitspolitik der Europäischen Union am engsten mit nationalen Sicherheitsinteressen verbunden ist: Werden Lieferungen an einen politischen „Gegner" weitergeleitet oder gar an eine Terrororganisation, besteht die reale Gefahr, dass diese Waffen über kurz oder lang gegen den liefernden Staat selbst gerichtet werden. Hinzutritt, dass eine Verweigerung aufgrund von Kriterium 7 auch in politischer Hinsicht vielleicht neutraler ist und somit aus diplomatischer Sicht heiklen Themenbereichen wie Menschenrechtsstandards dem potenziellen Empfangsstaat gegenüber vorzugswürdig erscheint.

b) Der Risikobegriff bei Rüstungsexportentscheidungen

Das Risiko, dass Waffen für Rechtsverletzungen verwendet werden können, ist allen Lieferungen zunächst immanent. Zu gering sind die Einflussmöglichkeiten des liefernden Staates auf die Handhabung der Waffen durch den Empfangsstaat. Dies macht Waffenlieferungen aber nicht generell unzulässig: Der liefernde Staat darf sich zunächst auf den rechtmäßigen Einsatz und die rechtmäßige Verwahrung der gelieferten Waffen verlassen. Begründet liegt dies unter anderem in Art. 51 UN-Charta, da das Recht auf individuelle und kollektive Selbstverteidigung notwendigerweise auch die Beschaffung der dafür benötigten Mittel umfasst. In Konfliktsituationen muss dieses Risiko jedoch unter Umständen anders bewertet werden. Gleiches gilt, wenn Staaten wiederholt oder dauerhaft mit der Verwendung von Waffen Völkerrecht verletzt haben. Dies kann im Einzelfall dazu führen, dass sich der liefernde Staat nicht mehr ohne Weiteres auf die rechtmäßige Verwendung der Waffen verlassen kann und darf. Um vor allem der unrechtmäßigen Weitergabe vorzubeugen sind sogenannte Endverbleibserklärungen – *end-use certificates* – weitverbreitet.[225] Doch auch deren Wirksamkeit ist begrenzt: Der durch sie erklärte Endverbleib kann in der Praxis, wenn überhaupt, nur schwer überprüft werden. Zwar werden

224 Überarbeiteter Neunzehnter Jahresbericht gemäß Artikel 8 Absatz 2 des Gemeinsamen Standpunkts 2008/944/GASP des Rates betreffend gemeinsame Regeln für die Kontrolle der Ausfuhr von Militärtechnologie und Militärgütern (2018/C 397/01)S. 509.

225 Für ein Beispiel siehe Annex B.

Instrumente wie „Endverbleibskontrollen" diskutiert, doch diese würde in der praktischen Umsetzung voraussetzen, dass den Staatsorganen des liefernden Staates Zugang zum Territorium des Empfangsstaates und zu dessen Rüstungsbeständen gewährt würde, die sich in der Regel auf Militär- oder Regierungsgeländen befinden. Eine Einwilligung oder Einladung des Empfangsstaates wäre also unerlässlich, um dessen territoriale Souveränität zu wahren. Diese ist jedoch aufgrund von Überlegungen der nationalen Sicherheit wiederum unwahrscheinlich.

Im Gemeinsamen Standpunkt 2008/944/GASP der Europäischen Union sowie auch im ATT finden Menschenrechte und humanitäres Völkerrecht daher über sogenannte *risk assessments* Eingang in die Exportentscheidung. Die Hinwendung zu Risikoanalysen ist Ausdruck der Tatsache, dass Waffenlieferungen eben im Kern zunächst rechtmäßig sind. Die Risikoanalyse ist hier der Versuch, eine ungewisse Zukunft, in der eine Reihe von nicht beinflussbaren Faktoren eine Rolle spielt, bestmöglich zu regeln. Im Fall von Waffenlieferungen, indem dem liefernden Staat die Verpflichtung auferlegt wird, jedenfalls das Risiko eines unerwünschten Resultats zu bestimmen und gegebenenfalls zu minimieren. Die Bestimmung dieses Risikos obliegt dabei alleine dem liefernden Staat und wird meist von den zuständigen Stellen der Regierung im Geheimen vorgenommen, da eine Vielzahl sensibler Daten in die Beurteilung einfließt.

Der Begriff „Risiko" bedarf als unbestimmter Rechtsbegriff der Auslegung. Er hielt zwar in verschiedene Bereiche des Völkerrechts Einzug, vor allem beispielsweise in das Umweltvölkerrecht, wie er aber außerhalb des jeweiligen Bereichs abstrakt zu verstehen ist und welche Anforderungen an ihn zu stellen sind, bleibt offen. Sein genauer Inhalt hat wiederum maßgeblichen Einfluss auf die Anforderungen, die an den Prozess der Entscheidungsfindung für Rüstungsexporte gestellt werden müssen. Somit kommt ihm große praktische Relevanz für die Wahrung von humanitärem Völkerrecht und Menschenrechten zu. Der Inhalt des Begriffs Risiko und wie es bestimmt werden kann, war zentraler Bestandteil des Normenkontrollverfahrens vor dem britischen High Court und wird daher in diesem Zusammenhang in Kapitel 5 C II. 1. unter b. (1) im Detail besprochen. Der Frage, wie der Begriff im Rahmen des Gemeinsamen Standpunkts der Europäischen Union verstanden werden muss und wie dieses Verständnis ermittelt werden kann, nähert sich der obengenannte Leitfaden zur Anwendung des Gemeinsamen Standpunkts 2008/944/GASP des Rates betreffend gemeinsame Regeln für die Kontrolle der Ausfuhr von

Militärtechnologie und Militärgütern (*User's Guide*) in abstrakter Weise unter Zuhilfenahme von Fragebögen.[226]

c) *Defizite und Errungenschaften*

Die Rolle Europas im internationalen Handel mit Waffen ist zentral. Wie im Rahmen der Entschließung des Europäischen Parlaments vom 13. September 2017 zu Waffenexporten und der Umsetzung des Gemeinsamen Standpunkts 2008/944/GASP festgestellt wurde, nehmen die europäischen Staaten mit 26 Prozent Marktanteil den zweiten Platz auf der Liste der weltweit größten Exporteure ein,[227] gefolgt von Russland mit 23 Prozent und hinter den USA, die mit 33 Prozent an erster Stelle stehen.[228] Da die nationale Umsetzung von Beschlüssen nach Art. 29 EUV des Rates der Europäischen Union naturgemäß im Ermessen des einzelnen Mitgliedstaates steht, weist diese bisweilen große Unterschiede zwischen den einzelnen Staaten auf, die unter V. aufgezeigt werden. Das Bestreben, innerstaatliche Regelungen unionsweit zu vereinheitlichen, konnte also in der Praxis jedenfalls nicht vollständig erfüllt werden.

Die gemeinsamen Bemühungen der Europäischen Union haben sich dennoch positiv auf die Regulierung der Lieferungen von MCW ausgewirkt.[229] Dies gilt vor allem für die Vorschriften, die den Menschenrechten und der Konfliktverhütung dienen.[230] An anderer Stelle konnte hingegen aufgezeigt werden, dass Staaten im Falle von widerstreitenden Interessen weder den Menschenrechten noch der Konfliktverhütung ohne Weiteres Vorrang

226 Leitfaden zur Anwendung des Gemeinsamen Standpunkts 2008/944/GASP des Rates betreffend gemeinsame Regeln für die Kontrolle der Ausfuhr von Militärtechnologie und Militärgütern, Brüssel, den 20. Juli 2015; 10858/15 COARM 172, CFSP/PESC 393, S. 47 ff.

227 Im Zeitraum 2014–2018 sind es 27 Prozent, *Pieter D. Wezeman et al.*, Trends in international arms transfers, 2018, SIPRI Factsheet (March 2019).

228 Waffenexporte und die Umsetzung des Gemeinsamen Standpunkts 2008/944/, abrufbar unter http://www.europarl.europa.eu/sides/getDoc.do?type=TA&reference=P8-TA-2017-0344&language=DE&ring=A8-2017-0264#ref_1_12 (zuletzt aufgerufen am 20.08.2019).

229 *Mark Bromley und Michael Brzoska*, Towards a Common, Restrictive EU Arms Export Policy? The Impact of the EU Code of Conduct on Major Conventional Arms Exports, European Foreign Affairs Review, 13 (2008) S. 355.

230 *Mark Bromley und Michael Brzoska*, Towards a Common, Restrictive EU Arms Export Policy? The Impact of the EU Code of Conduct on Major Conventional Arms Exports, European Foreign Affairs Review, 13 (2008) S. 355.

einräumen.[231] Unumwunden stellen daher *Susanne Hanson* und *Nicholas Marsh* 2015 hinsichtlich des Exportverhaltens europäischer Staaten in der Zeit vor dem Konflikt in Libyen fest:

> „Our findings underpin the supposition that norms were trumped for the sake of material and strategic benefits, and that the arms trade in *practice* may be a case of exception to the NPE [Normative Powers Europe]."[232]

Es waren schon von Beginn an nicht nur humanitäre und moralische Erwägungen, die die Mitgliedsstaaten der EU zur Schaffung eines europäischen Rüstungsexportkontrollsystems bewegten. Der Grundgedanke gleicher Marktbedingungen für alle europäischen Hersteller spielte nach dem Kalten Krieg eine zentrale Rolle bei der Schaffung des Systems.[233] Man könnte daher annehmen, dass das „leveling the playing field rationale" stärker als moralische und humanitäre Überlegungen ins Gewicht fiel.[234]

Neben der Gewichtung zugunsten politischer und wirtschaftlicher Interessen ist zentrales Defizit des Gemeinsamen Standpunktes 2008/944/GASP, dass seine Einhaltung nicht gerichtlich oder anderweitig überprüfbar ist, sofern dies auf nationaler Ebene nicht vorgesehen ist. Wie weitreichend sich dies auswirkt, wird in der Folge anhand eines Vergleichs zwischen der nationalen Umsetzung des Gemeinsamen Standpunktes 2008/944/GASP in Deutschland und im Vereinigten Königreich verdeutlicht.

---

231 *Susanne Therese Hansen und Nicholas Marsh,* Normative power and organized hypocrisy: European Union member states' arms export to Libya, European Security, 24/2 (2015) S. 282.

232 *Susanne Therese Hansen und Nicholas Marsh,* Normative power and organized hypocrisy: European Union member states' arms export to Libya, European Security, 24/2 (2015) S. 283, für weitergehende Informationen im Allgemeinen siehe beispielsweise *Stephen D. Krasner,* Sovereignty: Organized Hypocrisy, (Princeton New Jersey: Princeton University Press, 1999) vor allem S. 5.

233 *Susanne Therese Hansen und Nicholas Marsh,* Normative power and organized hypocrisy: European Union member states' arms export to Libya, European Security, 24/2 (2015) S. 268.

234 *Susanne Therese Hansen und Nicholas Marsh,* Normative power and organized hypocrisy: European Union member states' arms export to Libya, European Security, 24/2 (2015) S. 283.

III. Ein Weihnachtsgeschenk für die Menschheit: Der Vertrag über den Waffenhandel der Vereinten Nationen

Am 24. Dezember 2014 trat nach langen Verhandlungen der Vertrag über den Waffenhandel der Vereinten Nationen in Kraft. Die mit ihm verbundenen Hoffnungen waren von Beginn an groß. Gesteigert wurden diese durch die einzigartige, nahezu universelle Zustimmung zur Annahme des Vertrages – nur der Iran, Syrien und die Demokratische Volksrepublik Korea lehnten die Annahme des Vertrages formell ab und stimmten schließlich in Resolution UN-Doc. A/RES/67/234B gegen den Vertrag. Vielfach wurde er daher als historisch[235] und bahnbrechend[236] bezeichnet. Im Vertrag über den Waffenhandel verwirklicht sich ein Vorhaben, das schon lange auf der Agenda der internationalen Gemeinschaft stand und dessen Nichtrealisierung bei den Verhandlungen im Jahr 2012 durch den damaligen Generalsekretär der Vereinten Nationen Ban Ki-Moon als „*disgrace*" bezeichnet worden war.[237]

1. Inhalt und Umfang

In Art. 1 werden Gegenstand und Zweck des Vertrages dargelegt:

> „The object of this Treaty is to
>
> - Establish the highest possible common international standards for regulating or improving the regulation of the international trade in arms;
> - Prevent and eradicate the illicit trade in conventional arms and prevent their diversion
>
> for the prurpose of
>
> - Contributing to international and regional peace, security and stability
> - Reducing human suffering
> - Promoting cooperation, transparency and responsible action by States Parties in the international trade in conventional arms, thereby building confidence among States Parties."

---

235 So beispielsweise hier: https://www.oxfam.org/en/campaigns/history-made-arms-trade-treaty-agreed (zuletzt aufgerufen am 21.08.2019) oder hier: https://www.icrc.org/eng/resources/documents/statement/2013/06-03-att-beerli.htm (zuletzt aufgerufen am 21.08.2019).

236 So beispielsweise hier: https://www.amnesty.org/en/latest/news/2014/09/un-landmark-arms-trade-treaty-become-reality-th-ratification/ (zuletzt aufgerufen am 21.08.2019) oder hier: https://ijrcenter.org/2014/12/29/landmark-arms-trade-treaty-enters-into-force/ (zuletzt aufgerufen am 21.08.2019).

237 Doc. SG/SM/14394 – DC/3363.

Erfasst sind mithin alle grundlegenden Bedenken, denen sich ein ungeregelter internationaler Handel mit Waffen gegenübersieht, wie die illegale Weiterverbreitung, Förderung von Konflikten und Instabilität durch hohe Verfügbarkeit von Waffen und negative Auswirkungen auf Menschenrechte. Die Reichweite des Anwendungsbereichs des Vertrages, dargelegt in Art. 2, nahm während der Verhandlungen eine zentrale Rolle ein. Hier bestand vor allem Uneinigkeit über die Aufnahme von SALW, Munition und Ersatzteilen.[238]

In Art. 6 ATT findet sich die zentrale Verbotsvorschrift des Vertrages und in Art. 7 die Vorgaben zum „*Export and Export assessment*". Gemeinsam bilden diese Vorschriften den Kern des Vertrages. Mit ihnen hielten nun Menschenrechte und Respekt für das humanitäre Völkerrecht auch auf internationaler Ebene vertraglich geregelten Einzug in die Rüstungsexportkontrolle. Als solche sind sie grundlegend, sowohl im Anwendungsbereich des Vertrages, als auch darüber hinaus für die Rüstungsexportkontrolle an sich. Regionale Regelungen wie der Gemeinsame Standpunkt 2008/944/GASP und dessen Umsetzung auf der nationalen Ebene enthalten regelmäßig ein allgemeines Verbot von Lieferungen, die den internationalen Verpflichtungen des Staates zuwiderlaufen würden.[239] Stünde also ein Export im Wiederspruch zum ATT würde sich dies auch auf nationaler Ebene auswirken: Er würde dann eine internationale Verpflichtung verletzen und wäre daher gegebenenfalls schon aus diesem Grund auch auf nationaler Ebene unzulässig.

Im Folgenden werden die Vorschriften des ATT, die im Fortgang der Arbeit relevant werden, und seine Defizite näher erläutert.

a. Art. 6 (3) ATT

Art. 6 ATT legt fest, wann ein Transfer, der in den Anwendungsbereich des Vertrages fällt, nicht autorisiert werden soll. Zentral für die vorliegende Bearbeitung ist Art. 6 (3) ATT:

> „A State Party shall not authorize any transfer of conventional arms covered under Article 2 (1) or of items covered under Article 3 or Article 4, if it has **knowledge** at the time of authorization that the arms or items would be used in the commission of genocide, crimes against humanity, grave breaches of the Geneva Conventions of 1949, attacks directed against civilian objects or civilians protected as such, or other war crimes as defined by international agreements to which it is a Party."

---

238 *Andrew Clapham et al.*, The Arms Trade Treaty: A Commentary, (Oxford Commentaries on International Law; Oxford: Oxford University Press, 2016) para. 2.07.

239 So beispielsweise Kriterium 1 des Gemeinsamen Standpunkts 2008/944/GASP.

Der Begriff Wissen – *knowledge* – ist in diesem Zusammenhang nicht definiert. Im Entwurf des Vertrages vom Juli 2012 stand an Stelle des Wortes *knowledge* noch das Wort *purpose*, welches allerdings durch seine Nutzung im internationalen Strafrecht eine gewisse Färbung aufwies, die für den ATT als unpassend erachtet wurde.[240] Auch der Begriff des Wissens – *knowledge* – aus Art. 16 ASR kann nicht ohne Weiteres übertragen werden, da die beiden Begriffe unterschiedlich in Bezug zur Handlung des Drittstaates stehen: Art. 16 ASR setzt als derivative Verantwortlichkeit den Eintritt eines völkerrechtswidrigen Aktes voraus.[241] Art. 6 (3) ATT setzt dies nicht voraus, hier wird gerade verlangt, dass die Handlung des Drittstaates verhindert wird.[242] Welche Informationen sich der liefernde Staat vor der Entscheidung über die Genehmigung eines Transfers beschaffen muss, um die Vorgaben des Art. 6 ATT zu erfüllen, ist im Einzelnen – wie auch im Rahmen des Gemeinsamen Standpunkts 2008/944/GASP – unklar.

Im Kommentar zum ATT wird eine Parallele zu dem Ermittlungsmaßstab, der Staaten im Flüchtlingsrecht auferlegt wird, genauer Art. 33 (1) Abkommen über die Rechtstellung von Flüchtlingen, gezogen.[243] Die Vergleichbarkeit der Situationen wird wie folgt festgestellt:

> „[But] the onus on the transferring state is similar. That state has an obligation not to transfer where there is a certain risk of a future event and it has to evaluate that risk."[244]

b. Art. 7 (3) ATT

Im Vergleich zu Art. 6 ATT statuiert Art. 7 ATT kein Verbot, sondern verlangt von den Staaten bei der Entscheidung über Rüstungsexporte, die Gegebenheiten vor Ort, vor allem im Hinblick auf menschenrechtliche Situation und die Einhaltung von humanitärem Völkerrecht, zu beachten. Die Vorschrift des Art. 7 ATT baut in jeder Hinsicht auf Art. 6 auf. Die erfassten Situationen

---

240 *Andrew Clapham et al.*, The Arms Trade Treaty: A Commentary, (Oxford Commentaries on International Law; Oxford: Oxford University Press, 2016) para. 6.81

241 Mehr zu Art 16 in Kapitel 6.

242 *Andrew Clapham et al.*, The Arms Trade Treaty: A Commentary, (Oxford Commentaries on International Law; Oxford: Oxford University Press, 2016) para. 6.85.

243 *Andrew Clapham et al.*, The Arms Trade Treaty: A Commentary, (Oxford Commentaries on International Law; Oxford: Oxford University Press, 2016) para. 6.95 ff.

244 *Andrew Clapham et al.*, The Arms Trade Treaty: A Commentary, (Oxford Commentaries on International Law; Oxford: Oxford University Press, 2016) para. 6.95 ff.

gleichen sich, bei Art. 7 ATT sind lediglich die erhöhten tatbestandlichen Anforderungen, die das Verbot des Art. 6 auslösen, nicht erfüllt. Während aber im Zentrum von Art. 6 (3) ATT die Einhaltung *eigener* völkerrechtlicher Verpflichtungen des liefernden Staates steht und daher nur die Handlungen des liefernden Staates beachtet werden, ist es bei Art. 7 ATT die Ermittlung des Risikos des Missbrauchs der gelieferten Waffen durch den Empfangsstaat. Hieraus kann sich eine völkerrechtlich relevante Beteiligung, sogenannte *complicity*, ergeben.

Art. 7 ATT verlangt nun von den Staaten, entsprechende Maßnahmen zu ergreifen, um das Risiko erst zu ermitteln und dann gegebenenfalls zu eliminieren oder abzumildern. Sollte beides nicht möglich sein und gelangen die Entscheidungsträger durch die Risikoermittlung und Abwägung zu dem Ergebnis, das Risiko sei trotz aller Maßnahmen *overriding*, soll der Transfer versagt werden:

> „If, after conducting this assessment and considering available mitigating measures, the exporting State Party determines that there is an overriding risk of any of the negative consequences in paragraph 1, the exporting State Party shall not authorize the export."

Was genau ein *overriding risk* auszeichnet, war schon während der Verhandlungen zum ATT unklar. Liechtenstein, die Schweiz und Neuseeland haben im Rahmen der Interpretationserklärung, die sie bei der Ratifikation des Vertrages abgegeben haben, auch hinsichtlich der Definition von *overriding risk* Stellung bezogen. Demnach umfasst der Begriff

> „[...] in light of the **object and purpose of this Treaty** and in accordance with the **ordinary meaning** of all equally authentic language versions of this term in this Treaty, an obligation not to authorise the export whenever the **State Party concerned determines that any of the negative consequences set out in paragraph 1 are more likely to materialise than** not, even after the expected effect of any mitigating measures has been considered"[245] (Hervorhebung durch die Verfasserin).

Die Formulierung des Art 7 ATT ist mit *overriding risk* vage gehalten, was verdeutlicht, dass den Staaten außerhalb von Art. 6, der ausschließlich die

245 So die Schweiz und Liechtenstein, Neuseeland: „considers the effect of the term ‚overriding risk' in Article 7(3) is to require that it decline to authorize any export where it is determined that there is a substantial risk of any of the negative consequences in Article 7(1) [...]", https://treaties.un.org/Pages/ViewDetails.aspx?src=IND&mtdsg_no=XXVI-8&chapter=26&clang=_en (zuletzt aufgerufen am 21.01.2019).

schwersten Verbrechen erfasst, ein weitreichender Ermessensspielraum eingeräumt werden soll.

2. *Die Rolle des ATT bei der Regulierung des internationalen Waffenhandels*

Der Vertrag über den Waffenhandel lässt die Befassung mit der völkerrechtlichen Zulässigkeit von Waffenlieferungen bei Weitem nicht obsolet werden. So vermag er es beispielsweise nicht, die anderen infrage stehenden Normen abzubedingen: Das Interventions- und Gewaltverbot haben zwingenden Charakter, ebenso wie das Selbstbestimmungsrecht der Völker, das Recht auf Leben, das Verbot der Folter und schließlich die grundlegenden Normen des humanitären Völkerrechts.[246] Das Wegfallen dieser Kernnormen des Völkerrechts aufgrund der spezialgesetzlichen Regelung, wie durch den ATT, kann in logischer Konsequenz nicht möglich sein; hier greift die *lex specialis*-Regel gerade nicht.[247] Offen und erörterungsbedürftig bleibt mithin die Frage, ob die Anforderungen der Menschenrechtsverträge und des humanitären Völkerrechts vollständig im ATT aufgehen, sprich deckungsgleich sind. Ihr wird sich in Kapitel 5 zugewandt.

Bei der Arbeit mit dem ATT ist zu bedenken, dass mit den USA, Russland und China drei der Top 5-Waffenexportnationen der Welt den Vertrag nicht ratifiziert haben. Auf sie entfielen im Zeitraum von 2014–2018 62,2 Prozent[248] der weltweiten Exporte von MCW. Russland nimmt mit 21 Prozent den zweiten Platz hinter den USA mit 36 Prozent ein, was sie, mit weitem Abstand, zu den beiden führenden Exportnationen macht. Im Vergleich: Frankreich folgt für den Zeitraum von 2014–2018 auf Platz drei mit 6,8 Prozent. Der ATT lässt also aufgrund mangelnder Ratifikation durch zentrale Staaten den überwiegenden Teil der jährlichen weltweiten Exporte ohnehin ungeregelt.

Der Frage von Lieferungen an nichtstaatliche Akteure nimmt sich der ATT überdies gar nicht (ausdrücklich) an. Im Laufe der Verhandlungen führte dieser Umstand zu großen Unstimmigkeiten.[249] Ihren Anstoß erhielt diese Diskussion

---

246 *Alexander Orakhelashvili*, Peremptory Norms in International Law, (Oxford: Oxford University Press, 2008) Kapitel 2.

247 *Robert Kolb*, Peremtory International Law – *Ius Cogens*: A General Inventory, (Oxford: Hart Publishing, 2015) S. 127 f.

248 Die folgenden Zahlen entstammen der Top 25-Liste, die im Annex B. III zu finden ist.

249 *Paul Holtom*, Prohibiting Arms Transfers to Non-State Actors and the Arms Trade Treaty, S. 3–5.

durch die damals allgegenwärtige Berichterstattung über Waffenlieferungen an nichtstaatliche Akteure in Syrien. Einige Staaten sprachen sich daher für ein explizites Verbot der Lieferungen an nichtstaatliche Akteure aus.[250] Wiederum andere „[…] preferred to keep their options open".[251] Nichtstaatliche Akteure können dennoch in den Anwendungsbereich des Vertrages fallen. Dies hängt allerdings maßgeblich davon ab, wie Staaten in Zukunft Art. 2 (2) des Vertrages auslegen werden: Geht man davon aus, dass ein *transfer* im Sinne des Vertrages einem Handeln im wirtschaftlichen Sinne entspricht und daher nur zwischen Staaten stattfinden kann, sind nichtstaatliche Akteure nicht erfasst. Es bleibt allerdings Raum, diesen allgemeinen Begriff in einer Weise auszulegen, die auch Lieferungen an nichtstaatliche Akteure erfasst und sie somit dem Vertrag unterwirft. Ob unentgeltliche Lieferungen vom Anwendungsbereich des Vertrages erfasst sein sollen, wird sich erst in der Zukunft durch die Auslegung des Art. 2 (2) ATT zeigen. Explizit erfasst wurden auch sie nicht. Auf diesen Umstand wurde bei den Verhandlungen zwar vereinzelt hingewiesen, doch die Staaten, die eine ausdrückliche Aufnahme forderten, konnten sich nicht durchsetzen.[252] Die dem Vertrag beigefügte Interpretationserklärung von Liechtenstein und der Schweiz umfasst auch diesen Fall und stellt klar, dass sie auch unentgeltliche Lieferungen erfasst sehen.[253]

Die Befassung mit der völkerrechtlichen Zulässigkeit von Waffenlieferungen außerhalb des ATT ist ferner durch die Entwicklung indiziert, die sich seither bei den Staatenkonferenzen[254] abzeichnet: Zwar gibt es regelmäßig ein Punkt auf der Tagesordnung, der den Titel *Treaty Implementation* trägt, doch auch bei der dritten Konferenz im August 2017 wurde beispielsweise die Situation im Jemen nicht angesprochen, obwohl die Frage nach der Zulässigkeit von Lieferungen an Staaten der saudischen Koalition viel mediale Aufmerksamkeit erlangt hat. Diese Lieferungen sind auf den ersten Blick nicht ohne Weiteres mit dem ATT vereinbar. Nach Ansicht der Vertragsstaaten bilden die CSP nicht

---

250 *Paul Holtom*, Prohibiting Arms Transfers to Non-State Actors and the Arms Trade Treaty, S. 3–5.

251 Stuart Casey-Maslen in: *Andrew Clapham et al.*, The Arms Trade Treaty: A Commentary, (Oxford Commentaries on International Law; Oxford: Oxford University Press, 2016) Rn. 6.54.

252 *Andrew Clapham et al.*, The Arms Trade Treaty: A Commentary, (Oxford Commentaries on International Law; Oxford: Oxford University Press, 2016) Rn. 2.21 m.w.N.

253 Abrufbar unter https://treaties.un.org/Pages/ViewDetails.aspx?src=IND&mtdsg_no=XXVI-8&chapter=26&clang=_en (zuletzt aufgerufen am 20.08.2019).

254 Im Folgenden CSP.

den geeigneten Rahmen, die Einhaltung des Vertrages durch die Vertragsstaaten zu erörtern.[255] Eine Erklärung, was der geeignete Rahmen dafür sei, bleiben sie schuldig.

IV. Zwischenergebnis

Was bleibt also von den bestehenden europarechtlichen und völkerrechtlichen Vorschriften? Mit dem ATT ging in Erfüllung, was sowohl die Zivilgesellschaft als auch führende Völkerrechtswissenschaftler lange herbeigesehnt haben: ein Regelwerk, das mehr Rechtssicherheit im internationalen Waffenhandel verspricht. Ein Normgefüge, von dem man hoffte, es würde erlauben, den internationalen Waffenhandel zu reglementieren, vielleicht sogar einzuschränken, jedenfalls aber überprüfbarer, greifbarer zu machen. Ein Instrument jedoch, mit dem Staaten bei Zuwiderhandlungen in die Verantwortung genommen werden können, blieb aus. Das Fehlen von Durchsetzungsmechanismen erweist sich als fatal und führt bisher nur zur Enttäuschung der sehr hohen Erwartungen. Die Einhaltung des ATT wird auf den Staatenkonferenzen nicht diskutiert, der Fokus bleibt auf Staaten, die ihn nicht ratifizierten. Hinzukommt, dass mit den USA, Russland und China drei Nationen, die regelmäßig die Top 5 der Exportnationen anführen – und dies häufig auch mit weitem Vorsprung –, den Vertrag nicht ratifiziert haben. In der Praxis wirkt sich dies nachhaltiger aus, als dass Staaten wie beispielsweise Uganda, die kaum nennenswerte eigene Rüstungsproduktionen haben und größtenteils von den negativen Auswirkungen des internationalen Waffenhandles betroffen sind, den Vertrag bisher nicht ratifiziert haben. Zwar ist es gerade auch ein Kernanliegen des Vertrages, die illegale Weiterverbreitung von SALW langfristig zu unterbinden, hierauf haben aber die Exportnationen naturgemäß mehr Einfluss als die Empfangsstaaten, denen es vielleicht an angemessenen Überwachungsstrukturen mangelt. Solange aber die Einhaltung des Vertrages durch die führenden (europäischen) Exportnationen, die sich ihm bereits unterworfen haben, nicht überprüft und nicht zur Debatte gestellt wird, kann der ATT den großen Erwartungen, die in ihn gesetzt wurden, , wenn überhaupt, nur auf dem Papier gerecht werden.

---

255 http://www.reachingcriticalwill.org/images/documents/Disarmament-fora/att/monitor/ATTMonitor10.4.pdf S. 8 (zuletzt aufgerufen am 13.08.2021).

V. Ausgewählte Exportkontrollsysteme im Überblick

Gerade die enge Verbindung von Waffenlieferungen zu nationaler Sicherheit und die Möglichkeit, dass sie zur Verfolgung von außenpolitischen Interessen eingesetzt werden können, führt dazu, dass alle[256] – jedenfalls alle „wichtigen" Staaten[257] – den Handel mit Waffen aus der Erzeugung von privaten Unternehmen überwachen und dahingehend einschränken, dass Exporte einer staatlichen Genehmigung bedürfen. Im Folgenden werden diese Exportkontrollsysteme der Top 5 der liefernden Staaten zum Zeitpunkt der Bearbeitung kurz dargestellt. Das Vereinigte Königreich wird aufgrund seiner zentralen Rolle bei der Versorgung Saudi-Arabiens mit Waffen und dem daraus resultierenden Rechtsstreit *Campaign Against the Arms Trade v. Secretary of State for International Trade* näher betrachtet, obwohl es sich als die Auswahl für die vorliegende Bearbeitung getroffen wurde nicht unter den Top 5 der Exportnationen in der Datenerhebung von SIPRI befand. Neutrale Staaten wie die Schweiz und Schweden finden zur Kontrastierung eine kurze Erwähnung. Schließlich wird mit Uganda noch ein Land angesprochen, dass auf der anderen Seite, auf der Seite der Empfangsländer, steht und selbst weder nennenswert Waffen exportiert noch eine umfangreiche eigene Produktion von Waffen hat.

1. Vereinigte Staaten von Amerika

Der Schutz der nationalen Sicherheit und die Förderung außenpolitischer Ziele stehen im Zentrum des Exportkontrollsystems der USA, dem mit Abstand weltweit größten Rüstungsexporteur. Exporte werden bisweilen gezielt zur Schaffung und Aufrechterhaltung von strategischen Allianzen eingesetzt, was sich auch im Exportkontrollsystem der USA niederschlägt und im Folgenden dargestellt wird.

Die Verfassung weist dem Kongress in Art. 1 Section 8 allgemein die Kompetenz zur Regulierung des internationalen Handels zu, von der dieser durch den Erlass zahlreicher Normen Gebrauch machte.[258] Das dadurch geschaffene System ist unübersichtlich und seine Durchsetzung lässt Effektivität vermissen.

---

256 Der Verfasserin ist zum gegenwärtigen Zeitpunkt kein Staat bekannt, auf den dies nicht zuträfe.

257 Siehe zur Verwendung des Wortes *Stefan Oeter*, Neutralität und Waffenhandel, eds., Bernhardt et al., (Beiträge zum ausländischen öffentlichen Recht und Völkerrecht; Berlin: Springer Verlag, 1992) S. 216.

258 Art. 1 Section 8 Constitution of the United States of America: „To regulate Commerce with foreign Nations, and among the several States, and with the Indian Tribes".

Dieser Komplexität sollte durch die sogenannte *Export Control Reform* Abhilfe geschafft werden. In erster Linie soll sie gerade nicht der Deregulierung dienen, sondern vielmehr zu einer effektiveren Durchsetzung führen.[259] Zwei der drei Reformvorhaben sind bereits angelaufen, namentlich die Schaffung einer umfassenden Liste von Gütern, die von Exportkontrollen betroffen sind, und eines einheitlichen IT-Systems sowie eines zentralisierten Durchsetzungsapparates.[260] Die Schaffung einer zentralen Exportkontrollbehörde, in der alle Funktionen aufgehen sollen, stellt die dritte und letzte Reformstufe dar.[261]

In besonderem Maße interessant für die vorliegende Arbeit sind sogenannte *Foreign Military Sales*[262]. Mit dem *Arms Export Control Act*[263] von 1976 übertrug der Kongress dem Präsidenten die Entscheidungsgewalt über Rüstungsexporte an andere Staaten. Im AECA ist auch die Kompetenz zur Entscheidung über FMS festgelegt. Bei FMS tritt die Regierung der Vereinigten Staaten als Verkäufer auf und schließt Verträge mit ausländischen Regierungen ab, sofern der Präsident einen derartigen Vertrag als förderlich für die Sicherheit der USA oder den Weltfrieden einstuft.[264] Die Regierung der USA beschafft sodann aus eigenen Beständen oder durch Verträge mit Herstellern die vereinbarten Rüstungsgüter.[265] Für das Haushaltsjahr 2017 betrug der Umfang der FMS 41,93 Milliarden US-Dollar.[266]

Ob ein Geschäft über FMS oder ihr Gegenstück, die sogenannten *Direct Commercial Sales*[267], abgewickelt wird, steht dem Vertragspartner grundsätzlich

259 *Yann Aubin und Arnaud Idiart* (eds.), Export control law and regulations handbook: a practical guide to military and dual-use goods trade restrictions and compliance, (3 edn., Alphen aan den Rijn: Wolters Kluwer, 2016) S. 600, 608 ff.

260 *Yann Aubin und Arnaud Idiart* (eds.), Export control law and regulations handbook: a practical guide to military and dual-use goods trade restrictions and compliance, (3 edn., Alphen aan den Rijn: Wolters Kluwer, 2016) S. 600, 608 ff.

261 *Yann Aubin und Arnaud Idiart* (eds.), Export control law and regulations handbook: a practical guide to military and dual-use goods trade restrictions and compliance, (3 edn., Alphen aan den Rijn: Wolters Kluwer, 2016) S. 600, 608 ff.

262 Im Folgenden FMS.

263 Im Folgenden AECA.

264 https://www.samm.dsca.mil/chapter/chapter-4#C4.4 (zuletzt aufgerufen am 21.08.2019), C4.1.1.

265 *Ian F. Fergusson und Paul K. Kerr*, The U.S. Export Control System and the Export Control Reform Initiative, Congressional Research Service (2019), S. 4.

266 http://www.dsca.mil/tags/fms-sales-figures (zuletzt aufgerufen am 13.08.2021); entspricht am Veröffentlichungsdatum 28.11.2017.

267 Im Folgenden DCS.

offen – außer er strebt den Kauf von *FMS-only*-Gütern an.[268] Hierbei handelt es sich um Rüstungsgüter, für die der Präsident festlegt hat, dass sie ausschließlich über das FMS-Programm erlangt werden können.[269] So soll erreicht werden, dass bestimmte Güter nur zwischen Regierungen ausgetauscht werden können.[270] Dies dient den Sicherheits- und Kooperationsinteressen der Vereinigten Staaten insofern, als dass die Regierung die Kontrolle darüber behält, welchen Staaten ihre fortgeschrittenen Technologien in Zukunft zur Verfügung stehen sollen. Ferner wird der Komplexität und Neuheit einzelner Systeme Rechnung getragen. Bei sogenannten *sensitive technologies* kann die *FMS-only* Klassifizierung angeordnet werden, um sicherzustellen, dass diese nicht an „rogue states or terrorist organizations" weiterverbreitet werden.[271] Die Anforderungen an einen Antrag für FMS sind für den Empfangsstaat zwar strenger, dafür steht jedoch die Regierung der USA als direkter Vertragspartner sowohl für den Produzenten als auch für den Besteller zur Absicherung ein. FMS können darüber hinaus durch die Vergabe von Darlehen oder Fördergeldern, die unter bestimmten Voraussetzungen an ausgewählte Staaten vergeben werden können, unterstützt werden.[272] Außerdem steht es dem Präsidenten offen, Anteile des Kaufpreises – wie beispielsweise sogenannte *nonrecurring costs* wie Forschungsgelder oder Verwaltungsgebühren für die Ausführung des FMS – zu erlassen.[273] Dies kann für den erwerbenden Staat zu erheblichen Einsparungen führen.

Über FMS können „defense articles and services to eligible countries and international organizations" transferiert werden. Section 47 des AECA definiert *defense articles* in diesem Zusammenhang wie folgt:

---

268 https://www.samm.dsca.mil/chapter/chapter-4#C4.4 (zuletzt aufgerufen am 21.08.2019), C4.3.5.

269 https://www.samm.dsca.mil/chapter/chapter-4#C4.4 (zuletzt aufgerufen am 21.08.2019), C4.3.5, wonach diese Kompetenz in der Folge an den *Secretary of State* delegiert wurde. Auf politischer Ebene spricht das Verteidigungsministerium Empfehlungen aus.

270 https://www.samm.dsca.mil/chapter/chapter-4#C4.4 (zuletzt aufgerufen am 21.08.2019), C4.3.5.2.

271 https://www.samm.dsca.mil/chapter/chapter-4#C4.4 (zuletzt aufgerufen am 21.08.2019), C4.3.5.4.3.

272 https://www.dsca.mil/programs/foreign-military-financing-fmf (zuletzt aufgerufen am 21.08.2019).

273 https://www.samm.dsca.mil/chapter/chapter-9 (zuletzt aufgerufen am 21.08.2019), C9.4.5.

„(A) any weapon, weapons system, munition, aircraft, vessel, boat, or other implement of war,
(B) any property, installation, commodity, material, equipment, supply, or goods used for the purposes of making military sales,
(C) any machinery, facility, tool, material, supply, or other item necessary for the manufacture, production, processing, repair, servicing, storage, construction, transportation, operation, or use of any article listed in this paragraph, and
(D) any component or part of any article listed in this paragraph, but does not include merchant vessels or (as defined by the Atomic Energy Act of 1954) source material (except uranium depleted in the isotope 235 which is incorporated in defense articles solely to take advantage of high density or pyrophoric characteristics unrelated to radioactivity), byproduct material, special nuclear material, production facilities, utilization facilities, or atomic weapons or articles involving Restricted Data".

Das System zur Exportkontrolle der USA ist also komplex und es lässt die zentralen, durchaus zu erwartenden Interessen des größten Exporteurs – innere Sicherheit und internationale Kooperation zur Verfolgung außenpolitischer Interessen – deutlich zutage treten. Auf den ersten Blick spielen Völkerrecht und vor allem Menschenrechte hierbei keine Rolle. Bei genauerem Hinsehen finden sie aber zumindest Erwähnung. Der *Foreign Assistance Act* von 1961 statuiert für die Entscheidung über die Unterstützung von anderen Staaten in § 2304:

„(1) The United States shall, in accordance with its international obligations as set forth in the Charter of the United Nations and in keeping with the constitutional heritage and traditions of the United States, promote and encourage increased respect for human rights and fundamental freedoms throughout the world without distinction as to race, sex, language, or religion. Accordingly, a principal goal of the foreign policy of the United States shall be to promote the increased observance of internationally recognized human rights by all countries."

In § 2304 b folgt eine Verpflichtung des *Secretary of State*, dem Kongress Berichte über die Lage in Staaten zukommen zu lassen, für die FMS bestimmt sind. Im Zentrum stehen dabei „practices regarding the observance of and respect for internationally recognized human rights in each country proposed as a recipient of security assistance". Darüber hinaus kann der Kongress folgende Informationen erfragen:

„(A) all the available information about observance of and respect for human rights and fundamental freedom in that country, and a detailed description of practices by the recipient government with respect thereto;
(B) the steps the United States has taken to—

(i) promote respect for and observance of human rights in that country and discourage any practices which are inimical to internationally recognized human rights, and
(ii) publicly or privately call attention to, and disassociate the United States and any security assistance provided for such country from, such practices;
(C) whether, in the opinion of the Secretary of State, notwithstanding any such practices—
(i) extraordinary circumstances exist which necessitate a continuation of security assistance for such country, and, if so, a description of such circumstances and the extent to which such assistance should be continued (subject to such conditions as Congress may impose under this section), and
(ii) on all the facts it is in the national interest of the United States to provide such assistance; [...]

Diese weitreichenden Einflussmöglichkeiten des Kongresses kommen in der Praxis kaum zum Tragen. Zwar behielt sich der Kongress zunächst in Section 36 (b) des AECA ein sogenanntes *legislative veto* vor, welches ihm die Blockade eines jeden geplanten Exports ermöglichen würde. Vetos dieser Art wurden jedoch im Zuge der Entscheidung des Supreme Courts im Fall *Chadha* grundsätzlich für verfassungswidrig erklärt.[274] Die dem Kongress nun verbleibende Möglichkeit, einzelne Geschäfte mittels *joint resolution* zu blockieren, ist durch die Möglichkeit des Präsidenten, hiergegen wiederum ein Veto einzulegen, stark eingeschränkt. Es verbleibt daher bei einer Anzeige- und Informationspflicht zu Geschäften.

Am 19. April 2018 erging eine *National Security Presidential Memorandum Regarding U.S. Conventional Arms Transfer Policy*[275], welches die Schwerpunktsetzung in der Rüstungskontrolle verdeutlicht. Wirtschafts- und Sicherheitsinteressen stehen im Vordergrund, Menschenrechte und humanitäres Völkerrecht spielen eine untergeordnete Rolle. Laut Sektion 3 werden bei Exportentscheidungen (a) die nationale Sicherheit der USA, (b) die wirtschaftliche Sicherheit der USA und ihre Erneuerung, (c) die Beziehungen zu Partnern und Verbündeten, (d) Menschenrechte und humanitäres Völkerrecht und (e) non-proliferation berücksichtigt. Während es unter (d) (i) ausreicht, dass

---

274 *Immigation and Naturalization Service v. Chadha*, 462 U.S. 919 (1983); *Stefan Oeter*, Neutralität und Waffenhandel, eds., Bernhardt et al., (Beiträge zum ausländischen öffentlichen Recht und Völkerrecht; Berlin: Springer Verlag, 1992) S. 182.

275 https://www.whitehouse.gov/presidential-actions/national-security-presidential-memorandum-regarding-u-s-conventional-arms-transfer-policy/ (zuletzt aufgerufen am 06.06.2018).

das Risiko besteht, dass der Transfer die zwei Prinzipien internationaler Frieden und Sicherheit untergräbt oder zu Menschenrechtsverletzungen beiträgt, wird für (ii) das Wissen über die Verwendung zur Verletzung des humanitären Völkerrechts zum Zeitpunkt der Autorisierung gefordert. Dieses Wissen soll nach (ii) dann dazu führen, dass der Transfer nicht autorisiert werden darf. Eine solche Bestimmung fehlt in Bezug auf Menschenrechte gänzlich. Dies lässt darauf schließen, dass im Falle des Risikos von Menschenrechtsverletzungen noch ein Ermessensspielraum zur Autorisierung des Exports besteht, während bei Vorliegen der Voraussetzungen von (ii) schon keine Abwägung mehr stattfindet und ein Transfer nicht autorisiert werden darf.

2. *Russland*

Das russische Exportkontrollsystem ist in erster Linie darauf ausgerichtet, russischen Unternehmen den Zugang zu internationalen Märkten zu ermöglichen und gleichzeitig den eigenen Markt vor ausländischen Produkten abzuschirmen.[276] Bedenken hinsichtlich der nationalen Sicherheit bestehen hier vor allem im Bereich von Technologien, die als zentral für Russlands Wettbewerbsfähigkeit angesehen werden.[277] Im Jahr 1998 wurde erstmals ein Exportkontrollgesetz geschaffen, welches im Jahr 2000 durch das bis heute gültige Dekret 1953 des Präsidenten abgelöst wurde.[278] Damit wurde das *Russian Federation Committee for Matters for Cooperation and Trade* geschaffen, das einzige Organ, das zu Genehmigungserteilung befähigt ist. Es untersteht der Autorität des Präsidenten und ist dem Verteidigungsministerium untergeordnet.[279] Überhaupt dürfen nur staatliche und staatlich kontrollierte Unternehmen mit Waffen handeln, und auch diese nur sofern sie durch den Präsidenten dazu ermächtigt

276 *Yann Aubin und Arnaud Idiart* (eds.), Export control law and regulations handbook: a practical guide to military and dual-use goods trade restrictions and compliance, (3 edn., Alphen aan den Rijn: Wolters Kluwer, 2016) S. 466.

277 *Yann Aubin und Arnaud Idiart* (eds.), Export control law and regulations handbook: a practical guide to military and dual-use goods trade restrictions and compliance, (3 edn., Alphen aan den Rijn: Wolters Kluwer, 2016) S. 466.

278 *Yann Aubin und Arnaud Idiart* (eds.), Export control law and regulations handbook: a practical guide to military and dual-use goods trade restrictions and compliance, (3 edn., Alphen aan den Rijn: Wolters Kluwer, 2016) S. 467.

279 *Yann Aubin und Arnaud Idiart* (eds.), Export control law and regulations handbook: a practical guide to military and dual-use goods trade restrictions and compliance, (3 edn., Alphen aan den Rijn: Wolters Kluwer, 2016) S. 467.

wurden.[280] Jeder Export unterliegt sodann nochmals einer Genehmigungspflicht.[281]

Gegenwärtig wird innerhalb der in der Eurasischen Wirtschaftsunion geschaffenen Zollunion, bestehend aus Russland, Weißrussland und Kasachstan, über eine Vereinheitlichung der Exportpolitik verhandelt, ein Abkommen liegt bereits im Entwurf vor.[282]

3. *Frankreich*

Mittels eines allgemeinen Verbots mit Genehmigungsvorbehalt ist die Rüstungskontrolle in Frankreich vornehmlich in einer Weise organisiert, die die Rüstungsindustrie unter effektive staatliche Kontrolle bringen soll.[283] Dies steht im Einklang mit der starken politischen Prägung, die der französischen Exportkontrolle nachgesagt wird, vor allem in Hinblick auf das Recht zur Selbstverteidigung aus Art. 51 UN-Charta.[284] Auch die Verlagerung des Schwerpunktes weg von der Art des Gutes hin zu Endverbleib und Endnutzer passt in dieses Bild.[285] Eine parlamentarische Kontrolle von Exportentscheidungen findet nicht statt; auch eine Begründung der Entscheidung seitens der zuständigen

---

280 *Yann Aubin und Arnaud Idiart* (eds.), Export control law and regulations handbook: a practical guide to military and dual-use goods trade restrictions and compliance, (3 edn., Alphen aan den Rijn: Wolters Kluwer, 2016) S. 486.

281 *Yann Aubin und Arnaud Idiart* (eds.), Export control law and regulations handbook: a practical guide to military and dual-use goods trade restrictions and compliance, (3 edn., Alphen aan den Rijn: Wolters Kluwer, 2016).

282 Siehe http://www.smallarmssurvey.org/tools/ro-poa/profiles-of-regional-organizations/asia/eurasec.html (zuletzt aufgerufen am 22.08.2019) für einen Überblick über rüstungsbezogene Aktivitäten der Eurasischen Wirtschaftsunion; *Yann Aubin und Arnaud Idiart* (eds.), Export control law and regulations handbook: a practical guide to military and dual-use goods trade restrictions and compliance, (3 edn., Alphen aan den Rijn: Wolters Kluwer, 2016) S. 467 für den Hinweis auf den Draft.

283 France and the control of the Arms Trade, 2016, Ministère de la Dèfense, abrufbar unter: https://www.defense.gouv.fr/content/download/453467/7156832/2016-FranceControlArmTrade.pdf (zuletzt aufgerufen am 22.08.2019) S. 13.

284 *Yann Aubin und Arnaud Idiart* (eds.), Export control law and regulations handbook: a practical guide to military and dual-use goods trade restrictions and compliance, (3 edn., Alphen aan den Rijn: Wolters Kluwer, 2016) S. 253.

285 *Yann Aubin und Arnaud Idiart* (eds.), Export control law and regulations handbook: a practical guide to military and dual-use goods trade restrictions and compliance, (3 edn., Alphen aan den Rijn: Wolters Kluwer, 2016) S. 253.

Behörde, der *Commission interministérielle pour l'étude des exportations de matériel de guerre*, ist nicht vorgesehen.[286]

Frankreich ist wie alle Mitgliedsstaaten der Europäischen Union dem Gemeinsamen Standpunkt 2008/944/GASP unterworfen und versteht sich selbst als ein wichtiger Förderer der internationalen Abrüstung und Rüstungskontrolle.[287] Dieses Selbstverständnis wird gegenwärtig, wie in vielen Staaten, wegen Rüstungsexporten an Staaten der saudisch geführten Koalition und deren Beitrag zum Jemenkonflikt öffentlich auf den Prüfstand gestellt.[288]

4. *Deutschland*

Art. 26 II GG macht Entscheidungen über die Genehmigung von Waffenlieferungen in Deutschland zur Angelegenheit der Bundesregierung und weist in Satz 2 dem Bund die Gesetzgebungskompetenz zu. Von dieser wurde durch Erlass des Kriegswaffenkontrollgesetzes (KrWaffKontrG) und des Außenwirtschaftsgesetzes (AWG) Gebrauch gemacht. Während das KrWaffKontrG die Ausfuhr von Kriegswaffen regelt, sind das AWG und die zugehörige Außenwirtschaftsverordnung (AWV) mit dem Export von sonstigen Rüstungsgütern befasst. Welche Rüstungsgüter Kriegswaffen im Sinne des KrWaffKontrG sind, wird durch die dem Gesetz als Anlage beigefügte Kriegswaffenliste bestimmt. Die Bundesregierung verpflichtet sich ferner zur Einhaltung der – rechtlich nicht verbindlichen – „Politischen Grundsätze der Bundesregierung für den Export von Kriegswaffen und sonstigen Rüstungsgütern vom 26. Juni 2019,[289] welche den Gemeinsamen Standpunkt 2008/944/GASP der Europäischen Union von 2008 und den ATT auf nationaler Ebene umsetzen. Die Rüstungsexportkontrolle der Bundesrepublik ist geprägt durch die Nähe zu den europäischen Nachbarn und NATO-Bündnispartnern. Handelt es sich bei dem Empfänger um ein Land innerhalb der EU, der NATO oder um ein der „NATO gleichgestelltes Land"[290], sind Rüstungsexporte nach Maßgabe der Politischen Grundsätze II 1 nicht zu beschränken.

---

286 France and the control of the Arms Trade, Ministère de la Dèfense, S. 13.

287 France and the control of the Arms Trade, Ministère de la Dèfense, S. 6.

288 https://www.france24.com/fr/20190415-documents-secret-defense-ventes-armes-francaises-yemen-arabie-saoudite (zuletzt aufgerufen am 22.08.2019).

289 Als Pdf-Datei hier zu finden: https://www.bmwi.de/Redaktion/DE/Downloads/P-R/politische-grundsaetze-fuer-den-export-von-kriegswaffen-und-sonstigen-ruestungsguetern.pdf (zuletzt aufgerufen am 22.08.2019).

290 Diese sind: Australien, Neuseeland, Japan und die Schweiz, vgl. Fußnote 5 der Politischen Grundsätze.

In der Praxis wurde die Genehmigungsbefugnis faktisch auf den Bundessicherheitsrat übertragen. Die Verfassungsmäßigkeit dieser Handhabe ist im Einzelnen fraglich. Art. 26 II 1 GG weist die Genehmigungsbefugnis für Rüstungsexporte zunächst der Bundesregierung zu, nach § 11 II KrWaffKontrG obliegt sie aber in der Praxis den im Einzelfall betroffenen Ministerien. In besonders schwierigen Fällen und bei Meinungsverschiedenheiten von Ministerien entscheidet der Bundessicherheitsrat.[291] Nach § 1 I der Geschäftsordnung des Bundessicherheitsrates handelt es sich um einen Kabinettsausschuss der Bundesregierung, dem nach § 2 I die Bundeskanzlerin vorsitzt und nach § 2 II neben dem Chef des Bundeskanzleramtes die Bundesminister*innen folgender Ministerien beisitzen: Auswärtiges Amt, Innere Angelegenheiten, Justiz und Verbraucherschutz, Finanzen, Wirtschaft und Energie, Verteidigung, wirtschaftliche Zusammenarbeit und Entwicklung. Faktisch entscheiden so maximal neun der 16 Mitglieder der Bundesregierung über Rüstungsexportgenehmigungen und nicht, wie von Art. 26 II GG gefordert, „die Bundesregierung". In einem Urteil zum Informationsrecht des Deutschen Bundestages aus dem Jahr 2014 hat das Bundesverfassungsgericht festgehalten, dass Beratung und Beschlussfassung im Bundessicherheitsrat in den Kernbereich exekutiver Eigenverantwortung der Bundesregierung fallen. Es besteht daher nur eine eingeschränkte Mitteilungspflicht über die dort beschlossenen Rüstungsexporte.[292] Das Bundesverfassungsgericht deutet in seinem Urteil die Kontroverse der Verfassungsmäßigkeit der Delegation in § 11 II KrWaffKontrG an, entzieht sich aber, mangels Entscheidungsrelevanz, einer Stellungnahme.[293] Die Frage nach der Verfassungsmäßigkeit der Entscheidung durch den Bundessicherheitsrat steht daher nach wie vor unbeantwortet im Raum.

Das Urteil des Bundesverfassungsgerichts setzt sich ferner mit der Zulässigkeit der sogenannten Vorabanfragepraxis und der Beschlussfassung im Bundessicherheitsrat auseinander. Bei Vorabanfragen wendet sich ein Unternehmen an den Bundessicherheitsrat oder das zuständige Ministerium und bittet vor dem formellen Antrag auf Genehmigung um eine Einschätzung der Genehmigungsfähigkeit einer speziellen Lieferung. Dies ist für die Unternehmen geboten, da sie sonst umfangreich in Vorleistung für einen Auftrag gehen müssten, ohne zu wissen, ob es überhaupt möglich sein wird, eine

291 Zum Entscheidungsprozess allgemein vergleiche https://www.bmwi.de/Redaktion/DE/Dossier/ruestungsexportkontrolle.html (zuletzt aufgerufen am 06.06.2018).

292 BVerfGE Urteil vom 21. Oktober 2014 2 BvE 5/11, Rn. 142.

293 BVerfGE Urteil vom 21. Oktober 2014 2 BvE 5/11, Rn. 148.

Exportgenehmigung zu erhalten. Das Bundesverfassungsgericht entschied, dass es sich bei der Beantwortung dieser Anfrage nicht um eine Zusicherung im Sinne des § 38 I 1 VwVfG oder gar eine Teilgenehmigung handele, wie von den Antragstellern vorgetragen wurde, sondern um eine unverbindliche Absichtserklärung.[294] Daraus folgerte das Bundesverfassungsgericht, dass der Bundestag nicht schon über Vorabanfragen informiert werden muss, da die Willensbildung innerhalb der Bundesregierung mit ihnen noch nicht abgeschlossen sei und die Bundesregierung keiner Einflussnahme durch das Parlament auf ihren Entscheidungsprozess ausgesetzt werden solle. Dem Parlament würde sonst das faktische Mitregieren in einem Bereich erlaubt werden, der alleine der Regierung obliegt.[295] Brisant und interessant wird diese Praxis der Vorabentscheidung, wenn Exporte später aufgrund eines Embargos oder anderer Exportstopps untersagt werden, die Güter aber schon produziert wurden und nun der Empfangsstaat den Hersteller und dieser wiederum die Regierung in Regress nehmen will. Ein Fall, der in Deutschland bisher nur abstrakt besprochen wurde.[296] Die Verhängung eines Exportstopps nach Saudi-Arabien Anfang des Jahres 2019 in Reaktion auf den Fall Khashoggi ließ diese Diskussion im Ansatz wiederaufleben, ohne dass sie entschieden wurde. Rechtlich bedenklich ist, dass es in der Praxis in diesen Fällen zu einer Art Beweislastumkehr kommen könnte, also dann die Regierung erklären müsste, warum ein Export nicht durchgeführt werden darf, statt, wie vom Gesetz verlangt, zu prüfen, ob ein Export durchgeführt werden darf. Sollte sich aus einer Vorabanfrage dann gar eine Entschädigung herleiten lassen, muss die „Unverbindlichkeit" der Absichtserklärung infrage gestellt werden.

Hinsichtlich der nachträglichen Außerkraftsetzung bereits erteilter Genehmigungen hat das Verwaltungsgericht Frankfurt/Main im Jahr 2019 entschieden, dass es sich um einen Teilwiderruf nach § 49 Abs. 2 VwVfG handelt, der zwangsläufig den Entschädigungsanspruch gem. § 49 Abs. 6 VwVfG nach sich zieht.[297]

294 BVerfGE Urteil vom 21. Oktober 2014 2 BvE 5/11, Rn. 160/161.

295 BVerfGE Urteil vom 21. Oktober 2014 2 BvE 5/11, Rn. 163.

296 https://www.zeit.de/politik/ausland/2014-08/waffenhandel-rheinmetall-russland (zuletzt aufgerufen am 22.08.2019), https://www.produktion.de/wirtschaft/rheinmetall-verlangt-120-millionen-euro-schadensersatz-108.html (zuletzt aufgerufen am 22.08.2019). Ob es zu einem Gerichtsverfahren kam und ob die Bundesregierung eine Entschädigung gezahlt hat, ist nicht bekannt.

297 VG Frankfurt/Main, Urteil vom 03.12.2019, Az. 5 K 1067/19, Rn. 41.

Weniger bekannt als der klassische Handel mit Waffen durch private Produzenten mit Genehmigung der Regierung sind sogenannte Länderabgaben. Diese erfolgen regelmäßig durch das Verteidigungsministerium aus Bundeswehrbeständen. Ein prominentes Beispiel hierfür sind die Abgaben an die Peschmerga im Irak in den Jahren 2014 und 2015. Das Besondere bei dieser Art der Lieferungen ist, dass, sofern diese zwar rechtlich einer Genehmigung bedürfen, das Bundesministerium für Verteidigung gleichzeitig auch die Genehmigungsbehörde ist.[298] Weitergehende Informationen zur rechtlichen Grundlage und zum Verfahren bei Länderabgaben oder deren Umfang sind nicht zugänglich oder auffindbar. Sie werden jedenfalls nicht ausdrücklich beziehungsweise gesondert im Rüstungsexportbericht der Bundesregierung aufgeführt.[299]

Als Mitglied der Europäischen Union ist Deutschland natürlich dem bereits vielzitierten Gemeinsamen Standpunkt 2008/944/GASP unterworfen. Vergleicht man nun aber die Umsetzung des Gemeinsamen Standpunkts 2008/944/GASP in Deutschland durch die *Politischen Grundsätze* mit der Umsetzung im Vereinigten Königreich durch die *Consolidated Criteria*[300], fällt vor allem die in Deutschland fehlende Möglichkeit der gerichtlichen Überprüfung ins Auge. Das führt letztlich dazu, dass Rüstungsexportentscheidungen weiterhin im Geheimen stattfinden und der Bundesregierung beziehungsweise dem Bundessicherheitsrat keine Rechenschaftspflicht obliegt: Ob und wie genau Menschenrechte und humanitäres Völkerrecht bei der Entscheidung über Waffenlieferungen berücksichtigt werden, kann daher nicht überprüft oder auch nur nachvollzogen werden. Einer gerichtlichen Prüfung können diese Entscheidungen in Deutschland gerade nicht zugeführt werden. Bei kleinen Anfragen aus dem Bundestag an die Bundesregierung zur Abwägung in einzelnen Fällen bleibt es bei der immer gleichen formelhaften Antwort:

> „Die Bundesregierung verfolgt eine restriktive und verantwortungsvolle Rüstungsexportpolitik. Über die Erteilung von Genehmigungen für Rüstungsexporte entscheidet die Bundesregierung im Einzelfall und im Lichte der jeweiligen Situation nach sorgfältiger Prüfung unter Einbeziehung außen- und sicherheitspolitischer Erwägungen. Grundlage hierfür sind die rechtlichen Vorgaben des Gesetzes über die Kontrolle von Kriegswaffen (KrWaffKontrG), des Außenwirtschaftsgesetzes (AWG) und der Außenwirtschaftsverordnung (AWV) sowie die „Politischen Grundsätze der Bundesregierung für den Export von Kriegswaffen und sonstigen Rüstungsgütern“

---

298 Antwort der Bundesregierung, Drucksache 17/8835 vom 02.03.2012.

299 Sollen aber, sofern es sich um Kriegswaffen handelt, enthalten sein, so Antwort der Bundesregierung vom 08.02.2012, BT-Drucksache 17/8565.

300 Mehr dazu in Kapitel 5 C. II 1. b.(1.).

aus dem Jahr 2000, der „Gemeinsame Standpunkt des Rates der Europäischen Union vom 8. Dezember 2008 betreffend gemeinsame Regeln für die Kontrolle der Ausfuhr von Militärtechnologie und Militärgütern" und der Vertrag über den Waffenhandel (Arms Trade Treaty). Die Beachtung der Menschenrechte im Empfängerland spielt bei der Entscheidungsfindung eine hervorgehobene Rolle. Wenn hinreichender Verdacht besteht, dass die zu liefernden Rüstungsgüter zur internen Repression oder zu sonstigen fortdauernden und systematischen Menschenrechtsverletzungen missbraucht werden, wird eine Genehmigung grundsätzlich nicht erteilt."[301]

Die fehlende Überprüfbarkeit der Entscheidungsfindung ist der zentrale Kritikpunkt an der deutschen Rüstungsexportpolitik von Opposition und Zivilgesellschaft, die vermehrt fordern, die Politischen Grundsätze der Bundesregierung gesetzlich zu verankern und somit mehr Transparenz zu schaffen.[302] Ferner besteht die Hoffnung, dass dadurch langfristig auch die Einhaltung der Politischen Grundsätze besser gewährleistet werden kann, vor allem sofern es zu einer Klagemöglichkeit, wie beispielsweise einer altruistischen Verbandsklage, kommen sollte.[303] So stellt die Gemeinsame Konferenz Kirche und Entwicklung (GKKE) in ihrem Rüstungsexportbericht für 2016 fest:

> „Weder die Genehmigungsbehörden noch die Rüstungsexporteure werden gerne unter den Augen der Öffentlichkeit zweifelhafte Praktiken verteidigen. Noch weniger lassen sie sich gerne ‚verurteilen'."[304]

Vereinzelt kommt es aber auch in Deutschland dazu, dass deutsche Gerichte mit Rüstungsexporten befasst werden. In strafrechtlicher Hinsicht beispielsweise das Landgericht Stuttgart, das den Kleinwaffenhersteller Heckler & Koch wegen Waffenlieferungen nach Mexiko verurteilte.[305] Heckler & Koch habe sich die Genehmigungen der Bundesregierung mit bewusst unwahren Angaben erschlichen, heißt es in der Pressemittelung des Gerichts.[306] Der zugrunde

301 Vgl. statt vieler: Antwort der Bundesregierung, BT-Drucksache 19/7967, Antwort auf Frage 30 auf S. 18.

302 GKKE-Report für das Jahr 2016, S. 18, aber auch im Report für 2018 (S. 8), Report 2017 (S. 74 ff.).

303 GKKE-Report für das Jahr 2016, S. 19.

304 GKKE-Report für das Jahr 2016, S. 19.

305 Pressemitteilung des Gerichts: http://www.landgericht-stuttgart.de/pb/,Lde/Startseite/Aktuelles/Urteil+im+Verfahren+gegen+Mitarbeiter+von+Heckler+_+Koch/?LISTPAGE=1195716 (zuletzt aufgerufen am 22.08.2019).

306 Pressemitteilung des Gerichts: http://www.landgericht-stuttgart.de/pb/,Lde/Startseite/Aktuelles/Urteil+im+Verfahren+gegen+Mitarbeiter+von+Heckler+_+Koch/?LISTPAGE=1195716 (zuletzt aufgerufen am 22.08.2019).

liegende Fall, der erst durch Aussagen von Whistleblowern öffentlich gemacht wurde, bildet auch den Stoff für eine ARD-Verfilmung aus dem Jahr 2015.[307] Das Urteil des Landgerichts wurde im März 2021 weitestgehend durch den BGH bestätigt, nachdem sowohl die beiden verurteilten ehemaligen Mitarbeiter von Heckler & Koch als auch die Staatsanwaltschaft Revision eingelegt hatten.[308] Neben den bereits erwähnten Untätigkeitsklagen von Rüstungsunternehmen, gab es zuletzt auch Bescheidungsklagen nach § 42 Abs. 1 Fall 2 VwGO vor dem Verwaltungsgericht Berlin, im Rahmen derer die Erteilung von Genehmigungen für den Export von Kleinwaffen angestrebt wurde, nachdem diese unter Berufung auf eine Verschärfung der „Politischen Grundsätze der Bundesregierung für den Export von Kriegswaffen und sonstigen Rüstungsgütern" von 2019 versagt worden waren.[309] Das Verwaltungsgericht Berlin wies die zulässige Klage als unbegründet ab, da es keine Ermessensfehler feststellen konnte.[310] Die Ablehnung der Genehmigung unter Berufung auf die politischen Grundsätze genügt, um dem Begründungserfordernis nach § 39 VwVfG nachzukommen.[311] Die Zulässigkeit der Änderung der politischen Grundsätze ist nach Auffassung des Verwaltungsgerichts der gerichtlichen Kontrolle entzogen, da der Kern der Entscheidungskompetenz der Regierung betroffen ist.[312] Der Hinweis der Klägerin auf das Urteil des Verwaltungsgerichts Frankfurt am Main vom 03. Dezember 2019, Az. 5 K 1067/19, in dem eine unzureichende Begründung hingegen angenommen wurde, geht fehl, da es sich in dem Fall vor dem Verwaltungsgericht Frankfurt am Main um einen Fall des Außenwirtschaftsrechts und nicht wie vorliegend um einen Fall des Kriegswaffenkontrollgesetzes handelte.[313] Das Urteil des Verwaltungsgerichts Frankfurt am Main vom 03. Dezember 2019, Az. 5 K 1067/19, bezog sich auf die Ruhensanordnung der Bundesregierung im Zusammenhang mit dem Fall Khashoggi. Es wird daher im Rahmen der gegenwärtig andauernden Debatte um den Einsatz deutscher Waffen durch Saudi-Arabien im Jemenkonflikt in Kapitel 5 erneut angesprochen.

---

307 https://www.spiegel.de/kultur/tv/meister-des-todes-ard-film-ueber-waffenhandel-mit-mexiko-a-1054160.html (zuletzt aufgerufen am 22.08.2019).

308 BGH, Urteil vom 30.03.2021 – 3 StR 474/19.

309 VG Berlin, Urteil vom 02.11.2020, VG 4 K 385.19.

310 VG Berlin, Urteil vom 02.11.2020, VG 4 K 385.19, Rn. 17.

311 VG Berlin, Urteil vom 02.11.2020, VG 4 K 385.19, Rn. 24 ff.

312 VG Berlin, Urteil vom 02.11.2020, VG 4 K 385.19, Rn. 50.

313 So auch VG Berlin, Urteil vom 02.11.2020, VG 4 K 385.19, Rn. 27.

5. China

Am 16. Juni 2017 legte das chinesische Handelsministerium einen Entwurf zum sogenannten Export Control Law (ECL) zur öffentlichen Stellungnahme vor.[314] Bei dem Entwurf handelt es sich um die erste umfassende Regelung von Rüstungsexporten, die auch die Einhaltung internationaler Verpflichtungen vorschreibt. Die demnach einer Exportentscheidung zugrunde liegenden Kriterien sind dabei weitestgehend vergleichbar mit denen anderer Exportnationen, darunter nationale Sicherheit, Vertraulichkeit des Gutes, Endverbleib und Endnutzer. Weitere Kriterien sind die Verfügbarkeit auf dem Markt und „andere Umstände", die von Gesetzen und Vorschriften vorgesehen sind.[315]

Außerhalb des vorgesehenen ECL stellt sich die Rüstungskontrolle der Volksrepublik sehr streng dar. Aus Überlegungen der nationalen Sicherheit heraus steht die Gewährleistung der Aufsicht über Importe und Exporte im Zentrum. Ein Export ohne Genehmigung ist nicht möglich und wo eine solche erteilt wurde, muss sie unter Einhaltung strenger Vorgaben innerhalb eines begrenzten Zeitraums genutzt werden.[316] Überhaupt ist es gegenwärtig[317] nur elf Unternehmen erlaubt, Rüstungsgüter zu ex- oder importieren.[318] Zuvörderst scheint es sich bei dem Entwurf um ein Mittel der Sicherung nationaler Interessen und der nationalen Sicherheit zu handeln. Bezeichnend ist dennoch alleine die Tatsache, dass ein Entwurf zur Schaffung eines Exportkontrollrechts vorgelegt wurde. Das verdeutlicht den Trend hin zu einer verantwortungsvolleren Rüstungsexportkontrolle, der gegenwärtig zu beobachten ist.

---

314 PDF in Englisch abrufbar unter https://www.cov.com/-/media/files/corporate/publications/2017/07/china_releases_draft_export_control_law_for_public_comment.pdf (zuletzt aufgerufen am 22.08.2019); Das Gesetz trat mittlerweile am 01.12.2020 in Kraft, siehe Congressional Research Service, Report vom 26. Oktober 2020 „China Issues New Export Control Law and Related Policies" für weitere Informationen, abrufbar unter https://fas.org/sgp/crs/row/IN11524.pdf (zuletzt aufgerufen am 13.08.2021).

315 Vgl. https://www.cov.com/-/media/files/corporate/publications/2017/07/china_releases_draft_export_control_law_for_public_comment.pdf (zuletzt aufgerufen am 22.08.2019).

316 *Yann Aubin und Arnaud Idiart* (eds.), Export control law and regulations handbook: a practical guide to military and dual-use goods trade restrictions and compliance, (3 edn., Alphen aan den Rijn: Wolters Kluwer, 2016) S. 205 f..

317 Stand 2017.

318 *Yann Aubin und Arnaud Idiart* (eds.), Export control law and regulations handbook: a practical guide to military and dual-use goods trade restrictions and compliance, (3 edn., Alphen aan den Rijn: Wolters Kluwer, 2016) S. 200.

6. Exportkontrollsysteme anderer relevanter Staaten

Über die Exportkontrollsysteme der Top 5 hinaus sind auch die der traditionell neutralen Staaten interessant (1). Hier stellt sich die Frage, ob sich die Neutralität der Staaten in den internationalen Beziehungen auch in einer neutralen oder zurückhaltenden Exportpolitik widerspiegelt. In Italien ist gegenwärtig ein strafrechtliches Verfahren anhängig, das weitreichende Konsequenzen – unter anderem auch für Deutschland – haben könnte (2). Schließlich wird aufgrund seiner prominenten Rolle hinsichtlich der Lieferungen an Saudi-Arabien sowie des High-Court-Urteils aus dem Jahr 2018 das Exportkontrollsystem des Vereinigten Königreichs kurz dargestellt (3).

(1) Neutrale Staaten

Die Rüstungskontrolle in Schweden ist im Wege einer Verbots-/Ausnahme-Regelung organisiert, wonach Exporte nur ausnahmsweise zulässig sind.[319] Überhaupt zeigt sich das Königreich zurückhaltend, was Waffenlieferungen angeht, und war gemeinsam mit den Niederlanden eines der ersten Länder, das Waffenlieferungen an Saudi-Arabien vor dem Hintergrund dessen Eingreifens im jemenitischen Bürgerkrieg einstellte. Dies zog erhebliche Unstimmigkeiten zwischen den Königreichen nach sich.[320]

Die Schweiz erregte 2018 einige Aufmerksamkeit damit, dass die Vorschriften für Waffenlieferungen an Konfliktpartien gelockert werden sollten.[321] Diese Entscheidung wurde mit der Erhaltung der Wirtschaftlichkeit schweizerischer Produzenten begründet.[322] Im Juni 2019 wurde diesbezüglich eine Korrektur-Initiative eingereicht.[323]

---

319 *Yann Aubin und Arnaud Idiart* (eds.), Export control law and regulations handbook: a practical guide to military and dual-use goods trade restrictions and compliance, (3 edn., Alphen aan den Rijn: Wolters Kluwer, 2016) S. 530.

320 Dazu mehr in Kapitel 5.

321 https://www.nzz.ch/schweiz/das-schweigen-der-staenderaete-ld.1416084 (zuletzt aufgerufen am 22.08.2019).

322 https://www.nzz.ch/schweiz/das-schweigen-der-staenderaete-ld.1416084 (zuletzt aufgerufen am 22.08.2019), kritisch hierzu https://www.nzz.ch/schweiz/kriegsmaterialverordnung-bundesrat-stochert-im-ungefaehren-ld.1397075 (zuletzt aufgerufen am 22.08.2019).

323 https://www.nzz.ch/schweiz/keine-waffenexporte-in-buergerkriegslaender-korrektur-initiative-eingereicht-ld.1491138 (zuletzt aufgerufen am 22.08.2019).

(2) Italien und der ECCHR-Fall

Als Mitglied der Europäischen Union ist Italien selbstverständlich dem Gemeinsamen Standpunkt 2008/944/GASP unterworfen. Dieser ist national durch DL n. 105 vom 22. Juni 2012 umgesetzt. Italien hat in nationaler Hinsicht ein Verbotssystem, alle Transfers bedürfen daher der Genehmigung.[324] Das System als solches wird als stark politisch geprägt beschrieben.[325] Art. 1, Par. 6, Law n. 185 liest sich wie folgt:

> „6. The prohibition also concerns the export, transit, intra-Community transfer and brokering of military goods (8):
> *a)* To Countries engaged in armed conflict, in violation of the principles laid down in Article 51 of the United Nations Charter, except for Italy's international obligations or any other decision of the Council of Ministers, to be adopted after hearing the opinion of the Chambers of Parliament;
> *b)* To Countries whose policies are in contrast with the principles laid down in Article 11 of the Constitution;
> *c)* To Countries against which the United Nations, the European Union (EU) or the Organisation for Security and Cooperation in Europe (OSCE) have called a total or partial embargo on the supply of military items (9);
> *d)* To Countries whose governments are responsible of serious violations of international conventions on human rights, verified by competent organisations of the United Nations, the EU or the Council of Europe (10);
> *e)* To Countries that, after receiving aid from Italy pursuant to *Law No. 49 of 26 February 1987*, allocate the resources in excess of their Country's defence spending needs to their military budget; pursuant to the same law, these Countries will have the financial aid suspended, except if the aid is for the population in case of natural disasters or catastrophes."

Gegenwärtig ist in Italien ein Verfahren vor dem Strafgericht in Rom im Zusammenhang mit Rüstungsexporten anhängig. Das *European Center for Constitutional and Human Rights* (ECCHR) hat zusammen mit einer italienischen und einer jemenitischen NGO das Verfahren eingeleitet.[326] Sie können den Nachweis

---

324 *Yann Aubin und Arnaud Idiart* (eds.), Export control law and regulations handbook: a practical guide to military and dual-use goods trade restrictions and compliance, (3 edn., Alphen aan den Rijn: Wolters Kluwer, 2016) S. 389.

325 *Yann Aubin und Arnaud Idiart* (eds.), Export control law and regulations handbook: a practical guide to military and dual-use goods trade restrictions and compliance, (3 edn., Alphen aan den Rijn: Wolters Kluwer, 2016) S. 389.

326 https://www.ecchr.eu/fileadmin/Fallbeschreibungen/Fallbeschreibung_Jemen_Italien_Waffen_ECCHR_Mwatana_ReteDisarmo_20180418.pdf (zuletzt aufgerufen am 19.08.2019).

führen, dass aus Italien stammende Waffen, produziert von einer Tochterfirma des Rüstungskonzerns Rheinmetall, im Jemen zwölf Zivilisten töteten.[327] Ein Urteil liegt zum jetzigen Zeitpunkt noch nicht vor. Interessant ist an diesem Fall auch, dass die Frage nach der Verantwortlichkeit von Rheinmetall in Deutschland aufgeworfen wurde, da hier der Mutterkonzern seinen Sitz hat.

(3) Das Vereinigte Königreich

Im Einklang mit den anderen europäischen Staaten ist auch im Vereinigten Königreich die Exportkontrolle maßgeblich durch den Gemeinsamen Standpunkt 2008/944/GASP beeinflusst. Im Unterschied zu Deutschland ist es jedoch möglich, Exportentscheidungen der gerichtlichen Überprüfung zuzuführen. Hierauf wird im Rahmen der Darstellung des *CAAT v. Secretary of Trade*-Falles vor dem High Court in Kapitel 5 vertieft eingegangen. Gegenstand der Beschwerde waren die fortdauernden Waffenlieferungen an Saudi-Arabien vor dem Hintergrund des Konflikts im Jemen. Hier genügt der Hinweis auf die Besonderheit, dass es im Vereinigten Königreich überhaupt zu einer gerichtlichen Überprüfung der Exportentscheidung kommen kann, da der Gemeinsame Standpunkt 2008/944/GASP mit den *New Consolidated Criteria* in rechtlich überprüfbarer Weise umgesetzt wurde.

7. Uganda als Beispiel für die Rüstungskontrolle in einem reinen Empfangsland

Alle vorstehend erläuterten Systeme gleichen sich darin, dass sie in Exportnationen operieren. Wie aber regulieren Nationen den Handel mit Waffen, die keine oder nur in geringem Umfang Waffen produzieren, jedoch von den negativen Auswirkungen eines nicht regulierten Waffenhandels in besonderem Maße betroffen sind? Mit dem Südsudan im Nordwesten und der Demokratischen Republik Kongo im Westen grenzt Uganda an zwei sehr instabile Staaten, was sich gegenwärtig sowohl in Flüchtlingsströmen – Uganda wird bis Ende 2020 rund 1,73 Millionen Flüchtlinge aufgenommen haben[328] – als auch in der

327 https://www.ecchr.eu/fileadmin/Fallbeschreibungen/Fallbeschreibung_Jemen_Italien_Waffen_ECCHR_Mwatana_ReteDisarmo_20180418.pdf (zuletzt aufgerufen am 19.08.2019).

328 Uganda Country Refugee Response Plan, January 2019 – December 2020, UNCHR, S. 4; zu finden unter https://reporting.unhcr.org/sites/default/files/Uganda%20Country%20RRP%202019-20%20%28January%202019%29.pdf (zuletzt aufgerufen am 22.08.2019).

Ausbreitung von hochansteckenden Infektionskrankheiten wie Ebola[329] niederschlägt. Die Grenzen der Region sind durchlässig, sowohl für Menschen als auch Krankheitserreger und unweigerlich auch für Waffen.[330]

Uganda nimmt eine zentrale Rolle in der Region Ostafrika ein und hat den ATT, wie die anderen ostafrikanischen Staaten, bisher noch nicht ratifiziert. Zusammen mit den afrikanischen Staaten der Große-Seen-Region sowie des Horns von Afrika[331] ist es aber dem 2004 ratifizierten Nairobi-Protokoll unterworfen. Diese Regionen sehen sich mit besonders großen Sicherheitsherausforderungen konfrontiert: Man kann ohne Weiteres sagen, dass es sich bei diesen beiden Regionen um die wohl am meisten bewaffneten der Welt handelt.[332] Das Nairobi-Protokoll legt daher einen besonderen Fokus auf die Probleme der Region, namentlich die Weiterverbreitung von und den illegalen Handel mit Waffen. Das Nairobi-Protokoll als Regelungswerk an sich wurde bisher nur wenig bearbeitet.[333] In seinen Grundzügen ähnelt es dem Gemeinsamen Standpunkt 2008/944/GASP insoweit, als dass es eine Vereinheitlichung der Regelungen anstrebt, vornehmlich um Regelungslücken zu verhindern. Es wird aber auch deutlich, dass es als Regelungswerk von Ländern, die auf der Empfangsseite des internationalen Waffenhandels stehen und auch in besonderem Maße von illegalem Handel betroffen sind, geschaffen wurde. Im Detail lässt sich daher eine vom ATT oder Gemeinsamen Standpunkt 2008/944/GASP abweichende Schwerpunktsetzung erkennen. Erklärtes Ziel des Nairobi-Protokolls ist es laut Art. 2:

„(a) prevent, combat and eradicate the illicit manufacturing of, trafficking in, possession and use of small arms and light weapons in the sub-region.
(b) prevent the excessive and destabilizing accumulation of small arms and light weapons in the sub-region."

Der Gemeinsame Standpunkt 2008/944/GASP regelt hingegen nur die Ausfuhr von Waffen unter weitgehender Aufrechterhaltung des Marktes, gleiches

329 https://www.who.int/csr/don/13-june-2019-ebola-uganda/en/ (zuletzt aufgerufen am 22.08.2019).

330 Vgl. das Video der Vereinten Nationen zu dem Thema, https://www.youtube.com/watch?v=MwZc5zBvtX0 (zuletzt aufgerufen am 22.08.2019).

331 Burundi, DR Kongo, Dschibuti, Äthiopien, Eritrea, Kenia, Ruanda, Seychellen, Sudan, Tansania und Uganda.

332 *Lina Grip*, Small arms control in Africa, (Helsinki University, 2017) S. 115.

333 *Lina Grip*, Small arms control in Africa, (Helsinki University, 2017) S. 114; für Inhalt und Umfang des Protokolls vgl. vor allem S. 128.

gilt für den ATT, der in Art. 1 gemeinsame Standards für den internationalen Handeln mit Waffen vor die Bekämpfung des illegalen Handels stellt. Das Nairobi-Protokoll ist also eher darauf ausgerichtet, den Fluss von Waffen in die Länder der Region zu verhindern, während der Gemeinsame Standpunkt 2008/944/GASP darauf abzielt, Exporte einheitlich zu regeln, aber im Großen und Ganzen aufrechtzuerhalten. Eine gewisse Regionalisierung von Rüstungsexportkontrollen erscheint vor diesem Hintergrund grundsätzlich durchaus zweckmäßig: Sicherheitsrealität und Lebenswirklichkeit in Ländern, die primär Empfangsländer und damit Leidtragende von Diversion, Schwarzmärkten und *illicit traffic/illicit trade* sind, unterscheiden sich grundlegend von den Bedingungen in Produktions- und Exportländern. Vielleicht vermag dies auch die Zurückhaltung von Uganda im Hinblick auf die Ratifizierung des ATT zu erklären. Dies und die Tatsache, dass mit dem Nairobi-Protokoll bereits ein umfassendes regionales Regelungswerk mit Gültigkeit für Uganda existiert, welches im Hinblick auf die Regulierung von SALW bisweilen sogar als Vorlage für internationale Reglungen diente und somit der Handel von Waffen in der Region bei Weitem nicht ungeregelt ist.

Hierbei soll gleichwohl über die Herausforderungen, die die nationale Umsetzung in Uganda birgt, nicht hinweggetäuscht werden. Auf nationaler Ebene ist der *National Focal Point for Small Arms and Light Weapons* mit der Koordinierung und Umsetzung des Nairobi-Protokolls betraut.[334] Ein *Uganda National Action Plan for Arms Management and Disarmament 2012–2017* wurde unter Einbeziehung aller Stakeholder entwickelt.[335] Seither kam der Prozess allerdings zum Erliegen. Ein neues nationales Gesetz hängt seit Jahren in der politischen Maschinerie fest und ist dem Parlament bisher nicht vorgelegt worden.

8. *Endverbleibserklärungen als Mittel zum Risikomanagement*

Um Waffen liefern zu können und gleichzeitig das Risiko unautorisierter Reexporte (*diversion*) gering zu halten, bedienen sich viele Staaten einer wie auch immer ausgestalteten *Endverbleibskontrolle* oder jedenfalls ihres Versuchs. Endverbleibskontrollen sollen internationale Sicherheit garantieren und, wie der Begriff schon sagt, Kontrolle ermöglichen. Als solche setzen sie

---

334 https://www.mia.go.ug/department/national-focal-point (zuletzt aufgerufen am 22.08.2019).

335 https://www.mia.go.ug/content/national-action-plan (zuletzt aufgerufen am 22.08.2019).

beispielweise im Fall der oft verwendeten Endverbleibserklärungen (EVE) voraus, dass die Art und Weise der Verwendung der Exportgüter im Zielland sowie der schlussendliche „Verwender“ – Person, Unternehmen, Organisation – angegeben wird.[336] EVEs sind auf nationaler[337], regionaler[338] und teils internationaler[339] Ebene vorgesehen. EVEs können im Detail unterschiedlich ausgestaltet sein, je nach Natur der einzelnen EVE-Klausel und den Überwachungs- und Durchsetzungsmechanismen. Abgesehen von der Frage nach ihrer praktischen Bedeutung jenseits von bürokratischen *Papiertigern* und als Mittel zur Beruhigung des Gewissens[340] stellt sich die Frage, ob Endverwendungs/-verwender-Zertifikate die völkerrechtliche Verantwortlichkeit des entsendenden Staates zu beeinflussen vermögen. Denkbar ist das Argument, dass der liefernde Staat mit der Voraussetzung von EVEs schon alles in seiner Macht Stehende getan habe, um eine künftige Rechtsverletzung zu verhindern: Schließlich hat er sich schriftlich versichern lassen, wer die zu liefernden Waffen zu welchen Zwecken nutzen wird. Hat er damit seine *due diligence* erfüllt? Ursprung, Inhalt und Umfang dieser Verpflichtung sind im Folgenden zentraler Punkt dieser Arbeit und werden noch eingehender besprochen. Vorweg kann jedoch festgehalten werden, dass Art. 2 des Gemeinsamen Standpunkts 2008/944/GASP sowie Art. 6 und 7 des ATT verdeutlichen, dass die Unterzeichnung von EVEs nur im *Normalfall*, also außerhalb eines innerstaatlichen Konflikts oder einer vergleichbaren Situation, als die Erfüllung der staatlichen Pflichten, Rechtsverletzungen zu verhindern, gelten kann. In den durch die jeweiligen Artikel näher beschriebenen Ausnahmefällen muss demnach ein höherer Maßstab an die Sorgfaltspflicht angelegt werden.

B. Ergebnis

Embargos als Mittel der Einwirkung auf andere Staaten sind als gängiges Mittel in der Politik gleichsam Ausdruck des freiheitlichen Selbstverständnisses von Staaten. Darüber hinaus verdeutlichen ihr Einsatz und die Art und Weise ihrer

---

336 Vgl. Das Endverbleibsdokument im Annex B.

337 In Deutschland beispielsweise durch § 21 AWV.

338 Art. 5 Gemeinsamer Standpunkt 2008/944/GASP.

339 So beispielsweise für MANPADS: 2003 Wassenaar Arrangement for Export Controls of MANPADS und 2004 OSCE Principles for Export Controls of MANPADS.

340 Vgl. hierzu schon den Titel von *Maxime De Taisne und Olga Abilova*, End-Use Certificate: A Paper Tiger?, (2016).

Verwendung, welchen Einfluss Waffenlieferungen auf Staaten und Konflikte haben können.

Der Gemeinsame Standpunkt 2008/944/GASP der Europäischen Union ist trotz seiner Regionalität von weltweiter Bedeutung, da die europäischen Staaten 27 Prozent[341] des gesamten internationalen Waffenhandels ausmachen. Er leistet einen wichtigem Beitrag zur Regulierung des internationalen Waffenhandels, obwohl er weitreichende Defizite aufweist, wie mangelnde Durchsetzbarkeit und Überprüfbarkeit auf europäischer Ebene und die hohen beziehungsweise ungenauen Anforderungen an den Maßstab der Feststellung einer drohenden Gefahr für die Schutzgüter. Eine einheitliche humanitäre europäische Exportpolitik kann aufgrund des Gewichts der europäischen Staaten im internationalen Handel mit Waffen durchaus weitreichende Auswirkungen haben. Der Gemeinsame Standpunkt 2008/944/GASP ist geeignet, eine derartige Politik zu fördern und zu tragen, auch wenn er nicht ausschließlich auf humanitären Überlegungen basiert, vorausgesetzt, es werden durchsetzungsfähige Mechanismen zu seiner Einhaltung auf regionaler und nationaler Ebene geschaffen.

Entsprechendes gilt für den ATT, wobei dessen fehlende Ratifizierung durch Russland, die USA und China schwer wiegt, da dadurch seine Universalität infrage gestellt wird und regelmäßig mehr als die Hälfte der jährlichen Exporte an MCW nicht unter den Anwendungsbereich des Vertrages fallen. Trotz aller Entwicklungen hin zu einer humanitären Exportkontrolle, ist nicht zu erwarten, dass ebendiese Staaten mit vergleichsweise niedrigen Regulationsniveau sich zeitnah einem internationalen Abkommen wie dem ATT unterwerfen, und das obwohl es sich um ein Abkommen handelt, das keine Kontrollmöglichkeiten durch die Vertragsstaaten vorsieht.

Der Überblick über die nationalen Systeme bestätigt den allgemeinen ersten Eindruck der Arbeit, dass zwar Regelungen – und durchaus auch solche von humanitärem Charakter – im Bereich der Rüstungskontrolle existieren, aber es an ihrer Einhaltung und der Überprüfbarkeit ihrer Einhaltung von außen fehlt. Die Zielrichtungen der Regelungen sind bisweilen unterschiedlich, abhängig davon, ob es sich um einen exportierenden oder importierenden Staat handelt. Dies unterstreicht die unterschiedlichen Lebenswirklichkeiten in den verschiedenen Regionen der Welt und die Annahme, dass man dem internationalen Handel mit Waffen auch mit regionalen Abkommen gerecht werden kann, vielleicht sogar besser.

---

341 Im Zeitraum 2014–2018, *Pieter D. Wezeman et al.*, Trends in international arms transfers, 2018, SIPRI Factsheet (March 2019) S. 5.

Die Praxis der Endverbleibsdokumente zur Eindämmung der Weiterverbreitung von Rüstungsgütern leidet schließlich unter den gleichen Unzulänglichkeiten wie die internationalen, regionalen und nationalen Systeme als solche: Ihre Einhaltung kann in der Praxis kaum durchgesetzt werden.

Ergebnis Teil 1

Teil 1 diente der Hinführung zum Thema der Arbeit, seiner Definition und Abgrenzung. Die Notwendigkeit einer umfassenden Bearbeitung der Frage nach völkerrechtlichen Verpflichtungen von Staaten bei der Entscheidung über Rüstungsexporte, insbesondere zu Zeiten des innerstaatlichen bewaffneten Konflikts im Empfangsstaat, ist demnach in vielerlei Hinsicht indiziert. Zunächst schlichtweg dadurch, dass die Bearbeitung der Fragestellung gegenwärtig fast vollständig zu vermissen ist. Hinzu tritt die Aktualität des Themas, welches nicht nur regelmäßig von den Medien aufgegriffen wird, sondern auch vermehrt Gegenstand eingehender (völker-)rechtlicher Debatten ist, sei es hinsichtlich der Regulierung von *Killer Robots* im Rahm der Konvention über bestimmte konventionelle Waffen, oder der Strafanzeige des *European Center for Constitutional and Human Rights* vom 11. Dezember 2019.[342] Aus völkerrechtlicher Sicht sind es vor allem die weitreichenden Auswirkungen auf einzelne Konflikte und die internationale Gemeinschaft als Ganzes, gekoppelt mit hoher Geheimhaltung und spärlicher Regulierung, die zur Relevanz des Themas beitragen, denn diese erhöhen die Gefahr, dass völkerrechtliche Normen in der Praxis umgangen werden.

Die vorangegangene Darstellung der spezialgesetzlichen regionalen und internationalen Regelungen deckt deren Lücken und Unzulänglichkeiten auf. Sie verdeutlicht gleichzeitig, welch zentrale Rolle dem Völkerrecht im Allgemeinen zukommt, um dies im Einzelfall aufzufangen. Es zeichnet sich bereits hier ab, dass Staaten bisweilen der Wille fehlt, sich wirklich restriktiven Regelungen zu unterwerfen. Wo sie sich überhaupt Regelungen unterworfen haben, sind diese vage gehalten, (gerichtlich) nicht überprüfbar und in letzter Konsequenz daher meist nicht durchsetzbar.

---

342 Case Report des ECCHR abrufbar unter https://www.ecchr.eu/fileadmin/Fallbeschreibungen/CaseReport_ECCHR_Mwatana_Amnesty_CAAT_Delas_Rete.pdf (zuletzt aufgerufen am 27.02.2021).

Teil 2 Völkerrechtliche Verpflichtungen des liefernden Staates bei der Entscheidung über Rüstungsexporte

Der zweite Teil der Arbeit widmet sich nun den einzelnen völkerrechtlichen Verpflichtungen, die die Freiheit von Staaten bei der Entscheidung über Rüstungsexporte möglicherweise beschränken.

Kapitel 4 wendet sich mit dem Interventions- und Gewaltverbot dem Kern des Friedenssicherungsrechts der Charta der Vereinten Nationen zu. Gefolgt wird dies in Kapitel 5 von einer Betrachtung der Menschenrechte und des humanitären Völkerrechts. Schließlich wird der zweite Teil der Arbeit in Kapitel 6 mit einem Blick auf das Recht der Staatenverantwortlichkeit abgeschlossen.

Kapitel 4 Waffenlieferungen als verbotene Intervention und Gewaltanwendung: ein Paradigmenwechsel?

Interventions- und Gewaltverbot sind ohne Frage eine – wenn nicht gar die zentrale – Säule der Friedensordnung nach dem Zweiten Weltkrieg und Eckpfeiler der Charta der Vereinten Nationen. Als Herzstück des Friedenssicherungsrechts sind sie „part and parcel"[343] des Völkerrechts. Im Zentrum steht im Folgenden die Herausarbeitung des Inhalts der beiden Verbote, die Auseinandersetzung mit ihren Schutzgütern und damit die Frage, wer befugt ist, über diese Schutzgüter zu disponieren. Bei der Bestimmung des geltenden Völkerrechts ist es unerlässlich, die Bedeutung der Staatenpraxis für Inhalt und Weiterentwicklung des Völkerrechts gleichermaßen zu berücksichtigen (A.). Im Fortgang wird die Möglichkeit eines Paradigmenwechsels diskutiert: Steht die Praxis der Staaten im Arabischen Frühling in der Tradition des Nicaragua-Urteils des Internationalen Gerichtshofes aus dem Jahr 1986 oder setzt sich hier eine mit dem Ende des Kalten Krieges einsetzende Humanisierung fort, die ein Umdenken fordert (B.)? Dem Inhalt von Interventions- und Gewaltverbot (C.) wird sich zunächst über das Interventionsverbot (I.) genähert, und zwar zunächst über dessen zentrale Elemente, das Zwangselement (1.) und die *domaine réservé* (2.), und dann dem Gewaltverbot als Qualifikation des Interventionsverbotes, dem sich unter II. zugewandt wird. Mögliche Ausnahmen zu den Tatbeständen beziehungsweise Rechtfertigungen werden unter III. besprochen. Beginnend mit dem Recht auf Selbstverteidigung (1.) über eine mögliche Einwilligungsbefugnis in die Rechtsverletzung (2.) hin zur Wiederbelebung althergebrachter Konzepte wie *sole legitimate representative of a people* (3.), der potenziellen Rolle des Neutralitätsrechts (4.) und schließlich humanitärer Intervention (5.). Hinter all dem steht letztlich die Frage, welche Güter Interventions- und Gewaltverbot zu schützen gedenken und wer zu welcher Zeit befugt ist, über diese Güter zu disponieren.

Doch zunächst sind einige einleitende Worte zur Rolle der Staatenpraxis bei der Entstehung von (abweichendem) Völkergewohnheitsrecht angezeigt.

---

343 *Military and Paramilitary Activities in and against Nicaragua*, (Nicaragua v. United States of America). Merits, Judgment. I.C.J. Reports 1986, para. 202.

A. Rechtsbruch, Rechtsänderung oder der Ausdruck einer abweichenden Rechtsauffassung: Die Rolle der Staatenpraxis im Völkerrecht

Die Staatenpraxis in Bezug auf Rüstungsexporte macht eine einleitende allgemeine Stellungnahme zur Rolle der Staatenpraxis im Völkerrecht erforderlich. Seit jeher sind Waffenlieferungen neben einem „reinen" Wirtschaftsgut auch eine Art des politischen Handelns von Staaten in der internationalen Gemeinschaft, wie in Kapitel 2 aufgezeigt wurde. Als solche sind sie bei Weitem kein Phänomen nur unserer Zeit. Lediglich wie öffentlich Rüstungsexporte, gerade auch solche an nichtstaatliche Akteure oder Regierungen in Konflikten, besprochen werden, kann als neuartig bezeichnet werden. Ob diese Transparenz nun von den Staaten selbst gewählt wurde, beispielsweise durch Rüstungsexportberichte, oder sie aufgrund der erhöhten Zugänglichkeit von Informationen in einer globalisierten Welt zu Zeiten des Internets, gepaart mit investigativem Journalismus, auch ohne deren ausdrückliches Zutun zustande kommt, kann im Ergebnis dahinstehen: Rüstungsexporte von Staaten können und werden heute kaum noch verdeckt vorgenommen. Die gesteigerte Aufmerksamkeit, die sie erfahren, und die Regelmäßigkeit, mit der über sie berichtet wird, gab unter anderem auch den Anstoß für die vorliegende Arbeit. Die Frage nach ihrer (völker-)rechtlichen Relevanz drängt sich geradezu auf. Während nun aber bei den Verhandlungen zum ATT und bei seiner Umsetzung (völker-)rechtliche Verpflichtungen bei Rüstungsexportentscheidungen als unerlässlich angesehen wurden und die Einbeziehung von Menschenrechtsfragen in diese Entscheidungen von vielen gefordert wurde, wurden und werden gleichwohl weiterhin unzählige Rüstungsexportentscheidungen getroffen, die diese Grundprinzipien bestenfalls infrage stellen oder sie gar grob verletzen.

Nicht jede dem Völkerrecht zuwiderlaufende Praxis führt automatisch zur Begründung von entgegenstehendem Völkergewohnheitsrecht. Nach allgemeiner Auffassung muss für die Bestimmung von Gewohnheitsrecht das Vorliegen von zwei Elementen[344] festgestellt werden, deren Geltungsgrund, Inhalt und Verhältnis zueinander umstritten sind.[345] Zu finden ist diese sogenannte Zwei-Elemente-Lehre schon im Statut des Internationalen Gerichtshofs in Art. 38 I b, wonach zu den Rechtsquellen des Völkerrechts auch „international custom as

344 *Tullio Treves*, Customary International Law, in: *Max Planck Encyclopedia of Public International Law*, (Oxford: Oxford University Press, 2006) Rn. 8.

345 Für das Gewaltverbot ausführlich *Olivier Corten*, Le droit contre la guerre, (Paris: Pedone, 2014) ab S. 9.

evidence of a **general practice accepted as law**" (Hervorhebung durch die Verfasserin) zählt. Wie verbreitet und einheitlich diese Praxis aber sein muss,[346] ob eine gewisse Dauer[347] erforderlich ist, welche Handlungen überhaupt Praxis in diesem Sinne darstellen[348] oder wie eine Rechtsüberzeugung kundgetan werden kann,[349] ist im Detail unklar. Gegebenenfalls vermag Einheitlichkeit fehlende Dauer aufzuwiegen,[350] während umstritten bleibt, ob für *ius cogens* ein anderer Maßstab gelten muss,[351] oder welcher Methodologie nun der Internationale Gerichtshof bei der Bestimmung von Gewohnheitsrecht genau folgt.[352]

All diese Detailfragen übersteigen in ihrer Gesamtheit den Umfang dieser Arbeit. Zugrunde gelegt werden daher im Folgenden die *Draft conclusions on identification of customary international law* der *International Law Commission*

---

346 Second Report on Identification of Customary International Law (Michael Wood, Special Rapporteur), International Law Commission, UN-Doc. A/CN.4/672 (22 May 2014) para. 52.

347 Second Report on Identification of Customary International Law (Michael Wood, Special Rapporteur), International Law Commission, UN-Doc. A/CN.4/672 (22 May 2014) para. 58.

348 Für das Interventionsverbot im Speziellen *Christina Nowak*, The changing law of non-intervention in civil wars: assessing the production of legality in state practice after 2011, Journal on the Use of Force and International Law, 5/1 (2018) S. 45.

349 Für das *ius in bello* beispielsweise *Christian Marxsen*, Violation and confirmation of the law: the intricate effects of the invocation of the law in armed conflict, Journal on the Use of Force and International Law, 5/1 (2018) S. 23.

350 *Bin Cheng*, United Nations Resolution on Outer Space: „Instant" International Customary Law?, The Indian Journal of International Law, 5 (1965) S. 35 ff; *Paulina Starski*, Right to Self-Defense, Attribution and the Non-State Actor – Birth of the „Unable or Unwilling" Standard?, ZaöRVR, 75 (2015) S. 486, m.w.N.

351 Zur Entstehung von *ius cogens* allgemein *Ulf Linderfalk*, The Creation of *Ius Cogens* – Making sense of Article 53 of the Vienna Convention, ZaöRVR, 71 (2011); *Robert Kolb*, Peremtory International Law – *Ius Cogens*: A General Inventory, (Oxford: Hart Publishing, 2015) S. 96. Für die Möglichkeit der Entstehung von *ius cogens* durch Gewohnheitsrecht *Alexander Orakhelashvili*, Peremptory Norms in International Law, (Oxford: Oxford University Press, 2008); *Thomas Weatherall*, Ius Cogens: International Law and Social Contract, (Cambridge: Cambridge University Press, 2015) S. 133. Weatherall sieht die gewohnheitsrechtliche Entstehung von ius cogens in ihrer Verbindung zu allgemeinen Rechtsgrundsätzen begründet.

352 Eine Übersicht findet sich bei *Stefan Talmon*, Determining Customary International Law: The ICJ's Methodology between Induction, Deduction and Assertion, The European Journal of International Law, 26/2 (2015).

aus dem Jahr 2018.[353] Diese können als Anleitung bei der Feststellung von Gewohnheitsrecht zu Rate gezogen werden, sagen jedoch als solche nichts über dessen Inhalt, Entwicklung oder über das Verhältnis zu anderen Rechtsquellen aus.

Für die vorliegende Arbeit stellte sich die Frage nach Völkergewohnheitsrecht im Besonderen für das Interventions- und Gewaltverbot. Und zwar hinsichtlich der Fragen, ob Waffenlieferungen an die Regierung im Bürgerkrieg ab einem bestimmten Punkt verboten sind und ob Waffenlieferungen an einen nichtstaatlichen Akteur im Bürgerkrieg in bestimmten Situationen erlaubt sind. Beides stünde jedenfalls auf den ersten Blick im Widerspruch zum geltenden Recht. War die detaillierte Aufarbeitung der Staatenpraxis im Hinblick auf Waffenlieferungen an Bürgerkriegsparteien zu Beginn der Auseinandersetzung mit der Thematik noch Fokus dieser Arbeit, stellte sich im Fortgang die Erkenntnis ein, dass die, wenn auch zahlreich vorhandene Staatenpraxis den hohen Anforderungen an die Begründung von Gewohnheitsrecht regelmäßig nicht genügt. Sie ist zu widersprüchlich und zu sehr vom politischen Klima abhängig, als dass sie Rückschlüsse auf eine einheitliche und definierbare Rechtsauffassung zuließe. Denn laut dem Internationalen Gerichtshof in seinem Urteil im kolumbianisch-peruanischen Asyl-Fall kann sich im Einzelfall auch vielfältig vorhandene Praxis als ungeeignet zur Bestimmung von Völkergewohnheitsrecht erweisen:

> „The facts brought to the knowledge of the Court disclose so much uncertainty and contradiction, so much fluctuation and discrepancy in the exercise of diplomatic asylum and in the official views expressed on various occasions, there has been so much inconsistency in the rapid succession of conventions on asylum, ratified by some States and rejected by others, and the practice has been so much influenced by considerations of political expediency in the various cases, that it is not possible to discern in all this any constant and uniform usage, accepted as law, with regard to the alleged rule of unilateral and definitive qualification of the offence.“[354]

Als sich bei der Bearbeitung abzeichnete, dass der Nachweis von Gewohnheitsrecht aufgrund der Natur der Staatenpraxis oder deren fehlender Einheitlichkeit nicht gelingen würde, ging dies mit der Erkenntnis einher, dass die Praxis gegebenenfalls dadurch erklärt werden könnte, dass ihr ein von Beginn an

353 Report of the International Law Commission on the work of the 70th session (2018), UN-Doc. A/73/10.

354 *Colombian-Peruvian asylum case, Judgement of 20th November 1950, I.C.J. Reports 1950*, S. 277.

anderes, differenzierteres Rechtsverständnis zugrunde liegt. Sind Waffenlieferungen an die Opposition vielleicht in manchen Situationen *de lege lata* schon gar keine verbotene Intervention und Lieferungen an die Regierung im Bürgerkrieg in Einzelfällen vielleicht doch völkerrechtlich verboten? Und: Woher kommen die schon vielfach beiläufig erwähnten Grundannahmen zu Vereinbarkeit von Waffenlieferungen mit dem Völkerrecht?

B. Von Nicaragua über das Ende des Kalten Krieges zum Arabischen Frühling – Ein Paradigmenwechsel?

Um die zuletzt aufgeworfene These überprüfen zu können, muss zunächst zum Ursprung der Grundannahmen, dass Waffenlieferungen an die Opposition unzulässig und solche an die Regierung in jeder Situation zulässig sind, zurückgekehrt werden. Hier führt der Weg vom Nicaragua-Urteil des Internationalen Gerichtshofs aus dem Jahr 1986 (I.) über das Ende des Kalten Krieges (II.) schließlich zu den Entwicklungen im Arabischen Frühling (III.).

Lässt sich hier ein grundlegender Paradigmenwechsel nachzeichnen oder handelt es sich vielleicht um die Verfestigung eines mit dem Nicaragua-Urteil beginnenden Missverständnisses?

I. Vom Grundsatzurteil zum *buzzword*: Das Nicaragua-Urteil des Internationalen Gerichtshofs aus dem Jahr 1986

Das Nicaragua-Urteil des Internationalen Gerichtshofes ist in vielerlei Hinsicht grundlegend für das Völkerrecht im Allgemeinen und im Besonderen für Waffenlieferungen an nichtstaatliche Akteure. Zum ersten Mal befasste sich der Gerichtshof in diesem Verfahren mit der Frage nach der völkerrechtlichen Relevanz von Unterstützungshandlungen einer Regierung für die Opposition in einem Drittstaat. Die folgende kurze Zusammenfassung der Geschehnisse stützt sich maßgeblich auf die Feststellungen des Gerichtshofes zum Sachverhalt. Das Urteil behandelt dabei nur den Zeitraum von 1979 bis 1984 – dem Jahr, in dem Nicaragua das Verfahren angestrengt hatte, während die Unterstützung der Contras durch die USA wohl bis 1988 andauerte. 1988 hatten die politischen Konsequenzen der Geschehnisse, die seither als Iran-Contra-Affäre bekannt sind, eine weitere Unterstützung unmöglich gemacht.[355] Im Zuge der

355 *Jörg Kammerhofer*, The US Intervention in Nicaragua – 1981–1988, in *Tom Ruys und Olivier Corten* (eds.), The Use of Force in International Law: A Case-based Approach, (Oxford: Oxford University Press, 2018) S. 343 ff.

Iran-Contra-Affäre wurde es als erwiesen angesehen, dass die USA die Contras auch im Zeitraum nach 1984 unterstützt haben, obwohl der Kongress zu diesem Zeitpunkt ein Verbot dieser Unterstützung ausgesprochen hatte.[356]

Zum Sachverhalt zwischen 1979 und 1984 stellte der Gerichtshof fest, dass zwar signifikante Unterstützungshandlungen durch die USA vorgenommen wurden, diese aber nicht ausreichen, um die Handlungen der Contras den USA zuzurechnen.[357] Darüber hinaus sah er den Vorwurf Nicaraguas, die USA hätten die Contras gar erst erschaffen, nicht als erwiesen an. Er befand aber die enge Verbindung der Contras zu den USA, die er zeitweise als „vollständige Abhängigkeit" betrachtete, als zentral für den vorliegenden Fall:

> „In the view of the Court it is established that the *contra* force has, at least at one period been so dependent on the United States that it could not conduct its crucial or most significant military and paramilitary activities without the multi-faceted support of the United States. **This finding is fundamental in the present case**"[358] (Hervorhebung durch die Verfasserin).

Die Bezeichnung der Unterstützung als fundamental unterstreicht, dass der Nicaragua-Fall Besonderheiten aufweist, welche es ermöglichen, wenn nicht sogar erfordern, die Universalität der Erkenntnisse im Einzelnen und deren Übertragbarkeit auf jedwede Fälle von Waffenlieferungen jedenfalls zu hinterfragen. So kann das Ausmaß der Unterstützung und die Abhängigkeit eines nichtstaatlichen Akteurs von den drittstaatlichen Unterstützern deutlich variieren und es sind Konstellationen denkbar, die dieses Näheverhältnis nicht aufweisen und in dieser Hinsicht hinter der Unterstützung der Contras durch die USA zurückbleiben.

Auch der Umfang der Unterstützungshandlungen der USA war besonders. Es handelte sich bei Weitem nicht nur um Waffenlieferungen:

> „The Court therefore finds that the support given by the United States, up to the end of September 1984, to the military and paramilitary activities of the contras in Nicaragua, **by financial support, training, supply of weapons, intelligence and logistic support**, constitutes a clear breach of the principle of non-intervention"[359] (Hervorhebung durch die Verfasserin).

---

356 Iran-Contra Report, S. 3, Executive Summary, abrufbar unter: https://archive.org/details/WalshReport/page/n3 (zuletzt aufgerufen am 23.08.2019).

357 *Military and Paramilitary Activities in and against Nicaragua* (Nicaragua v. United States of America). Merits, Judgment. I.C.J. Reports 1986, para. 110.

358 *Military and Paramilitary Activities in and against Nicaragua* (Nicaragua v. United States of America). Merits, Judgment. I.C.J. Reports 1986, para. 111.

359 *Military and Paramilitary Activities in and against Nicaragua (Nicaragua v. United States of America). Merits, Judgment. I.C.J. Reports 1986,* para. 242.

Zwar umfassen Rüstungsexporte, vor allem solche an nichtstaatliche Akteure, oft zugleich auch das Training an den exportierten, bisweilen technisch komplexen Waffen oder eine weitergehende finanzielle Unterstützung, es sind aber wiederum auch Handlungen unterhalb dieser Schwelle denkbar, welche dann gegebenenfalls nicht die gleiche rechtliche Bewertung erfahren müssen. Unterstützungshandlungen unterhalb dieser Schwelle lagen beispielsweise in diesem Fall auf der nicaraguanischen Seite vor. Der Gerichtshof hatte sich genau genommen gleich doppelt mit dem Vorwurf von Waffenlieferungen und ihren rechtlichen Folgen zu befassen. Nicht nur die Lieferungen der USA an die Contras waren Gegenstand des Verfahrens, auch der Vorwurf Nicaragua habe selbst die bewaffnete Opposition in El Salvador mit Waffen unterstützt stand zur Debatte. Hier stellte der Gerichtshof fest, dass es zwar Unterstützungshandlungen von Nicaragua für die Opposition in El Salvador bis 1981 gab,[360] sah es aber nicht als erwiesen an, dass diese auch nach 1981 noch *„on a sigificant scale"* stattfanden.[361] Der Gerichtshof macht hier deutlich, dass es eine Untergrenze für die Erheblichkeit von Unterstützungshandlungen gibt, wobei er offenlässt, wo diese genau liegt.

Der Gerichtshof sieht sich in der Folge im Nicaragua-Fall noch der Aufgabe gegenüber festzustellen, ob die Handlungen der USA als Maßnahme kollektiver Selbstverteidigung im Einklang mit Art. 51 UN-Charta stehen könnten, was er dem Grundsatz nach für möglich hält:

> „In the Court's view, however, if Nicaragua has been giving support to the armed opposition in El Salvador, and if this constitutes an armed attack on El Salvador and the other appropriate conditions are met, collective self-defence could be legally invoked by the United States, even though there may be the possibility of an additional motive, one perhaps even more decisive for the United States, drawn from the political orientation of the present Nicaraguan Government."[362]

Die Anforderungen sind hier aber hoch, da eine Selbstverteidigungshandlung nicht gegen jede Art von Gewalt im Sinne des Gewaltverbotes zulässig ist, vielmehr müssen die weiterreichenden Voraussetzungen eines bewaffneten Angriffs vorliegen. Vorliegend trat hinzu, dass sich die USA auf ein kollektives

360 *Military and Paramilitary Activities in and against Nicaragua (Nicaragua v. United States of America). Merits, Judgment. I.C.J. Reports 1986*, para. 152.

361 *Military and Paramilitary Activities in and against Nicaragua (Nicaragua v. United States of America). Merits, Judgment. I.C.J. Reports 1986*, para. 153.

362 *Military and Paramilitary Activities in and against Nicaragua (Nicaragua v. United States of America). Merits, Judgment. I.C.J. Reports 1986*, para. 127.

Selbstverteidigungsrecht beriefen, wobei nach dem Internationalen Gerichtshof der von dem potenziellen bewaffneten Angriff betroffene Staat – hier El Salvador – die Handlungen selbst als Angriff werten müsste und im Zuge dessen die Unterstützung im Rahmen kollektiver Selbstverteidigung anfordern müsste.[363] Letztlich lehnt der Gerichtshof die Verteidigung der USA, in kollektiver Selbstverteidigung Waffen an die Contras geliefert zu haben, ab, da diese Voraussetzungen nicht vorlägen.[364] Selbst wenn diese Voraussetzungen aber vorgelegen hätten, hätten andere Prüfungspunkte für eine zulässigen Selbstverteidigung wohl Probleme bereitet, wie beispielsweise, dass nicht die Regierung El Salvadors unterstützt wurde, sondern ein nichtstaatlicher Akteur in Nicaragua, oder die Frage, ob die Unterstützungshandlungen überhaupt in einem für Selbstverteidigung ausreichenden räumlichen und zeitlichen Näheverhältnis standen.

Der Gerichtshof sieht schließlich in den Unterstützungshandlungen der USA „by financial support, training, supply of weapons, intelligence and logistic support, [...] a clear breach of the principle of non-intervention" und stellt im Fortgang hierzu fest, dass *arming and training* darüber hinaus „can certainly be said to involve the threat or use of force against Nicaragua".[365]

Zusammenfassend war der dem Nicaragua-Urteil zugrunde liegende Sachverhalt in vielerlei Hinsicht besonders. Zum einen aufgrund des Näheverhältnisses, das zwischen den USA und den Contras bisweilen so ausgeprägt war, dass sogar im Raum stand, die Contras den USA zuzurechnen. Zum anderen auch aufgrund des weitreichenden Umfangs der Unterstützungshandlungen, die nicht nur Rüstungsgüter umfassten, sondern sich bis in den militärisch-taktischen Bereich fortzogen und zudem noch umfassende finanzielle Unterstützung enthielten. So zentral also die Feststellungen des Internationalen Gerichtshofes zum Gewalt- und Interventionsverbot im Nicaragua-Urteil sind, so sehr basieren sie doch zum Großteil auch auf dem besonderen Sachverhalt, über den der Gerichtshof hier zu entscheiden hatte. Es ist daher indiziert, bei der Auseinandersetzung mit der Zulässigkeit von Waffenlieferungen nicht nur kursorisch auf das Nicaragua-Urteil zu verweisen, um eine Verletzung des Interventions- und Gewaltverbots zu begründen. Vielmehr ist eine eigehende

363 *Military and Paramilitary Activities in and against Nicaragua (Nicaragua v. United States of America). Merits, Judgment. I.C.J. Reports 1986*, para. 199.

364 *Military and Paramilitary Activities in and against Nicaragua (Nicaragua v. United States of America). Merits, Judgment. I.C.J. Reports 1986*, para. 199.

365 *Military and Paramilitary Activities in and against Nicaragua (Nicaragua v. United States of America). Merits, Judgment. I.C.J. Reports 1986*, para. 228.

Auseinandersetzung mit dem jeweiligen Sachverhalt geboten, der dann unter die Feststellungen des Gerichtshofs subsumiert werden kann.

II. Das Ende des Kalten Krieges

Auch der Blick auf das erste Urteil des Internationalen Gerichtshofes nach dem Kalten Krieg, das sich mit der Materie befasst, der Armed Activities-Fall aus dem Jahr 2005, unterstützt diese differenzierte Herangehensweise. In diesem Urteil hält der Gerichtshof seine Feststellungen aus dem Nicaragua-Urteil im Großen und Ganzen aufrecht.[366] Auch in diesem Fall ging es aber bei Weitem nicht „nur" um bloße Waffenlieferungen an die Opposition. Erneut hatte der Gerichtshof zu prüfen, ob ein Drittstaat, hier Uganda, einen nichtstaatlichen Akteur, hier das *Mouvement de Libération du Congo*, geradezu erschaffen hatte und ob ihm dieser Akteur daher als Organ zuzurechnen sei, was letztlich verneint wurde.[367] Die Demokratische Republik Kongo trug in dem Verfahren vor, das *Mouvement de Libération du Congo* sei in dem infrage stehenden Zeitraum vollumfänglich von Uganda kontrolliert und richtiggehend geführt worden.[368] Schwere und Dauer der Interventionshandlungen als Ganzes wurden unterstrichen und übertreffen sogar die des Nicaragua-Falls oder lassen diese, um es mit den Worten von *Bruno Simma* in seiner *seperate opinion* zum Armed Activities-Fall zu sagen, im Vergleich geradezu unbedeutend erscheinen:

> „Compared to its scale and impact, the military adventures the Court had to deal with in earlier cases, as in Corfu Channel, Military and Paramilitary Activities in and against Nicaragua or Oil Platforms, border on the insignificant."[369]

Die zentrale Passage aus dem Nicaragua-Urteil, auf die der Internationale Gerichtshof im Armed Activities-Urteil Rückgriff nimmt, ist mit Gewohnheitsrecht befasst. Der Gerichtshof sieht sich also erneut, wie schon im Nicaragua-Urteil, in der Pflicht, vor der endgültigen Feststellung, dass eine Handlung eine verbotene Intervention darstellt, zu prüfen, ob sich eine Praxis der Staaten identifizieren lässt, aus der sich der Glaube ableiten lässt, es gebe ein

366 *Armed Activities on the Territory of the Congo (Democratic Republic of the Congo v. Uganda), Judgment, I.C.J. Reports 2005,* para. 164.

367 *Armed Activities on the Territory of the Congo (Democratic Republic of the Congo v. Uganda), Judgment, I.C.J. Reports 2005,* para. 106.

368 *Armed Activities on the Territory of the Congo (Democratic Republic of the Congo v. Uganda), Judgment, I.C.J. Reports 2005,* para. 155.

369 Bruno Simma, *Armed Activities on the Territory of the Congo* (Democratic Republic of the Congo v. Uganda), Judgment, I.C.J. Reports 2005, Seperate Opinion, para. 2.

> „[…] general right for States to intervene, directly or indirectly, with or without armed force, in support of an internal opposition in another State, whose cause appeared particularly worthy by reason of the political and moral values with which it was identified.“[370]

Wie auch schon zu Zeiten des Nicaragua-Urteils gab es hierfür Anhaltspunkte in der Praxis, entsprechendes Gewohnheitsrecht konnte jedoch nicht festgestellt werden. Was im Nicaragua-Urteil zu der Feststellung führte:

> „[…] that no such general right of intervention, in support of an opposition within another State, exists in contemporary international law.“[371]

Die Handlungen von Uganda wurden durch den Internationalen Gerichtshof schließlich aufgrund ihrer Schwere und Dauer als „a grave violation of the prohibition on the use of force expressed in Article 2, paragraph 4, of the Charter“ qualifiziert.[372]

Wenn nun bei der Auseinandersetzung mit Waffenlieferungen und der Frage nach deren Verletzung des Interventions- und/oder Gewaltverbots regelmäßig nur kursorisch auf das Nicaragua-Urteil und das Urteil im Armed Activities-Fall des Internationalen Gerichtshofs Bezug genommen wird und diese herangezogen werden, um zu begründen, dass es sich bei Waffenlieferungen an die Opposition gemeinhin um eine verbotene Intervention handelt, dann geht dies in zweierlei Hinsicht fehl. Zunächst, da sich der Internationale Gerichtshof in beiden Fällen ausgiebig und eingehend mit dem Umfang und der Schwere der einzelnen Unterstützungshandlungen auseinandergesetzt hat und die Erkenntnisse entscheidend in die Bewertung als verbotene Intervention oder gegebenenfalls Gewalt eingeflossen sind. Ferner wird dabei auch übersehen, dass gerade nicht nur die Einstufung einer Handlung als Intervention, sondern deren Qualifikation als völkerrechtlich verbotene Intervention zentral für beide Fälle ist. Würde jede Waffenlieferung an die Opposition, egal in welchem Umfang, zu welcher Zeit und mit welcher Dauer, als solche immer eine verbotene Intervention darstellen, dann müsste sich der Gerichtshof nicht erneut der Frage zuwenden, ob die infrage stehenden Handlungen eine verbotene Intervention oder Gewalt darstellen. Der allgemeine Verweis auf die Feststellungen

---

370 *Military and Paramilitary Activities in and against Nicaragua (Nicaragua v. United States of America). Merits, Judgment. I.C.J. Reports 1986*, para. 206.

371 *Military and Paramilitary Activities in and against Nicaragua (Nicaragua v. United States of America). Merits, Judgment. I.C.J. Reports 1986*, para. 209.

372 *Armed Activities on the Territory of the Congo (Democratic Republic of the Congo v. Uganda), Judgment, I.C.J. Reports 2005*, para. 165.

im Nicaragua-Urteil würde dann regelmäßig ausreichen; nur die Frage nach Gewohnheitsrecht würde bleiben.

Es ist hier daher festzuhalten, dass die Feststellungen des Internationalen Gerichtshofs sowohl im Nicaragua-Urteil als auch im Armed Activities-Fall bei Waffenlieferungen im Einzelfall auf ihre Übertragbarkeit hin überprüft werden müssen. In der völkerrechtlichen Literatur geschieht dies nicht, die Feststellungen werden als allgemeingültig zugrunde gelegt. Dies trägt den Besonderheiten dieser Fälle jedoch nicht in ausreichender Weise Rechnung.

III. Der Arabische Frühling – ein Paradigmenwechsel?

Mit dem Arabischen Frühling kam dann erneut Schwung in die Diskussion um die Zulässigkeit der Unterstützung der Opposition. Im Folgenden wird der Frage nachgegangen, ob die mit dem Arabischen Frühling in Verbindung stehende Praxis der Staaten im Hinblick auf Waffenlieferungen eine Abkehr von den oben erläuterten Feststellungen des Internationalen Gerichtshofs darstellt.

1. Libyen

„Vereinter Beschützer" – *Unified Protector* –, so lautete der Name der am 19. März 2011, mit einem Luftschlag Frankreichs gegen libysche Panzer, begonnenen Militäroperation. Sie wurde bald im Rahmen der Sicherheitsratsresolutionen 1970 und 1973, am 31. März 2011, unter NATO-Kommando gestellt.[373] Ihr Name gibt sogleich den Kern der Operation und das Selbstverständnis der eingreifenden Staaten preis: Schutz. Und tatsächlich wird das kollektive Eingreifen in den Libyenkonflikt als eines der ersten Beispiele der Anerkennung und Umsetzung der *responsibility to protect* in die Geschichte der Vereinten Nationen eingehen[374]. Die Unterstützung der Opposition spielte in der Strategie der eingreifenden Staaten eine zentrale Rolle. So kam es dazu, dass Unterstützungshandlungen, die vormals meist im Rahmen von *covert aid* hinter verschlossenen Türe diskutiert und im Geheimen ausgeführt wurden, nun auf der internationalen Bühne als humanitäre Option öffentlich diskutiert wurden.[375]

---

373 NATO Factsheet Operation Unified Protector, zu finden unter https://www.nato.int/cps/en/natolive/71679.htm (zuletzt aufgerufen am 25.03.2019).

374 *Christian Henderson*, The use of force and international law, (Cambridge: Cambridge University Press, 2018) S. 383.

375 *Olivier Corten und Vaios Koutroulis*, The Illegality of Military Support to the Rebels in the Libyan War: Aspects of jus contra bellum and jus in bello, Journal of Conflict & Security Law, 18 (2013) S. 59.

Der Konflikt in Libyen zeichnet sich ferner maßgeblich dadurch aus, dass der Sicherheitsrat der Vereinten Nationen nicht blockiert war und so Resolutionen nach Kapitel VII der Charta der Vereinten Nationen erlassen werden konnten. Die Unterstützung nichtstaatlicher Akteure wurde ebenso auf diese Resolution gegründet, wie das Verbot der Unterstützung der amtierenden Regierung. Zwar griff faktisch die NATO ein, doch nur unter der Bedingung eines vorherigen „clear legal mandate",[376] einer Sicherheitsratsresolution, wie der Generalsekretär der NATO präzisierte.[377] Die Basis der Unterstützung der Opposition und der Versagung von Unterstützung für die Regierung war also eine Kapitel-VII-Resolution des Sicherheitsrates und damit die zentrale, in der Charta normierte, Ausnahme vom Interventions- und Gewaltverbot.

Alle zugunsten der Opposition eingreifenden Staaten haben sich im Laufe der Operation durchweg auf die Sicherheitsratsresolution 1973 als Rechtsgrundlage für ihr Eingreifen und die militärische Unterstützung der Opposition berufen.[378] Das gegen den Staat Libyen in der Resolution 1970 verhängte Embargo wurde so gelesen, dass nur Waffenlieferungen an den libyschen Staat, offiziell Libysch-Arabische Dschamahirija genannt, verboten seien, nicht jedoch solche an die Opposition.[379] Die Passage der Sicherheitsratsresolution 1973, in der die Staaten ermächtigt werden, „to take all necessary measures, notwithstanding paragraph 9 of resolution 1970 (2011)" zum Schutze der Zivilbevölkerung, wurde in diesem Licht gelesen. In der wissenschaftlichen Diskussion wurden Stimmen laut, die gerade die Unterstützung der Opposition nicht von den Sicherheitsratsresolutionen gedeckt sahen.[380] Richtigerweise wird hier unter Verweis auf die *Friendly Relations Declaration* von 1970 daran erinnert,

---

376 https://www.nato.int/cps/en/natohq/news_71446.htm? (zuletzt aufgerufen am 24.08.2019).

377 https://www.theguardian.com/world/2011/mar/01/libya-no-fly-zone-cameron (zuletzt aufgerufen am 24.08.2019).

378 Siehe *Olivier Corten und Vaios Koutroulis,* The Illegality of Military Support to the Rebels in the Libyan War: Aspects of jus contra bellum and jus in bello, Journal of Conflict & Security Law, 18 (2013) S. 63 f. für eine detaillierte Auseinandersetzung m.w.N.

379 www.guardian.co.uk/world/2011/mar/30/arming-libya-rebels-america-warned (zuletzt aufgerufen am 25.03.2019), so auch https://www.sipri.org/databases/embargoes/un_arms_embargoes/libya/libya_2011 (zuletzt aufgerufen am 25.03.2019).

380 So beispielsweise *Olivier Corten und Vaios Koutroulis,* The Illegality of Military Support to the Rebels in the Libyan War: Aspects of jus contra bellum and jus in bello, Journal of Conflict & Security Law, 18 (2013) S. 63.

dass die Diskussion um die Reichweite des Embargos gänzlich verfehlt ist, da sich Lieferungen an die Opposition ohnehin verbieten, weil sie im vorliegenden Fall das Interventions- und Gewaltverbot verletzen.[381] Die Sicherheitsratsresolutionen müssten daher nicht nur Lieferungen an die Opposition nicht verbieten, sondern diese vielmehr in Abweichung zum Gewaltverbot im Rahmen der in Kapitel VII genannten Befugnisse des Sicherheitsrates ausdrücklich erlauben.[382]

Bei genauerer Bertachtung erfolgte die Unterstützung im Libyenkonflikt also nicht in Abkehr vom *Nicaragua-Paradigma* – dass Lieferungen an die Opposition immer unzulässig, solche an die Regierung immer zulässig seien. Vielmehr werden sie mit Sicherheitsratsresolution 1973 gerade auf eine anerkannte und in der Charta normierte Ausnahme zum Interventions- und Gewaltverbot gestützt.

Die „Anerkennung der Opposition", die auch im libyschen Konflikt vorgenommen wurde, knüpft an eine Rechtsfigur an, die zu Zeiten der *National Liberation Movements* in den 1960er und 1970er Jahren ihren Anfang nahm. Diese Praxis setzte sich im Syrienkonflikt fort.[383] Sie könnte auf eine Veränderung des rechtlichen Status eines nichtstaatlichen Akteurs hindeuten, sofern es sich um eine völkerrechtlich relevante *Anerkennung* handelt und nicht nur um eine rein politische Begrifflichkeit. Dies wird im Detail unter C IV. 3. ausführlich besprochen.

2. Syrien

Die Diskussion um die Unterstützung der Opposition setzte sich im Bürgerkrieg in Syrien sowohl auf wissenschaftlicher als auch zwischenstaatlicher Ebene weitestgehend fort, es traten aber auch zusätzlich neue Dynamiken

381 *Olivier Corten und Vaios Koutroulis,* The Illegality of Military Support to the Rebels in the Libyan War: Aspects of jus contra bellum and jus in bello, Journal of Conflict & Security Law, 18 (2013) S. 65.

382 *Olivier Corten und Vaios Koutroulis,* The Illegality of Military Support to the Rebels in the Libyan War: Aspects of jus contra bellum and jus in bello, Journal of Conflict & Security Law, 18 (2013) S. 65.

383 *Dapo Akande*, Self Determination and the Syrian Conflict – Recognition of Syrian Opposition as Sole Legitimate Representative of the Syrian People: What Does this Mean and What Implications Does it Have? (2012), https://www.ejiltalk.org/self-determination-and-the-syrian-conflict-recognition-of-syrian-opposition-as-sole-legitimate-representative-of-the-syrian-people-what-does-this-mean-and-what-implications-does-it-have/ (zuletzt aufgerufen am 26.08.2019).

zutage. So lässt die Rhetorik im Syrienkonflikt den Beobachter beispielsweise zunächst glauben, die Unterstützung einer Regierung sei ab einem bestimmten Punkt in einem Bürgerkrieg, jedenfalls moralisch, nicht mehr vertretbar. In diesem Licht erscheint die Berichterstattung über die Unterstützung der amtierenden syrischen Regierung durch Russland bisweilen.[384] Begründet liegt dies vor allem in den schweren und systematischen Menschenrechtsverletzungen und Verletzungen des humanitären Völkerrechts, die durch das Assad-Regime im Zuge des Konflikts begangen wurden[385] und wohl auch noch andauern.[386] Tatsächlich enthält die Praxis der Staaten keinerlei rechtliche Kritik an Russland und seiner Unterstützung der Regierung von Baschar al-Assad.[387] Russland selbst hingegen wies von Beginn an auf die Illegalität der amerikanischen und westlichen Unterstützung für nichtstaatliche Akteure hin und unterstreicht gleichermaßen die Rechtmäßigkeit der eigenen Unterstützung.[388] Ein kurzer Blick auf das Völkerrecht gibt dem Recht: Die Unterstützung einer amtierenden Regierung ist gegenwärtig auch zu Zeiten eines innerstaatlichen bewaffneten Konflikts zulässig.[389]

---

384 https://www.handelsblatt.com/politik/international/debatte-ueber-syrien-russland-liefert-weiter-seine-waffen-an-den-diktator/8715504-2.html (zuletzt aufgerufen am 24.08.2019), https://www.welt.de/debatte/kommentare/article190418673/Syrien-Wie-Putin-und-Assad-den-Westen-erpressen-wollen.html (zuletzt aufgerufen am 24.08.2019).

385 Human Rights Council A/HRC/34/CRP.3, ab S. 6.

386 https://www.hrw.org/world-report/2019/country-chapters/syria (zuletzt aufgerufen am 24.08.2019), https://www.ohchr.org/EN/HRBodies/HRC/Pages/NewsDetail.aspx?NewsID=24586&LangID=E (zuletzt aufgerufen am 24.08.2019).

387 *Christina Nowak*, Das Interventionsverbot im Bürgerkrieg, (Europäische Hochschulschriften, 5994; Berlin: Peter Lang, 2018) S. 367 f. m.w.N.

388 https://www.washingtonpost.com/world/national-security/putin-calls-us-support-for-rebels-in-syria-illegal/2015/09/27/3cf71884-e2a5-4eef-97be-3e871d03d656_story.html (zuletzt aufgerufen am 24.08.2019).

389 *Dapo Akande und Zachary Vermeer*, The Airstrikes against Islamic State in Iraq and the Alleged Prohibition on Military Assistance to Governments in Civil Wars, (2015), http://www.ejiltalk.org/the-airstrikes-against-islamic-state-in-iraq-and-the-alleged-prohibition-on-military-assistance-to-governments-in-civil-wars/ (zuletzt aufgerufen am 15.08.2019); *Raphael Van Steenberghe*, The Alleged Prohibition on Intervening in Civil Wars Is Still Alive after the Airstrikes against Islamic State in Iraq: A Response to Dapo Akande and Zachary Vermeer, (2015), http://www.ejiltalk.org/the-alleged-prohibition-on-intervening-in-civil-wars-is-still-alive-after-the-airstrikes-against-islamic-state-in-iraq-a-response-to-dapo-akande-and-zachary-vermeer/ (zuletzt aufgerufen am 15.08.2019); *Dapo Akande*,

Die Unterstützung der Opposition durch die USA[390], das Vereinigte Königreich[391] und Frankreich[392] kann nach überwiegender Ansicht in der Literatur nicht auf überzeugende Art und Weise mit dem Völkerrecht in Einklang gebracht werden.[393] In diesem Zusammenhang gilt es zu bedenken, dass Waffenlieferungen an die Opposition von einigen Staaten zwar diskutiert wurden, sich aber nur vereinzelt Nachweise für ihre tatsächliche Durchführung finden lassen. Ein viel zitiertes Beispiel für diese Art der Unterstützung sind die Waffenlieferungen Deutschlands an die Peschmerga. Dabei wird übersehen, dass die Lieferungen an die Peschmerga im Irak und damit nicht „die Opposition" in Syrien erfolgten und die Lieferungen in Absprache mit der irakischen Regierung durchgeführt wurden. Sie sind daher kein Beispiel für Waffenlieferungen an die Opposition im eigentlichen Sinne.

Im Syrienkonflikt wird die Diskussion zusätzlich durch den Einsatz chemischer Waffen verkompliziert. Dieser flagrante Tabubruch ließ die internationale Gemeinschaft sprachlos und verschaffte der *Organization for the Prohibition of Chemical Weapons*, deren Statut seit 1997 in Kraft war, ihren ersten Fall. Der Einsatz von Gas in Konflikten stellt darüber hinaus ein Kriegsverbrechen nach

---

Would It Be Lawful For European (or other) States to Provide Arms to the Syrian Opposition?, (2013), http://www.ejiltalk.org/would-it-be-lawful-for-european-or-other-states-to-provide-arms-to-the-syrian-opposition/ (zuletzt aufgerufen am 24.08.2019). Vgl. auch die weiteren Ausführungen in diesem Kapitel.

390 *Michael N. Schmitt*, Legitimacy Versus Legality Redux: Arming the Syrian Rebels, Journal of National Security Law and Policy, 7 (2014). m.w.N.

391 https://www.parliament.uk/business/publications/written-questions-answers-statements/written-question/Commons/2015-06-30/4763 (zuletzt aufgerufen am 24.08.2019); https://www.parliament.uk/business/publications/written-questions-answers-statements/written-question/Commons/2015-06-01/662 (zuletzt aufgerufen am 24.08.2019); https://www.telegraph.co.uk/news/worldnews/middleeast/syria/9925816/Syria-Britain-could-go-it-alone-in-arming-rebels.html (zuletzt aufgerufen am 24.08.2019).

392 https://www.lemonde.fr/proche-orient/article/2017/12/14/l-aide-militaire-fournie-aux-rebelles-syriens-a-indirectement-contribue-a-armer-l-ei_5229750_3218.html (zuletzt aufgerufen am 24.08.2019); https://www.lemonde.fr/proche-orient/article/2014/08/21/comment-paris-a-livre-des-armes-aux-rebelles-syriens_4475027_3218.html (zuletzt aufgerufen am 24.08.2019).

393 *Michael N. Schmitt*, Legitimacy Versus Legality Redux: Arming the Syrian Rebels, Journal of National Security Law and Policy, 7 (2014) S. 159; *Dapo Akande*, Would It Be Lawful For European (or other) States to Provide Arms to the Syrian Opposition?, (2013), http://www.ejiltalk.org/would-it-be-lawful-for-european-or-other-states-to-provide-arms-to-the-syrian-opposition/ (zuletzt aufgerufen am 24.08.2019).

Art. 8 II lit. b (VXIII) Römisches Statut dar. Der Einsatz chemischer Waffen durch die Assad-Regierung bildet im Kern nun die Grundlage für die Waffenlieferungen der USA an die syrische Opposition im Juni 2013.[394] Die Botschaft der Obama-Regierung war eindeutig: Mit dem Einsatz von chemischen Waffen durch die Regierung wurde eine Schwelle, eine *red line,*[395] überschritten, woraufhin nun Waffen an die Opposition geliefert werden sollten. Hier wird die Lieferung von Waffen also eindeutig an ein bestimmtes Ereignis geknüpft, den Einsatz von chemischen Waffen, auf den sie als Reaktion geliefert werden sollen. Diese Besonderheit verbietet es nun aber, allgemeine Rückschlüsse auf eine eventuelle Veränderung des *Nicaragua-Paradigmas* zu ziehen. In der Fortentwicklung des Konfliktes wurde sodann von Waffenlieferungen auf direkteres Eingreifen umgeschwenkt: Die USA, das Vereinigte Königreich und Frankreich nahmen in Reaktion auf den wiederholten Einsatz von Chemiewaffen durch die syrische Regierung im Jahr 2017 und 2018 Luftschläge vor, die mit guten Argumenten als unzulässig eingestuft wurden.[396]

Interessanterweise wird, vor allem im Zusammenhang mit dem Konflikt in Syrien, die Bereitstellung von *non-lethal assistance* weitgehend nicht kritisiert oder überhaupt thematisiert.[397] Das führt so weit, dass bisweilen angenommen

---

394 https://eu.usatoday.com/story/news/politics/2013/06/13/us-confirms-chemical-weapons-syria/2420763/ (zuletzt aufgerufen am 03.12.2019).

395 Siehe für wohl eine der ersten „roten Linien" von Präsident Obama https://edition.cnn.com/2012/08/20/world/meast/syria-unrest/index.html (zuletzt aufgerufen am 03.12.2019), siehe für eine nachträgliche Einschätzung des damaligen Nationalen Sicherheitsberaters Ben Rhodes https://www.theatlantic.com/international/archive/2018/06/inside-the-white-house-during-the-syrian-red-line-crisis/561887/ (zuletzt aufgerufen am 03.12.2019).

396 *Marko Milanovic*, The Syria Strikes: Still Clearly Illegal, (2018), https://www.ejiltalk.org/the-syria-strikes-still-clearly-illegal/ (zuletzt aufgerufen am 24.08.2019); *Marko Milanovic*, The Clearly Illegal US Missile Strike in Syria, (2017), https://www.ejiltalk.org/the-clearly-illegal-us-missile-strike-in-syria/ (zuletzt aufgerufen am 24.08.2019).

397 Russland hat vereinzelt seinen Unmut geäußert und *non-lethal assistance* mit *assistance* gleichgestellt: https://www.theguardian.com/world/2013/mar/02/syria-iran-us-assad-rebels (zuletzt aufgerufen am 24.08.2019); *Tom Ruys*, Of Arms, Funding and „Non-lethal Assistance" – Issues Surrounding Third-State Intervention in the Syrian Civil War, Chinese Journal of International Law, 13 (2014) S. 52, para. 68. *Ruys* sieht hier die Möglichkeit, dass auch non-lethal assistance vom Interventionsverbot erfasst wird, da die sie sich auf Konflikte auswirken könne, für eine eingehendere Bearbeitung vgl. *Christina Nowak,* The changing law of non-intervention in

wird, dass hier vielleicht Ausnahmen zum Interventionsverbot im Entstehen begriffen seien.[398] Gleichermaßen könnte dies allerdings gerade dafürsprechen, dass Staaten diese Handlungen nicht vom Anwendungsbereich des Interventionsverbotes erfasst sehen, da sie eine gewisse Schwere nicht erreichen. Wie oben dargestellt würde sich hierfür durchaus Bestätigung im Nicaragua-Urteil und im Armed Activities-Urteil des Internationalen Gerichtshofs finden, wenn man bedenkt, dass sich diese Fälle vor allem durch die Schwere und den Umfang der Unterstützungshandlungen auszeichneten. Es liegt nicht fern anzunehmen, dass *non-lethal assistance* daher außerhalb des Intervention- und Gewaltverbots liege.

Auch im syrischen Bürgerkrieg wird also nicht mit dem *Nicaragua-Paradigma* gebrochen. Der Einsatz von chemischen Waffen stellt eine Ausnahmesituation dar, die hierauf gegründete Praxis kann nicht ohne Weiteres verallgemeinert werden. Doch wird auch immer deutlicher, dass das Paradigma – jedenfalls rhetorisch – vermehrt ins Wanken gebracht wird, wie beispielsweise auch im Syrienkonflikt, wenn Staaten erklären, ihre Unterstützung käme dem *sole legitimate representative of the people* zugute.

3. *Jemen*

Der jemenitische Bürgerkrieg wird bezüglich der saudisch geführten Koalition und der damit verbundenen Bedenken hinsichtlich der Einhaltung von Menschenrechtsstandards ausführlich in Kapitel 5 im Zusammenhang mit den allgemeinen Ausführungen zu Menschenrechten und humanitärem Völkerrecht besprochen.

Hier soll sich daher nur einer Besonderheit im Jemenkonflikt zugewandt werden: dem Embargo. Dass ein Embargo verhängt wurde, ist hierbei keinesfalls neu, aber gegen wen es verhängt wurde, sehr wohl. Im Libyenkonflikt wurde noch ein erhöhter Begründungsaufwand betrieben, um zu erklären, warum Lieferungen an die Opposition nicht unter das Embargo der Vereinten Nationen fallen sollen. Im Syrienkonflikt wurde dann zunächst das den ganzen Staat betreffende Embargo größtenteils aufgehoben, um Lieferungen an die Opposition überhaupt erst zu ermöglichen. Durch die Sicherheitsratsresolution 2216

---

civil wars – assessing the production of legality in state practice after 2011, Journal on the Use of Force and International Law, 5/1 (2018) S. 75.

398 *Christina Nowak*, The changing law of non-intervention in civil wars – assessing the production of legality in state practice after 2011, Journal on the Use of Force and International Law, 5/1 (2018) S. 72.

(2015) wurde im Jemenkonflikt nun zum ersten Mal ein Embargo ausschließlich und direkt gegen die Rebellen verhängt. Zwar handelt es sich hierbei nicht um das erste Mal, dass ein Embargo *auch* nichtstaatliche Akteure betrifft. Neu ist vielmehr, dass es nicht zuerst ein umfassendes Embargo gegen den ganzen Staat gab, das später zugunsten der Regierung gelockert wurde, sodass letztlich nur ein Embargo gegen einen nichtstaatlichen Akteur stehen bleibt,[399] oder ein Embargo verhängt wurde, das nur das Staatsgebiet betrifft, das durch einen nichtstaatlichen Akteur kontrolliert wird.[400] Russland enthielt sich bei der Entscheidung über die Verhängung des Embargos und forderte ein Embargo gegen alle Konfliktpartien. Ein Hinweis darauf, dass Lieferungen an nichtstaatliche Akteure ohnehin gegen das Völkerrecht verstoßen würden, blieb aus.

Das Königreich Saudi-Arabien und mit ihm die Koalition von eingreifenden Staaten im jemenitischen Bürgerkrieg beruft sich auf die Einladung des amtierenden Präsidenten des Jemen, Abed Rabbo Mansur Hadi, aus dem März 2015.[401] Angebliche Waffenlieferungen des Irans an die Huthi-Rebellen werden auch in der Zukunft nur unterstützend als Grundlage für das Eingreifen angeführt.[402] Saudi-Arabien verweist zudem darauf, dass die Huthis sein Territorium bedrohten.[403] Zu keiner Zeit aber beruft sich das Königreich oder die Koalition darauf, alleine aufgrund der mutmaßlichen Lieferungen von Waffen durch den Iran zum Eingreifen berechtigt zu sein.

4. *Zwischenergebnis*

Mag man also zunächst geneigt sein, die Staatenpraxis zu Zeiten des Arabischen Frühlings als Abkehr vom *Nicaragua-Paradigma*, vielleicht gar aus humanitären Gründen, zu sehen, spricht bei genauerer Betrachtung mehr für dessen Aufrechterhaltung. So werden beispielsweise in den drei zuvor dargestellten Konflikten, im Falle von Waffenliegerungen an die Opposition, zu deren Begründung eine anerkannte „Ausnahme" zum Interventions- und

---

399 So beispielsweise der Fall des Irak: https://www.sipri.org/databases/embargoes/un_arms_embargoes/iraq (zuletzt aufgerufen am 24.08.2019), Embargo etabliert durch Sicherheitsratsresolution 661 (1990), abgeändert zuletzt durch Sicherheitsratsresolution 1546 (2004).

400 So beispielsweise der Fall für Afghanistan: https://www.sipri.org/databases/embargoes/un-arms-embargo-on-afghanistan-%28taliban%29 (zuletzt aufgerufen am 24.08.2019), Sicherheitsratsresolution 1333 (2000).

401 UN-Doc. S/2015/217, S. 5.

402 UN-Doc. S/2016/786, S. 1/2 .

403 UN-Doc. S/2016/786, S. 2; siehe auch im Detail Kapitel 5 C.

Gewaltverbot oder besondere Umstände ins Felde geführt: die Sicherheitsratsresolution 1973 zu Libyen und der Einsatz von Chemiewaffen in Fall von Syrien. Keiner dieser Einzelfälle steht in Widerspruch zu den Feststellungen des Gerichtshofes in seinem Nicaragua-Urteil, die Fälle sind vielmehr so unterschiedlich gelagert, dass eine generelle Auseinandersetzung mit dem Inhalt und Umfang des Interventions- und Gewaltverbotes indiziert ist.

IV. Zwischenergebnis

Unter A. wurde einleitend festgestellt, dass die Staatenpraxis im Hinblick auf Waffenlieferungen schon auf den ersten Blick die Annahme von Gewohnheitsrecht nicht rechtfertigt; sie ist zu uneinheitlich und zu sehr vom politischen Klima abhängig. Unter B. wird dann die These aufgestellt und in der Folge nachgewiesen, dass das Nicaragua- und das Armed Activities-Urteil des Internationalen Gerichtshofes bei Weitem nicht so eindeutige und allumfassende Schlüsse auf die Zulässigkeit von Waffenlieferungen an nichtstaatliche Akteure zulassen, wie bisweilen vermutet wird. Vor allen „*Nicaragua*" ist geradezu zu einem *buzzword* geworden. Eine eingehende Auseinandersetzung mit dem Wortlaut des Urteils, an sich schon „not [an] easy reading",[404] und dem zugrunde liegenden Einzelfall bleibt zumeist aus.

Der abstrakten Frage, wie Waffenlieferungen generell, also außerhalb der oben angesprochenen *Sonderfälle*, im Hinblick auf das Interventions- und Gewaltverbot zu bewerten sind, wird sich nun unter C. zugewandt. Ihre Beantwortung erfordert eine tiefergehende Auseinandersetzung mit den zentralen Aspekten des Tatbestandes des Interventionsverbots, namentlich dem Zwangselement und der *domaine réservé* (I.), und schließlich in Abgrenzung hierzu mit der für das Gewaltverbot zentralen Gewaltanwendung (II.); sowie den gemeinhin anerkannten Ausnahmen beziehungsweise Rechtfertigungstatbeständen beider Verbote (III.).

C. Waffenlieferungen im Lichte des Interventions- und Gewaltverbots

Man kann ohne Übertreibung sagen, dass das Interventionsverbot und das Gewaltverbot das Zentrum der Völkerrechtsordnung nach dem Zweiten Weltkrieg bilden. Mit ihnen erlegte sich die Weltgemeinschaft zum ersten Mal

404 Separate Opinion Judge Shahabuddeen, Tadic Trial Judgement, ICTY 1999 IT-94-1-A, para. 8, S. 151.

vertraglich verbindlich die Pflicht auf, in ihren internationalen Beziehungen von der Anwendung direkter und indirekter Gewalt abzusehen. Was einst als „Fortsetzung der Politik mit anderen Mitteln“ galt, sollte nun, wenn überhaupt, nur noch innerhalb enger rechtlicher Vorgaben und in kollektiver Weise zulässig sein. Zu frisch und tief waren die Wunden, die die beiden Weltkriege in den Völkern der Welt hinterlassen haben. Der Wunsch, kommende Generationen vor der *Geißel des Krieges zu bewahren,* war ohne Frage Zeitgeist der Epoche. Das Interventions- und das Gewaltverbot sollten die Erreichung dieses tollkühnen Ziels garantieren, friedliche Streitbeilegung und Diplomatie sollten an die Stelle von kriegerischen Auseinandersetzungen treten.

Aber was bleibt davon, heute, mehr als 70 Jahre später? Vor allem Ernüchterung ob der Verfehlung dieser fantastischen Zielsetzung, die durch die Berichterstattung über gegenwärtige andauernde Konflikte verdeutlicht wird. Zuletzt verleiten die humanitären Katastrophen in Syrien und im Jemen dazu, das Friedenssicherungsrecht für gescheitert zu erklären. Zu komplex sind die Verflechtungen von Politik und Recht, nie passt der Einzelfall in das höchst sorgfältig ausgearbeitete und durchdachte System; auch in der Vergangenheit wurde schon das Scheitern des Friedenssicherungsrechts, ja gar der Tod von Art. 2(4) UN-Charta ausgerufen.[405]

Dieses grundlegende Problem des Friedenssicherungsrechts und vielleicht gar des Völkerrechts als Ganzem verstärkt sich nun im Bereich der Waffenlieferungen mehrfach. SALW sind die Massenvernichtungswaffen unserer Zeit,[406] Bürgerkriege sind die Konflikte unserer Zeit und Waffenlieferungen sind seit jeher eine attraktive Form der Einflussnahme. So gab es sie, wie zu Beginn dieser Arbeit schon erwähnt, seit Gründung der Vereinten Nationen durchgängig, und zu Zeiten des Kalten Krieges waren sie besonders populär.[407] Die Tatsache, dass sie im Geheimen mit möglichst wenig Aufsehen vorgenommen werden können, führt dazu, dass sie noch immer Mittel der Wahl sind. In den meisten Staaten ist die Unterstützung von Militäreinsätzen im Ausland mit *boots on the ground* in der Bevölkerung zu gering, als dass Regierungen diese durchsetzen könnten oder auch nur wollten. Waffenlieferungen, Ausbildung und Finanzierung lassen sich im Vergleich zu Truppeneinsätzen nicht nur besser verdeckt

---

405 *Thomas M. Franck*, Who killed Art. 2(4)? or: Changing Norms Governing the Use of Force by States, The American Journal of International Law, 64/5 (1970).

406 *Kofi A. Annan*, We the peoples: The Role of the United Nations in the 21 Century, (2000) S. 52.

407 Vgl. hierzu Annex A I.

vornehmen, sondern eignen sich gleichzeitig auch, Einfluss auf den Verlauf eines Konfliktes zu nehmen. Sie können daher eine „risikoarme“ Alternative zur militärischen Umsetzung von außenpolitischen Zielen durch den entsendenden Staat darstellen.[408]

Waffenlieferungen befinden sich im Randbereich des Interventions- und Gewaltverbots und ihre Einordnung und Subsumtion unter deren Tatbestände ist nicht so eindeutig, wie beispielsweise das Entsenden von Truppen auf das Hoheitsgebiet eines anderen Staates oder Luftschläge auf Militäreinrichtungen auf fremdem Territorium. Hinzu tritt, dass die Ausdifferenzierung der Verbote durch deren inhärente Nähe zur Souveränität erschwert ist, da diese sich selbst als eine Art „symbolische Form“[409] einer allgemeingültigen Ausdifferenzierung weitestgehend entzieht. Die Auseinandersetzung mit der Staatenpraxis und ihre Kontextualisierung ist daher ebenso von Bedeutung für diese Arbeit wie die Definition der *Tatbestandmerkmale* der Verbote und ihre Entwicklung. Es werden zunächst die tatbestandlichen Voraussetzungen des Interventionsverbots (I.) und die darüberhinausgehenden des Gewaltverbots (II.) dargestellt. Abschließend werden mögliche Ausnahmen beziehungsweise Rechtfertigungen zu den Verboten diskutiert (III.). Der Fokus bleibt stets auf den besonderen Herausforderungen, die Waffenlieferungen an diesen Teil des Völkerrechts stellen, wohlwissend, dass das Interventions- und das Gewaltverbot auch an unzähligen anderen Stellen unklar sind. Die umfassende Bearbeitung aller Einzelprobleme ist indes nicht Gegenstand dieser Arbeit.

Der genauere Blick auf das Interventions- und Gewaltverbot wird verdeutlichen: Wann eine verbotene Intervention vorliegt, die, sofern Gewalt angewendet wird, auch das Gewaltverbot verletzen würde, hängt maßgeblich davon ab, was die Verbote im Kern zu schützen gedenken, und damit schließlich auch davon, wer im Einzelfall zur Disposition über die geschützten Rechtsgüter befugt ist.

---

408 *James Pattison*, The Ethics of Arming Rebels, Ethics & International Affairs, 29/4 (2015) S. 455.

409 Vgl. zu diesem Gedanken ausführlich *Jens Bartelson*, Sovereignty as Symbolic Form, (Critical Issues in Global Politics; London: Routledge, 2014).

I. Zwangselement und innere Angelegenheiten: Waffenlieferungen im Anwendungsbereich des Interventionsverbots

„The subject of intervention is one of the vaguest branches of international law. We are told that intervention is a right; that it is a crime; that it is the rule; that it is the exception; that it is never permissible at all. A reader, after perusing Phillimore's chapter upon intervention, might close the book with the impression that intervention may be anything from a speech of Lord Palmerston in the House of Commons to the partition of Poland.“[410]

„The frontiers protected by the principle of nonintervention are unclear at any one time, they vary over time, and they are defined differently by different statesmen – Castlereagh or Palmerston, Theodore or Franklin Roosevelt, Khrushchev or Breznev.“[411]

Die Schwierigkeit, den Inhalt des Interventionsverbotes zu bestimmen, liegt darin, dass sich in einer globalisierten Welt zwangsläufig jedes Verhalten eines Staates auf andere Staaten auswirkt, auch wenn es zunächst fast schon unbedeutend oder „intern“ anmutet. Vor allem das Verhalten wirtschaftlich starker Staaten wirkt sich unweigerlich auf wirtschaftlich schwächere Staaten aus, für die das Navigieren dieses Ungleichgewichts daher zum Alltag wird. Wenn das Interventionsverbot aber das bloße Handeln mit wirtschaftlicher oder militärischer Übermacht nicht erfassen soll, wo verläuft dann die Grenze zwischen völkerrechtswidriger Intervention und zulässigem Staatshandeln?

Das Nachzeichnen dieser Grenze beschäftigt die Völkerrechtswissenschaft schon seit Jahrzehnten, wie die obigen Zitate verdeutlichen. Dass dennoch bisher keine klaren Parameter zu ihrer Bestimmung gefunden werden konnten, ist unter anderem der Tatsache geschuldet, dass die Tatbestandsmerkmale des Interventionsverbots – das Zwangselement (1.) und die *domaine réservé* (2.) – selbst stets im Wandel begriffen sind.

1. Das Zwangselement

Das Interventionsverbot ist aus Art. 2 (1) UN-Charta und dem Grundsatz der souveränen Gleichheit der Staaten ableitbar. Ferner ist es im Wege zahlreicher

410 *P. H. Winfield*, The History of Intervention in International Law, British Yearbook of International Law, 3 (1922–1923) S. 130.

411 *R. J. Vincent*, Nonintervention and international Order, (Princeton: Princeton University Press, 1974) S. 15 f.

Resolutionen des Sicherheitsrates und der Generalversammlung der Vereinten Nationen im Völkerrecht verankert.[412] Der Internationale Gerichtshof hielt im Nicaragua-Urteil fest, das Verbot „involves the right of every sovereign state to conduct its affairs without outside interference",[413] und dass es trotz wiederholter Verletzungen in der Staatenpraxis fester Bestandteil des Völkerrechts ist.[414] Das entscheidende Element der Abgrenzung einer völkerrechtswidrigen Intervention von bloßem staatlichen Handeln mit Übernacht oder einer Einmischung unterhalb der Schwelle des Interventionsverbots ist das Zwangselement, *coercion*.

Lassa Oppenheim und *Amos Hershy* umschrieben dies schon zu Beginn des 20. Jahrhunderts mit *„dictatorial interference"*[415] oder *„forcible intervention"*[416]. Doch schon der Versuch der Annäherung an die Bedeutung der Worte „Intervention" oder „Einmischung" gestaltet sich im Detail schwierig, wenn nicht gar unmöglich. In der Vergangenheit wurden daher verschiedenste Herangehensweisen gewählt, um sich ihnen zu nähern. Es wurden Fallgruppen gebildet,[417] Adäquanztheorien herausgearbeitet[418] oder die Staatenpraxis ausführlich und eingehend untersucht.[419] Der Kern des Interventionsverbots jedoch entzieht sich weiterhin im weitesten Sinne der wissenschaftlichen Feststellung. So kommt es, dass man sich 50 Jahre später noch immer in der gleichen Situation wie *James Rosenau* 1969 befindet, als er feststellen musste:

---

412 Statt vieler United Nations General Assembly Resolution 2625 (1970).

413 *Military and Paramilitary Activities in and against Nicaragua*, (Nicaragua v. United States of America). Merits, Judgment. I.C.J. Reports 1986, para. 202.

414 *Military and Paramilitary Activities in and against Nicaragua*, (Nicaragua v. United States of America). Merits, Judgment. I.C.J. Reports 1986, para. 206.

415 *Lassa Francis Lawrence Oppenheim*, Peace, (London [u.a.]: Longmans, Green, 1912) S. 147/148.

416 *Amos S. Hershy*, The Essentials of International Public Law, (New York: The Macmillan Company, 1919) S. 147, para. 135.

417 *Philip Kunig*, Das völkerrechtliche Nichteinmischungsprinzip: zur Praxis der Organisation der afrikanischen Einheit (OAU) und des afrikanischen Staatenverkehrs, (Völkerrecht und Außenpolitik; Baden-Baden: Nomos, 1981) S. 266.

418 *Axel Gerlach*, Die Intervention: Versuch einer Definition, (Varia iuris publici; Hamburg, Frankfurt a. M., Berlin: Metzner, 1967) ausführlich ab S. 177; *Charles E. Ritterband*, Universeller Menschenrechtsschutz und völkerrechtliches Interventionsverbot, (St. Galler Studien zur Politikwissenschaft; Bern: Haupt, 1982) ab S. 353.

419 *Christina Nowak*, Das Interventionsverbot im Bürgerkrieg, (Europäische Hochschulschriften, 5994; Berlin: Peter Lang, 2018).

> „[…] and after pursuing every footnote that suggests a different approach and ruminating in a wide variety of documents, one is compelled to conclude that the literature is indeed incredible."[420]

Was bleibt, ist eine Art *„I know it when I see it*"[421]-Herangehensweise. Das Gefühl, eine Intervention vielleicht nicht bis ins letzte Detail ausdifferenzieren zu können, sie aber dennoch zu erkennen, wenn man mit ihr konfrontiert ist. Dies mag vielleicht in eindeutigen oder typischen Fällen von gewisser Schwere, wie bei dem Einmarsch von Truppen auf fremdes Staatsgebiet, möglich sein, im vorliegenden Fall reicht es jedoch nicht aus. *Zwang* ist bei Waffenlieferungen eben nicht so direkt gegeben wie beim Standardfall militärischer Interventionen. So steht bei Waffenlieferungen an die Opposition immer noch ein nichtstaatlicher Akteur zwischen dem liefernden Staat und der Regierung des betroffenen Landes, von dessen Umgang mit den Waffen es maßgeblich abhängt, ob die Regierung tatsächlich unter Zwang gerät.

Man kann sich dem Tatbestand des Interventionsverbotes nun auch über eine Art „subjektives Element" annähern.[422] Im Mittelpunkt steht dann der Wille des eingreifenden Staates, der darauf gerichtet sein müsste, einen anderen Staat zu unterwerfen und eine Änderung in dessen Entscheidungsprozessen zu erreichen.[423] Doch auch dieses Element trägt nur bedingt zur Klärung bei: Es sind kaum Situationen vorstellbar, in denen ein nichtstaatlicher Akteur

---

420 *James N. Rosenau*, Intervention as a Scientific Concept, The Journal of Conflict Resolution, 13/2 (1969) S. 149.

421 Der Ausdruck geht auf eine „concurring opinion" des Richters Steward zur Entscheidung *Jacobellis v. Ohio*, 378 U.S. 184 (1964), des Supreme Courts der Vereinigten Staaten von Amerika zurück. In dem Fall galt es darüber zu befinden, ob ein Film „obcence" sei. Er stellte diesbezüglich fest: *„I shall not today attempt further to define the kinds of material I understand to be embraced within that shorthand description, and perhaps I could never succeed in intelligibly doing so. But I know it when I see it, and the motion picture involved in this case is not that.*"

422 *Marco Athen*, Der Tatbestand des völkerrechtlichen Interventionsverbotes, eds., Oliver Dörr et al., (Völkerrecht und Außenpolitik; Baden-Baden: Nomos, 2017) S. 248.

423 *Marco Athen*, Der Tatbestand des völkerrechtlichen Interventionsverbotes, eds., Dörr et al., (Völkerrecht und Außenpolitik; Baden-Baden: Nomos, 2017) S. 248; *Klaus Bockslaff*, Das völkerrechtliche Interventionsverbot als Schranke außenpolitisch motivierter Handelsbeschränkungen, (Veröffentlichungne des Instituts für Internationales Recht an der Unversität Kiel; Berlin: Duncker & Humblot, 1987) S. 91; *Tobias Trautner*, Die Einmischung in innere Angelegenheiten und die Intervention als eigenständige Verbotstatbestände im Völkerrecht, (Europäische Hochschulschriften 2614; Berlin: Peter Lang, 1999) S. 64.

von einem Drittstaat mit Waffenlieferungen unterstützt wird, dessen erklärtes Ziel nicht gerade der Sturz der Regierung oder jedenfalls die grundlegende Umstrukturierung des Zielstaates ist. Eine Unterstützung könnte sonst auch mit dem Einverständnis der Regierung des Zielstaates erfolgen. Als Gegenbeispiel könnte hier das, jedenfalls auf den ersten Blick passende, Beispiel der Peschmerga durch Deutschland angeführt werden.[424] Ziel der Peschmerga und mithin der deutschen Bundesregierung war aber gerade nicht der Kampf gegen die amtierende Regierung in Bagdad, sondern dem Vordringen des Islamischen Staates entgegenzutreten. Die Lieferungen erfolgten in diesem Fall daher auch in Absprache mit der Regierung in Bagdad und über die kurdische Zentralregierung.[425] Bei ihnen handelt es sich also nicht um einen Fall von Waffenlieferungen, dem es am subjektiven Element des Interventionsverbots mangelt.

Besinnt man sich zur weiteren Annäherung an Inhalt und Umfang des Interventionsverbots in einem ersten Schritt auf den lateinischen Ursprung des Wortes *intervenio,* eröffnet sich der Zugang zur betrachteten Fragestellung über die Auslegung und Bedeutung des Wortes. Mit *dazwischentreten, dazwischenkommen* lenkt die Übersetzung das Augenmerk auf den disruptiven Charakter der Handlung, was bisweilen auch mit „stepping-in / stepping-out“[426] und „convention-breaking“[427] beschrieben wird. Der zugrunde liegende Gedanke gleicht dem der Adäquanztheorien und beschreibt Intervention im Sinne des Interventionsverbotes als Abweichung vom bekannten, anerkannten, „normalen“ Verhalten in den internationalen Beziehungen.

Nun könnte man argumentieren, dass Waffenlieferungen teils in so großem Umfang und mit solch einer Regelmäßigkeit vorgenommen werden, dass sie eher die Regel als die Ausnahme sind. Dass Staaten ihre Lieferungen an die

---

424 https://www.sueddeutsche.de/politik/kampf-gegen-is-deutschland-liefert-waffen-in-den-nordirak-1.2110964 (zuletzt aufgerufen am 25.08.2019).

425 https://www.sueddeutsche.de/politik/kampf-gegen-is-deutschland-liefert-waffen-in-den-nordirak-1.2110964 (zuletzt aufgerufen am 25.08.2019), dennoch blieb die Kritik von Beginn an nicht aus. Die in der Kritik geäußerte Angst, dass die Waffen in die falschen Hänge gelangen könnten, hat sich im Ergebnis auch bestätigt. Waffen aus den Lieferungen fanden nachweislich ihren Weg auf den Schwarzmarkt, wo sie durch IS-Kämpfer erworben werden konnten, https://www.spiegel.de/politik/ausland/islamischer-staat-erbeutete-bundeswehr-waffen-von-peschmerga-a-1081284.html (zuletzt aufgerufen am 25.08.2019).

426 *R. J. Vincent*, Nonintervention and international Order, (Princeton: Princeton University Press, 1974) S. 8.

427 *James N. Rosenau,* Intervention as a Scientific Concept, The Journal of Conflict Resolution, 13/2 (1969) S. 161.

Opposition dennoch stets in den Rahmen des geltenden Völkerrechts einpassen, unterstreicht, dass sie solche Waffenlieferungen durchaus als von der Norm abweichendes Verhalten ansehen. Staaten rechtfertigen Waffenlieferungen an nichtstaatliche Akteure, wie eingangs am Beispiel des Arabischen Frühlings dargestellt wurde, entweder durch Bezugnahme auf eine Autorisierung des Sicherheitsrates oder durch die Einladung der jeweiligen Regierung. Hinzu kommt, dass sie noch immer in vielen Fällen verdeckt durchgeführt wurden.[428] Gemeinhin, „normalerweise", dienen Waffen in einem Staat der Aufrechterhaltung der inneren Sicherheit durch Institutionen wie die Polizei und der äußeren Sicherheit durch die Unterhaltung einer unabhängigen Armee, die den Staat im Konfliktfall verteidigt. Das Niederschlagen eines Aufstandes und das Bekämpfen von (transnationalem) Terrorismus sind eher die Ausnahme. Stellt man sich nun vor, dass zu Friedenszeiten Waffen an einen nichtstaatlichen Akteur oder eine Oppositionsgruppe in einem anderen Staat geliefert werden, dann liegt es durchaus nahe, anzunehmen, dass hierdurch vom *Status quo* abgewichen wird und daher Zwang auf den anderen Staat ausgeübt wird. Er soll gerade zum Handeln oder Unterlassen bewegt werden.

Die *Friendly Relations Declaration* eröffnet nun noch eine andere Perspektive. Denn auch wenn das Zwangselement bei der Unterstützung Aufständischer vielleicht nicht eindeutig auf der Hand liegt, macht die Resolution deutlich, dass diese Verhaltensweise im Verständnis der Staaten eine verbotene Intervention darstellt. Die *Friendly Relations Declaration* hält fest:

> „No State may use or encourage the use of economic, political or any other type of measures to coerce another State in order to obtain from it the subordination of the exercise of its sovereign rights and to secure from it advantages of any kind. Also, no State shall organize, assist, foment, finance, incite or tolerate subversive, terrorist or armed activities directed towards the violent overthrow of the regime of another State, or interfere in civil strife in another State."[429]

Da im Gegensatz zum vorherigen Abschnitt der Resolution hier der Begriff *Intervention* gerade nicht ausdrücklich fällt, kann nicht eindeutig festgestellt werden, ob es sich in dem Zitat um eine Aufzählung von Handlungen handelt, die, obwohl sie gerade nicht unter das Interventionsverbot fallen, dennoch völkerrechtswidrig sind, oder eben um Handlungen, die ohne Rücksicht

---

428 Vgl. https://www.nytimes.com/2014/10/15/us/politics/cia-study-says-arming-rebels-seldom-works.html für verdeckte Lieferungen der USA (zuletzt aufgerufen am 23.08.2019).

429 United Nations General Assembly Resolution 2625 (1970).

auf die genauen Tatbestandsmerkmale des Interventionsverbotes unter dieses gefasst werden sollen. Letzteres wird durch die Rechtsprechung des Internationalen Gerichtshofes sowohl im Nicaragua als auch Armed Activities-Urteil unterstützt. In beiden Fällen handelt es sich, wie eingangs dargestellt, zwar um besonders schwere Fälle der Intervention durch die Unterstützung Aufständischer, dennoch wird dort auch wie folgt allgemein festgelegt:

> „**The element of coercion**, which defines, and indeed forms the very essence of, prohibited intervention, is particularly obvious in the case of an intervention which uses force, either in the direct form of military action, **or in the indirect form of support for subversive or terrorist armed activities within another State**. As noted above (paragraph 191) General Assembly resolution 2625 (XXV) **equates assistance of this kind with the use of force by the assisting State** when the acts committed in another State „involve a threat or use of force". These forms of action are therefore wrongful in the light of both the principle of non-use of force, and that of non-intervention"[430] (Hervorhebung durch die Verfasserin).

Unter Bezugnahme auf einen anderen als den oben zitierten Abschnitt der *Friendly Relations Declaration* leitet der Internationale Gerichtshof hier her, dass Zwang bei Vorliegen einer gewaltsamen Intervention am eindeutigsten ist. Er stellt sodann dar, dass dies auch bei Interventionen mit indirektem Zwang der Fall ist, wie beispielsweise der Unterstützung subversiver oder terroristischer Aktivitäten in einem anderen Staat. Unter Verweis auf die *Friendly Relations Declaration* stellt der Gerichtshof dann klar, dass diese Art der Unterstützung mit einer Zwangsausübung des unterstützenden Staates gleichzustellen ist, sofern die im Drittstaat vorgenommenen Handlungen gewaltsam sind. Die Formulierung „equates assistance of this kind" der oben zitierten Passage des Nicaragua-Urteils deutet darauf hin, dass die Resolution sie der indirekten Gewaltanwendung gleichstellt; über die Erfüllung der „formellen" Tatbestandsmerkmale des Interventionsverbots vor allem in Fällen, in denen es sich nicht mit dem Gewaltverbot deckt, ist damit noch nichts gesagt.

Zu Friedenszeiten kann also vertreten werden, dass Waffenlieferungen an die Opposition durchaus geeignet sind, Zwang auf die Regierung auszuüben. Das Interesse des Drittstaates an einem Regierungswechsel wird nicht nur kundgetan, sondern es wird mit der Lieferung von Waffen auch ein Schritt getan, um die Durchsetzung dieses Interesses zu erreichen. Waffenlieferungen an die Opposition stellen überdies eine Abweichung vom *Status quo*, vom „normalen"

430 *Military and Paramilitary Activities in and against Nicaragua (Nicaragua v. United States of America). Merits, Judgment. I.C.J. Reports 1986*, para. 205.

Verhalten in den internationalen Beziehungen, dar. Wird mit den gelieferten Waffen durch den nichtstaatlichen Akteur Gewalt gegen die Regierung ausgeübt ist das Zwangselement besonders deutlich.

Im Bürgerkrieg kann nun zunächst nichts anderes gelten. Wenn überhaupt, tritt mit dem humanitären Völkerrecht vielmehr ein Rechtsystem hinzu, welches besondere Anforderungen an den Umgang von Staaten miteinander in Konfliktsituationen stellt. Dem Selbstbestimmungsrecht der Völker könnte allerdings im Bürgerkrieg eine verstärkte Rolle zukommen. In den Konflikten in Libyen und Syrien haben Staaten auf die Anerkennung der Opposition „als (einzig) rechtmäßige Vertretung des Volkes" zurückgegriffen und mit dieser Formulierung angedeutet, dass das syrische oder libysche Volk in Ausübung des ihm zustehenden Selbstbestimmungsrechts handeln könnte.[431] Dies würde sich aber, wenn überhaupt, nicht auf Tatbestandsebene auswirken, die Frage wäre vielmehr, ob dies eine zulässige Ausnahme zum Interventionsverbot darstellt.[432]

Bei Waffenlieferungen an die Regierung stellt sich zu Friedenszeiten die Frage der Rechtmäßigkeit im Lichte des Interventionsverbots nicht. Art. 51 UN-Charta beinhaltet auch das Recht des Staates, sich die zu seiner legitimen Selbstverteidigung notwendigen Mittel zu beschaffen. Ferner steht die, gegebenenfalls konkludent erteilte, Einwilligung der Regierung in Waffenlieferungen durch deren Bestellung einer völkerrechtswidrigen Intervention entgegen. In Zeiten des innerstaatlichen bewaffneten Konflikts könnte man nun hier ansetzen und der Regierung die Befugnis absprechen, Hilfe von Drittstaaten zu erbitten. Dann könnten Lieferungen an die Regierung, mangels rechtswirksamer Einwilligung, auch als Verletzung des Interventionsverbotes angesehen werden. Dies wird in der Folge eingehend erörtert.[433] Hier soll nur vorweggenommen werden, dass es kein besonderes Verbot der Unterstützung der Regierung in Bürgerkriegen gibt.[434] Wird durch die Regierung nun ein Völkermord

---

431 Auch Dapo Akande wirft diese Frage 2012 für Syrien auf, https://www.ejiltalk.org/self-determination-and-the-syrian-conflict-recognition-of-syrian-opposition-as-sole-legitimate-representative-of-the-syrian-people-what-does-this-mean-and-what-implications-does-it-have/ (zuletzt aufgerufen am 15.08.2019); *Stefan Talmon* widmet sich dem in Recognition of Opposition Groups as the Legitimate Representative of a People, Chinese Journal International Law, 12/2 (2013) 219–253 allgemeiner.

432 Hierzu mehr im Folgenden unter C. III. 3.

433 Im Folgenden unter C. III.

434 *Christina Nowak*, Das Interventionsverbot im Bürgerkrieg, (Europäische Hochschulschriften, 5994; Berlin: Peter Lang, 2018); *Eliav Lieblich*, International Law

verübt, tritt zum humanitären Völkerrecht die Völkermordkonvention hinzu und gebietet, dass von Waffenlieferungen abgesehen wird.[435] Der liefernde Staat liefe außerdem Gefahr, sich der Unterstützung im Sinne des Art. 16 ASR oder gar Art. 42 ASR schuldig zu machen[436]

Aber auch die Einmischung mit Zwang ist indes nur dann eine völkerrechtlich verbotene Intervention, wenn sie den bestimmten Bereich der sogenannten *domaine réservé* betrifft.

2. *Die „inneren Angelegenheiten“*

Domaine réservé ist der Bereich, über dessen Ausgestaltung jeder Staat aufgrund seiner Souveränität selbst und ohne Einmischung von außen bestimmen kann.[437] Bisweilen wird hier die Trennlinie von nationalem und internationalem Recht gesehen. Die zunehmende Globalisierung und vertragliche Verflechtung von Staaten miteinander auf internationaler Ebene wirkt sich hier maßgeblich und nachhaltig aus: Innerhalb der *domaine réservé* kann nur sein, was nicht durch einen Vertrag oder anderweitig dem Zugriff des Völkerrechts preisgegeben ist.[438] Hierdurch wird das Interventionsverbot in höchstem Maße dynamisch, da es eben immer nur erfasst, was im Zeitpunkt der jeweiligen Betrachtung vom Völkerrecht nicht geregelt wird.

Durch die Ausgestaltung der *domaine réservé* wird also der Anwendungsbereich des Interventionsverbots festgelegt und begrenzt. Sie ist Konsequenz und Ausdruck der staatlichen Souveränität und kann als solche wiederum von einem sich stets veränderten Souveränitätsverständnis nicht unbeeinflusst bleiben. Im Zeitalter der zunehmenden Bedeutung von Menschenrechten und einer eventuellen Schutzverantwortung von Staaten beispielsweise, darf sie von

---

and Civil Wars, eds., Sriram et al. (Law, Conflict and International Relations; London: Routledge, 2013); *Dapo Akande und Zachary Vermeer*, The Airstrikes against Islamic State in Iraq and the Alleged Prohibition on Military Assistance to Governments in Civil Wars, 2015, http://www.ejiltalk.org/the-airstrikes-against-islamic-state-in-iraq-and-the-alleged-prohibition-on-military-assistance-to-governments-in-civil-wars/ (zuletzt aufgerufen am 15.08.2019).

435 Hierzu mehr unter Kapitel 6 E.

436 Dazu mehr in Kapitel 6.

437 Statt vieler *Katja Ziegler*, Domaine Réservé, in: *Max Planck Encyclopedia of Public International Law* (Oxford: Oxford University Press, 2013) para. 1.

438 *Katja Ziegler*, Domaine Réservé, in: *Max Planck Encyclopedia of Public International Law* (Oxford: Oxford University Press, 2013) para. 2.

Staaten nicht dazu instrumentalisiert werden, der Verletzung von Menschenrechten oder gar einem Völkermord einen Deckmantel oder ein Schutzschild zu bieten.

Ein Bürgerkrieg ist gewissermaßen der Inbegriff der inneren Angelegenheit, da er Ausdruck des Kampfes verschiedener Gruppen um die Vormachstellung im Staat ist. Faktisch wirkt er sich unweigerlich auch immer außerhalb der Grenzen eines Staates aus. Definitorisch kann er allerdings jedenfalls dann keine rein innere Angelegenheit mehr sein, wenn er durch den Sicherheitsrat als Situation im Sinne des Art. 39 UN-Charta, als Bedrohung des Friedens und der internationalen Sicherheit, eingestuft wurde.[439] Der libysche Bürgerkrieg wurde 2011 mit Sicherheitsratsresolution 1973 als andauernde Bedrohung der internationalen Sicherheit und des Friedens eingestuft,[440] die Situation in Syrien hinsichtlich des Einsatzes von chemischen Waffen mit Resolution 2118[441] und die Situation im Jemen mit Resolution 2201 aus dem Jahr 2015,[442] unter Berufung auf Resolution 2140 aus dem Jahr 2014,[443] die allerdings noch eine Gefahr für „international peace and security in the region“ feststellt. Wenn eine Situation die internationale Sicherheit und den Frieden bedroht, kann sie schon denklogisch keine rein *innere* Angelegenheit mehr sein. Diese Erkenntnis kann nun aber nicht dazu führen, dass jede Einmischung in die Angelegenheiten des im Bürgerkrieg begriffenen Staates zulässig wird, da das Tatbestandsmerkmal der *domaine réservé* regelmäßig als nicht erfüllt angesehen werden kann. Vielmehr muss bedacht werden, dass auf einer Feststellung nach Art. 39 UN-Charta basierende Handlungen – auch solche zur Wahrung des Selbstbestimmungsrechts der Völker – nur kollektiv erfolgen dürfen. Die Missbrauchsgefahr wäre andernfalls zu groß. Dies entspräche in der Praxis den Fällen, die in der Folge unter der Überschrift „Humanitäre Intervention“ besprochen werden.[444] Dennoch muss die Feststellung Kofi Annans im *Report of the Secretary-General on the work of the Organization* aus dem Jahr 1999 gelten, wonach nur Kollektivmaßnahmen mit Autorisierung des Sicherheitsrates die internationale Sicherheit wahren können:

---

439 So auch *Christine D. Gray*, International law and the use of force, (4 edn.; Oxford: Oxford University Press, 2018) S. 75.

440 UN-Doc. S/RES/1973 (2011), S. 2.

441 UN-Doc. S/RES/2118 (2013), S. 1.

442 UN-Doc. S/RES/2201 (2015), S. 2.

443 UN-Doc. S/RES/2140 (2014), S. 3.

444 Siehe hierzu im Detail C. III.5.

> „What is clear is that enforcement action without Security Council authorization threaten the very core of the international security system founded on the Charter of the United Nations. Only the Charter provides a universally accepted legal basis for the use of force."[445]

Damit ist auch bei Feststellung des Sicherheitsrates, dass eine innerstaatliche Situation den Frieden im Sinne des Art. 39 bedroht, der Bereich der inneren Angelegenheiten bei einer Intervention zwar definitorisch nicht betroffen, unilateralen Handlungen einzelner Staaten außerhalb von Art. 51 UN-Charta steht aber das Gewaltmonopol des Sicherheitsrates zur Aufrechterhaltung der Stabilität der internationalen Gemeinschaft entgegen.

Welche Akteure unter welchen Voraussetzungen welche Arten von Waffen besitzen dürfen, ist eine originär innere Angelegenheit eines jeden Staates und zentral für die Aufrechterhaltung seines Gewaltmonopols und der inneren Sicherheit. Der Bereich der *domaine réservé* ist daher bei Waffenlieferungen an die Opposition betroffen. Er könnte nun auch bei Lieferungen an die Regierung zu Bürgerkriegszeiten betroffen sein. Dies hängt maßgeblich davon ab, wie man die Rolle der Regierung zu Zeiten des innerstaatlichen bewaffneten Konflikts versteht. Dazu mehr unter III. 2.

3. Zwischenergebnis

Waffenlieferungen an die Opposition zu Friedenszeiten verletzen das Interventionsverbot, jedenfalls sofern sie zur Gewaltanwendung genutzt werden. In diesen Fällen stellt die *Friendly Relations Declaration* Unterstützungshandlungen in einem Drittstaat mit indirekter Gewaltanwendung gleich. Auch der Bereich der inneren Angelegenheiten ist bei Lieferungen an die Opposition betroffen.

Waffenlieferungen an die Regierung sind grundsätzlich nicht vom Tatbestand des Interventionsverbotes erfasst. Es liegt in ihrer Natur, dass sie auf einer tatbestandsausschließenden oder jedenfalls rechtfertigenden Einwilligung beruhen. Ob dies im Bürgerkrieg nun immer aufrechterhalten werden kann, wird im Fortgang eingehend erörtert. Bevor sich nun den Einzelheiten der angedeuteten Ausnahmen zum Interventionsverbot zugewendet wird, wird noch erläutert, unter welchen Voraussetzungen Waffenlieferungen Gewalt im Sinne des Gewaltverbotes darstellen könnten.

---

445 UN-Doc. A/ 54/ 1, para. 66.

II. Intervention *lite*[446] und das Gewaltverbot

Sofern eine Intervention *„the threat or use of force“*[447] beinhaltet, verletzt diese auch das Gewaltverbot und kann gegebenenfalls, bei hinzutreten zusätzlicher Voraussetzungen, einen bewaffneten Angriff im Sinne des Art. 51 UN-Charta darstellen. Im Nicaragua-Urteil stellt der Internationale Gerichtshof diesbezüglich fest:

> „In the view of the Court, **while the arming and training of the *contras* can certainly be said to involve the threat or use of force against** Nicaragua, this is not necessarily so in respect of all the assistance given by the United States Government“[448] (Hervorhebung durch die Verfasserin).

Der Umfang von Unterstützungshandlungen und ihre Natur sind also auch hier zentral. Es sei daher erneut daran erinnert, dass die Unterstützung der Contras durch die USA umfassend, reichlich und andauernd war, wodurch sich die Feststellungen des Nicaragua-Urteils nicht ohne Weiteres auf jede Form der Unterstützung eines nichtstaatlichen Akteurs übertragen lassen. Fraglich ist daher vorliegend vor allem, ob auch Waffenlieferungen in geringerem Umfang, ohne Ausbildungsmaßnahmen und/oder ohne signifikante Finanzierung, Gewalt oder die Drohung mit Gewalt beinhalten und daher gegen das Gewaltverbot verstoßen.

Dies schließ sich an die Diskussion um eine *de minimis*-Schwelle innerhalb des Gewaltverbotes an, in der die Frage aufgeworfen wird, ob es Fälle gibt, in denen zwar Gewalt im Sinne des Art. 2 (4) UN-Charta vorliegt, diese aber nicht ausreicht, um das Gewaltverbot zu brechen. Dies nimmt beispielsweise der Report der *Independent International Fact-Finding Mission on the Conflict in Georgia* aus dem Jahr 2009[449] unter Bezugnahme auf *Robert Kolb*[450] an. Auch im

---

446 Siehe für die Verwendung dieses Begriffes: *James Pattison,* The Ethics of Arming Rebels, Ethics & International Affairs, 29/4 (2015) S. 455.

447 *Military and Paramilitary Activities in and against Nicaragua (Nicaragua v. United States of America). Merits, Judgment. I.C.J. Reports 1986*, para. 205.

448 *Military and Paramilitary Activities in and against Nicaragua (Nicaragua v. United States of America). Merits, Judgment. I.C.J. Reports 1986*, para. 205.

449 Report der Independent International Fact-Finding Mission on the Conflict in Georgia, Vol. II S. 242, zu finden unter http://www.mpil.de/en/pub/publications/archive/independent_international_fact.cfm (zuletzt aufgerufen am 25.08.2019).

450 *Robert Kolb*, Ius contra bellum, (Collection de Droit International Pubilc; Bâle: Helbing Lichtenhahn, 2009) S. 247.

Schrifttum[451] wurde dies bisweilen vertreten. In der Charta der Vereinten Nationen findet sich hierfür allerdings keine Grundlage. Die Diskussion lebte im Jahr 2014 auf, als *Mary Ellen O'Connell* und *Tom Ruys* das Für und Wider dieses Ansatzes abwechselnd und mit unterschiedlichen Auffassungen auf einem Symposium in *AJIL Unbound* diskutierten. Ihren Anfang findet die Diskussion in einem Aufsatz von *Tom Ruys.*[452] Grundlage der unterschiedlichen Ansichten bildet zum Teil der *Corfu Channel*-Fall des Internationalen Gerichtshofs aus dem Jahr 1949 und vor allem folgende Passage aus dem Urteil:

> „[The court] does not consider that the action of the British Navy was a demonstration of force for the purpose of exercising political pressure on Albania."[453]

Und dies, obwohl der Gerichtshof die Souveränität Albaniens durch die Handlungen der britischen Marine sehr wohl verletzt sieht,[454] zumal die Handlungen an sich die Voraussetzungen an Gewalt im Sinne des Gewaltverbotes erfüllen. Man kann hierin nun die Bestätigung sehen, dass für Gewalt im Sinne des Gewaltverbotes eine gewisse Schwelle überschritten sein muss.[455] Es kann gleichwohl vertreten werden, dass dies der Aussage des Gerichtshofes nicht eindeutig zu entnehmen ist.[456] *Christine Gray* sieht in das Gewaltverbot durch das Urteil nur aufrechterhalten.[457] *Christian Henderson* bildet nun Untergruppen

---

451 *Olivier Corten*, The law against war: the prohibition on the use of force in contemporary international law, (French studies in international law; Oxford: Hart, 2010) S. 55/77; *Mary Ellen O'Connell*, The Prohibition on the Use of Force, in Nigel D. White et al. (eds.), Research Handbook on International Conflict and Security Law: Jus ad Bellum, Jus in Bello, and Jus post Bellum (Cheltenham: Elgar, 2013) S. 102.

452 *Tom Ruys*, The meaning of „force" and the boundaries of the *ius ad bellum:* are „minimal" uses of force excluded from UN charter article 2(4)?, American Journal of International Law, 108 (2014).

453 *Corfu Channel case, Judgement of April 9th 1949: I.C.J. Reports* 1949, S. 35.

454 *Corfu Channel case, Judgement of April 9th 1949: I.C.J. Reports* 1949, S. 36.

455 *Olivier Corten*, The law against war: the prohibition on the use of force in contemporary international law, (French studies in international law; Oxford: Hart, 2010) S. 77.

456 *Tom Ruys*, The meaning of „force" and the boundaries of the *ius ad bellum:* are „minimal" uses of force excluded from UN charter article 2(4)?, American Journal of International Law, 108 (2014) S. 166 f.*Christian Henderson*, The Use of Force and International Law, (Cambridge: Cambridge University Press, 2018) S. 175.

457 *Christine D. Gray*, The International Court of Justice and the Use of Force, in Christian J. Tams et al. (eds.), The Development of international law by the International Court of Justice, (Oxford: Oxford University Press, 2013) S. 239.

und kommt schließlich zu dem Ergebnis, dass Handlungen, die sich gegen private Unternehmen und Personen richten, nicht zwingend eine Gewaltanwendung im Sinne der Charta darstellen, und es für Gewaltanwendungen in den internationalen Beziehungen kaum eine Staatenpraxis gibt, die auf eine *de minimis*-Schwelle schließen lasse.[458] Dass eine gewaltsame Handlung nicht unter das Gewaltverbot fallen soll, wird seiner Ansicht nach meist mit dem Verweis auf das Fehlen eines entsprechenden Vorsatzes begründet.[459] Letzteres wäre bei Waffenlieferungen an die Opposition zu Friedenszeiten beispielsweise wenig überzeugend: Wie oben erwähnt, ist keine Situation denkbar, in der ein Staat ohne Einwilligung der amtierenden Regierung einen nichtstaatlichen Akteur auf fremdem Territorium unterstützt, ohne sich jedenfalls darüber klar zu sein, dass dieser Waffen nur zur Herausforderung oder gar dem Sturz der Regierung benötigt.

Die Einstufung von Waffenlieferungen als Gewalt im Sinne des Gewaltverbotes ist nach Ansicht von *Andrew Clapham* klar gegeben, sofern es sich um *arming und training* mit der Absicht, die Regierung zu stürzen, handelt.[460] Diese Ansicht stützt er, wie andere Autor*innen auch, maßgeblich auf das Nicaragua-Urteil.[461] Dieser Rückgriff kann aber, wie bereits dargestellt, nur bei Waffenlieferungen in einem entsprechenden Ausmaß überzeugen.

Bei Waffenlieferungen in überschaubarem Umfang, ohne eine begleitende umfassende Ausbildungsmission und/oder Finanzierung eines nichtstaatlichen

---

458 *Christian Henderson*, The use of force and international law, (Cambridge: Cambridge University Press, 2018) S. 186 f.

459 *Christian Henderson*, The use of force and international law, (Cambridge: Cambridge University Press, 2018) S. 186 f.

460 *Andrew Clapham et al.*, The Arms Trade Treaty: A Commentary, (Oxford Commentaries on International Law; Oxford: Oxford University Press, 2016) para. 6.64.

461 Sowie *Tom Ruys*, Of Arms, Funding and „Non-lethal Assistance" – Issues Surrounding Third-State Intervention in the Syrian Civil War, Chinese Journal of International Law, 13 (2014) para. 65. Wobei der Feststellung Ruys', dass es *uncontroversial* sei, dass Waffenlieferungen an die Opposition das Interventionsverbot verletzten, entgegenzutreten ist. Sollte diese Arbeit der Grundannahme auch in letzter Konsequenz folgen, dann nur nach detaillierter Auseinandersetzung mit der Fragestellung, wie auch schon bei *Christina Nowak*, Das Interventionsverbot im Bürgerkrieg, (Europäische Hochschulschriften, 5994; Berlin: Peter Lang, 2018) Kapitel 14; *Eliav Lieblich*, Intervention in Civil Wars: Intervention and Consent, (Columbia University, 2012) S. 108 f.. Dass es aber überhaupt einer Auseinandersetzung mit der Frage bedarf und diese sich überdies nicht einfach gestaltet, spricht dagegen anzunehmen, sie sei *uncontroversial*.

Akteurs, bedarf schon die Subsumption unter die Voraussetzungen des Interventionsverbots eines gewissen Erklärungsaufwands. Erst recht muss dies dann aber für Gewalt im Sinne des Gewaltverbotes gelten. In dieser Arbeit wird daher die Ansicht vertreten, dass Unterstützungshandlungen und mit ihnen Waffenlieferungen in geringem Umfang sich derart maßgeblich von beispielsweise dem Entsenden von Truppen oder der Durchführung von Luftschlägen unterscheiden, dass sie nicht ohne Weiteres den Anforderungen an das Gewaltverbotes genügen.

Bevor abschließend zur Verletzung des Interventions- und Gewaltverbots durch Waffenlieferungen Stellung bezogen werden kann, muss allerdings noch auf mögliche anerkannte Ausnahmen zu den beiden Verboten eingegangen werden.

III. Ausnahmen zum Interventions- und Gewaltverbot

Die Ausnahmen zum Interventions- und Gewaltverbot sind absichtlich eng gehalten, um eine Aushöhlung dieser tragenden Säulen der internationalen Friedensordnung zu verhindern. Die kollektive oder individuelle Selbstverteidigung (1.) ist als einzige Ausnahme in Art. 51 UN-Charta kodifiziert. Die Angemessenheit und Erforderlichkeit der Selbstverteidigungshandlung (a.) sowie die Anforderungen an einen bewaffneten Angriff (b.) sind allerdings im Fall von Waffenlieferungen problematisch. Darüber hinaus ist nur die Intervention auf Einladung einhellig anerkannt, wenn auch nicht vertraglich verankert (2.). Diese Rechtsfigur wird in der vorliegenden Arbeit in einem neuen Licht dargestellt, um die besonderen Dynamiken bei Waffenlieferungen besser nachvollziehen zu können. Mit der Bezeichnung der Opposition als *sole legitimate representative of the people* (3.) wird in den Konflikten in Libyen und Syrien ein Konzept wiederbelebt, das das Selbstbestimmungsrecht der Völker wieder mehr ins Zentrum rückt, wobei die völkerrechtliche Bedeutung dieser Anerkennung fraglich bleibt. Unter 4. wird die Rolle des Neutralitätsrechts für die vorliegende Fragestellung erläutert. Abschließend wird die humanitäre Intervention besprochen, der nun schon seit geraumer Zeit viel Aufmerksamkeit zukommt, deren Rückhalt in der Staatenpraxis aber noch immer an einem *de lege lata*-Status Zweifeln lässt (5.).

1. Waffenlieferungen in Wahrnehmung kollektiver oder individueller Selbstverteidigung

Um als individuelle oder kollektive Selbstverteidigung trotz Tatbestandsmäßigkeit aus dem Anwendungsbereich des Interventions- und Gewaltverbots ausgenommen oder gerechtfertigt zu sein, müssten die infrage stehenden Waffen in Reaktion auf einen bewaffneten Angriff geliefert worden sein. Dies wurde beispielsweise durch die USA im Rahmen des Nicaragua-Falls vorgetragen. Der Gerichtshof hatte dort Waffenlieferungen im Lichte des Selbstverteidigungsrechts gleich doppelt zu prüfen: Einerseits, ob die Waffenlieferungen Nicaraguas an El Salvador einen bewaffneten Angriff darstellten,[462] und andererseits, ob die mannigfaltigen und bisweilen gewichtigen Unterstützungshandlungen der USA auf diesen bewaffneten Angriff hin erfolgten und, sollte dies der Fall sein, ob sie den darüber hinaus bestehenden Anforderungen an die Erforderlichkeit und Angemessenheit einer Selbstverteidigungshandlung gerecht wurden.[463]

Welche Anforderungen an einen bewaffneten Angriff im Einzelnen zu stellen sind, ist umstritten.[464] Auch gegenwärtig ist beispielsweise noch viel diskutiert, ob Selbstverteidigung gegen Handlungen von nichtstaatlichen Akteuren[465] die Anforderungen von Art. 51 UN-Charta erfüllen kann oder ob die Doktrin der präventiven Selbstverteidigung[466] Teil des geltenden Völkerrechts ist. Beide Problembereiche wirken sich nur am Rande auf die Zulässigkeit von Waffenlieferungen aus, sodass sie nur besprochen werden, soweit sie relevant werden, wie beispielsweise hinsichtlich der Problematik der präventiven Selbstverteidigung, die das zeitliche Element der Selbstverteidigungshandlung berührt, welches auch bei Waffenlieferungen unter der Überschrift „Unmittelbarkeit" eine Rolle spielen kann.

Im Folgenden widmet sich die Arbeit im Überblick den Anforderungen an einen bewaffneten Angriff (a.) und den Voraussetzungen für eine entsprechende

---

462 *Military and Paramilitary Activities in and against Nicaragua (Nicaragua v. United States of America). Merits, Judgment. I.C.J. Reports 1986*, para. 229.

463 *Military and Paramilitary Activities in and against Nicaragua (Nicaragua v. United States of America). Merits, Judgment. I.C.J. Reports 1986*, para. 237; und grundlegend im Allgemeinen hier *Tom Ruys*, 'Armed Attack' and Art. 51 of the UN Charter, (Cambridge Studies in International and Comparative Law; Cambridge: Cambridge University Press, 2013) und *Yoram Dinstein*, War, Aggression and Self-Defence, (5 edn.; Cambridge: Cambridge University Press, 2012).

464 Vgl. vor allem die umfassende Arbeit von *Tom Ruys*, 'Armed Attack' and Art. 51 of the UN Charter, (Cambridge Studies in International and Comparative Law; Cambridge: Cambridge University Press, 2013).

465 Allgemein hierzu *Yoram Dinstein*, War, Aggression and Self-Defence, (6 edn.; Cambridge: Cambridge University Press, 2017) S. 24.

466 Allgemein hierzu *Michael N. Schmitt*, Preemptive Strategies in International Law, Michigan Journal of International Law, 24/2 (2003).

verhältnismäßige Selbstverteidigungsreaktion auf diesen im Rahmen des Art. 51 UN-Charta(b.).

a. Anforderungen an einen bewaffneten Angriff

Die Frage, welche Anforderungen *ratio materiae* an einen bewaffneten Angriff zu stellen sind, ist für die Frage nach der Zulässigkeit von Waffenlieferungen als Selbstverteidigung zentral. Gemeinhin ist anerkannt, dass das Gewaltverbot und das Selbstverteidigungsrecht insoweit auseinanderfallen, als dass der Begriff „Gewalt" in Art. 2 (4) UN-Charta und „bewaffneter Angriff" in Art. 51 UN-Charta gerade nicht deckungsgleich sind.[467] Nicht jede Art der Gewaltanwendung ist gleichzeitig auch ein bewaffneter Angriff: Dieser kann im Einzelfall über Gewalt im Sinne des Gewaltverbotes hinausgehen. In seinem Nicaragua-Urteil stellte der Internationale Gerichtshof fest, dass Unterstützungshandlungen, darunter auch ausdrücklich Waffenlieferungen, keinen bewaffneten Angriff darstellen, wenn auch im Einzelfall das Gewaltverbot verletzt sein kann. In dem zentralen Paragraf des Urteils führt der Gerichtshof aus:

> „[…] the Court has indicated that while the concept of an armed attack includes the dispatch by one State of armed bands into the territory of another State **the supply of arms and other support to such bands cannot be equated with armed attack**. Nevertheless, such activities may well constitute a breach of the principle of the non-use of force and an intervention in the internal affairs of a State, that is, a form of conduct which is certainly wrongful but is of lesser gravity than an armed attack" [468] (Hervorhebung durch die Verfasserin).

Ein Blick in die Staatenpraxis vermag dies auch heute zu bestätigen. So berief sich beispielsweise Saudi-Arabien in seinen Handlungen im Jemen zwar unter anderem auf die Wahrnehmung seines Rechts auf Selbstverteidigung, aber im Hinblick auf Militärangriffe der Huthis auf saudisches Territorium.[469] Die

467 *Yoram Dinstein*, War, Aggression and Self-Defence, (6 edn.; Cambridge: Cambridge University Press, 2017) S. 205 f.

468 *Military and Paramilitary Activities in and against Nicaragua (Nicaragua v. United States of America). Merits, Judgment. I.C.J. Reports 1986*, para. 247; a.A., Schwebel, der in seiner umfassenden *Dissenting Opinion* ausführt, dass die Handlungen von Nicaragua gegenüber El Salvador ausreichen, eine Selbstverteidigungshandlung auszulösen, ab para. 154.

469 So beispielsweise Saudi-Arabien seinem Brief an den Sicherheitsrat vom 14. September 2016, UN-Doc. S/2016/786, S. 2: „The Kingdom of Saudi Arabia reaffirms its right to take all appropriate measures to counter the threats by the Iran-funded and Iran-backed Houthi-Saleh rebel militias and will spare no effort in protecting the

vermeintlichen Waffenlieferungen durch den Iran wurden durch das Königreich Saudi-Arabien in diesem Zusammenhang ausführlich erläutert, aber nur als „tangible threat to the security of the Kingdom of Saudi Arabia, Yemen and the region, as well as the maintenance of international peace and security" bezeichnet und nicht zur Grundlage des Handelns gemacht. Dass die Anforderungen eines bewaffneten Angriffs als nicht erfüllt angesehen werden, kann dem gleichwohl nicht eindeutig entnommen werden. Letztendlich stützt das Königreich seine weitreichenden Maßnahmen gar nicht auf Art. 51 UN-Charta – der angesichts der Huthis als nichtstaatlichem Akteur auch erhöhten Begründungsaufwands bedürfte –, sondern maßgeblich auf die Einladung des jemenitischen Präsidenten Abed Rabbo Mansur Hadi.[470]

Ein Gedankenexperiment kann verdeutlichen, dass es auch abstrakt überzeugend ist, Waffenlieferungen nicht als einen bewaffneten Angriff zu bewerten: Nähme man an, Waffenlieferungen – egal in welchem Ausmaß – würden einen bewaffneten Angriff darstellen, müsste dies beispielsweise für Waffenlieferungen der USA an die Opposition in Syrien konsequent weitergedacht bedeuten, dass Russland sich in Wahrnehmung des Rechts auf kollektive Selbstverteidigung mit einer Selbstverteidigungshandlung direkt gegen die USA wenden könnte. Dies liefe jedenfalls dem Grundgedanken von Art 51 UN-Charta, die Ausnahmen zum Interventions- und Gewaltverbot möglichst eng zu halten, zuwider.

Es überzeugt daher anzunehmen, dass Waffenlieferungen keinen bewaffneten Angriff im Sinne des Art. 51 UN-Charta darstellen können. Diese Erkenntnis verstärkt sich bei einem kurzen Blick auf die weiteren Voraussetzungen von Art 51 UN-Charta.

b. Unmittelbarkeit und Verhältnismäßigkeit der Selbstverteidigungshandlung

Gemeinhin wird die Voraussetzung einer gewissen Verhältnismäßigkeit der Selbstverteidigungshandlung auf die Feststellungen im Zusammenhang mit dem *Caroline-Vorfall* von 1837 gestützt. Sie stellt einen elementaren Aspekt der Selbstverteidigungshandlung dar.[471] Die überwiegende Staatenpraxis und

---

security and safety of the Kingdom of Saudi Arabia, Yemen and its people and the region, in accordance with the Charter of the United Nations and international law."

470 Siehe zum Konflikt im Jemen ausführlich Kapitel 5 C.

471 Mit weiteren Angaben, aber kritisch hier *Tom Ruys*, 'Armed Attack' and Art. 51 of the UN Charter, (Cambridge Studies in Interaational and Comparative Law;

die Praxis des Sicherheitsrates rechtfertigen die Annahme der Gültigkeit der beiden Kriterien der Unmittelbarkeit und der Verhältnismäßigkeit, auch wenn sie sich nicht direkt aus Art. 51 UN-Charta entnehmen lassen.[472] Ihre genaue Ausgestaltung bleibt im Einzelnen allerdings unklar. Als Maßstab der Abgrenzung zur völkerrechtswidrigen Repressalie gilt, dass die Selbstverteidigungshandlung zum Aufhalten oder Abwehren des bewaffneten Angriffs geeignet sein muss.

In der Konstellation „Waffenlieferungen in Wahrnehmung des Rechts auf individuelle/kollektive Selbstverteidigung" fehlt es nun aber regelmäßig an der notwendigen Unmittelbarkeit: Die natürliche zeitliche Zäsur zwischen bewaffnetem Angriff und der Reaktion durch die Lieferungen von Waffen genügt den Anforderungen an die Unmittelbarkeit nicht. Ließe man eine derartige zeitliche Zäsur dennoch zu, könnte nahezu jede Handlung als Selbstverteidigung konstruiert werden.[473] Dies würde die vom Friedenssicherungsrecht unerwünschte Wiedereröffnung der Kampfhandlungen auch zu späteren Zeitpunkten noch ermöglichen. Die Tatsache, dass der liefernde Staat nach der Lieferung keine Möglichkeit hat, den Einsatz der Waffen zu kontrollieren, lässt außerdem an der Angemessenheit der Handlungsweise zweifeln. Die Handlung soll gerade gegen den Ursprung des bewaffneten Angriffs gerichtet sein, um ebendiesen wirksam abzuwehren oder zu beseitigen. Waffenlieferungen können dieses Ziel nicht erfüllen, da immer noch der Akteur, der die Waffen einsetzt, dazwischentritt und der liefernde Staat auf diesen keinen Einfluss hat. Darüber hinaus ist auch fraglich, ob sie überhaupt in einem ausgewogenen Verhältnis zu den von ihnen verursachten Folgen stehen. Ihre bloße Verfügbarkeit vermag es, ganze Regionen zu destabilisieren und Menschenrechte langfristig zu gefährden oder zu beeinträchtigen. Es mangelt ihnen also aufgrund dieses dauerhaften Fortwirkens an einem eindeutigen Endpunkt, der bisweilen für die Verhältnismäßigkeit[474] einer Selbstverteidigungshandlung vorausgesetzt wird. Denn sie

---

Cambridge: Cambridge University Press, 2013) S. 93; Verweis auf weitere kritische Stimmen in Literatur und Staatenpraxis S. 92, vor allem Fn. 211.

472 *Tom Ruys*, 'Armed Attack' and Art. 51 of the UN Charter, (Cambridge Studies in International and Comparative Law; Cambridge: Cambridge University Press, 2013) S. 93.

473 *Tom Ruys*, 'Armed Attack' and Art. 51 of the UN Charter, (Cambridge Studies in International and Comparative Law; Cambridge: Cambridge University Press, 2013) S. 93.

474 Vgl. allgemein zur Verhältnismäßigkeit im Völkerrecht *Anne Peters*, Drei Versionen der Verhältnismässigkeit im Völkerrecht, in Giovanni Biaggini et al. (eds.), Polis und Kosmopolis, Festschrift für Daniel Thürer, (Baden-Baden: Nomos, 2015).

soll auch zeitlich nur so lange zulässig sein, wie sie erforderlich ist.[475] Obwohl es also unter engen Voraussetzungen denkbar oder eher konstruierbar wäre, wird hier vertreten, dass Waffenlieferungen als Selbstverteidigung gegen einen bewaffneten Angriff unangemessen und daher unzulässig sind. Waffenlieferungen und ihre Wirkung werden immer mit einer gewissen zeitlichen Zäsur erfolgen, die an ihrer generellen Eignung zur Beendigung eines bewaffneten Angriffs zweifeln lässt. Das Fehlen eines Endzeitpunkts führt dazu, dass ihre Wirkungen unangemessen lange fortdauern. Damit ist ihre Erforderlichkeit infrage gestellt. Zusammengenommen macht all dies Waffenlieferungen zur Abwehr eines bewaffneten Angriffs ungeeignet. Art. 51 UN-Charta kann nicht zur Rechtfertigung von Waffenlieferungen herangezogen werden und Waffenlieferungen können keinen bewaffneten Angriff im Sinne des Art. 51 UN-Charta darstellen.

2. Von Einladung, „negative equality“ und dem „principe de neutralité“

Sofern sie auf Einladung erfolgen, könnten Waffenlieferungen auch im Hinblick auf das Interventions- und Gewaltverbot zulässig sein. Die Intervention auf Einladung kann neben der Genehmigung durch den Sicherheitsrat der Vereinten Nationen und Art. 51 UN-Charta eine sonst tatbestandsmäßige Einmischung rechtfertigen.[476] Dies ist gemeinhin sowohl im Schrifttum[477] als auch

---

475 *Tom Ruys*, 'Armed Attack' and Art. 51 of the UN Charter, (Cambridge Studies in International and Comparative Law; Cambridge: Cambridge University Press, 2013) S. 119; *Judith Gail Gardam*, Necessity, proportionality and the use of force by states, (Cambridge studies in international and comparative law; Cambridge: Cambridge University Press, 2004) S. 167 f.

476 Vgl. statt vieler: *Georg Nolte*, Eingreifen auf Einladung: Zur völkerrechtlichen Zulässigkeit des Einsatzes fremder Truppen im internen Konflikt auf Einladung der Regierung, eds., Frowein et al., (Beiträge zum ausländischen öffentlichen Recht und Völkerrecht, 136; Berlin [u.A.]: Springer, 1999).

477 *Georg Nolte*, Eingreifen auf Einladung: Zur völkerrechtlichen Zulässigkeit des Einsatzes fremder Truppen im internen Konflikt auf Einladung der Regierung, eds. Frowein et al., (Beiträge zum ausländischen öffentlichen Recht und Völkerrecht, 136; Berlin [u.A.]: Springer, 1999); *Christian Henderson*, The use of force and international law, (Cambridge: Cambridge University Press, 2018); *Christine D. Gray*, International law and the use of force, (4 edn.; Oxford: Oxford University Press, 2018); *Olivier Corten*, Le droit contre la guerre, (Paris: Pedone, 2014); *Christopher Le Mon*, Unilateral Intervention by Invitation in Civil Wars: The Effective Control Test Tested, International Law and Politics 35 (2003); *Théodore Christakis and Karine Bannelier-Mollard*, Volenti non fit injuria? Les effets du consentement à

in der Rechtsprechung des Internationalen Gerichtshofes[478] anerkannt. Wenngleich der Begriff der Rechtfertigung bei genauerer dogmatischer Betrachtung irreführend ist, da durch die Einladung bereits keine tatbestandliche Handlung vorliegt.[479]

Die Einzelheiten der Einladungsbefugnis gerieten nun im Lichte der gegenwärtigen Konflikte wie Syrien und Jemen vermehrt in Kritik. Fälle dieser Art werden gemeinhin gesondert unter der Überschrift „Intervention in Bürgerkriege"/„*intervention in civil wars*" diskutiert.[480] Vor allem ob und wenn ja, wann einer Regierung das Recht versagt werden kann, Hilfe von Drittstaaten einzuladen, erfährt vermehrt Beachtung.[481] Hierbei werden unterschiedliche Gründe genannt, auf die ein derartiges Verbot gestützt werden könnte, wie der Verlust von Gebietshoheit,[482] weitreichende und schwerwiegende Menschenrechtsverletzungen oder Verletzungen des humanitären Völkerrechts durch die Regierung.[483] Letztlich werden all diese aber unter Verweis auf die Aufrechterhaltung der Souveränität des Staates und der Legitimität der Regierung zurückgewiesen. Dennoch bildet die Rechtsfigur den Ausgangspunkt für eine

---

l'intervention militaire, Annuaire français de droit international, 50 (2004); *Eliav Lieblich*, International Law and Civil Wars, eds. Sriram et al., (Law, Conflict and International Relations; London: Routledge 2013); *Gregory . Fox*, Intervention by Invitation, in Marc Weller (ed.), The Oxford Handbook on the Use of Force, (Oxford: Oxford University Press, 2015).

478 *Military and Paramilitary Activities in and against Nicaragua (Nicaragua v. United States of America). Merits, Judgment. I.C.J. Reports 1986*, para. 246.

479 *Christian Henderson*, The use of force and international law, (Cambridge: Cambridge University Press, 2018), S. 428.

480 Im Rahmen von Monografien zum Gewaltverbot siehe beispielsweise *Christian Henderson*, The use of force and international law, (Cambridge: Cambridge University Press, 2018) S. 428; *Christine D. Gray*, International law and the use of force, (4 edn.; Oxford: Oxford University Press, 2018) S. 84 f. Für Monografien zu der Frage des Interventionsverbotes zu Zeiten des Bürgerkrieges beispielsweise *Eliav Lieblich*, International Law and Civil Wars, eds., Sriram et al., (Law, Conflict and International Relations; London: Routledge, 2013); *Olivier Corten*, La rébellion et le droit international: le principe de neutralité en tension, (Adi-Poche, les livres de poche de l'Académie de droit international de La Haye, 2015).

481 *Gregory Fox*, Intervention by Invitation, in Marc Weller (ed.), The Oxford Handbook on the Use of Force, (Oxford: Oxford University Press, 2015) S. 13.

482 *Christopher Le Mon*, Unilateral Intervention by Invitation in Civil Wars: The Effective Control Test Tested, International Law and Politics, 35 (2003) S. 745.

483 *Christine D. Gray*, International law and the use of force, (4 edn.; Oxford: Oxford University Press, 2018) S. 107.

neue Sichtweise auf das Interventionsverbot. Nach einer Darstellung ihrer dogmatischen Grundlagen (a.) wird die Rechtsfigur der Intervention auf Einladung daher in einem neuen Licht betrachtet (b.)

a. Dogmatische Grundlagen der Rechtsfigur

Im Kern geht die Rechtsfigur der Einladung auf den allgemeinen Rechtsgrundsatz „*volenti non fit iniuria*" zurück. Wie bei allgemeinen Rechtsgrundsätzen üblich, leitet sich auch dieser Grundsatz aus den nationalen Rechtsordnungen ab. Nun ist im Völkerrecht im Einzelnen noch weitestgehend fraglich, wie genau die von Art. 38 I c. IGH-Statut als Rechtsquellen aufgeführten allgemeinen Rechtsgrundsätze zu identifizieren sind[484] oder anders ausgedrückt: welche Bedeutung den „*civilized nations*" in Art. 38 I c. IGH-Statut zukommt[485] und wo die Prinzipien ihren Ursprung nehmen.[486] Wie genau, in welcher Form und mit welchem Inhalt der aus nationalen Rechtsordnungen stammende Grundsatz sich schließlich im Völkerrecht präsentiert ist im Einzelnen unklar.

Volenti non fit iniuria beschreibt den logischen Grundsatz, dass dem „Willenden", dem Zustimmenden, kein Unrecht geschehen kann. Bisher zieht dies zumeist Diskussionen über die Legitimität der einwilligenden Regierung nach sich oder über die Art und Weise, wie eine wirksame Einwilligung im Einzelfall kommuniziert werden muss.[487] Keiner dieser Aspekte ist für die vorliegende Arbeit von besonderer Bedeutung. Ein kurzer Blick in die Praxis offenbart, dass sowohl die Regierung Baschar al-Assads in Syrien als auch die Regierung unter Abed Rabbo Mansur Hadi im Jemen bis heute die international anerkannten

---

484 ILC Report Marcelo Vázquez-Bermúdez, 71st session of the ILC (2019), UN-Doc. A/CN.4/732.

485 Dieser historisch imperialistisch aufgeladene Begriff ist heute überkommen und soll daher nach vielerlei Ansicht vermieden werden, UN-Doc. A/CN.4/732 S. 52 ff, für diesen Aspekt unter Berufung auf *Samantha Besson,* General Principles in International Law – Whose Principles?, in Samantha Besson et al. (eds.), Les principes en droit européen, Principles in European Law, (2; Genève – Zurich – Bâle: Schulthess Mèdias Juridiques SA, 2011) S. 32–34.

486 UN-Doc. A/CN.4/732, S. 67 ff.

487 Dazu generell *Brad R. Roth*, Governmental Illegitimacy in International Law, (Oxford: Oxford University Press, 1999); *Georg Nolte*, Eingreifen auf Einladung: Zur völkerrechtlichen Zulässigkeit des Einsatzes fremder Truppen im internen Konflikt auf Einladung der Regierung, eds., Frowein et al., (Beiträge zum ausländischen öffentlichen Recht und Völkerrecht, 136; Berlin [u.A.]: Springer, 1999); *Christina Nowak*, Das Interventionsverbot im Bürgerkrieg, (Europäische Hochschulschriften, 5994; Berlin: Peter Lang, 2018).

Regierungen sind.[488] Es lässt sich auch keine völker(gewohnheits)rechtliche Norm identifizieren, die einer Regierung mit Fortschreiten eines innerstaatlichen bewaffneten Konflikts ihre Legitimität abspräche.[489]

b. Neue Sichtweise

Statt den Fokus nun darauf zu legen, welche Anforderungen an die Regierung und ihre Legitimität zu stellen sind, oder an die Art und Weise der Einwilligung, wird hier nun vorgeschlagen, das Rechtsgut, über welches bei der Einwilligung in eine Intervention verfügt wird, zu betrachten. Verfügt ein Akteur über ein Verbot wie das Interventionsverbot, so kann diese Verfügung nur dann rechtmäßig sein, sofern er auch alleiniger Inhaber aller betroffenen Rechtsgüter ist. Dem Willenden, dem Einwilligenden, geschieht kein Unrecht. Dann muss aber auch festgestellt werden, wer im Einzelfall über ein Rechtsgut verfügen kann und damit überhaupt erst der Willende sein kann.

Man kann nun argumentieren, dass dies im Bürgerkrieg nicht mehr ohne Weiteres oder nicht nur mit „die Regierung" zu beantworten ist. Kann man sonst generell annehmen, dass in jedem Staat die völkerrechtlichen Rechte und Pflichten – ungeachtet ihrer Organisationsform – der Regierung zukommen, ist dies im Bürgerkrieg nun grundlegend infrage gestellt. Es handelt sich ja gerade um eine Zeit, in der die Vorherrschaft im Staat umkämpft ist. Und ist die beachtliche Schwelle zum Bürgerkrieg überschritten,[490] ist mit dem Selbstbestimmungsrecht der Völker nun ein Rechtsgut im Spiel, das beim potenziellen Eingreifen Dritter (mit)betroffen wäre und über das die Regierung in dieser Situation vielleicht nicht mehr alleine verfügen kann oder darf. Dies soll nicht dazu dienen, unilaterale Interventionen zugunsten einer jeden Partei zulässig

---

488 Für Syrien wurde dies nie infrage gestellt, auch die vielfachen Anerkennungen der Opposition als *rechtmäßige Vertretung des Volkes* entsprechen keiner Anerkennung als Regierung, *Stefan Talmon*, Recognition of Opposition Groups as the Legitimate Representative of a People, Chinese Journal International Law, 12/2 (2013), S. 323; für Jemen vgl. UN-Doc. S/RES/2216 (2015) S. 2.

489 So auch *Christina Nowak*, Das Interventionsverbot im Bürgerkrieg, (Europäische Hochschulschriften, 5994; Berlin: Peter Lang, 2018) S. 533; *Dapo Akande und Zachary Vermeer*, The Airstrikes against Islamic State in Iraq and the Alleged Prohibition on Military Assistance to Governments in Civil Wars, (2015), http://www.ejiltalk.org/the-airstrikes-against-islamic-state-in-iraq-and-the-alleged-prohibition-on-military-assistance-to-governments-in-civil-wars/ (zuletzt aufgerufen am 15.08.2019).

490 Vgl. hierzu die einleitenden Feststellungen in Kapitel 1 B. III. 2.

zu machen. Vielmehr unterstützt es den Grundgedanken, der auch der Doktrin der *negative equality* im Bürgerkrieg zugrunde liegt, dass Regierung und Opposition gleichermaßen zum Schutze des fragilen Mächtegleichgewichts in Bürgerkriegen keine Unterstützung erfahren sollen.[491] Die sogenannte *counter-intervention*, wenn auch nicht völkerrechtlich anerkannt, fußt auf dem gleichen Grundgedanken, kommt aber diametral entgegengesetzt zum Ergebnis, dass aufgrund des Eingreifens zugunsten der einen Seite auch das Eingreifen zugunsten der anderen zulässig sein muss.[492] Auch das *principe de neutralité*[493] fußt im Kern auf diesem Grundgedanken.

Das Nicaragua-Urteil des Internationalen Gerichtshofs, welches auch hinsichtlich der Intervention auf Einladung grundlegend ist, nimmt hierzu indirekt Stellung:

> „Indeed, it is difficult to see what would remain of the principle of non-intervention in international law if intervention, **which is already allowable at the request of the government of a State**, were also to be allowed at the request of the opposition. This would **permit any State to intervene at any moment in the internal affairs of another State, whether at the request of the government or at the request of its opposition**. Such a situation does not in the Court's view correspond to the present state of international law"[494] (Hervorhebung durch die Verfasserin).

Man kann diese Passage durchaus so verstehen, dass der Gerichtshof die Intervention auf Einladung durch die Regierung nur für potenziell zulässig hält, da *allowable* und nicht *allowed* verwendet wird. Ferner schließt der Gerichtshof zwar aus, dass die Regierung und die Opposition gleichzeitig zur Einladung von Unterstützung befugt sein sollen, da dies das Interventionsverbot aushöhlen würde. Dieser Wortlaut lässt aber gerade offen, ob es Situationen geben kann, in denen nicht die Regierung, sondern eben die Opposition oder gar keine der beiden Parteien befugt ist, die Intervention eines Drittstaates einzuladen.

---

491 *Louise Doswald-Beck*, The Legal Validity of Military Intervention by Invitation of the Government, British Yearbook of International Law, 56 (1985).

492 Vgl. zur Problematik allgemein *Joseph Klinger*, Counterintervention on Behalf of the Syria Opposition? A Illustration of the Need for Greater Clarity in the Law, Harvard International Law Journal, 55 (2014).

493 *Olivier Corten*, La rébellion et le droit international: le principe de neutralité en tension, (Adi-Poche, les livres de poche de l'Académie de droit international de La Haye, 2015) S. 23.

494 *Military and Paramilitary Activities in and against Nicaragua (Nicaragua v. United States of America). Merits, Judgment. I.C.J. Reports 1986*, para. 246.

Das *Institut de Droit International* befasste sich ebenfalls und gleich mehrfach mit dem Thema der Intervention auf Einladung. So schon im Jahr 1900 in der Sitzung von Neuchâtel in einer leicht abgewandelten, dem Zeitgeist der Jahrhundertwende entsprechenden Form unter der Überschrift „*Droits et devoirs des Puissances étrangères, au cas de mouvement insurrectionnel, envers les gouvernements établis et reconnus qui sont aux prises avec l'insurrections*".[495] Art. 2 § 2 der auf der Sitzung beschlossenen Resolution normiert ein Verbot der Lieferungen von Waffen, Munition, *effets militaire* und schließlich der Subventionierung. Der restliche Teil der Resolution ist mit den Voraussetzungen der Anerkennung von Aufständischen (*insurgés*) als Kriegsführende (*belligerents*) befasst. Mit der Resolution von Wiesbaden aus dem Jahr 1975 zum Interventionsverbot in Bürgerkriegen,[496] basierend auf dem Bericht von *Dietrich Schindler*,[497] sollte das Thema der nun schon 75 Jahre alten Resolution neu erörtert und an die geänderten Gegebenheiten angepasst werden. Art. 2 1 c. statuiert ein Verbot der Waffenlieferungen an Bürgerkriegsparteien, welches aber folgenlos blieb und weitestgehend in Vergessenheit geriet. In der Sitzung von Rhodes im Jahr 2011 wurde nun eine Resolution zur militärischen Unterstützung auf Anfrage – *military assistance on request* – verabschiedet,[498] die auf dem Bericht von *Gerhard Hafner* beruht.[499] Die 10. Kommission begann ihre Arbeit noch mit dem Titel „*Intervention by Invitation*", änderte ihn dann aber im Report von Neapel aus dem Jahr 2009 zu „*Military Assistance on Request*". Als zu „vague, blurred, controversial and disputed"[500] wird der Begriff Intervention im Hinblick auf die bestehende umfangreiche Literatur zu diesem Thema eingeschätzt. In der Definition von *military assistance* in der Resolution von Rhodes findet eine Einschränkung des Anwendungsbereichs auf „direct military assistance

495 Zu finden über http://www.idi-iil.org/en/sessions/neuchatel-1900/?post_type=publication (zuletzt aufgerufen am 16.06.2019).

496 Zu finden über http://www.idi-iil.org/en/sessions/wiesbaden-1975/?post_type=publication (zuletzt aufgerufen am 16.06.2019).

497 Zu finden im Jahrbuch des IDI aus dem Jahr 1973, abrufbar unter http://www.idi-iil.org/en/sessions/rome-1973/?post_type=publication (zuletzt aufgerufen am 16.06.2019).

498 Resolution abrufbar unter http://www.idi-iil.org/en/sessions/rhodes-2011/?post_type=publication (zuletzt aufgerufen am 16.06.2019).

499 Report abrufbar unter http://www.idi-iil.org/en/sessions/naples-2009/?post_type=publication (zuletzt aufgerufen am 16.06.2019).

500 Gerhard Hafner, 10th Commission Problèmes Actuels Du Recours À La Force En Droit International, *Annuaire De l'Institute de droit International* (73 Session de Naples Institut de droit international 2009) S. 309 ff.

by the sending of armed forces by one State to another State upon the latter's request" in Art. 1 a. statt. Waffenlieferungen fallen daher schon definitorisch nicht in den Bereich der Arbeit der Kommission. Zur Begründung wird in dem Bericht von *Gerhard Hafner* ausgeführt:

> „[A]s far as the **other forms** are concerned, **such as supplying weapons** or other war material, financial or economic aid, making territory available to a foreign government or premature recognition, **they are not included in the usual understanding of ‚intervention‘** in the sense addressed here and fall within the purview of a different legal regime."[501]

Dies unterstützt nun die in dieser Arbeit vorgeschlagene Lesart des Interventionsverbotes, wonach Waffenlieferungen zwar durchaus eine Intervention darstellen können, dies aber nicht automatisch bedeutet, dass sie in jedem Fall unter das Interventionsverbot fallen.

Eine Herangehensweise mit dem *volenti non fit iniuria*-Grundsatz und mit ihm der Intervention auf Einladung, die rechtsgutbasiert die Einwilligungsbefugnis infrage stellt, ist bisher kaum diskutiert. Eine der wenigen Fundstellen, die auf eine entsprechende zugrunde liegende Sichtweise hindeutet, findet sich bei *Quincy Wright*:

> „It clearly belongs to the sovereignty of a State, as recognized by the Charter, to ask for such help, but it must be emphasized that sovereignty belongs to the *State* and not to the *government* and a government beset by internal revolt of such magnitude that the result is uncertain is not in a position to speak for the State."[502]

Diese Passage verdeutlicht, dass dem Staat in keiner Form seine *Souveränität* abgesprochen oder die Legitimität der Regierung infrage gestellt werden soll. Vielmehr geht es nur darum, zu sehen, dass Souveränität *dem Staat* zukommt und durch *die Regierung* nur ausgeübt wird. Der Staat als Ganzes geht aber über die Regierung hinaus und erfasst vor allem auch das Volk. Gerade im Bürgerkrieg kann und muss vielleicht nun infrage gestellt werden, ob die Regierung zum reinen Machterhalt über das Interventions- und das Gewaltverbot in einer Weise disponieren darf, die es ihr ermöglicht, das fragile Gleichgewicht im Bürgerkrieg zu ihren Gunsten zu beeinflussen.

---

501 Gerhard Hafner, 10th Commission Problèmes Actuels Du Recours À La Force En Droit International, *Annuaire De l'Institute de droit International* (73 Session de Naples Institut de droit international 2009) S. 378, para. 32.

502 *Quincy Wright*, International Law and Civil Strife, Proceedings of the American Society of International Law, 53 Annual Meeting (1959) S. 148.

Diese Feststellungen stehen gegenwärtig noch außerhalb des geltenden Völkerrechts, doch lassen sich in der Staatenpraxis Tendenzen erkennen, die eine Entwicklung in diese Richtung jedenfalls möglich erscheinen lassen. Zwar wurde im Allgemeinen mit Blick auf die Konflikte in Libyen, Syrien und dem Jemen festgestellt, dass sich ein gewohnheitsrechtliches Verbot der Unterstützung der Regierung im Bürgerkrieg ebenso wenig durchgesetzt hat, wie die Zulässigkeit der Lieferungen an die Opposition. Gleichwohl wurde in Libyen und Syrien mit der Anerkennung der Opposition als *(sole) legitimate representative of the people* durch manche Staaten verdeutlicht, dass das Selbstbestimmungsrecht in diesen Situationen eine besondere Rolle einnimmt. Ob dies alleine ausreicht, um eine neue Veränderung des Interventions- und Gewaltverbots zu begründen, wird nun unter 3. erörtert. Es verdeutlicht jedenfalls hier schon, dass die praktischen Auswirkungen des Selbstbestimmungsrechts zu Zeiten des Bürgerkrieges im Wandel begriffen sind.

3. *Legitimate Representative of a People: zwischen Rhetorik und Wiederbelebung eines vergessenen Konzepts*

In den Konflikten in Libyen und Syrien erfolgte eine Anerkennung der Opposition als „(einzig) legitime Vertretung des Volkes"/„*(sole) legitimate representative of the people*" durch manche Staaten. Dies greift eine Begrifflichkeit auf, die einst im Zusammenhang mit der Anerkennung von *national liberation movements* in Afrika und Palästina durch die Generalversammlung der Vereinten Nationen geprägt wurde.[503] Welche rechtliche Bedeutung die Staaten dieser Anerkennung im Fall von Libyen und Syrien nun zukommen lassen wollten, ist fraglich. Der Kontext, in dem diese Anerkennungen vorgenommen wurden, lässt darauf schließen, dass Staaten ihr vorwiegend politische Bedeutsamkeit beimessen.[504] Angesichts der gleichzeitig andauernden Anerkennung

---

503 *Dapo Akande*, Self Determination and the Syrian Conflict – Recognition of Syrian Opposition as Sole Legitimate Representative of the Syrian People: What Does this Mean and What Implications Does it Have?, (2012), https://www.ejiltalk.org/self-determination-and-the-syrian-conflict-recognition-of-syrian-opposition-as-sole-legitimate-representative-of-the-syrian-people-what-does-this-mean-and-what-implications-does-it-have/ (zuletzt aufgerufen am 26.08.2019).

504 So *Stefan Talmon*, Recognition of the Libyan National Transitional Council, (2011), https://www.asil.org/insights/volume/15/issue/16/recognition-libyan-national-transitional-council, (zuletzt aufgerufen am 18.06.2019); *Stefan Talmon*, Recognition of Opposition Groups as the Legitimate Representative of a People, Chinese Journal International Law, 12/2 (2013), S. 250. Darüber hinaus allgemein

der Regierung von Muammar al-Gaddafi in Libyen[505] sowie der von Baschar al-Assad in Syrien[506] überzeugt es, ihr jedenfalls keine (völker-)rechtlich konstitutive Bedeutung im Sinne einer Ersetzung der Regierung oder einer Art „Aberkennung" der amtierenden Regierung zukommen zu lassen. Dennoch ist die Sprache so eindeutig an Situationen der Selbstbestimmung von Völkern angelehnt, dass dies jedenfalls der Überprüfung bedurfte.[507] Interessant ist für die vorliegende Arbeit, dass die Fälle, in denen die Anerkennung als *legititmate representative of the people* erfolgte – namentlich im Fall der syrischen Opposition und des nationalen Übergangsrats in Libyen –, gerade auch Fälle sind, in denen Rüstungsexporte an Oppositionsgruppen öffentlich diskutiert und durchgeführt wurden. Beides deutet auf eine Aufweichung der Grenzen des *Nicaragua-Paradigmas* hin, was die oben vorgeschlagene Betrachtung des Begriffs „Staat" zu Zeiten des inneren bewaffneten Konflikts zu unterstützen vermag.

Das Recht eines Volkes, in Wahrnehmung seines Selbstbestimmungsrechts auch bewaffnet für seine Freiheit zu kämpfen, wurde in der *Friendly Relations Declaration* der Vereinten Nationen anerkannt.[508] Drittstaaten wird in diesem Zuge erlaubt, wenn nicht gar vorgeschrieben, einem Volk bei diesem Kampf unterstützend zur Seite zu stehen. In Art. 7 der Aggressionsdefinition ist dies wie folgt kodifiziert:

> „Nothing in this Definition [...] could in any way prejudice the right to self-determination, freedom and independence, as derived from the Charter, of peoples

---

zur Anerkennung von Regierungen im Völkerrecht *Stefan Talmon*, Recognition of Governments in International Law: With Particular Reference to Governments in Exile, ed. Ian Brownlie, (Oxford Monographs in International Law; Oxford: Oxford University Press, 2011).

505 *Stefan Talmon*, Recognition of the Libyan National Transitional Council, (2011), https://www.asil.org/insights/volume/15/issue/16/recognition-libyan-national-transitional-council (zuletzt aufgerufen am 18.06.2019).

506 *Stefan Talmon,* Recognition of Opposition Groups as the Legitimate Representative of a People, Chinese Journal International Law, 12/2 (2013) S. 232.

507 Vgl. für den Konflikt in Syrien *Dapo Akande*, Self Determination and the Syrian Conflict – Recognition of Syrian Opposition as Sole Legitimate Representative of the Syrian People: What Does this Mean and What Implications Does it Have?, (2012), https://www.ejiltalk.org/self-determination-and-the-syrian-conflict-recognition-of-syrian-opposition-as-sole-legitimate-representative-of-the-syrian-people-what-does-this-mean-and-what-implications-does-it-have/ (zuletzt aufgerufen am 26.08.2019).

508 UN-Doc. A/Res/2625 (1970).

forcibly deprived of that right and referred to in the Declaration on Principles of International Law concerning Friendly Relations and Cooperation among States in accordance with the Charter of the United Nations, particularly peoples under colonial and racist regimes or other forms of alien domination; nor the right of these peoples to struggle to that end **and to seek and receive support, in accordance with the principles of the Charter and in conformity with the abovementioned Declaration**" (Hervorhebung durch die Verfasserin).

Die Anerkennung des Selbstbestimmungsrechts einer Oppositionsbewegung mit der Zuerkennung besonderer Rechte zu verbinden, wäre darüber hinaus nicht konstitutiv für eine neue Ausnahme im Hinblick auf das Interventions- und Gewaltverbot. Vielmehr würde eine bestehende Ausnahme aus dem Kontext der Entkolonialisierung in die heutige Zeit transferiert.

Eine Praxis von Staaten der Unterstützung des Kampfes um Selbstbestimmung eines Volkes außerhalb des kolonialen Kontextes ist kaum vorhanden. Russland bekräftigte zwar das Bestehen eines Rechts auf Selbstbestimmung der Bevölkerung der Krim, leugnete aber, selbst in Wahrnehmung dieses Rechts Unterstützung geleistet zu haben, und unternimmt große Anstrengungen, seine eigenen Unterstützungshandlungen anderweitig zu begründen oder zu verschleiern.[509]

Die Anerkennung der Opposition als *(sole) legitimate representative of the people* deutet also nur auf eine mögliche Erweiterung des Selbstbestimmungsrechts auf Situationen außerhalb der Entkolonialisierung hin. Ob sich dies in Zukunft in der Praxis der Staaten verfestigt, bleibt abzuwarten.

4. *Von Aufständischen zu Kriegsführenden – Die Rolle des Neutralitätsrechts*

Waffenlieferungen spielten im Neutralitätsrecht historisch eine zentrale Rolle. Sie bildeten beispielsweise den Kern der *Alabama Arbitration*, die im Zuge des Vertrages von Washington aus dem Jahr 1871 beigelegt werden konnte.[510] Rüstungsexporte einer neutralen Nation an eine Kriegspartei sind überdies nach Art. 6 des XIII. Haager Abkommens nicht mit dem Neutralitätsrecht vereinbar,

---

509 UN-Doc. S/PV.7134 (2014), S. 14; UN-Doc. S/PV.7138 (2014), S. 12, so auch *Christine D. Gray*, International law and the use of force, (4 edn.; Oxford: Oxford University Press, 2018) S. 73.

510 Für eine ausführliche Darstellung des Alabama-Falls und der Geschichte von Rüstungsexporten und Neutralität vgl. *Stefan Oeter*, Neutralität und Waffenhandel, eds., Bernhardt et al., (Beiträge zum ausländischen öffentlichen Recht und Völkerrecht; Berlin: Springer Verlag, 1992) S. 31 ff.

wobei den Staat keine Pflicht trifft, derartige Handlungen privater Akteure zu unterbinden, außer im Falle von Kriegsschiffen.[511]

Mit den Weltkriegen wurde vom Völkerbund und später den Vereinten Nationen eine Krise des Neutralitätsrechts proklamiert und schließlich gar infrage gestellt, ob es nicht in *desuetudo* gefallen sei. Seine Geltung kann dem Neutralitätsrecht jedoch auch heute nicht vollkommen abgesprochen werden. Dies bestätigt sich vor allem mit Blick auf die Staatenpraxis.[512] *Stefan Oeter* befasst sich Anfang der 1990er Jahre umfassend mit dem internationalen Waffenhandel und dessen Verhältnis zum Neutralitätsrecht. Er stellt dabei fest, dass die Unterscheidung zwischen Lieferungen durch die Regierung und Lieferungen durch private Akteure aufgrund des Genehmigungsvorbehalts der Regierung obsolet wurde.[513] Er sieht die Rüstungspolitik von Staaten aber durchaus auch heute noch an die Neutralitätspflicht geknüpft.[514]

Bei der Befassung mit dem Neutralitätsrecht darf jedoch nicht außer Acht gelassen werden, dass es klassischerweise mit zwischenstaatlichen Konflikten befasst ist. Ob seine Feststellungen und Vorgaben also auch auf innerstaatliche bewaffnete Konflikte anwendbar sind, ist daher fraglich.[515] Immer wieder kommt es gerade in der jüngeren Vergangenheit zur Verwendung von Begriffen

---

511 *Stefan Oeter*, Neutralität und Waffenhandel, eds., Bernhardt et al., (Beiträge zum ausländischen öffentlichen Recht und Völkerrecht; Berlin: Springer Verlag, 1992) S. 43.

512 *Stefan Oeter*, Neutralität und Waffenhandel, eds., Bernhardt et al., (Beiträge zum ausländischen öffentlichen Recht und Völkerrecht; Berlin: Springer Verlag, 1992) S. 250. Aber auch *Paul Seger*, The Law of Neutrality, in Andrew Clapham et al. (eds.), The Oxford Handbook of International Law in Armed Conflict, (Oxford: Oxford University Press, 2014) S. 251. Unter Verweis auf *Christopher Greenwood*, The Concept of War in Modern International Law, International and Comparative Law Quarterly, 36/2 (1987).

513 *Stefan Oeter*, Neutralität und Waffenhandel, eds., Bernhardt et al., (Beiträge zum ausländischen öffentlichen Recht und Völkerrecht; Berlin: Springer Verlag, 1992) S. 250.

514 *Stefan Oeter*, Neutralität und Waffenhandel, eds., Bernhardt et al., (Beiträge zum ausländischen öffentlichen Recht und Völkerrecht; Berlin: Springer Verlag, 1992) S. 250.

515 *Paul Seger*, The Law of Neutrality, in Clapham et al. (eds.), The Oxford Handbook of International Law in Armed Conflict, (Oxford: Oxford University Press, 2014) S. 253; *Tess Bridgeman*, The Law of Neutrality and the Conflict with Al Qaeda, New York University Law Review, 85 (2010) S. 1213.

wie *non-belligerent* und *belligerent*, eine Wortwahl, die eindeutig auf dem Neutralitätsrecht fußt.

Abschließend soll diese Frage im Rahmen der vorliegenden Arbeit nicht beantwortet werden. An dieser Stelle genügt es festzustellen, dass sich die beiden Säulen des Neutralitätsrechts, *non-participation* und *non-discrimination,* auch in den Debatten um Unterstützungshandlungen im innerstaatlichen bewaffneten Konflikt wiederfinden.[516] Hier treten sie in Form der *negative equality,* dem *principe de neutralité* und/oder der *counterintervention* auf. All diese Rechtsinstitute sind bisher allerdings nicht ausreichend gefestigt, um sie als unwiderruflichen Bestandteil des Völkerrechts *de lege lata* bezeichnen zu können. In der Zukunft vermögen die der klassischen Neutralität unterliegenden Grundsätze und Dynamiken allerdings zu helfen, diese in Entstehung begriffenen Rechtsinstitute zu konzeptualisieren.

5. *Humanitäre Intervention*

Die Doktrin der humanitären Intervention außerhalb der Autorisierung durch den Sicherheitsrat der Vereinten Nationen ist nicht Teil des geltenden Völkerrechts.[517] Daran hat sich auch durch die Praxis der Staaten in den Konflikten in Syrien und dem Jemen nichts geändert.[518] Der Versuch der Staatengemeinschaft mit dem Vakuum umzugehen, welches ihr Fehlen verursacht, bringt all die bereits genannten, schwer zu fassenden Verhaltensweisen von Staaten zutage, die bisweilen mit *negative equality, principe de neutralité* und

---

516 *Yoram Dinstein*, War, Aggression and Self-Defence, (6 edn.; Cambridge: Cambridge University Press, 2017) S. 27, para. 72. *Ruys* stellt fest, dass hier Potenzial besteht, *Tom Ruys,* Of Arms, Funding and „Non-lethal Assistance"– Issues Surrounding Third-State Intervention in the Syrian Civil War, Chinese Journal of International Law, 13 (2014).

517 *Christine D. Gray,* International law and the use of force, (4 edn.; Oxford: Oxford University Press, 2018); *Christian Henderson,* The use of force and international law, (Cambridge: Cambridge University Press, 2018); *Harald Hongju Koh*, Syria and the Law of Humanitarin Intervention (Part III – A Reply), http://justsecurity.org/1863/syria-law-humanitarian-intervention-part-iii-reply/; *Harald Hongju Koh*, Syria and the Law of Humanitarian Intervention (Part II International Law and the Way Forward), http://justsecurity.org/1506/ koh-syria-part2/; *Tom Farer,* Paradigm of Legitimate Intervention, in Lori Fisler Damrosch (ed.), Enforcing Restraint: Collective Intervention in Internal Conflicts, (New York: Council On Foreign Relations Press, 1993).

518 Vgl. vor allem *Christine D. Gray,* International law and the use of force, (4 edn.; Oxford: Oxford University Press, 2018).

counterintervention zu erklären versucht wurden. Dieses Vakuum entsteht einerseits durch sich stetig verfestigende menschenrechtliche Verpflichtungen und das gleichzeitige Erodieren von Souveränität zugunsten des Selbstbestimmungsrechts der Völker, andererseits durch die mangelnde Durchsetzung des Interventions- und Gewaltverbots.

Gäbe es ein Recht auf humanitäre Intervention mit militärischen Mitteln, könnte man nun vertreten, Waffenlieferungen wären ein kleines Übel, das bei (hypothetischer) Zulässigkeit des „schwerwiegenderen“ direkten militärischen Eingreifens zulässig sein muss. Dies verkennt allerdings den disruptiven Charakter von Waffenlieferungen. Zunächst etwa die Gefahr, dass ein Schwarzmarkt geschaffen würde, der ganze Regionen destabilisieren könnte. Dies geschah beispielsweise besonders deutlich zuletzt im libyschen Bürgerkrieg. Während das nordafrikanische Land unter dem Gaddafi-Regime strikten Regulierungen des Waffenhandels unterlag, „*and local black market sales were virtually unheard of*“, bereitete die Revolution den Nährboden für einen florierenden Schwarzmarkt für Waffen, unter anderem durch Waffenlieferungen an nichtstaatliche Akteure.[519] Fällt dies nun, wie in Libyen, noch zusammen mit einer Sicherheitsrealität von *porous borders*, kann dies zu einem kontinuierlichen Fluss von Waffen in benachbarte Konfliktregionen führen.[520] Frieden wird aufgrund dieser sich zirkulär verstärkenden Dynamik immer unwahrscheinlicher. Waffenlieferungen führen ferner statistisch gesehen zu längeren und tödlicheren Konflikten. Ob Waffenlieferungen sich in der Praxis also überhaupt eignen würden, die Ziele einer *humanitären* Intervention zu erreichen, ist daher fraglich: Ziel einer humanitären Intervention soll doch zumindest sein, einen humanitär unerträglichen Zustand zu beheben. Waffenlieferungen können nun nicht gezielt genug eingesetzt werden, da sich die Kontrolle über die Waffen nach der Lieferung schwierig gestaltet und es ihnen an einem eindeutigen Endpunkt fehlt – sie können auch noch lange nach ihrer Lieferung fortwirken. Aufsehen erregte im Zusammenhang mit der Wirkweise von Waffenlieferungen im Jahr 2014 ein geheimer CIA-Bericht, über den die *New York Times* berichtete. Präsident Obama beauftragte demnach die CIA, in Vorbereitung für Waffenlieferungen an die syrische Opposition zu untersuchen, wie erfolgreich sogenannte *covert actions/operations*, die unter anderem Lieferungen von Waffen beinhalten, in der Praxis wirklich sind. Dem Bericht zufolge

---

519 SAS Dispatch No. 6, April 2016, „The Online Trade of Light Weapons in Libya“, S. 1.

520 Vgl. das Video der Vereinten Nationen zu dem Thema https://www.youtube.com/watch?v=MwZc5zBvtX0 (zuletzt aufgerufen am 22.08.2019).

zeigte sich nach Erkenntnissen der CIA, dass die verdeckte Unterstützung mit Waffen in der Vergangenheit kaum geeignet war, die außenpolitischen Ziele der USA zu erreichen.[521] Wenn diese Unterstützung ohne den Einsatz amerikanischer Truppen vor Ort gewährt wurde, waren diese Missionen sogar noch erfolgloser: Laut *New York Times* kommt der Bericht zu dem Ergebnis, dass überhaupt nur im Fall der sowjetischen Intervention in Afghanistan das von den USA erwünschte außenpolitische Ziel verwirklicht werden konnte. Laut Bericht lag dies maßgeblich an den pakistanischen Sicherheitsdienstmitarbeitern vor Ort, ein Aspekt, der diesen Fall von allen anderen untersuchten Fällen unterschied.[522]

Angesichts der negativen Auswirkungen auf den Empfangsstaat, ihrer Unkontrollierbarkeit und der im Ganzen geringen Erfolgsaussichten der Lieferung von Waffen, muss man zu dem Ergebnis gelangen, dass diese Art der Einmischung, selbst bei Bestehen eines Rechts auf humanitäre Intervention, nicht *humanitär* wäre, sowohl im Hinblick auf das ihr zugrunde liegende Mittel als auch ihr Ergebnis.

IV. Zwischenergebnis

Für das Interventions- und das Gewaltverbot kann man abschließend festhalten, dass Waffenlieferungen an die Regierung das Interventionsverbot nicht verletzen, während Lieferungen an die Opposition eine unzulässige Intervention darstellen. Dies gilt jedenfalls zu Friedenszeiten; für Zeiten des innerstaatlichen bewaffneten Konflikts muss dies gegebenenfalls überdacht werden. Liegt das Tatbestandsmerkmal des *Zwangs* bei Waffenlieferungen auch nicht ohne Weiteres auf der Hand, wird die Unterstützung von Aufständischen aber jedenfalls vielerorts zur verbotenen Intervention erklärt, beispielsweise in der *Friendly Relations Declaration*. Innere Angelegenheiten können hingegen definitorisch dort schon nicht betroffen sein, wo der Sicherheitsrat der Vereinten Nationen eine Verletzung des Weltfriedens und der internationalen Sicherheit nach Art. 39 UN-Charta festgestellt hat. In Bezug auf das Gewaltverbot wird die Ansicht vertreten, dass Handlungen unterhalb einer *de minimis*-Schwelle zwar gewaltsam sein können, aber nicht vom Anwendungsbereich des Gewaltverbotes erfasst werden. Waffenlieferungen, die gebündelt mit anderer substanzieller

---

521 https://www.nytimes.com/2014/10/15/us/politics/cia-study-says-arming-rebels-seldom-works.html (zuletzt aufgerufen am 23.08.2019).

522 https://www.nytimes.com/2014/10/15/us/politics/cia-study-says-arming-rebels-seldom-works.html (zuletzt aufgerufen am 23.08.2019).

Unterstützung erfolgen, von der ein nichtstaatlicher Akteur in seinem Bestehen abhängt, würden das Gewaltverbot hingegen nach der hier vertretenen Ansicht verletzen, die sich insoweit mit den Feststellungen des Internationalen Gerichtshofs im Nicaragua-Urteil deckt. In diesen Fällen muss dann aber wohl auch über eine Zurechnung zum Entsendestaat nachgedacht werden.

Hinsichtlich des Selbstverteidigungsrechts nach Art. 51 UN-Charta ist festzuhalten, dass Waffenlieferungen selbst weder einen bewaffneten Angriff darstellen noch eine völkerrechtlich zulässige Selbstverteidigungsreaktion auf einen solchen sind.

Ob Waffenlieferungen im Wege der Intervention auf Einladung zulässig sind, hängt maßgeblich von dem Zeitpunkt der Lieferung ab und der Dispositionsbefugnis der Regierung im Empfangsstaat über das geschützte Rechtsgut von Interventions- und Gewaltverbot. Dies schließt an ein humanisiertes Souveränitätsverständnis an, findet aber im gegenwärtig geltenden Völkerrecht allerdings noch keinen Rückhalt.

Die Praxis der Staaten im Hinblick auf Waffenlieferungen im Geltungsbereich des Interventions- und Gewaltverbotes reicht nicht aus, um eine gewohnheitsrechtliche Veränderung dieser tragenden Säulen des Friedenssicherungsrechts zu belegen. Staaten nehmen in ihren Stellungnahmen meist gar keinen Bezug auf das Recht. Wenn Waffenlieferungen dann doch in rechtlicher Hinsicht thematisiert werden, beispielsweise als Saudi-Arabien dem Iran vor dem Sicherheitsrat der Vereinten Nationen Waffenlieferungen an die Huthis vorwarf, dann „nur“, weil sie das Embargo der Vereinten Nationen verletzen und eine direkte Gefahr für die Sicherheit von Saudi-Arabien, des Jemen und der ganzen Region sowie für den Weltfrieden und die internationale Sicherheit sind.[523] Eine Verletzung des Interventions- oder Gewaltverbotes fand keine Erwähnung.

Mit Anerkennung der Opposition als rechtmäßige Vertretung des Volkes zeichnet sich eine gesteigerte Rolle des Selbstbestimmungsrechts ab, die das *Nicaragua-Paradigma* in Zukunft infrage stellen könnte. Das Neutralitätsrecht, wenn auch nicht direkt auf innerstaatliche bewaffnete Konflikte anwendbar, kann hierzu in seinen Grundsätzen unterstützend zu Rate gezogen werden. Schließich würden Waffenlieferungen als humanitäre Intervention – wenn diese Teil des geltenden Völkerrechts würde – ausscheiden, da sie als Mittel ungeeignet und ihre Auswirkungen im Ergebnis auf lange Sicht unkontrollierbar sind.

---

523 UN-Doc. S/2016/786, S. 1/2.

D. Ergebnis

In diesem Kapitel wurde in einem ersten Schritt das Nicaragua-Urteil entmystifiziert. Dadurch wurde die Feststellung ermöglicht, dass es durchaus mit dem Wortlaut der Entscheidung vereinbar ist, nicht jede Lieferung von Waffen als Verletzung des Gewaltverbots anzusehen. Dennoch wird das Urteil gemeinhin so gelesen, dass es Lieferungen an die Regierung zulasse und solche an die Opposition *per se* das Interventions- und Gewaltverbot verletzten. Wenn auch auf den ersten Blick vermutet, vollzog sich mit dem Arabischen Frühling kein diesbezüglicher Paradigmenwechsel.

Die in diesem Kapitel beobachteten Tendenzen lassen sich nun mit der folgenden Grafik bildlich darstellen, auf die auch in Kapitel 6 und 7 zurückgegriffen wird, da sie auch die dort erarbeiteten Erkenntnisse zu erfassen vermag:

Völkerrechtliche Zulässigkeit von Waffenlieferungen

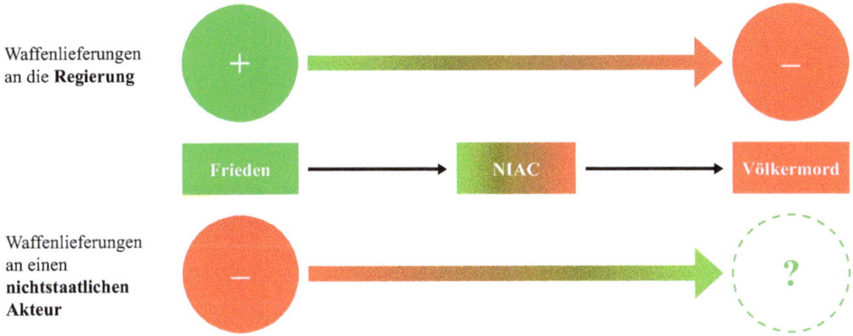

Die Grafik dient hier in erster Line dazu, die zentralen Erkenntnisse dieses Kapitels abzubilden: Zu Zeiten des Friedens sind Waffenlieferungen an die Regierung zulässig, solche an die Opposition unzulässig. Ob dieses Paradigma auch im innerstaatlichen bewaffneten Konflikt aufrechterhalten werden kann, ist fraglich. Es spricht viel dafür im NIAC und zu Zeiten des Völkermordes die alleinige Vertretung des Staates infrage zu stellen. Was zu Friedenszeiten galt, kann eben nicht auf eine Situation übertragen werden, die sich gerade dadurch auszeichnet, dass die Autorität der Regierung, den Volkswillen zu vertreten, infrage gestellt wird. Wie mit dieser Situation umgegangen werden muss, entzieht sich der eindeutigen Feststellung. Während viel dafürspricht, dass das Völkerrecht Lieferungen an beide Seiten des Konflikts untersagt, findet sich hierfür keine ausreichende kommunizierte Staatenpraxis. Hält man aber die Zulässigkeit der Lieferungen an die Regierung und die Unzulässigkeit derer an nichtstaatliche Akteure zu jeder Zeit aufrecht, ist dies mit einem humanisierten Souveränitätsverständnis, wie man es gegenwärtig im Völkerrecht wohl zugrunde legen muss, kaum zu vereinbaren.

„Every gun that is made, every warship launched, every rocket fired signifies, in the final sense, a theft from those who hunger and are not fed, those who are cold and are not clothed. This world in arms is not spending money alone. It is spending the sweat of its laborers, the genius of its scientists, the hopes of its children. [...] This is not a way of life at all, in any true sense. Under the cloud of threatening war, it is humanity hanging from a cross of iron.“[524]

Kapitel 5 Menschenrechte und humanitäres Völkerrecht bei der Entscheidung über Rüstungsexporte

Wenn Menschenrechte oder humanitäres Völkerrecht verletzt werden, kommen meist Waffen zur Anwendung. Ob bereits die Entscheidung über deren Lieferung durch einen Staat aber dessen menschenrechtliche Verpflichtungen oder die des humanitären Völkerrechts berührt, ist Gegenstand dieses Kapitels.

A. Menschenrechte

Zahlreiche, wenn nicht alle Menschenrechtsverletzungen, stehen in direktem oder indirektem Zusammenhang mit dem Gebrauch von Schusswaffen oder Kriegswaffen. Andere, wie beispielsweise Folter und Vergewaltigungen, werden durch ihre Präsenz oft gerade erst ermöglicht.[525] Führende NGOs und der Hochkommissar für Menschenrechte der Vereinten Nationen sehen daher

---

524 „The cost of one modern heavy bomber is this: a modern brick school in more than 30 cities. It is two electric power plants, each serving a town of 60,000 population. It is two fine, fully equipped hospitals. It is some 50 miles of concrete highway. We pay for a single fighter plane with a half million bushels of wheat. We pay for a single destroyer with new homes that could have housed more than 8,000 people. This, I repeat, is the best way of life to be found on the road the world has been taking.“ Dwight D. Eisenhower, XXXIV President of the United States 1953–1961 – Address „The Chance for Peace“ delivered before the American Society of Newspaper Editors, April 16, 1953.

525 *Maya Brehm*, Conventional Arms Transfers in the Light of Humanitarian and Human Rights Law, (2005) S. 43.

einen direkten negativen Zusammenhang zwischen der Gewährleistung von Menschenrechten und Waffen/-lieferungen.[526] Laut eines Berichts des Hochkommissars für Menschenrechte vom März 2017 beeinträchtigt vor allem der illegale und ungeregelte Waffenhandel die Menschenrechte stark.[527] Bei genauer Betrachtung zeigt sich jedoch, dass die Bezeichnung „illegaler Handel" irreführend ist. Ursprung dieses „illegalen" Handels sind nämlich nicht selten legale, zwischenstaatliche Lieferungen von Waffen an Staaten in Konfliktregionen, Waffen, die alsdann weiterverbreitet werden. Lieferungen in diese Regionen bilden daher oft den Nährboden für die Entstehung von Schwarzmärkten nach Konfliktende. Der Libyenkonflikt wurde hierzu an anderer Stelle schon als Beispiel aufgeführt. Verbunden mit dem Phänomen der *porous borders*, der für Menschen und Güter gleichermaßen durchlässigen Grenzen, wie sie viele Konfliktregionen aufweisen, führen Waffenlieferungen zur weitreichenden Destabilisierung.

In diesen Tatsachen liegt es begründet, dass in der Diskussion um Waffenlieferungen ein gewisser *„human rights reflex"*[528] zu verzeichnen ist: Es entsteht ein menschenrechtlich geprägter Diskurs, in dem Menschenrechte erwähnt werden und bisweilen als rhetorisches Mittel eingesetzt werden, aber eine tiefergehende Auseinandersetzung mit ihnen, vor allem eine rechtliche Einordnung von Waffenlieferungen in ihre Systematik, meist ausbleibt. Ob Waffenlieferungen tatsächlich Menschenrechte verletzen und wenn ja, welche, wird dabei oft nicht näher erörtert.[529] Dass sie Menschenrechte verletzen müssen, scheint für viele dadurch indiziert, dass sie diese in hohem Maße beeinträchtigen können. Die Frage aber, ob Waffenlieferungen Menschenrechte tatsächlich verletzen, hängt in hohem Maße vom Einzelfall ab, und zwar besonders davon, wie Inhalt und Reichweite der menschenrechtlichen Verpflichtungen

---

526 *Debbie Hillier und Brian Wood*, Shattered Lives: The Case for tough International Arms Control, (2003) S. 27–33. Impact of arms transfers on the enjoyment of human rights, Report of the Office of the United Nations High Commissioner for Human Rights, UN-Doc. A/HRC/35/8, S. 2.

527 Impact of arms transfers on the enjoyment of human rights, Report of the Office of the United Nations High Commissioner for Human Rights, UN-Doc. A/HRC/35/8, S. 2.

528 Angelehnt an *Marko Milanovic*, Extraterritorial Application of Human Rights Treaties, (Oxford Monographs in International Law; Oxford: Oxford University Press, 2011) S. 2.

529 *Maya Brehm*, Conventional Arms Transfers in the Light of Humanitarian and Human Rights Law, (2005) S. 47.

einzelner Staaten in Bezug auf den infrage stehenden Sachverhalt zu beurteilen sind. Folgende Fragen stellen sich im Zusammenhang von Waffenlieferungen und Menschenrechten:

1. Gibt es eine gewohnheitsrechtliche Verpflichtung von Staaten, Rüstungsexporte an menschenrechtsverletzende Staaten zu untersagen beziehungsweise nicht zu genehmigen?
2. Verletzt der liefernde Staat (L) seine Verpflichtung, Menschenrechte zu achten, wenn er Waffen an den Empfängerstaat (E) liefert?
3. Verletzt Staat L eine Pflicht zum Schutz der Menschenrechte, wenn er die Lieferung von Waffen an E zulässt, obwohl diese für Menschenrechtsverletzung eingesetzt werden könnten?
4. Verletzt Staat L Achtungs- oder Schutzpflichten von Menschenrechten, wenn er Waffen an einen nichtstaatlichen Akteur (NSA) in einem anderen Staat liefert?
5. Ist Staat L für seine Unterstützung von Staat E/NSA verantwortlich oder für die Handlungen von Staat E/NSA mitverantwortlich, sofern mit den Waffen Menschenrechte verletzt werden?

Diese Fragen fügen sich nun in größere Problemkreise ein, mit denen sie im Folgenden besprochen werden sollen: Zunächst wird sich mit Blick auf die Verhandlungen über den ATT der Frage nach einer gewohnheitsrechtlichen Verpflichtung zugewandt, Menschenrechte bei Exportentscheidungen zu bedenken (I.). Sodann wird die extraterritoriale Anwendbarkeit von Menschenrechtsverträgen besprochen, da sie gegebenenfalls Voraussetzung für die Achtungsverpflichtung von Menschenrechten in Drittstaaten bei Rüstungsexportentscheidungen ist (II.). Es folgt eine Darstellung positiver Verpflichtungen, um sich einer eventuellen *due diligence*-Verpflichtung von Staaten zu nähern (III.). Schließlich werden die mögliche Zurechnung des Handelns nichtstaatlicher Akteure (IV.) und die Auswirkungen von Menschenrechtsverletzungen des Empfangsstaates (V.) besprochen.

Die Diskussion über die Anwendbarkeit von Menschenrechten in bewaffneten Konflikten und das Verhältnis von Menschenrechten zu humanitärem Völkerrecht wird nicht näher ausgeführt, der Arbeit liegt aber der Gedanke zugrunde, dass Menschenrechte neben dem humanitären Völkerrecht in bewaffneten Konflikten weiterhin zur Anwendung kommen und sich die beiden Regelungssysteme insoweit ergänzen.[530]

530 Vgl. für mehr hierzu beispielsweise *Anne Peters und Christian Marxsen* (eds.), Self-Defence against Non-State Actors, (Max Planck Trialogues on the Law of Peace and War, Cambridge: Cambridge University Press, 2019).

I. Besteht eine gewohnheitsrechtliche Verpflichtung zur Versagung von Rüstungsexporten an menschenrechtsverletzende Staaten?

Die Initiierung der Verhandlungen zum Vertrag über den Waffenhandel ging maßgeblich von NGOs aus und war unter anderem von der Hoffnung geleitet, mit ihm ein Mittel zu schaffen, das den negativen Auswirkungen von Waffen auf den Genuss von Menschenrechten entgegenzuwirken vermag und ihre effektive Durchsetzung erlaubt. Zur Garantie der Menschenrechte wurde die Schaffung eines Vertrages, der den internationalen Waffenhandel reguliert, als unerlässlich angesehen.[531] Ob aber außerhalb des ATT und außerhalb von Menschenrechtsverträgen eine allgemeine Verpflichtung zur Wahrung von Menschenrechten, vergleichbar mit Art. 1 GK I–IV, besteht, wird unterschiedlich beurteilt.[532] Teils wird dies angenommen, sofern eine Beziehung des Verletzten zum Rechtsverletzer besteht und die drohende Rechtsverletzung schwerwiegend ist.[533] Während andere hingegen in der Praxis den Nachweis einer generellen Verhinderungspflicht von Menschenrechtsverletzungen (*duty to prevent*), der diese gewohnheitsrechtliche Verpflichtung zur Versagung von Waffenlieferungen an menschenrechtsverletzende Staaten gleichkäme, gerade als nicht erbracht ansehen.[534] Diese Ansichten wurden umfangreich in der Phase der Vertragsverhandlungen zum ATT kundgetan. Wie nun die Staaten selbst Verpflichtungen auf Menschenrechte bei Rüstungsexportentscheidungen einschätzen, lässt sich daher anhand ihrer Stellungnahmen während dieser Verhandlungen gut nachvollziehen.

Wie bereits in Kapitel 3 A. III. dargestellt, finden Menschenrechte und humanitäres Völkerrecht über die Abwägung in Art. 6 und Art. 7 ATT Eingang in den Vertrag. Bei den Verhandlungen führte nun vor allem die Aufnahme

---

531 *Maya Brehm*, Conventional Arms Transfers in the Light of Humanitarian and Human Rights Law, (2005) S. 53 f., sowie für Letzteres S. 73 ff.

532 Vgl. hierzu verneinend *Maya Brehm*, Conventional Arms Transfers in the Light of Humanitarian and Human Rights Law, (2005) S. 53; *Monica Hakimi*, State Bystander Responsibility, European Journal of International Law, 21 (2010) bejahend für einzelne Fälle S. 354 ff.; a.A. *Helmut Philipp Aust*, Complicity and the Law of State Responsibility, eds., Crawford et al., (Cambridge studies in international and comparative law; Cambridge: Cambridge University Press, 2011) S. 415.

533 *Monica Hakimi*, State Bystander Responsibility, European Journal of International Law, 21 (2010) S. 354 ff.

534 *Helmut Philipp Aust*, Complicity and the Law of State Responsibility, eds., Crawford et al., (Cambridge studies in international and comparative law; Cambridge: Cambridge University Press, 2011) S. 415.

von menschenrechtlichen Maßstäben zu Unstimmigkeiten. Bei Weitem nicht alle Staaten waren von der Unterwerfung des Entscheidungsprozesses unter menschenrechtliche Kriterien überzeugt.

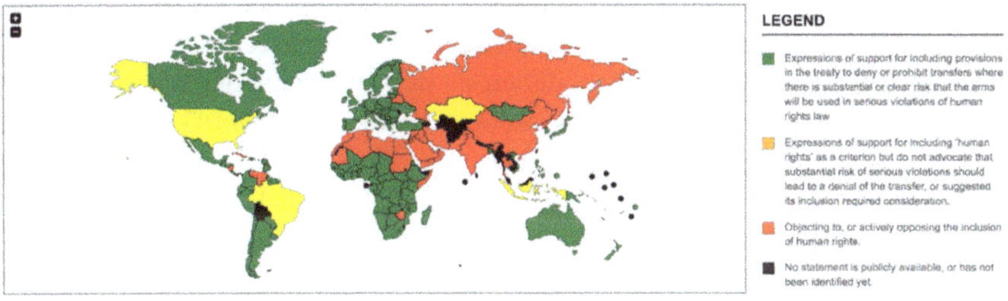

(Quelle https://web.archive.org/web/20150225065916/http://armstreaty.org/issue/human-rights/)

So beispielsweise China:

> „Citing the fact that these were ‚political issues' and the difficulty to make a fair judgment, China supported adding the phrase ‚to which it is a party,' in order to limit the requirement of states to follow international human rights and humanitarian law solely to those documents which they have ratified."[535]

Die Gruppe der arabischen Staaten lehnte die Aufnahme der Menschenrechte als Kriterium wie folgt ab:

> „It is crucial that an arms trade treaty avoid allowing individually assumed, potentially subjective assessments on a national level without relying on multilaterally agreed mechanisms, such as decisions of relevant United Nations agencies or a special body that can be assigned with this collective task under the treaty. No linkages should be made to allow any State to make subjective assessments against another State in fields such as human rights or sustainable development as frameworks and contexts for the fair consideration of such issues within the United Nations differ significantly from the framework of the proposed treaty"[536]

In diesen Stellungnahmen werden vor allem Bedenken deutlich, dass durch den ATT eine über die bereits in den Staaten bestehenden Standards hinausgehende, weiterreichende Unterwerfung unter menschenrechtliche Regime

535 https://controlarmsblog.wordpress.com/archive-2/att-2nd-prepcom-summaries-march-1-2011-am-session/ (zuletzt aufgerufen am 11.11.2017).

536 UN-Doc. A/CONF.217/2, S. 61.

erreicht würde. Darüber hinaus wurde ein menschenrechtliches Kriterium mit dem Argument abgelehnt, dass jeder Staat selbst und somit notwendigerweise subjektiv feststellen würde, wann und ob ein Empfangsstaat Menschenrechte verletzt. Dies brachte die Sorge mit sich, somit an den Menschenrechtsstandards anderer Staaten gemessen zu werden. Die Staaten befürchteten, durch die Unterzeichnung ungewollt weiterreichenden menschenrechtlichen Standards unterworfen zu werden, als denen, denen sie sich außerhalb des Vertrags unterworfen haben. Auch im Gemeinsamen Standpunkt 2008/944/GASP des Rates der Europäischen Union spielte die Erkenntnis, dass Menschenrechte in hohem Maße subjektiv sind, augenscheinlich eine Rolle. Nur so lassen sich die schon angedeuteten Unterschiede in der Formulierung in Kriterium 2 erklären:

> „[...] lassen besondere Vorsicht und Wachsamkeit bei der Erteilung von Ausfuhrgenehmigungen an Länder walten, in denen **von den zuständigen Gremien der VN, der EU oder des Europarates schwerwiegende Menschenrechtsverletzungen festgestellt wurden**, und nehmen dabei eine Einzelfallprüfung unter Berücksichtigung der Art der Militärtechnologie oder der Militärgüter vor" (Hervorhebung durch die Verfasserin).

Im Kontrast dazu steht die Formulierung:

> „[...] **verweigern** eine Ausfuhrgenehmigung, wenn eindeutig das Risiko besteht, dass die Militärtechnologie oder die Militärgüter, die zur Ausfuhr bestimmt sind, verwendet werden, **um schwere Verstöße gegen das Humanitäre Völkerrecht zu begehen**" (Hervorhebung durch die Verfasserin).

Hieraus kann unter anderem geschlossen werden, dass Verletzungen des humanitären Völkerrechts einer objektiven Feststellung für zugänglicher erachtet werden und dieses Regelungsregime universellere Akzeptanz erfährt. Die Verhandlungen zum ATT unterstützen diese Annahme: Während sich 34 Staaten[537] gegen die Aufnahme eines menschenrechtlichen Kriteriums wandten, waren es bei dem Kriterium des humanitären Völkerrechts nur 15.[538]

Die Positionen und Bedenken, die geäußert wurden, machen dennoch deutlich, dass Menschenrechte bei der Entscheidung über Waffenlieferungen sehr wohl eine Rolle spielen. Im Kern wurde dies von keinem Staat bestritten. Unstimmigkeiten entstanden vielmehr bei der Frage nach dem konkreten Inhalt der Verpflichtung und ihrer Umsetzung. Beide sind noch immer unklar.

---

537 http://armstreaty.org/issue/human-rights/ (zuletzt aufgerufen am 26.08.2019).

538 http://armstreaty.org/issue/international-humanitarian-law/ (zuletzt aufgerufen am 26.08.2019).

Bis heute kann daher nicht von ihrer gewohnheitsrechtlichen Geltung ausgegangen werden.

II. Die Achtungsverpflichtung

Allen menschenrechtlichen Garantien ist mit der Achtungsverpflichtung die Pflicht des Staates gemein, die Menschenrechte durch staatliches Handeln nicht zu beeinträchtigen.[539] Bevor sich allerdings den Details dieser Verpflichtung und ihren Auswirkungen auf Waffenlieferungsentscheidungen zugewandt werden kann, sind einleitende Worte zum Ursprung von menschenrechtlichen Verpflichtungen im Allgemeinen und vor allem zu ihrem Geltungsbereich geboten.

1. *Welche Menschenrechte?*

> „Alle Menschen sind frei und gleich an Würde und Rechten geboren. Sie sind mit Vernunft und Gewissen begabt und sollen einander im Geiste der Brüderlichkeit begegnen",

heißt es in Art. 1 der Allgemeinen Erklärung der Menschenrechte. Dieses rechtlich nicht verbindliche Dokument bildet nun die Grundlage für ein weitverzweigtes Netz aus Verpflichtungen auf nationaler, regionaler und internationaler Ebene.[540] Für die vorliegende Arbeit ist nun vor allem der Geltungsbereich und mit ihm die Universalität dieser Verpflichtungen bedeutsam. Die Universalität der einzelnen regionalen Verträge, wie der Europäischen Konvention zum Schutze der Menschenrechte und Grundfreiheiten[541], der Amerikanischen Menschenrechtskonvention, der Afrikanischen Charta der Menschenrechte und der Rechte der Völker, des Internationalen Paktes über bürgerliche und politische Rechte[542] und seiner Zusatzprotokolle, ist durch ihre ohnehin inhärente Regionalität oder bisweilen durch die mangelnde Ratifizierung durch zentrale Staaten eingeschränkt. Eine eigenständige gewohnheitsrechtliche Verpflichtung zur Achtung der Menschenrechte bei Lieferungen an menschenrechtsverletzende Staaten scheidet, wie oben dargestellt, aus. Die universelle gewohnheitsrechtliche Geltung sogenannter *core human rights* ist

539 *Walter Kälin und Jörg Künzli*, Universeller Menschenrechtsschutz: der Schutz des Individuums auf globaler und regionaler Ebene, (Baden-Baden: Nomos, 2013) S. 103.

540 *Walter Kälin und Jörg Künzli*, Universeller Menschenrechtsschutz: der Schutz des Individuums auf globaler und regionaler Ebene, (Baden-Baden: Nomos, 2013) S. 3.

541 Im Folgenden EMRK.

542 Im Folgenden IPbpR.

daher zentral. *Walter Kälin* und *Jörg Künzli* stellen in dieser Hinsicht fest, dass Regierungen die Geltung von Menschenrechten als solche nicht infrage stellen.[543] Was sie jedoch hinterfragen, sind deren Inhalt und Schranken sowie vereinzelt das Bestehen bestimmter Garantien.[544] Jedenfalls einige ausgewählte Menschenrechte können jedoch wohl gegenwärtig gewohnheitsrechtliche Geltung beanspruchen:

> „Genozid, Sklaverei und Sklavenhandel, Ermordung oder das Verschwindenlassen von Personen, Folter oder andere grausame, unmenschliche oder erniedrigende Behandlung oder Bestrafung, langer, willkürlicher Freiheitsentzug und systematische Rassendiskriminierung."[545]

Durch die Rechtsprechung des Internationalen Gerichtshofes wird dies bestätigt.[546] Aus der Praxis der Organe der Vereinten Nationen sehen die Autoren es ferner als bestätigt an, dass alle Staaten wenigstens in Fällen extremer Menschenrechtsverletzungen gewohnheitsrechtlich gebunden sind.[547] Wichtig ist dies bei Staaten wie beispielsweise Saudi-Arabien, die mangels Ratifikation zum Beispiel des IPbpR nur über ihre Mitgliedschaft in den Vereinten Nationen und die gewohnheitsrechtliche Geltung von Menschenrechten an solche gebunden sind. Bei der Verantwortlichkeit nach Art. 16 ASR und dem sogenannten „Gleichlauf der Verpflichtungen" kommt dies gegebenenfalls auch zum Tragen.[548]

---

543 *Walter Kälin und Jörg Künzli*, Universeller Menschenrechtsschutz: der Schutz des Individuums auf globaler und regionaler Ebene, (Baden-Baden: Nomos, 2013) S. 21.

544 *Walter Kälin und Jörg Künzli*, Universeller Menschenrechtsschutz: der Schutz des Individuums auf globaler und regionaler Ebene, (Baden-Baden: Nomos, 2013) S. 21.

545 *Walter Kälin und Jörg Künzli*, Universeller Menschenrechtsschutz: der Schutz des Individuums auf globaler und regionaler Ebene, (Baden-Baden: Nomos, 2013) S. 73 unter Berufung auf ein „Restatement of the Foreign Relations Law of the United States 1986".

546 *Reservations to the Convention on Genocide*, Advisory Opinion: I.C. J . Reports 1951, S. 23; *Questions relating to the Obligation to Prosecute or Extradite* (Belgium v . Senegal), Judgment, I.C.J. Reports 2012, para. 99; *Military and Paramilitary Activities in and against Nicaragua*, (Nicaragua v. United States of America). Merits, Judgment. I.C.J. Reports 1986, para. 220.

547 *Walter Kälin und Jörg Künzli*, Universeller Menschenrechtsschutz: der Schutz des Individuums auf globaler und regionaler Ebene, (Baden-Baden: Nomos, 2013) S. 74, 195, ohne weitere Nachweise.

548 Mehr dazu in Kapitel 6 B. III.

2. *Extraterritoriale Anwendbarkeit von Menschenrechtsverträgen*

Den denkbaren Konstellationen im Zusammenhang mit Waffenlieferungen ist der Eintritt der Rechtsverletzung außerhalb des Territoriums des liefernden Staates und die Verletzung eines Rechtssubjekts des Empfangsstaates gemein. Dies ist relevant, da die meisten Menschenrechtspakte eine wie auch immer ausgestaltete Beschränkung ihrer Anwendbarkeit *ratio loci* oder *ratio personae* aufweisen.[549] In Art. 2(1) IPbpR heißt es,

> „[...] undertakes **to respect and to ensure** all individuals **within its territory and subject to its jurisdiction** the rights recognized in the present Covenant [...]" (Hervorhebung durch die Verfasserin),

oder die Jurisdiktionsklausel der EMRK beschränkt die Verpflichtung zur Garantie der Menschenrechte auf

> „[...] allen **ihrer Hoheitsgewalt unterstehenden Personen**" (Hervorhebung durch die Verfasserin).

„Extraterritorialität" beschreibt nun die Anwendung der vertraglichen Menschenrechtsverpflichtungen auf eine Rechtsverletzung, die bei einem Individuum eintritt, welches sich nicht auf dem Territorium des handelnden Staates befindet. Anknüpfungspunkt ist gerade nicht der Ort, an dem der Staat tätig wird.[550] Der Ort, an dem die Handlung vorgenommen wird, liegt bei Waffenlieferungen faktisch im Territorium des liefernden Staates, da dort die Exportentscheidung fällt. Die Auswirkungen des Handelns sind jedoch extraterritorial. *Walter Kälin* und *Jörg Künzli* teilen diese Auffassung, und besprechen Waffenlieferungen daher unter der Überschrift „Verpflichtungen des Staates bei extraterritorialen Auswirkungen staatlicher Hoheitsakte"[551] und damit getrennt von den Standardfällen der Extraterritorialität. Diese umfassen stets das Handeln auf fremdem Territorium mit Auswirkungen auf dem fremden Territorium. Zwar sind die Details dieser Form der extraterritorialen Anwendbarkeit von Menschenrechtsverträgen und ihre praktische Umsetzung viel diskutiert, dennoch ist es für die vorliegende Bearbeitung ausreichend, zu erkennen, dass jedenfalls ein gewisses Maß an Kontrolle über den Sachverhalt oder den

---

549 *Marko Milanovic*, Extraterritorial Application of Human Rights Treaties, (Oxford Monographs in International Law; Oxford: Oxford University Press, 2011) S. 8.

550 *Marko Milanovic*, Extraterritorial Application of Human Rights Treaties, (Oxford Monographs in International Law; Oxford: Oxford University Press, 2011) S. 8.

551 *Walter Kälin und Jörg Künzli*, Universeller Menschenrechtsschutz: der Schutz des Individuums auf globaler und regionaler Ebene, (Baden-Baden: Nomos, 2013) S. 151.

handelnden Akteur gegeben sein muss.[552] Die extraterritoriale Geltung von Menschenrechten bezieht sich dabei primär auf das Handeln des Staates im Ausland, also seiner Organe oder ihm zurechenbarer privater Akteure.[553] Festzuhalten ist daher zunächst, dass ohne zurechenbares Verhalten von nichtstaatlichen Akteuren oder dem Empfangsstaat keine Handlung des Staates L auf dem Territorium des Staates E vorliegt, durch welche die Achtungspflicht des Staates L verletzt sein könnte. Es fehlt diesbezüglich an der Unmittelbarkeit: Die Lieferung alleine begründet noch keine Menschenrechtsverletzung, die Menschenrechte im Empfangsstaat zu achten, obliegt nicht dem liefernden Staat und über die Art und Weise der Verwendung der gelieferten Waffen hat er keine Kontrolle. Aus den vertraglichen Verpflichtungen könnten nun aber für den liefernden Staat L Schutzpflichten im Hinblick auf die extraterritorialen Auswirkungen seines innerstaatlichen Handelns erwachsen.

III. Von positiven Verpflichtungen und Schutzpflichten zu *due diligence*

Neben der negativen Verpflichtung von Staaten, eine Einmischung in die Rechte der Menschenrechtsträger zu unterlassen, ist heute anerkannt, dass ihnen auch positive Verpflichtungen, diese Menschenrechte zu gewährleisten und zu schützen, obliegen.[554] Ob derartige Verpflichtungen Waffenlieferungen an menschenrechtsverletzende Staaten erfassen, wird im Anschluss erläutert.

1. Menschenrechtliche Schutzpflichten

Auch positive Verpflichtungen müssten extraterritorial gelten, um Rüstungsexporte zu umfassen: Weder befinden sich die Opfer der potenziellen Menschenrechtsverletzung auf dem Territorium des liefernden Staates noch finden die konkret verletzenden Handlungen dort statt. Staaten können auch bei innerstaatlichem Handeln mit extraterritorialen Auswirkungen an Menschenrechte

552 Für einen allgemeinen Überblick: *Marko Milanovic*, Extraterritorial Application of Human Rights Treaties, (Oxford Monographs in International Law; Oxford: Oxford University Press, 2011). Oder auch *Walter Kälin und Jörg Künzli*, Universeller Menschenrechtsschutz: der Schutz des Individuums auf globaler und regionaler Ebene, (Baden-Baden: Nomos, 2013) S. 151.

553 Zu der Frage der Zurechnung von nichtstaatlichen Akteuren im Fall von Waffenlieferungen siehe im Folgenden IV und Kapitel 6 D.

554 *Walter Kälin und Jörg Künzli*, Universeller Menschenrechtsschutz: der Schutz des Individuums auf globaler und regionaler Ebene, (Baden-Baden: Nomos, 2013) S. 110.

gebunden sein. *Walter Kälin* und *Jörg Künzli* vertreten hingegen die Ansicht, dass dies nur die Achtungsdimension der Menschenrechte betrifft und sich gerade nicht auf die Schutz- und Gewährleistungspflichten erstreckt.[555] Sie begründen dies mit mangelnder Kontrolle oder Jurisdiktion über Person und Sachverhalt[556] – beides, wie bereits eingangs erwähnt, Kriterien, die gemeinhin als unerlässlich für die Begründung von extraterritorialen Verpflichtungen gesehen werden.[557] Bei Rüstungsexporten im Speziellen fehlt ihres Erachtens

> „das notwendige unmittelbar faktische oder rechtliche Band zwischen dem Verhalten eines Staates und den Opfern einer Menschenrechtsverletzung in einem Drittstaat, das notwendig zur Begründung einer extraterritorialen Verpflichtung aus Menschenrechten ist".[558]

In der Rechtsprechung wurde zu diesem Sonderfall noch keine Stellung bezogen. Nach bisherigen Erkenntnissen gibt es überhaupt nur einen Fall, in dem sich ein Menschenrechtsorgan mit der Verantwortlichkeit eines Staates für Menschenrechtsverletzungen im Zuge von Waffenlieferungen befasst hat. Es handelt sich dabei um den Fall *Tugar v. Italy*, den die Europäische Kommission für Menschenrechte 1995 zu entscheiden hatte.[559] Die Kommission verneinte im Ergebnis die Zulässigkeit des Antrags, da unter anderem die Verbindung zwischen der Handlung/Unterlassung Italiens und der eingetretenen Verletzung zu lose sei. Der Entscheidung lag folgender Sachverhalt zugrunde: Der irakische Antragsteller war Teil der „Mine Advisory Group" im Irak, einer NGO, die sich professionell mit der Entfernung von Minen im Irak befasste.

555 *Walter Kälin und Jörg Künzli*, Universeller Menschenrechtsschutz: der Schutz des Individuums auf globaler und regionaler Ebene, (Baden-Baden: Nomos, 2013) S. 151.

556 *Walter Kälin und Jörg Künzli*, Universeller Menschenrechtsschutz: der Schutz des Individuums auf globaler und regionaler Ebene, (Baden-Baden: Nomos, 2013) S. 151.

557 *Marko Milanovic*, Extraterritorial Application of Human Rights Treaties, (Oxford Monographs in International Law; Oxford: Oxford University Press, 2011) S. 8; *Maarten Den Heijer*, Europe and Extraterritorial Asylum, (Studies in International Law; Oxford: Hart Publishing, 2012).

558 *Walter Kälin und Jörg Künzli*, Universeller Menschenrechtsschutz: der Schutz des Individuums auf globaler und regionaler Ebene, (Baden-Baden: Nomos, 2013) S. 151; *Annyssa Bellal*, Arms Transfers and international human rights law, in Stuart Casey-Maslen (ed.), Weapons Unter International Human Rights Law (Cambridge: Cambridge University Press, 2014) S. 450.

559 European Commission (First Chamber), Rasheed Haye Tugar v. Italy, (Application no. 22869/93), Decision on Admissibility, 18 October 1995, abrufbar unter https://free.eurocases.eu/Doc/CourtAct/4538044 (zuletzt aufgerufen am 21.04.2021).

Die italienische Firma VM hatte 1982 einen Vertrag über die Lieferung von Waffen mit dem Irak abgeschlossen, für den sie 1991 wegen illegalen Waffenhandels verurteilt wurde. Der Antragssteller wurde im April 1993 durch eine Mine von VM im Irak verletzt, ihm musste ein Bein amputiert werden. Er wandte sich nun an die Kommission mit dem Vortrag, Italien habe die aus dem Recht auf Leben resultierende Schutzpflicht verletzt, da es kein effektives System zur Verhinderung des Verkaufs von Waffen mit unterschiedsloser Wirkung in Italien gab beziehungsweise Italien solche Waffen verkauft habe. Die Kommission erklärte den Antrag für unzulässig, da Italien keine Verantwortlichkeit für die Handlungen des Iraks treffe. Aus der Europäischen Menschenrechtskonvention ergebe sich ferner keine Verpflichtung, ein entsprechendes Rüstungsexportkontrollsystem überhaupt zu schaffen. Die Kommission sieht ferner im Gegensatz zum Antragsteller gerade keine Vergleichbarkeit mit der Situation in *Soering v. UK*, wo festgestellt wurde:

> „[…] no right not to be extradited is as such protected by the Convention. Nevertheless, in so far as a measure of extradition has **consequences adversely affecting the enjoyment of a Convention righ**t, it may, **assuming that the consequences are not too remote, attract the obligations of a Contracting State under the relevant Convention guarantee**“[560] (Hervorhebung durch die Verfasserin).

Im Fall *Tugar v. Italy* besteht demnach gerade

> „**no immediate relationship between the mere supply**, even if not properly regulated, of weapons and **the possible „indiscriminate“ use thereof in a third country** [...]“[561] (Hervorhebung durch die Verfasserin).

Zu entfernt (*too remote*) sei letztlich die Verbindung zwischen der Verletzung des Antragstellers und der fehlenden Exportkontrolle durch Italien, um im vorliegenden Fall eine Verantwortlichkeit zu begründen.[562] Die Kommission stellt hier im Kern Kausalitätsüberlegungen an. Diese werden generell überraschend selten im Bereich der Menschenrechte näher ausgeführt. Es überzeugt, wie auch die Kommission es hier tut, im Völkerrecht und vor allem auch bei Menschenrechten, eine *conditio sine qua non*-Kausalität abzulehnen. Zu weitreichend wäre die dadurch geschaffene Verantwortlichkeit – sie würde in letzter Konsequenz jedes Handeln oder Unterlassen (menschen-)rechtswidrig werden

---

560 *Soering v. The United Kingdom*, 1/1989/161/217, para. 85.

561 European Commission (First Chamber), Rasheed Haye Tugar v. Italy, (Application no. 22869/93), Decision on Admissibility, 18 October 1995.

562 European Commission (First Chamber), Rasheed Haye Tugar v. Italy, (Application no. 22869/93), Decision on Admissibility, 18 October 1995.

lassen. Wie im nationalen Recht können hier Adäquanzüberlegungen[563] helfen, eine sinnvolle Verbindung zwischen „Übergriff" und „Taterfolg" zu begründen.[564] Bei Waffenlieferungen ist diesbezüglich ferner zu bedenken, dass auf die Handlung des liefernden Staates immer noch die Handlung eines Dritten folgt und es das Risiko ebendieser Handlung ist, das sich letztlich in der Verletzungshandlung verwirklicht. Dieses *Dazwischentreten* unterbricht den Zurechnungszusammenhang – es fehlt damit auch an einer adäquaten Kausalität.[565]

Für Schutzpflichten ist mithin festzuhalten: Spätestens durch das Dazwischentreten eines eigenverantwortlichen Dritten wird die Zurechnung der Verletzung zum liefernden Staat unterbrochen.

Die vorangehenden Ausführungen beziehen sich auf eine Pflicht des liefernden Staates, den Eintritt von Menschenrechtsverletzungen in einem anderen Staat zu verhindern. Davon zu unterscheiden ist das Bestehen einer Verpflichtung, während des innerstaatlichen Entscheidungsprozesses alles Erforderliche zum Schutze der Menschenrechte zu tun. Eine derartige Verpflichtung zum sorgfältigen Handeln – *diligent conduct* – setzt gerade nicht an der Möglichkeit, den Erfolg zu beeinflussen, an. Dem Staat wird bei solchen Verpflichtungen auferlegt, in seinem Handeln – welches vorliegend nicht extraterritorial ist! – die notwendige Sorgfalt anzuwenden. Tut er dies und bleibt der gewünschte Erfolg, den die Sorgfaltspflicht herbeiführen soll, aus, ändert dies nichts daran, dass er pflichtgemäß gehandelt hat. Wie diese Sorgfaltspflichten im Völkerrecht ausgestaltet sind und welchen Einfluss sie auf Rüstungsexportentscheidungen haben, wird nun dargestellt.

---

563 *Sandra Stahl*, Schutzpflichten im Völkerrecht – Ansatz einer Dogmatik: Ein Beitrag zu Grund, Inhalt und Grenzen der völkerrechtlichen Schutzpflichtendogmatik im Bereich konventionell geschützter Menschenrechte, (Beiträge zum ausländischen öffentlichen Recht und Völkerrecht; Berlin/Heidelberg: Springer Verlag, 2012) S. 169 ff. Stahl bezieht dort ausführlich zu Kausalität und positiven Verpflichtungen bezieht.

564 Vgl. für die Terminologie *Sandra Stahl*, Schutzpflichten im Völkerrecht – Ansatz einer Dogmatik: Ein Beitrag zu Grund, Inhalt und Grenzen der völkerrechtlichen Schutzpflichtendogmatik im Bereich konventionell geschützter Menschenrechte, (Beiträge zum ausländischen öffentlichen Recht und Völkerrecht; Berlin/Heidelberg: Springer Verlag, 2012) S. 169 ff.

565 *Sandra Stahl*, Schutzpflichten im Völkerrecht – Ansatz einer Dogmatik: Ein Beitrag zu Grund, Inhalt und Grenzen der völkerrechtlichen Schutzpflichtendogmatik im Bereich konventionell geschützter Menschenrechte, (Beiträge zum ausländischen öffentlichen Recht und Völkerrecht; Berlin/Heidelberg: Springer Verlag, 2012) S. 175 ff.

2. *Due diligence-Verpflichtungen*

Staaten werden vermehrt für Menschenrechtsverletzungen verantwortlich gemacht, die sie nicht selbst begangen haben.[566] Das Netz ihrer Verpflichtungen wird stetig weiter und erfasst auch Sorgfaltspflichten, die nicht nur menschenrechtlicher Natur sein können. Es werden daher im Folgenden zunächst Sorgfaltspflichten im Völkerrecht allgemein besprochen (a.), bevor spezifisch auf die verschiedenen Bereiche, aus denen sich Sorgfaltspflichten ergeben könnten, eingegangen wird (b.). Schließlich werden dann menschenrechtliche Sorgfaltspflichten gesondert besprochen (c.).

a. *Völkerrechtliche due diligence*

Due diligence kommt seit Jahren eine stetig wachsende Bedeutung bei der Verantwortlichkeit von Staaten und bei der Bestimmung der Völkerrechtswidrigkeit ihres Verhaltens zu. Aufgrund der besonderen Natur von Waffenlieferungen, namentlich der sehr schwachen kausalen Verbindung von Verletzungseintritt und Handlung sowie der Extraterritorialität des Eintritts der Rechtsverletzung, könnten Sorgfaltspflichten eine zentrale Rolle spielen. Es bestehen gegenwärtig allerdings noch große Unklarheiten insbesondere hinsichtlich des Ursprungs von Sorgfaltspflichten (1) und ihres genauen Inhalts, unter anderem im Hinblick auf Waffenlieferungen (2).

(1) Der Ursprung völkerrechtlicher due diligence

Der erste völkerrechtliche Fall, der sich mit Bestehen, Umfang und Inhalt einer zwischenstaatlichen *due diligence*-Verpflichtung befasste – der *Alabama-Schiedsspruch* –, hatte interessanterweise Waffenlieferungen zum Inhalt. Der dem Schiedsspruch vom 14. September 1872 zugrunde liegende Fall betrifft Fragen der Neutralität Großbritanniens während des Amerikanischen Bürgerkriegs (1861–1865) im Hinblick auf Großbritanniens Unterstützung der Konföderierten mit Waffen, Munition und Schiffen. Keines der Schiffe, die durch Großbritannien über Umwege an die Konföderierten geschickt wurden, wurde dabei direkt in britischen Hoheitsgewässern mit Waffen oder Munition

---

566 *Christian J. Tams*, The Abuse of Executive Powers: What Remedies?, in Andrea Bianchi et al. (eds.), Counterterrorism: Democracy's Challenge (Studies in International Law;, Studies in International Law Volume 19, Oxford: Hart Publishing, 2008) S. 317.

ausgerüstet.[567] Eine direkte Pflichtverletzung durch eigenes Handeln war also gerade nicht gegeben. Der Vertrag von Washington aus dem Jahr 1871 bildete die Grundlage für die schiedsgerichtliche Entscheidung des Falles und hielt unter anderem fest, eine neutrale Regierung

> „[is bound] First, to use due diligence to prevent the fitting out, arming, or equipping, within its jurisdiction of any vessel which it has reasonable ground to believe is intended to cruise or carry on war against a power with which it is at peace [...]".

Noch immer wird der nahezu 150 Jahre alte Alabama-Schiedsspruch als relevanter Nachweis für die Entstehung und Existenz von *due diligence*-Verpflichtungen angeführt.[568] Über den genauen Inhalt und Umfang von *due diligence*-Verpflichtungen im Völkerrecht herrscht seitdem aber bis heute noch keine Klarheit. Umfassende Bearbeitungen dieses Teils des Völkerrechts stehen noch am Anfang. Jedenfalls aber ist *due diligence* nicht mehr nur ein Prinzip, welches dem Staat für das ihm sonst nicht zurechenbare Verhalten privater Unternehmer Verantwortlichkeit auferlegt; auch ist es nicht mehr ausschließlich ein Prinzip des Umweltvölkerrechts.[569] Vielmehr ist heute anerkannt, dass es sich bei *due diligence* um einen allgemeinen Rechtsgrundsatz handelt, der in einer Vielzahl von Fällen anwendbar ist. Ob das auch für den Fall von Waffenlieferungen an nichtstaatliche Akteure beziehungsweise andere Staaten gilt und wenn ja, welche Auswirkungen dies hat, wird im Folgenden im Rahmen der Frage nach dem Inhalt von völkerrechtlicher *due diligence* dargestellt.

(2) Inhalt völkerrechtlicher due diligence

Um den genauen Inhalt von speziellen *due diligence*-Verpflichtungen besser zu verstehen, ist eine allgemeine Einordnung nötig. Bei *due diligence*-Verpflichtungen handelt es sich nach überwiegender Ansicht um *obligations of conduct*, wie zuletzt bestätigt durch den Internationalen Gerichtshof im *Pulp Mills*-Urteil aus dem Jahr 2010.[570] Es obliegt also den Staaten:

---

567 *Tom Bingham*, Alabama Arbitration, in: *Max Planck Encyclopedia of Public International Law*, (Oxford: Oxford University Press, 2006) para. 3.

568 *Timo Koivurova*, Due Diligence, in: *Max Planck Encyclopedia of Public International Law*, (Oxford: Oxford University Press, 2010) para. 44.

569 *Timo Koivurova*, Due Diligence, in: *Max Planck Encyclopedia of Public International Law*, (Oxford: Oxford University Press, 2010) para. 44.

570 *Case concerning Pulp Mills on the River Uruguay* (Argentina v. Urugay), *Judgement, ICJ Reports 2010*, para. 187.

> „[...] to deploy their best efforts to achieve a desired outcome (which might be to prevent a given event), even if that outcome need not be assured".[571]

Der Anwendungsbereich von *due diligence*-Verpflichtungen wird also durch die Art der Verpflichtung bestimmt.[572] *Obligations of result* – Erfolgsverpflichtungen – werden hier *obligations of diligent conduct*, sogenannte Sorgfaltsverpflichtungen, gegenübergestellt, wobei bei Ersteren naturgemäß kein Raum für *due diligence* ist, wird dort ja gerade ein gewisser Erfolg geschuldet.[573] Hier sei darauf hingewiesen, dass diese Terminologie gerade nicht der Terminologie *Roberto Agos* in den Entwürfen des Art. 20/21 ASR – beide fanden keinen Eingang in die Endfassung – entspricht, die sich auf die Art und Weise der innerstaatlichen Umsetzung von Verpflichtungen bezieht.[574]

Riccardo Pisillo-Mazzeschi, der sich umfassend mit der Natur von *due diligence*-Verpflichtungen auseinandergesetzt hat, kommt darüber hinaus 1992 zusammengefasst zu folgenden Kernfeststellungen: *Due diligence*-Verpflichtungen spielen nur in Teilen des Völkerrechts eine Rolle, sie betreffen immer Schutzpflichten und sie sind nicht auf die Errichtung eines Schutzapparates gerichtet, sondern auf die sorgfältige Nutzung eines solchen.[575] Ferner handelt es sich seiner Ansicht nach zwar um eine Verpflichtung, die nur im Zusammenhang mit „*omissive wrongful acts*" auftaucht, gleichzeitig sind

---

571 *Sarah Heathcote*, State omissions and due diligence: aspects of fault, damage and contribution to injury in the law of state responsibility, in Karine Bannelier et al. (eds.), The ICJ and the Evolution of International Law: The enduring impact of the *Corfu Channel* case, (Routledge Research in International Law; London: Routledge, 2012) S. 308.

572 So *Riccardo Pisillo-Mazzeschi*, The Due Diligence Rule and the Nature of the International Responsibility of States, German Yearbook of International Law, 35 (1992) S. 47.

573 *Riccardo Pisillo-Mazzeschi*, The Due Diligence Rule and the Nature of the International Responsibility of States, German Yearbook of International Law, 35 (1992) S. 47.

574 *Riccardo Pisillo-Mazzeschi*, The Due Diligence Rule and the Nature of the International Responsibility of States, German Yearbook of International Law, 35 (1992) S. 47; vgl. auch *Sarah Heathcote*, State omissions and due diligence: aspects of fault, damage and contribution to injury in the law of state responsibility, in Bannelier et al. (eds.), The ICJ and the Evolution of International Law: The enduring impact of the *Corfu Channel* case, (Routledge Research in International Law; London: Routledge, 2012) S. 310.

575 *Riccardo Pisillo-Mazzeschi*, The Due Diligence Rule and the Nature of the International Responsibility of States, German Yearbook of International Law, 35 (1992) S. 46.

aber nicht alle diese Handlungen erfasst.[576] Auch der Internationale Gerichtshof stellt im *Völkermord*-Urteil von 2007 fest, dass Verletzungen von Schutzpflichten durch Unterlassen entstehen.[577] Nach *Roberto Ago* sollen *due diligence*-Verpflichtungen ebenfalls ausschließlich mittels Unterlassen verletzbar sein: entweder durch das Unterlassen jeglicher Handlung, wo ein positives Tätigwerden nötig gewesen wäre, oder durch die Vornahme einer positiven Handlung, wenn jedoch eine andere Handlung nötig gewesen wäre.[578] Unterlassen ist also nicht zwingend mit Untätigkeit gleichzusetzen. Von den Schutzverpflichtungen, deren Einhaltung mit *due diligence* zu erfolgen hat, sind *Enthaltungsverpflichtungen* zu unterscheiden, die Staaten das Absehen von einer gewissen Handlung vorschreiben und die folglich nur durch aktives Zuwiderhandeln verletzt werden.[579]

Um die Verflechtungen der globalisierten Welt auch im Hinblick auf die völkerrechtlichen Verpflichtungen von Staaten genauer und umfassender zu erfassen, schlägt *Anja Seibert-Fohr* ein differenziertes Verständnis des Anwendungsbereichs der betroffenen Primärnormen vor.[580] Dies umfasst nicht nur Fälle der Gefährdungshaftung, die eine enge Verknüpfung von Handlung und Rechtsverletzung verlangt.[581] Auch geht es über die derivative Verantwortlichkeit hinaus, die beispielsweise in Art. 16 ASR Ausdruck findet und an ein

576 *Riccardo Pisillo-Mazzeschi,* The Due Diligence Rule and the Nature of the International Responsibility of States, German Yearbook of International Law, 35 (1992) S. 46.

577 *Application of the Convention on the Prevention and Punishment of the Crime of Genocide* (Bosnia and Herzegovina v. Serbia and Montenegro), Judgement, I.C.J. Reports 2007, para. 432.

578 *Roberto Ago*, Le délit international, Recueil des cours, 68 (1939) S. 501.

579 *Sarah Heathcote*, State omissions and due diligence: aspects of fault, damage and contribution to injury in the law of state responsibility, in Bannelier et al. (eds.), The ICJ and the Evolution of International Law: The enduring impact of the *Corfu Channel* case, (Routledge Research in International Law, London: Routledge, 2012) S. 310; *Riccardo Pisillo-Mazzeschi,* The Due Diligence Rule and the Nature of the International Responsibility of States, German Yearbook of International Law, 35 (1992) S. 23.

580 *Anja Seibert-Fohr,* From Complicity to Due Diligence: When do States incur Responsibility for their Involvement in Serious International Wrongdoing?, German Yearbook of International Law, 60 (2018) S. 2.

581 *Anja Seibert-Fohr,* From Complicity to Due Diligence: When do States incur Responsibility for their Involvement in Serious International Wrongdoing?, German Yearbook of International Law, 60 (2018) S. 20.

subjektives Element geknüpft ist.[582] Es erfasst auch Fälle der indirekten Unterstützung von rechtswidrigen Verhaltensweisen, die nicht von einem Vorsatz getragen sind, sofern der Staat bei seiner Handlung die übliche Sorgfalt außer Acht gelassen hat.[583] Diese *due diligence*-Verpflichtung sieht *Anja Seibert-Fohr* im Primärrecht begründet, da nur ein *holistic approach* den vielschichtigen Formen des Handelns von Staaten und den ihnen dabei obliegenden Verpflichtungen gerecht werden kann.[584] Bei *due diligence* handelt es sich ihrer Ansicht nach um ein allgemeines Rechtsprinzip, für das allgemeine Grundsätze abgeleitet werden können, die über die einzelnen Bereiche des Völkerrechts, in denen es zu finden ist, (Umweltrecht, Menschenrechte, humanitäres Völkerrecht, Recht der Gewaltanwendung) hinausgehen. Das Argument, dass dies Staaten von Kooperation abhalten könnte, aus Angst in Haftung genommen zu werden, entkräftet sie mit dem Verweis auf die grundlegende Natur beispielsweise des Völkermordverbotes und des Verbotes von Folter.[585] Außerhalb dieser grundlegenden Normen des Völkerrechts kann oder muss also gegebenenfalls etwas anderes gelten.

Doch wie wirkt sich all dies nun im Einzelfall auf Waffenlieferungen aus? Angenommen, ein Staat liefert Waffen an einen anderen Staat, und vorausgesetzt, es bestünde keine anderweitige Verpflichtung für den Staat, die Lieferung nicht auszuführen, und der belieferte Staat setzt die Waffen nun in völkerrechtswidriger Weise ein. Hier könnten nun sowohl das allgemeine Völkerrecht als auch das humanitäre Völkerrecht und die Menschenrechte dem liefernden Staat gegebenenfalls eine Pflicht auferlegt haben, bei der Entscheidung über den Export mit *due diligence* zu handeln. Handelt er nicht mit ebendieser Sorgfalt, verhält er sich völkerrechtswidrig. Hat er jedoch mit dieser Sorgfalt gehandelt,

582 *Anja Seibert-Fohr*, From Complicity to Due Diligence: When do States incur Responsibility for their Involvement in Serious International Wrongdoing?, German Yearbook of International Law, 60 (2018) S. 20.

583 *Anja Seibert-Fohr*, From Complicity to Due Diligence: When do States incur Responsibility for their Involvement in Serious International Wrongdoing?, German Yearbook of International Law, 60 (2018) S. 21.

584 *Anja Seibert-Fohr*, From Complicity to Due Diligence: When do States incur Responsibility for their Involvement in Serious International Wrongdoing?, German Yearbook of International Law, 60 (2018) S. 22 f.

585 *Anja Seibert-Fohr*, From Complicity to Due Diligence: When do States incur Responsibility for their Involvement in Serious International Wrongdoing?, German Yearbook of International Law, 60 (2018) S. 22.

ist sein Handeln auch dann rechtmäßig, wenn der Erfolg, hier die Rechtsverletzung, dennoch eintritt.

Dieses Beispiel verdeutlicht nun erneut das Problem, das den *due diligence*-Fallkonstellationen gemein ist: die Kausalität von Lieferung und Rechtsverletzung. *Roberto Ago* bezeichnet sie für Fälle, in denen die Handlung an sich eine Rechtsverletzung darstellt, als „natürliche Kausalität" und stellt ihnen „normative Kausalität" gegenüber.[586] Normative Kausalität bedeutet, es gibt eine rechtliche Zuordnung der eingetretenen Verletzung zu der vorgenommenen Handlung, obwohl diese an sich keine Rechtsverletzung darstellt. Ob eine *due diligence*-Verpflichtung eingehalten wurde, ist demnach durch eine Gegenüberstellung des tatsächlichen Verhaltens des Staats und dem durch die Verpflichtung geforderten Sorgfaltsmaßstab zu bestimmen.[587] Der Grad der Sorgfalt ist dabei objektiv zu ermitteln und nicht auf *diligentia quam in suis* beschränkt.[588] Schon im Alabama-Fall wurde dies thematisiert: Großbritannien berief sich auf einen mit *diligentia quam in suis* vergleichbaren Sorgfaltsmaßstab, während die USA eine objektive Bewertung forderten.[589] *Diligentia quam in suis* kann dabei lediglich das Mindestmaß der Verpflichtung beschreiben: Haben sich Staaten einem innerstaatlichen/regionalen Sorgfaltsmaßstab unterworfen, können sie ein unterschreiten des Maßstabes auf internationaler Ebene nicht sinnvoll begründen. Dies käme dann widersprüchlichem Verhalten – *venire contra factum proprium* – gleich.

Es sind daher im Hinblick auf Waffenlieferungen folgende zwei Fragestellungen zu unterscheiden. Ob Staaten einer allgemeinen Sorgfaltspflicht unterliegen, private Rüstungsexporte ihrer staatlichen Kontrolle zu unterwerfen, ist eine davon, aber nicht Thema dieser Arbeit. Vielmehr beschäftigt sich die Arbeit mit der anderen Fragestellung, ob die Staaten im Einzelfall bei der Entscheidungsfindung mit der gebührenden Sorgfalt gehandelt haben.

---

586 *Roberto Ago*, Le délit international, Recueil des cours, 68 (1939) S. 500 ff; *Sarah Heathcote*, State omissions and due diligence: aspects of fault, damage and contribution to injury in the law of state responsibility, in Bannelier et al. (eds.), The ICJ and the Evolution of International Law: The enduring impact of the *Corfu Channel* case, (Routledge Research in International Law; London: Routledge, 2012) S. 310.

587 *Riccardo Pisillo-Mazzeschi*, The Due Diligence Rule and the Nature of the International Responsibility of States, German Yearbook of International Law, 35 (1992) S. 50.

588 *Riccardo Pisillo-Mazzeschi*, The Due Diligence Rule and the Nature of the International Responsibility of States, German Yearbook of International Law, 35 (1992) S. 50.

589 *Riccardo Pisillo-Mazzeschi*, The Due Diligence Rule and the Nature of the International Responsibility of States, German Yearbook of International Law, 35 (1992) S. 23.

b. *Bereiche des Völkerrechts, aus denen sich due diligence-Verpflichtungen ergeben könnten*

Due diligence-Verpflichtungen von Staaten, bei der Entscheidung über Waffenlieferungen die gebotene Sorgfalt walten zu lassen, können sich aus verschiedenen Bereichen des Völkerrechts ergeben. Im Bereich des humanitären Völkerrechts ist die den Staaten auferlegte *due diligence* in Art. 1 GK I–IV kodifiziert. Dazu mehr findet sich in diesem Kapitel unter B.

Im Rahmen ihrer vertraglichen Verpflichtungen können Staaten möglicherweise weitere, auch menschenrechtliche *due diligence*-Verpflichtungen auferlegt werden. Der ATT statuiert beispielsweise *due diligence*-Verpflichtungen ebenso wie der Gemeinsamen Standpunkt 2008/944/GASP des Rates der Europäischen Union und die daraus resultierende nationale Gesetzgebung. Doch *major player* des internationalen Waffenhandels sind Nicht-EU-Staaten, die den ATT nicht ratifiziert haben, wodurch sich eine außerhalb dieser Vertragsregime bestehende generelle *due diligence*-Verpflichtung praktisch auswirken würde.

c. *Besonderheiten der due diligence im Bereich der Menschenrechte und dem humanitären Völkerrecht und ihr Verhältnis zu vertraglichen Regelungen wie dem ATT oder dem Gemeinsamen Standpunkt 2008/944/GASP*

Wie bereits angedeutet, können sich für bestimmte Regime Besonderheiten hinsichtlich aus ihnen erwachsender *due diligence*-Pflichten ergeben. Im Bereich des humanitären Völkerrechts ist die den Staaten auferlegte *due diligence* in Art. 1 GK I–IV kodifiziert. Sie verdrängt als *lex specialis* eine mögliche allgemeine *due diligence*-Verpflichtung im Anwendungsbereich der Norm.

Auch eine allgemeine menschenrechtliche *due diligence*-Verpflichtung kommt in Betracht, allerdings ist hier zu beachten, dass eine Vielzahl von Staaten bei den Verhandlungen zum ATT hinsichtlich der impliziten Bindung an höhere Menschenrechtstandards Bedenken angemeldet haben. Die menschenrechtlichen *due diligence*-Verpflichtungen von Staaten müssen sich also gegenwärtig an den Menschenrechten orientieren, denen jeder einzelne Staat vertraglich unterworfen ist. Die Grenze bildet hier das *ius cogens* und mit ihm das Völkermordverbot. Sowohl für das humanitäre Völkerrecht als auch für Menschenrechte stellt sich nun die Frage, wie sich die *due diligence*-Klauseln in Verträgen wie dem ATT oder dem Gemeinsamen Standpunkt 2008/944/GASP auswirken. Diese legen auf EU-Ebene oder unter den Vertragsstaaten *inter partes* fest, dass vor der Genehmigungsentscheidung ein gewisses *risk assessment* durchgeführt werden muss.[590] Dabei ist zu erwarten, dass sich vor allem das *risk assessment* im Rahmen des ATT – für die europäischen Staaten ist die nationale Umsetzung bisher deckungsgleich mit der des Gemeinsamen Standpunkts 2008/944/GASP – als Maßstab der Risikoanalysen für Rüstungsexportentscheidungen im Völkerrecht etablieren wird. Zu *risk assessments* wird im Fortgang am Beispiel des Konflikts im Jemen unter C. weiter ausgeführt.

IV. Zwischenergebnis

Zu *due diligence*-Verpflichtungen bleibt festzuhalten, dass sie sich in verschiedenen Bereichen des Völkerrechts finden und ihre genaue inhaltliche Ausgestaltung im Einzelfall erörterungsbedürftig bleibt. Für Waffenlieferungen kann insoweit auch auf die Ausführungen zu *risk assessments* – die Kehrseite von *due diligence* – zurückgegriffen werden, um ihren Inhalt zu konturieren. Für Menschenrechte erfolgt hier eine eingehendere Darstellung im Zusammenhang mit dem Konflikt im Jemen unter C. dieses Kapitels.

Allgemein kommt Art. 6 und Art. 7 ATT eine besondere Bedeutung zu, da sie gegenwärtig jedenfalls den kleinsten gemeinsamen Nenner der Staaten hinsichtlich einer menschenrechtlichen *due diligence* für Rüstungsexporte kodifiz ieren. Bei genauerer Betrachtung gelangt man zu dem Ergebnis, dass sich die Anforderungen des ATT auch mit denen des Gemeinsamen Standpunkts 2008/944/GASP decken, jedenfalls werden sie auf ein und dieselbe Art und Weise umgesetzt. Es kann daher festgehalten werden, dass bei der Ausfuhr von Rüstungsgütern bei entsprechendem Wissen folgende Tatsachen zur Versagung eines Transfers durch die exportierenden Staaten führen müssen:

- Verstoß gegen internationale Verpflichtungen, im Besonderen Maßnahmen des Sicherheitsrates der Vereinten Nationen;
- Völkermord, Verbrechen gegen die Menschlichkeit, schwere Verletzung der Genfer Konventionen I–IV, Angriffe auf Zivilisten und andere Kriegsverbrechen.

Im Rahmen einer Risikoanalyse muss hingegen über die folgenden Tatsachen befunden werden:

- Gefährdung von Frieden und Sicherheit,
- Gefahr für humanitäres Völkerrecht,
- Gefahr für Menschenrechte,

590 Zu den Details mehr unter B.

- Gefahr des Terrorismus,
- Gefahr der organisierten Kriminalität.

Außerhalb des ATT und des Gemeinsamen Standpunktes 2008/944/GASP ist eine menschenrechtliche *due diligence*-Verpflichtung gegenwärtig unwahrscheinlich.

V. Menschenrechtliche Verpflichtungen im Hinblick auf Lieferungen an nichtstaatliche Akteure

Lieferungen an einen nichtstaatlichen Akteur, der daraufhin mit diesen Waffen Menschenrechte verletzt, könnten eine Verletzung menschenrechtlicher Verpflichtungen des liefernden Staates begründen. Voraussetzung hierfür wäre, dass sich der nichtstaatliche Akteur vollkommen unter der Kontrolle des liefernden Staates befindet. Die Verbindung des Territorialstaates mit dem nichtstaatlichen Akteur muss dabei in einer Art und Weise ausgestaltet sein, dass dieser dem Staat wie ein *de facto*-Organ untersteht. Trotz der substanziellen Unterstützungshandlungen der USA an die Contras in Nicaragua lehnte dies der Internationale Gerichtshof im Nicaragua-Urteil im Ergebnis ab.[591] Im Fall des bosnischen Völkermords hat der Gerichtshof erneut Ausführungen zu der Frage gemacht, wann Handlungen eines nichtstaatlichen Akteurs einem Staat zuzurechnen sind, und verdeutlicht, dass im Nicaragua-Urteil tatsächlich zwei verschiedene „Tests" hinsichtlich des Verhältnisses des Staates und des nichtstaatlichen Akteurs eingeführt wurden, die sehr oft vermischt werden. Dies ist einmal ein Test der *complete dependence*,[592] der, wenn er bejaht wird, im Einzelnen dazu führt, dass der nichtstaatliche Akteur dem Staat als *de facto*-Organ, das für ihn handelt, zugerechnet wird.[593] Des Weiteren liegt auch der

---

591 Vgl. ICJ, *Military and Paramilitary Activities in and against Nicaragua*, (Nicaragua v. United States of America). Merits, Judgment. I.C.J. Reports 1986, para. 109 am Ende.

592 *Application of the Convention on the Prevention and Punishment of the Crime of Genocide (Bosnia and Herzegovina v. Serbia and Montenegro)*, Judgment, I.C.J. Reports 2007, para. 400, unter Berufung *Military and Paramilitary Activities in and against Nicaragua*, (Nicaragua v. United States of America). Merits, Judgment. I.C.J. Reports 1986, para. 109.

593 So auch *Marko Milanovic*, Extraterritorial Application of Human Rights Treaties: Law, Principles, and Policy, (Oxford Monographs in International Law; Oxford: Oxford University Press) S. 43.

effective control-Test im Nicaragua-Urteil begründet,[594] der, sofern der „complete dependence"-Test gescheitert ist, die Zurechnung eines bestimmten Vorfalls oder einer bestimmten Handlung eines nichtstaatlichen Akteurs zu einem Staat ermöglicht. Außerhalb der Zurechnung zum liefernden Staat ist dieser nicht für die Handlungen eines nichtstaatlichen Akteurs verantwortlich.

Sollte also ein Staat Waffen an einen nichtstaatlichen Akteur liefern, der vollständig von ihm abhängig ist, würde ihm dieser als *de facto*-Organ zugerechnet. Eine derartige Zurechnung ist bisher jedenfalls bei der Lieferung von Waffen noch nicht erfolgt. Ein menschenrechtswidriges Verhalten eines nichtstaatlichen Akteurs könnte – sofern die Voraussetzungen für extraterritoriale Geltung erfüllt wären – eine Verletzung der Achtungspflicht des liefernden Staates begründen. Es ist jedoch dann regelmäßig nicht das Liefern der Waffen an sich, das die menschenrechtswidrige Handlung darstellt, sondern die mit ihnen durch den nichtstaatlichen Akteur vorgenommenen Handlungen, die zugerechnet würden. Das Gleiche gilt für Lieferungen an einen nichtstaatlichen Akteur, über den der Staat in bestimmten Situationen effektive Kontrolle ausübt.

VI. Verantwortlichkeit für Menschenrechtsverletzungen des Empfangsstaates

Werden Waffen an eine Regierung geliefert, bleibt kaum Raum, dem liefernden Staat die Regierung des Drittstaates zuzurechnen, oder anzunehmen, der liefernde Staat würde *eigene* Hoheitsgewalt über die Bürger des belieferten Staates, vermittelt durch dessen Regierung, ausüben. Nach dem Grundsatz der Souveränität obliegt dies alleine dem Territorialstaat. Dieser ist seinen Bürgern gegenüber zur Wahrung der Menschenrechte verpflichtet. Der liefernde Staat hat überdies keinen Einfluss auf das Verhalten des souveränen Empfangsstaates, dies würde in der Regel als verbotene Einmischung in die inneren Angelegenheiten angesehen werden müssen. Nichtsdestotrotz bleibt sowohl Raum für eine *due diligence*-Verpflichtung im Rahmen ihrer Kodifizierung im ATT und dem Gemeinsamen Standpunkt 2008/944/GASP des liefernden Staates bei der Entscheidung über Waffenlieferungen als auch für eine Verantwortlichkeit nach Art. 16 ASR aufgrund der Unterstützung einer Menschenrechtsverletzung des Empfangsstaates.

594 *Military and Paramilitary Activities in and against Nicaragua*, (Nicaragua v. United States of America). Merits, Judgment. I.C.J. Reports 1986, para. 115.

VII. Zwischenergebnis

Auf die zu Beginn des Kapitels aufgeworfenen Fragen ist unter Berücksichtigung des zuvor Dargestellten daher wie folgt zu antworten:

1. Es besteht keine allgemeine gewohnheitsrechtliche Verpflichtung zur Restriktion von Rüstungsexporten an menschenrechtsverletzende Staaten.
2. Eine negative Verpflichtung aus Menschenrechten, von Waffenlieferungen abzusehen, besteht nicht: Staat L verletzt seine Achtungspflicht grundsätzlich nicht, indem er Staat E mit Waffen beliefert.
3. Mangels Kausalität verletzt Staat L auch keine positive Verpflichtung aus Menschenrechten, wenn er Waffen an E liefert. Auch einer Schutzpflichtverletzung mangelt es am nötigen kausalen Zusammenhang. Im Rahmen des ATT und des Gemeinsamen Standpunkts 2008/944/GASP ist jedoch eine Vielzahl von Staaten einem strengeren Maßstab unterworfen, beide begründen eine *due diligence*-Verpflichtung im Bereich der Menschenrechte. Die Praxis hinsichtlich dieser *due diligence*-Verpflichtungen macht allerdings schon deutlich, wo die größte praktische Herausforderung liegt: das weite Ermessen der Regierung bei der Entscheidung über Waffenlieferungen und die eingeschränkte (wenn überhaupt vorhandene) gerichtliche Überprüfbarkeit des geheimen Entscheidungsprozesses. Die Verhandlungen zum ATT haben indes offenbart, dass bisher keine Einigkeit über eine allgemeine menschenrechtliche *due diligence*-Verpflichtung besteht.
4. Sofern die Handlungen des nichtstaatlichen Akteurs dem Staat L zugerechnet werden können, ist dieser auch für sie verantwortlich.
5. Eine eventuelle abgeleitete Verantwortlichkeit des liefernden Staates für Handlungen des Empfangsstaates mit den gelieferten Waffen wird im Folgenden unter der Überschrift der Staatenverantwortlichkeit besprochen.

B. Humanitäres Völkerrecht als Begrenzung von Rüstungsexporten

Das humanitäre Völkerrecht – *ius in bello* – regelt die Verpflichtungen von Staaten zu Zeiten des bewaffneten Konflikts. Situationen des internationalen bewaffneten Konflikts sind Hauptanwendungsbereich dieses Rechtsystems, aber auch innerstaatliche bewaffnete Konflikte werden, wenn auch mit abgeschwächtem Schutzniveau, erfasst. Das Recht des Krieges spielt naturgemäß eine zentrale Rolle bei der Regulierung von Waffen, also der Mittel, mit denen sie geführt werden.

I. Historische Verflechtungen des *ius in bello* und der Regulierung von Waffen

So kommt es nun, dass die ersten Kodifikationen und auch Kodifikationsbemühungen des Kriegsrechts eng mit der Regulierung von Waffen verwoben sind. Der Lieber Code von 1863, die St. Petersburger Erklärung aus dem Jahr 1868 und auch die Brüsseler Deklaration von 1874 enthalten Regelungen, die den Einsatz von Gift und Giftwaffen verbieten.[595] Auch auf den Haager Friedenskonferenzen von 1899 und 1907, unter der Schirmherrschaft von Zar Nikolaus II., stand Abrüstung im Zentrum der Agenda. Die Abkommen der beiden Haager Konferenzen enthalten dementsprechend Anhänge, die den Einsatz von bestimmten, besonders grausamen Waffen verbieten. *William Boothby* stellt hierzu zusammenfassend fest,

> „[…] by the turn of the century, the customary principles of military necessity and superfluous suffering (as it was then understood) had been established and that there were specific prohibitions of poisons, poisoned weapons, explosive projectiles under 400 grammes in weight, projectiles the sole object of which is the diffusion of asphyxiating gas, and expanding bullets."[596]

Deutlich wird schon hier der besondere Blickwinkel des humanitären Völkerrechts auf Waffen: Es wird ihr *Einsatz* geregelt, nicht aber notwendigerweise ihr Transfer und der Handel mit ihnen. Dies steht im Einklang mit der allgemeinen Ausrichtung des humanitären Völkerrechts, Konflikte so human wie möglich auszutragen, nicht notwendigerweise deren Verhinderung und jedenfalls nicht deren Untersagung. Daraus folgt auch eine unterschiedliche Zielsetzung im Vergleich zur Rüstungskontrolle. In deren Zentrum steht es, für Staaten größtmögliche Sicherheit und Stabilität in den internationalen Beziehungen zu schaffen, während das humanitäre Völkerrecht eine möglichst humane Kriegsführung anstrebt.[597] Es finden sich nun im humanitären Völkerrecht auch Verträge, die vom Schrifttum unter der Überschrift *cross over conventions* geführt werden. Hierbei handelt es sich um Konventionen, die sowohl Elemente der Rüstungskontrolle aufweisen als auch Elemente des humanitären

---

595 Ausführlich hierzu *William H. Boothby*, Weapons and the Law of Armed Conflict, (2 edn.; Oxford: Oxford University Press, 2016) S. 3 ff.

596 *William H. Boothby*, Weapons and the Law of Armed Conflict, (2 edn.; Oxford: Oxford University Press, 2016) Kapitel 2, S. 7.

597 *Maya Brehm*, Conventional Arms Transfers in the Light of Humanitarian and Human Rights Law, (2005) S. 22.

Völkerrechts.[598] Darüber hinaus regeln einige Konventionen und Verträge, die den Einsatz von bestimmten Waffen regeln, bisweilen auch deren Transfer oder den Transfer der für sie notwendigen Technologien mit.[599]

Wie Waffen zu beurteilen sind, die von ihrer Konzeption her schon gegen Kerngarantien des humanitären Völkerrechts verstoßen, darunter die Vermeidung unnötigen Leidens, oder Waffen, die von Natur aus unterschiedslos wirken, ist fraglich.[600] Ein gewohnheitsrechtliches Verbot des Transfers besteht wohl nicht, ein solches kann auch nicht aus der Martens-Klausel abgeleitet werden.[601] Ob nun aus dem Verbot der Nutzung der Waffen logischerweise auf ein Verbot des Handels mit ihnen geschlossen werden kann, erörtert *Maya Brehm* in Rückgriff auf entsprechende Literatur.[602] Sie gelangt zu dem Ergebnis, dass dies zum Zeitpunkt ihrer Bearbeitung jedenfalls nicht der Fall war. Wenn der gemeinsame Art. 1 der Genfer Konventionen von 1949 nun aber eine *due diligence*-Verpflichtung von Staaten schafft, nicht nur im Sinne von *to respect,* sondern auch von *to ensure respect*, muss dies womöglich neu bewertet werden.

II. Die Verpflichtung *to respect and to ensure respect*

Die Verpflichtung *to respect and ensure respect* des gemeinsamen Art. 1 der vier Genfer Konventionen von 1949 steht aus gutem Grund am Anfang jeder der Konventionen: In ihr ist der Grundgedanke verkörpert, dass es sich bei vielen Vorschriften des humanitären Völkerrechts um grundlegende Überlegungen der Menschlichkeit an sich handelt.[603] In der Vergangenheit waren Inhalt, Ausmaß und Reichweite der Verpflichtung Gegenstand von Diskussionen, welche

---

598 *Maya Brehm*, Conventional Arms Transfers in the Light of Humanitarian and Human Rights Law, (2005) S. 22.

599 *Maya Brehm*, Conventional Arms Transfers in the Light of Humanitarian and Human Rights Law, (2005) S. 33.

600 *Maya Brehm*, Conventional Arms Transfers in the Light of Humanitarian and Human Rights Law, (2005) S. 34.

601 *Maya Brehm*, Conventional Arms Transfers in the Light of Humanitarian and Human Rights Law, (2005) S. 34.

602 *Maya Brehm*, Conventional Arms Transfers in the Light of Humanitarian and Human Rights Law, (2005) S. 36.

603 So der Internationale Gerichtshof in *Military and Paramilitary Activities in and against Nicaragua*, (Nicaragua v. United States of America). Merits, Judgment. I.C.J. Reports 1986, para. 218, mit Bezug auf Art. 3, „they are rules which, in the Court's opinion, reflect what the Court in 1949 called ‚elementary considerations of humanity'".

Eingang in die neue Überarbeitung des Kommentars des Internationalen Komitees vom Roten Kreuz zu den Genfer Konventionen von 2016 fanden.[604] Während in der vorherigen Auflage des Kommentars aus dem Jahr 1952 die Ausführungen zur Verpflichtung *to ensure respect* noch sehr kurz gehalten waren, wird ihr im Kommentar von 2016 unter „*3. The obligation to ensure respect by others*" viel Raum gegeben. Demnach enthält die Vorschrift sowohl positive also auch negative Verpflichtungen. Die positiven Verpflichtungen sind darauf gerichtet, Maßnahmen zu ergreifen, die eine andauernde Verletzung des humanitären Völkerrechts zu beenden vermögen und darauf abzielen, einen rechtsverletzenden Staat zurück zur Legalität zu führen.[605] Diese Verpflichtung ist mit *due diligence* auszuführen.[606]

Für die vorliegende Arbeit ist vor allem auch die sogenannte „negative obligation" aus Art. 1 GK I–IV, also die Verpflichtung, bestimmte Verhaltensweisen – wie beispielsweise Waffenlieferungen – zu unterlassen, wichtig.[607] Ihr kommt neben Art. 16 ASR eine wichtige Rolle zu, da ein zu Art. 16 ASR vergleichbarer Vorsatz bei Art. 1 GK I–IV gerade nicht nötig ist.[608] Der Kommentar zu den Genfer Konventionen aus dem Jahr 2016 stellt ohne weitere Umschweife fest, dass Art. 1 GK I–IV die Lieferung von Waffen untersagt,

> „if there is an expectation, based on facts or knowledge of past patterns, that such weapons would be used to violate the Conventions".[609]

---

604 ICRC, *Commentary on the First Geneva Convention: Convention (I) for the Amelioration of the Condition of the Wounded and Sick in Armed Forces in the Field, 2nd edition, 2016*, Art. 1: Respect for the Convention.

605 ICRC, *Commentary on the First Geneva Convention: Convention (I) for the Amelioration of the Condition of the Wounded and Sick in Armed Forces in the Field, 2nd edition, 2016*, Art. 1 para. 164 ff.

606 ICRC, *Commentary on the First Geneva Convention: Convention (I) for the Amelioration of the Condition of the Wounded and Sick in Armed Forces in the Field, 2nd edition, 2016*, Art. 1 para. 165.

607 ICRC, *Commentary on the First Geneva Convention: Convention (I) for the Amelioration of the Condition of the Wounded and Sick in Armed Forces in the Field, 2nd edition, 2016*, Art. 1 para. 158.

608 Zur Modifikation des Vorsatzelements von Art. 16 ASR im Anwendungsbereich von Art. 1 GK I–IV siehe unten Kapitel 6 E. II.

609 ICRC, *Commentary on the First Geneva Convention: Convention (I) for the Amelioration of the Condition of the Wounded and Sick in Armed Forces in the Field, 2nd edition, 2016*, Art. 1 para. 162.

Daraus wird folgerichtig geschlossen, dass jeder Entscheidung über einen Waffentransfer ein *appropriate assessment* vorangestellt werden muss, um die Einhaltung von Art. 1 GK I–IV zu garantieren.[610] Hier ist anzunehmen, dass sich dies im Ergebnis in seinen Grundzügen mit dem *risk assessment* aus dem Gemeinsamen Standpunkt 2008/944/GASP und dem ATT deckt.

Wenn Art. 1 GK I–IV von Staaten nun verlangt, dass mit *due diligence* darüber befunden wird, ob gelieferte Waffen zur Verletzung von humanitärem Völkerrecht benutzt werden würden, dann verbietet er faktisch den Handel mit Waffen, die inhärent unterschiedslos wirken oder unnötiges Leiden verursachen. Waffen wie Antipersonenminen können nicht in einer Weise verwendet werden, die mit dem humanitären Völkerrecht vereinbar ist. Für solche Waffen muss dann auch außerhalb spezialgesetzlicher Verbote ein aus Art. 1 GK I–IV abgeleitetes Verbot des Transfers gelten.

III. Zwischenergebnis

Art. 1 der Genfer Konventionen von 1949 statuiert eine *due diligence*-Verpflichtung von Staaten, bei eigenen Rüstungsexporten sicherzustellen, dass mit diesen durch den Empfangsstaat keine Verletzungen des humanitären Völkerrechts begangen werden. Bei Waffen, die schon von ihrer Natur her gegen das humanitäre Völkerrecht verstoßen, beispielsweise weil sie nur unterschiedslos wirken können, zieht dies unweigerlich ein Verbot des Transfers nach sich, auch wenn diese spezialgesetzlich nicht vorgesehen ist.

Am Beispiel des jemenitischen Bürgerkriegs werden nun die gegenwärtig bestimmbaren menschenrechtlichen Parameter und die des humanitären Völkerrechts für das *risk assessment* herausgearbeitet. Es steht das Verfahren *CAAT v. Secretary of State* aus dem Vereinigten Königreich im Mittelpunkt, da es sich hierbei um den einzigen aktuellen gerichtlich entschiedenen Fall handelt, in dem das Gericht sich umfangreich mit der Risikoanalyse unter dem Gemeinsamen Standpunkt 2008/944/GASP und dem ATT auseinanderzusetzen hatte.

C. Der Konflikt im Jemen

Der Konflikt im Jemen eignet sich besonders, um die Praxis der Staaten und mit ihr die Herausforderungen bei der Umsetzung des Gemeinsamen Standpunkts

---

610 ICRC, *Commentary on the First Geneva Convention: Convention (I) for the Amelioration of the Condition of the Wounded and Sick in Armed Forces in the Field, 2nd edition, 2016*, Art. 1 para. 83.

2008/944/GASP und des ATT, hier vor allem die Anforderungen an die *risk assessments*, zu erläutern.

I. Überblick

Zu Beginn des Jahres 2017 war der jemenitische Bürgerkrieg im zweiten Jahr und die Zahl der Toten bereits auf über 10.000 angestiegen.[611] Im Juni des Jahres 2019 soll sich die Zahl der Toten nun schon 100.000 annähern.[612] Laut einem UNHCR-Update vom Juli 2017 bedürfen 20,7 Millionen Menschen der dringenden humanitären Hilfe.[613] Im Jahr 2019 liegt die Zahl laut Website des UNHCR bei 22 Millionen.[614] Der Konflikt, der im März 2015 seinen Anfang nahm, schließt an eine Geschichte an, die durch Instabilität und Unsicherheit geprägt war. Der Umwandlungsprozess des Landes nach dem Ende der Herrschaft von Ali Abdullah Saleh, der am 22. Januar 2012 die Macht an seinen Stellvertreter, Abed Rabbo Mansur Hadi, übergab,[615] scheiterte. Präsident Hadi sah sich von Beginn an den Auswirkungen verschiedener tiefgreifender Probleme gegenüber, dazu zählten unter anderem die Präsenz von al-Qaida im Süden des Landes sowie noch bestehende Loyalitäten des Militärs zum ehemaligen Präsidenten Ali Abdullah Saleh.[616] Schon Ali Abdullah Saleh führte während seiner Regentschaft als erster Präsident der Republik Jemen nach der Wiedervereinigung[617] mehrfach Krieg gegen die als *Ansar Allah* bezeichnete Gruppe, die in den 1990er Jahren den Namen Huthis[618] erhielt, benannt nach ihrem Begründer Hussein Al-Huthi. Die Huthis zeichnen sich vor allem dadurch aus, dass

---

611 http://www.aljazeera.com/news/2017/01/death-toll-yemen-conflict-passes-10000-170117040849576.html (zuletzt aufgerufen am 27.08.2019).

612 https://www.theguardian.com/global-development/2019/jun/20/human-cost-of-yemen-war-laid-bare-as-civilian-death-toll-put-at-100000 (zuletzt aufgerufen am 26.08.2019).

613 *UNHCR*, Yemen UNHCR Update, (21–27 July 2017).

614 https://www.unhcr.org/yemen-emergency.html (zuletzt aufgerufen am 27.08.2019).

615 http://www.spiegel.de/politik/ausland/arabischer-fruehling-praesident-salih-verlaesst-jemen-a-810675.html (zuletzt aufgerufen am 27.08.2019).

616 http://www.aljazeera.com/news/2016/06/key-facts-war-yemen-160607112342462.html (zuletzt aufgerufen am 27.08.2019).

617 Vormals im Süden die sozialistisch geprägte Demokratische Volksrepublik Jemen und im Norden die Jemenitische Arabische Republik, davor von 1911–1962 Königreich Jemen.

618 https://blogs.wsj.com/briefly/2015/02/12/5-things-houthis-yemen/ (zuletzt aufgerufen am 27.08.2019).

sie der zaiditisch-schiitischen Minderheit im sonst mehrheitlich sunnitischen Jemen angehören.[619]

Die Ereignisse, die letztendlich zur Flucht von Präsident Hadi aus Sanaa nach Aden und schließlich Riad führten, sind turbulent und undurchdringlich. Im September 2014 nahmen Huthi-Rebellen die Hauptstadt Sanaa ein.[620] Am 22. Januar 2015 traten dann sowohl Präsident Hadi als auch die Regierung zurück,[621] nachdem Huthi-Rebellen den Regierungspalast in Sanaa unter ihre Kontrolle gebracht hatten.[622] Zuvor sah es kurzzeitig so aus, als könne der Konflikt beigelegt werden.[623] Anfang Februar 2015 rissen die Huthi-Rebellen die Macht an sich, verkündeten eine Übergangsverfassung und lösten das Parlament auf.[624] Am 21. Februar gelang Hadi, der sich seit seinem Rücktritt unter Hausarrest in Sanaa befand, die Flucht nach Aden.[625] Dort trat er vor die Medien und erklärte alle Handlungen der Huthis seit dem 21. September 2014 für unwirksam und verfassungswidrig; die Erklärung schloss damit, dass Präsident Hadi, der sich selbst als „as president of the republic" bezeichnete.[626]

Als im März 2015 die Huthi-Rebellen nach Aden vordringen, flieht Präsident Hadi am 25. März nach Riad;[627] erst Mitte November 2015 kehrt er zurück, um den Kampf der saudischen Koalition gegen die Huthis in Sanaa zu beaufsichtigen[628]. Am 27. März wenden sich das Königreich Saudi-Arabien,

---

619 Vgl. *Edward Burke*, EU-GCC Cooperation: Securing the Transition in Yemen, GRC Gulf Papers (2013) Fn. 1.

620 https://www.economist.com/news/middle-east-and-africa/21620284-are-they-ansar-houthis-take-over (zuletzt aufgerufen am 27.08.2019).

621 http://www.spiegel.de/politik/ausland/jemen-praesident-und-regierung-treten-zurueck-a-1014501.html (zuletzt aufgerufen am 27.08.2019).

622 http://www.spiegel.de/politik/ausland/jemen-huthi-erobern-rebellenpalast-a-1014033.html (zuletzt aufgerufen am 08.08.2017).

623 http://www.spiegel.de/politik/ausland/putsch-im-jemen-rebellen-und-praesident-einigen-sich-a-1014288.html (zuletzt aufgerufen am 27.08.2019).

624 http://www.spiegel.de/politik/ausland/jemen-huthi-rebellen-ersetzen-verfassung-und-parlament-a-1017213.html (zuletzt aufgerufen am 27.08.2019).

625 http://www.aljazeera.com/news/2015/02/yemen-leader-hadi-leaves-sanaa-weeks-house-arrest-150221090018174.html (zuletzt aufgerufen am 27.08.2019).

626 http://www.aljazeera.com/news/2015/02/yemen-leader-hadi-leaves-sanaa-weeks-house-arrest-150221090018174.html (zuletzt aufgerufen am 27.08.2019).

627 http://www.aljazeera.com/news/2015/02/yemen-leader-hadi-leaves-sanaa-weeks-house-arrest-150221090018174.html (zuletzt aufgerufen am 27.08.2019).

628 http://www.aljazeera.com/news/2015/11/yemen-exiled-president-returns-aden-151117102731437.html (zuletzt aufgerufen am 27.08.2019).

die Vereinigten Arabischen Emirate sowie die Königreiche Bahrain, Katar und Kuweit in einem gemeinsamen Brief an den Sicherheitsrat der Vereinten Nationen, dem sie den an sie gerichteten Brief Hadis vom 24. März 2015 vorlegen.[629] In diesem hatte Präsident Hadi unter anderem unter Berufung auf Art. 51 der UN-Charta darum gebeten:

> „[to] provide immediate support in every form and take the necessary measures, including military intervention, to protect Yemen and its people from the ongoing Houthi aggression, repel the attack that is expected at any moment on Aden and the other cities of the South, and help Yemen to confront Al-Qaida and Islamic State in Iraq and the Levant."[630]

Die aus zehn Staaten bestehende Koalition hatte bereits mit Luftangriffen zur Unterstützung der Truppen des amtierenden Präsidenten Hadi begonnen. In der Sicherheitsratsresolution, die das Embargo gegenüber den Huthis etabliert, wird die Legitimität der Regierung und Präsident Hadis bestätigt:

> „Reaffirming its support for the legitimacy of the President of Yemen, Abdo Rabbo Mansour Hadi, and reiterating its call to all parties and Member States to refrain from taking any actions that undermine the unity, sovereignty, independence and territorial integrity of Yemen, and the legitimacy of the President of Yemen, [...]."[631]

Dem Bericht des *Panel of Experts on Yemen* vom 31. Januar 2017 zufolge, stellen die Huthi-Rebellen bis heute die Macht des Präsidenten und seiner Regierung infrage und kontrollieren die Hauptstadt, die Gemeinde Sanaa sowie insgesamt 13 der 21 Regierungsbezirke. Dies entspricht 27 Prozent des jemenitischen Territoriums und beheimatete vor dem Konflikt 80 Prozent der jemenitischen Bevölkerung.[632] Laut Bericht des *Panel of Experts on Yemen* vom 26. Januar 2018 ist die Macht der Regierung mittlerweile so weit erodiert, dass die Experten infrage stellen, ob es überhaupt möglich sein wird, den Jemen wieder zu vereinigen.[633] Laut dem entsprechenden Report des Folgejahres vom 25. Januar 2019 setze sich diese Erosion weiter fort.[634] Der Regierung Hadis gelingt es trotz der umfangreichen Hilfe von der saudisch geführten Koalition nicht, die Kontrolle über befreite Gebiete aufrechtzuerhalten.[635]

---

629 UN-Doc. S/2015/217.
630 UN-Doc. S/2015/217, S. 4.
631 UN-Doc. S/RES/2216 (2015) S. 2.
632 Panel of Experts on Yemen Report, 31. January 2017, UN-Doc. S/2017/81, S. 10.
633 Panel of Experts on Yemen Report, 26. January 2018, UN-Doc. S/2018/68, S. 9.
634 Panel of Experts on Yemen Report, 25. January 2019,UN-Doc. S/2019/83, S. 11.
635 Panel of Experts on Yemen Report, 25. January 2019, UN-Doc. S/2019/83, S. 11.

II. Waffenlieferungen und der Konflikt im Jemen

Waffenlieferungen im Zusammenhang mit dem Konflikt im Jemen erfahren auch in Deutschland in hohem Maße mediale Aufmerksamkeit. Dies ist weitgehend darauf zurückzuführen, dass mit Saudi-Arabien ein „wichtiger Kooperationspartner im arabischen Raum“[636] zunehmend für seine Rolle in dem Konflikt in Kritik gerät. Abgesehen von der strategischen Lage des Königreichs auf der arabischen Halbinsel und seiner Rolle als „strong partner in regional security and counterterrorism efforts“[637], handelt es sich bei Saudi-Arabien um den zweitgrößten Waffenimporteur weltweit für den Zeitraum von 2013–2017.[638] Im Jahr 2017 nimmt das Königreich dann gar mit Abstand Platz 1 ein.[639]

Interessant ist hieran zweierlei: Im Jemenkonflikt werden nun Waffenlieferungen an Staaten infrage gestellt, weil diese eine Rolle in einem Konflikt in einem Drittstaat spielen. Damit handelt es sich auch nicht um einen Fall der Lieferung von Waffen an eine Regierung im Bürgerkrieg. Die liefernden Staaten sehen sich dem Vorwurf ausgesetzt, vielleicht selbst Menschenrechte und humanitäres Völkerrecht zu verletzen, da sie Waffen an Saudi-Arabien liefern und diese Waffen sodann im jemenitischen Bürgerkrieg eingesetzt werden. So beispielsweise in Großbritannien im *CATT v. Secretary of State*-Fall,[640] in Frankreich[641] oder auch in Italien[642]. Es gilt hier zu bedenken, dass Waffenlieferungen an eine Regierung, wohl auch zu Zeiten des innerstaatlichen bewaffneten Konflikts, gemeinhin für zulässig erachtet werden. Zumal die Staaten der saudisch geführten Koalition im Jemen auf Einladung des jemenitischen

---

636 BT Drucksache 18/11389, 07.03.2017, S. 11., vgl. auch U.S. Relations with Saudi Arabia, https://www.state.gov/r/pa/ei/bgn/3584.htm (zuletzt aufgerufen am 26.08.2019).

637 U.S. Relations with Saudi Arabia, https://www.state.gov/r/pa/ei/bgn/3584.htm (zuletzt aufgerufen am 26.08.2019).

638 *Pieter D. Wezeman et al.*, Trends in international arms transfers, 2017, SIPRI Factsheet (March 2018) Table 2, S. 6.

639 *Pieter D. Wezeman et al.*, Trends in international arms transfers, 2018, SIPRI Factsheet (March 2019) Table 2, S. 6, Annex C. IV.

640 Mehr zum *CAAT v. Secretary of State*-Fall unter C.

641 Siehe die Arbeit der NGO Disclose „Made in France“, die eine ganze Website der Enttarnung der Rolle französischer Waffen im Konflikt im Jemen widmet: https://made-in-france.disclose.ngo/en/ (zuletzt aufgerufen am 26.08.2019).

642 Vgl. den Fall von ECCHR, der gegenwärtig bei italienischen Gerichten anhängig ist: https://www.ecchr.eu/fileadmin/Fallbeschreibungen/Fallbeschreibung_Jemen_Italien_Waffen_ECCHR_Mwatana_ReteDisarmo_20180418.pdf (zuletzt aufgerufen am 20.08.2019).

Präsidenten handeln. Ferner überrascht es, dass auf der anderen Seite die (angeblichen) Waffenlieferungen durch den Iran an die Opposition wenig Aufmerksamkeit erfahren, zumal diese im Grundsatz nach überwiegender Ansicht nicht mit dem Völkerrecht vereinbar wären.

Im Folgenden wird im Zusammenhang mit den Waffenlieferungen an Saudi-Arabien (1.) der Schwerpunkt auf den Konsequenzen liegen, die sich aus dem Jemenkonflikt für die *risk assessments* von ATT und dem Gemeinsamen Standpunkt 2008/944/GASP, aber auch für das humanitäre Völkerrecht und die Menschenrechte allgemein ergeben. Dabei muss schließlich auch der Wandel der Politik angesichts des Khashoggi-Falls berücksichtigt werden: Ende 2018, Anfang 2019 stoppten einige Staaten ihre Rüstungsexporte nach Saudi-Arabien. Dies geschah als Reaktion auf den Khashoggi-Fall, nicht aber in Anbetracht der humanitären Lage im Jemen.[643] Gefolgt wird diese Darstellung von der Auseinandersetzung mit den (behaupteten) Waffenlieferungen durch den Iran an die Huthis (2.).

1. Waffenlieferungen an Saudi-Arabien: Von risk assessments, Menschenrechten und humanitärem Völkerrecht

Im Folgenden wird schwerpunktmäßig auf Waffenlieferungen an Saudi-Arabien eingegangen. Aber auch Waffenlieferungen an andere Staaten der saudisch geführten Koalition geraten im Zusammenhang mit dem Konflikt im Jemen vermehrt in Kritik und mit ihnen die Staaten, die diese Waffen liefern.[644] So finden beispielsweise Waffenlieferungen an die Vereinigten Arabischen Emirate kaum Eingang in die Diskussion, obwohl sie mittlerweile zum zweitgrößten Empfänger von Waffen in der Region wurden,[645] für den Zeitraum von 2013–2017 sogar zum viertgrößten Importeur weltweit.[646] Im Zeitraum 2014–2018 sind sie siebtgrößter Importeur.[647]

---

643 https://www.nzz.ch/international/fall-khashoggi-die-ereignisse-im-chronologischen-ueberblick-ld.1428258 (zuletzt aufgerufen am 26.08.2019). Mehr hierzu unter 1 b. (5).

644 Vgl. beispielsweise die Kritik an deutschen Waffenlieferungen in die VAE 2017 http://www.zeit.de/politik/2017-04/die-profiteure-des-terrors-markus-bickel-buch-ursula-von-der-leyen-militaer-ruestung-export (zuletzt aufgerufen am 04.10.2017).

645 *Frank Slijper*, Under the radar: The United Arab Emirates, arms transfers and regional conflict, (September 2017) S. 16.

646 *Pieter D. Wezeman et al.*, Trends in international arms transfers, 2017, SIPRI Factsheet (March 2018) Table 2, S. 6.

647 *Pieter D. Wezeman et al.*, Trends in international arms transfers, 2018, SIPRI Factsheet (March 2019) Table 2, S. 6, Annex C. IV.

Der Fokus auf Waffenlieferungen an Saudi-Arabien ist taktischen Überlegungen geschuldet. Die selten hohe mediale Aufmerksamkeit, die diesen Waffenlieferungen zuteil wurde, und die Tatsache, dass sie schließlich vor nationalen Gerichten und in nationalen Parlamenten diskutiert wurden, machen sie der kritischen Auseinandersetzung besonders zugänglich. Hier wird ein flüchtiger Blick hinter die Kulissen möglich, der sonst aus Überlegungen der nationalen Sicherheit und Geheimhaltung verwehrt bleibt. Darüber hinaus führt sowohl die strategische Rolle Saudi-Arabiens in der Region als auch die Tatsache, dass das Königreich die weltweit größten Ölvorkommen aufweist, dazu, dass politische Interessen und Völkerrecht sich auf besondere Weise gegenüberstehen.

In völkerrechtlicher Hinsicht ist der Fall besonders im Hinblick auf die Rolle von Menschenrechten und humanitärem Völkerrecht bedeutend. Da der Sachverhalt zeitlich in den Anwendungsbereich des ATT fällt und liefernde Staaten wie beispielsweise das Vereinigte Königreich und Deutschland den Vertrag ratifiziert haben, kann man den Fall durchaus als Feuertaufe für den ATT bezeichnen. Erkennbar werden erste Parameter für die Ausdifferenzierung des Standards für die gebotene Sorgfalt bei der Entscheidung über Waffenlieferungen: *risk* und *risk assessments*. Gerade auch das Verhältnis zu menschenrechtlichen oder den das humanitäre Völkerrecht betreffenden *due diligence*-Verpflichtungen von Staaten soll anschließend dargestellt und mit Blick auf die Zukunft bewertet werden.

Es wird daher zunächst erörtert, welche Fakten im vorliegenden Fall tatsächlich verifizierbar sind (a.). Darauf folgt eine Auseinandersetzung mit der Staatenpraxis (b.).

a. Verifizierbare Fakten

In einem ersten Schritt muss festgestellt werden, welche Fakten hinsichtlich gelieferter Waffen sich im Einzelfall überhaupt verifizieren lassen, da Lieferungen aufgrund von Sicherheitsinteressen oftmals im Verborgenen erfolgen. Vorliegend stellt dies allerdings keine besondere Herausforderung dar: Waffenlieferungen an Saudi-Arabien und Staaten der saudischen Koalition werden „öffentlich" durchgeführt, da zunächst nur normaler zwischenstaatlicher Handel mit Waffen vorliegt, an einen Staat, der auf Einladung einer international anerkannten Regierung eines anderen Staates, auf deren Seite in einem innerstaatlichen Konflikt tätig wird. Zwischen 2015 und 2018 haben unzählige Staaten Waffen an die Regierung in Riad geliefert.[648] Auch 2017 wurden bestehende

648 Daten von SIPRI Trade Registers im Annex D. V.

Verträge aufrechterhalten und teils neue Verträge geschlossen; gleiches gilt für die Folgejahre. Nachweise darüber finden sich regelmäßig in nationalen Rüstungsexport-[649] und Zeitungsberichten[650].

Laut SIPRI haben die Exporte nach Saudi-Arabien im Zeitraum von 2014–2018 um 192 Prozent zugenommen im Vergleich mit dem vorherigen Zeitraum von 2009–2013.[651] Dass Lieferungen in großem Umfang stattgefunden haben, steht also außer Frage. Welche Erkenntnisse lassen sich nun aber aus der Praxis der Staaten hinsichtlich der potenziellen Unzulässigkeit dieser Lieferungen entnehmen?

b. *Staatenpraxis*

Um diese Frage zu beantworten, wird in der Folge gesondert auf die wichtigsten Exportpartner des Königreichs Saudi-Arabien eingegangen: Deutschland, das Vereinigte Königreich und die USA.

Im Vereinigten Königreich musste sich die Regierung im Rahmen eines *juducial reviews* hinsichtlich der Zulässigkeit der Waffenlieferungen zuletzt vor dem High Court erklären (1). Sowohl in den USA (2) als auch in Deutschland (3) wird innerstaatlich vermehrt Kritik laut, die bisweilen in Deutschland zu kleinen Anfragen an die Regierung beziehungsweise in den USA zu Vorlagen an den Kongress führte. Schließlich sahen sich noch weitere Exportnationen durch die mediale Aufmerksamkeit und den damit stetig wachsenden innerstaatlichen Druck durch die Zivilgesellschaften verpflichtet, zu den Rüstungsexporten an das Königreich Stellung zu beziehen (4). Als Ende des Jahres 2018 beziehungsweise zu Beginn des Jahres 2019 nun zahlreiche Staaten ihre Exporte an das Königreich stoppten, erfolgte dies im Nachgang zu der Khashoggi-Affäre und nicht aufgrund der humanitären Katastrophe im Jemen. Wie erklärt sich dieser Sinneswandel? (5.)

---

649 So geht aus dem „Zwischenbericht der Bundesregierung über ihre Exportpolitik für konventionelle Rüstungsgüter in den ersten vier Monaten des Jahres 2017" auf S. 27 hervor, dass in diesem Zeitraum 16 Genehmigungen für Exporte an Saudi-Arabien erteilt wurden, deren Gesamtwert sich auf 48 Millionen Euro beläuft.

650 Beispielsweise https://www.nytimes.com/2018/03/22/us/politics/us-arms-sales-saudi-arabia.html (zuletzt aufgerufen am 26.08.2019) oder https://www.independent.co.uk/news/uk/politics/uk-saudi-arabia-arms-deals-khashoggi-murder-government-licences-caat-a9015736.html (zuletzt aufgerufen am 26.08.2019).

651 *Pieter D. Wezeman et al.*, Trends in international arms transfers, 2017, SIPRI Factsheet (March 2018) Table 2, S. 6, Annex C. IV.

(1) Vereinigtes Königreich

Nach den USA ist das Vereinigte Königreich mit einem Anteil von 16 Prozent für Saudi-Arabien der zweitgrößte Waffenlieferant im Zeitraum 2014–2018.[652] Saudi-Arabien wiederum ist mit großem Abstand das größte Exportland für britische Waffen mit einem Anteil von 44 Prozent im Zeitraum 2014–2018.[653] Die zentrale Rolle Saudi-Arabiens für die britische Waffenindustrie hat eine lange Tradition.[654] Mitte der 1980er Jahre bewahrte, wie zuvor erwähnt, der mit Saudi-Arabien abgeschlossene „biggest arms deal of all times“[655] das britische Unternehmen BAE Systems vor dem finanziellen Ruin. Im Laufe von 20 Jahren haben die Geschäfte, bekannt unter dem Namen „Al-Yamamah I & II“, für BAE Systems 43 Milliarden Pfund an Einnahmen generiert,[656] möglicherweise sogar bis zu 80 Milliarden.[657] Die wirtschaftliche und mit ihr auch die politische Verbundenheit von Saudi-Arabien und dem Vereinigten Königreich ist groß.

Seit Beginn des Eingreifens der saudisch geführten Koalition in den innerstaatlichen Konflikt im Jemen im März 2015 steht Großbritannien aufgrund seiner anhaltenden Waffenlieferungen, den Abschlüssen neuer Verträge sowie der Nichtaussetzung bestehender Exportgenehmigungen an Saudi-Arabien zunehmend in der Kritik.[658] Dies gipfelte schließlich im Jahr 2017 in einem *judicial review*-Verfahren vor dem High Court, welches von der NGO *Campain*

---

652 *Pieter D. Wezeman et al.*, Trends in international arms transfers, 2018, SIPRI Factsheet (March 2019), Annex C. IV.

653 *Pieter D. Wezeman et al.*, Trends in international arms transfers, 2018, SIPRI Factsheet (March 2019), Annex C. III.

654 Siehe eingangs unter Kapitel 1 B II.

655 *Andrew Feinstein*, A Shadow World: Inside the Global Arms Trade, (London: Penguin Books, 2011) S. 35.

656 https://www.theguardian.com/baefiles/page/0,,2095831,00.html (zuletzt aufgerufen am 27.08.2017). Bei dem Deal handelte es sich um einen Deal zwischen den Regierungen in London und Riad, der jedoch vorwiegend BAE Systems begünstigte und nahezu vollständig abseits der „Bücher“ abgewickelt wurde, da die Bezahlung nicht in Geld erfolgte, sondern in Öl-Lieferungen an Shell und BP. Vgl. dazu auch die Grafik bei *Andrew Feinstein*, A Shadow World: Inside the Global Arms Trade, (London: Penguin Books, 2011) S. 37.

657 Vgl. http://www.reuters.com/article/us-bae-probe-idUSL1822134020080518 (zuletzt aufgerufen am 27.08.2017).

658 So schon 2016 *David Wearing*, A Shameful Relationship: UK Complicity in Saudi State Violence, (April 2016); https://www.independent.co.uk/news/uk/home-news/saudi-arabia-arms-sales-uk-trade-yemen-war-crimes-a9073836.html (zuletzt aufgerufen am 28.08.2019) für einen aktuelleren Stand.

Against Arms Trade[659] initiiert wurde.[660] Im Urteil vom 10. Juli 2017 befand der High Court zugunsten der Regierung und wies den Antrag von CAAT ab.[661] Am 20. Juni 2019 hat das Berufungsgericht das Urteil des *Divisional Courts* auf die Berufung der Antragstellerin hin teilweise aufgehoben.[662] Das Gericht ordnete an, dass der *Secretary of State* keine neuen Exportlizenzen für Waffen nach Saudi-Arabien „for possible use in the conflict in Yemen" erteilen darf, sofern nicht eine andere rechtliche Basis für diese Entscheidungen dargetan werden kann.[663] Am 27. Oktober 2020 wurde nun erneut ein Verfahren anhängig gemacht, im Rahmen dessen die Erneuerung der Lieferungen nach Saudi-Arabien erörtert werden soll.[664]

Im Folgenden werden sowohl der Prozess von 2017 als auch die Position des Vereinigten Königreiches in der Gerichtsverhandlung analysiert. Dies dient vor allem dazu, der Frage nachzugehen, wie Waffenlieferungen vor nationalen Gerichten von Regierungen verhandelt und verteidigt werden und welcher Maßstab hierbei für *risk assessments* angelegt wird. Letztlich handelt es sich bei diesem Fall um eine direkte Überprüfung der Einhaltung der *due diligence*-Verpflichtung, die durch den Gemeinsamen Standpunkt 2008/944/GASP und den ATT etabliert wird; und wie mit ihr in der Praxis verfahren wird, vermag auch ihre Unzulänglichkeiten aufzudecken.

i. Der Prozess

Im Prozess begehrte CAAT die gerichtliche Überprüfung der Exportentscheidungen der Regierung, genauer der *Export Control Organisation*, die dem *Secretary of State for International Trade* unterstellt ist und bis Juli 2016 noch

659 Im Folgenden CAAT.

660 Alle Unterlagen des Prozesses sind abrufbar unter https://www.caat.org.uk/resources/countries/saudi-arabia/legal-2016 (zuletzt aufgerufen am 13.09.2017).

661 *CAAT v. Secretary of State* [2017] EWHC 1726 (QB), abrufbar unter https://www.caat.org.uk/resources/countries/saudi-arabia/legal-2016/2017-07-10.judgment.pdf (zuletzt aufgerufen am 13.09.2017).

662 *CAAT v. Secretary of State* [2019] EWCA Civ 1020, abrufbar unter https://www.caat.org.uk/resources/countries/saudi-arabia/legal-2016/appeal/2019-06-20.judgment.pdf (zuletzt aufgerufen am 27.08.2019).

663 Appel No. T3/2017/2079, abrufbar unter https://www.caat.org.uk/resources/countries/saudi-arabia/legal-2016/appeal/2019-06-20.order.pdf (zuletzt aufgerufen am 27.08.2019).

664 https://caat.org.uk/news/caat-files-new-judicial-review-application-against-decision-to-renew-arms-sales-to-saudi-arabia/ (zuletzt aufgerufen am 03.04.2021).

Teil des *Departments for Business, Innovation and Skills* war. Laut Urteil stellt sich die übergeordnete Frage, ob der *Secretary of State for International Trade*

> „is obliged by law **to suspend existent export licences to the Kingdom of Saudi Arabia** and **cease granting new licences**, to conform with Government policy to deny such licences **where there is ‚a clear risk that the arms might be used in the commission of a serious violation of International Humanitarian Law'**"[665] (Hervorhebung durch die Verfasserin).

Neben dem öffentlichen Verfahren fand ein Teil des Verfahrens unter Ausschluss der Öffentlichkeit statt. Der rechtliche Rahmen des Verfahrens umfasst die sogenannten *New Consolidated EU and National Arms Export Licensing Criteria.*[666] Hierbei handelt es sich um die nationale Umsetzung der Verpflichtungen aus dem Gemeinsamen Standpunkt 2008/944/GASP und dem ATT.

Im schriftlichen Vorverfahren wirft CAAT der Regierung im Einzelnen vor, sie

> „[is] acting unlawfully in continuing to grant export licences, and in not suspending extant licences, for the supply of UK-produced military equipment to Saudi Arabia that could be used in Yemen [...]".[667]

Woraufhin die Regierung wie folgt Stellung bezog:

> „The Government is satisfied that the extant licences for Saudi Arabia are fully compliant with the UK's export licence criteria."[668]

Der Antrag von CAAT stützte sich auf drei Gründe: Die zuständige Stelle habe 1. nicht die richtigen Fragen gestellt und keine ausreichenden Nachforschungen hinsichtlich der Bestimmung des *risk* betrieben, 2. den Suspendierungsmechanismus nicht angewendet und sei 3. zu der irrationalen Erkenntnis gekommen, Kriterium 2 (c) der *New Consolidated Criteria* sei nicht erfüllt.[669] Kriterium 2 (c) beinhaltet die Pflicht, keine Genehmigung zu erteilen, sofern

---

665 *CAAT v. Secretary of State* [2017] EWHC 1726 (QB), para. 1.

666 Im Folgenden nur *New Consolidated Criteria* nach einem Update am 25. März 2014, welchem die veränderte Rechtswirklichkeit zugrunde liegt, namentlich der Arms Trade Treaty der Vereinten Nationen. Vgl. dazu 17th Annual Report on Arms Exports European Union, S. 528.

667 *CAAT v. Secretary of State* [2017] EWHC 1726 (QB), para. 46.

668 Answer to a Parliamentary question on 17th March 2016, the Secretary of State for Defence, the Rt Hon. Sir Michael Fallon MP, *CAAT v. Secretary of State* [2017] EWHC 1726 (QB), para 48.

669 *CAAT v. Secretary of State* [2017] EWHC 1726 (QB), para. 50.

„there is a **clear risk** that the items might be used in the **commission of a serious violation of international humanitarian law**"
(Hervorhebung durch die Verfasserin).

Schließlich geht es damit im Kern um die Frage, wie der unbestimmte Rechtsbegriff *clear risk* zu verstehen ist und wann das Vorliegen eines solchen *risks* festgestellt werden kann. Zu beidem macht der *User's Guide* nähere Angaben und führt aus, ein *risk assessment*

„should include an inquiry into the recipient's past and present record of respect for international humanitarian law, the recipient's intentions as expressed through formal commitments and the recipient's capacity to ensure that the equipment or technology transferred is used in a manner consistent with international humanitarian law and is not diverted or transferred to other destinations where it might be used for serious violations of this law".[670]

Der *User's Guide* stellt diesbezüglich klar, dass einzelne Verletzungen des humanitären Völkerrechts nicht zwingend ausreichen, um auf die Haltung eines Staates zum humanitären Völkerrecht schließen zu können, und daher alleine nicht Grund sein sollen, Genehmigungen zu versagen. Vielmehr sollte es für Bedenken sorgen, wenn sich ein Muster abzeichnet.[671] Wie also auch der *User's Guide* zu erkennen gibt, verbleibt ein weiter Ermessensspielraum bei den zuständigen Staatsorganen, denen die Interpretation und Umsetzung dieser vagen Vorschriften obliegt. Aus den Unterlagen, die während des Prozesses öffentlich wurden, ist zu entnehmen, dass erst bei Überschreiten der *clear risk*-Schwelle keine Abwägung zwischen humanitärem Völkerrecht und anderen Interessen mehr stattfinden darf und dann auch diplomatische und wirtschaftliche Überlegungen keine Rolle mehr spielen.[672]

---

670 Leitfaden zur Anwendung des Gemeinsamen Standpunkts 2008/944/GASP des Rates betreffend gemeinsame Regeln für die Kontrolle der Ausfuhr von Militärtechnologie und Militärgütern, Brüssel, den 20. Juli 2015; 10858/15 COARM 172, CFSP/PESC 393, unter 2.13.

671 Leitfaden zur Anwendung des Gemeinsamen Standpunkts 2008/944/GASP des Rates betreffend gemeinsame Regeln für die Kontrolle der Ausfuhr von Militärtechnologie und Militärgütern, Brüssel, den 20. Juli 2015; 10858/15 COARM 172, CFSP/PESC 393, unter 2.13.

672 Anhang zur Zeugenaussage von Edward Bell, Head of Export Control Joint Unit, abrufbar unter https://www.caat.org.uk/resources/countries/saudi-arabia/legal-2016/exhibits/eb1-13.pdf (zuletzt aufgerufen am 18.09.2017), S 2/3.

ii. Das Urteil

Es ging in dem Urteil also im Kern darum, die Frage zu beantworten,

> „[...] whether the Secretary of State was entitled to conclude on the evidence and advice available to him, both open and closed, that there was no ‚clear risk that the [UK licensed] items might be used in the commission of a serious violation of international humanitarian law' in Yemen".[673]

Im Zentrum steht damit die Reichweite des staatlichen Ermessensspielraums. Diesem räumt das Gericht schließlich mit Abweisung des Antrags den Vorzug ein, was das Berufungsgericht allerdings nachträglich teilweise wieder einschränkt.

In völkerrechtlicher Hinsicht befasst sich das Urteil nur mit den Vorwürfen der schweren Verletzungen des humanitären Völkerrechts. Diese Beschränkung ist wohl der Tatsache geschuldet, dass die *New Consolidated Criteria* in *Criterion 2 (b)* sowie auch der Gemeinsame Standpunkt 2008/944/GASP nur nach der Feststellung einer schweren Menschenrechtsverletzung durch die Vereinten Nationen, die EU oder den Europarat eine Versagung aufgrund von Menschenrechten vorsieht und damit eine höhere Schwelle für die Feststellung von Verletzungen besteht. Verstärkt wird dies noch durch die unterschiedlichen Verpflichtungsniveaus von Staaten im Hinblick auf Menschenrechte sowie die ihnen innewohnende moralische Wertung.

Nach dem Vortrag der Antragstellerin müssten die in dem Fall öffentlich zugänglichen Informationen bezüglich der Einhaltung des relevanten humanitären Völkerrechts durch Saudi-Arabien zu der Erkenntnis führen, dass ein *clear risk* im Sinne des Kriteriums 2 (c) vorliegt, welches nicht widerlegt werden kann.[674] Faktisch argumentiert die Antragstellerin hier für eine Umkehr der Beweislast – es muss demnach nicht überprüft werden, *ob* ein Risiko vorliegt, sondern vielmehr ein erhöhter Erklärungsaufwand betrieben werden, um nachzuweisen, dass kein Risiko mehr vorliegt. Gelingt dies nicht, sieht die Antragstellerin hier wohl eine Reduktion des staatlichen Ermessens auf null.

Die Regierung zog sich auf den Standpunkt zurück, mit ihrem internen Prozess die rechtlichen Anforderungen an das Verfahren zur Bestimmung des Risikos eingehalten zu haben. Ob eine Handlung in der Zukunft gegebenenfalls negative Auswirkungen nach sich ziehen wird, ist in hohem Maße spekulativ. Die Regierung trug nun hinsichtlich ihres Umgangs mit dieser unsicheren Zukunft vor, dass vergangenes Verhalten, in diesem Fall Verletzungen des

---

673 *CAAT v. Secretary of State* [2017] EWHC 1726 (QB), para. 59.
674 *CAAT v. Secretary of State* [2017] EWHC 1726 (QB), para. 54.

humanitären Völkerrechts, nicht maßgeblich für die Bestimmung des Risikos zukünftiger Lieferungen sei. Den Anforderungen der *New Consolidated Criteria* sei durch den ausdifferenzierten internen Abwägungsprozess und dessen sorgfältig abgewogene Entscheidungen Genüge getan. Auch die durch die Gegenseite vorgetragenen Berichte über Rechtsverletzungen Saudi-Arabiens fanden demnach Eingang in diesen diffizilen Entscheidungsfindungsprozess. Dieser Prozess beinhaltet aber darüber hinaus eine Fülle an vertraulichen Informationen, die nur der Regierung zustehen, sowie eine intensive Zusammenarbeit mit und Beratung durch andere Teile der Regierung. Diese Informationen sind nach dem Vortrag der Regierung besser geeignet, eine Einschätzung des Risikos zu ermöglichen, als die von der Antragstellerin vorgetragenen Berichte.

Das Gericht zeigte sich von dem Vortrag der Regierung schließlich überzeugt und hält ihren Entscheidungsfindungsprozess für ausreichend nuanciert und tief. Die genaue Erläuterung des Entscheidungsfindungsprozesses der Regierung wurde aufgrund der teils sicherheitsrelevanten Natur des Sachverhalts im Geheimen vorgenommen.[675]

Das Gericht befindet, der *Secretary* sei aufgrund dieser Informationen letztlich *„rationally entitled"* gewesen, die streitgegenständlichen Feststellungen zu treffen.[676] Das Gericht gibt dem *Secretary* damit letztlich Recht und zeigt sich überzeugt von den Zusicherungen Saudi-Arabiens, gewillt zu sein, humanitäres Völkerrecht einzuhalten:

> „In these circumstances, in our view, such statements by Saudi officials represented another positive factor of some significance which the Secretary of State was entitled to take into account in his overall assessment."[677]

Darüber, was dieses *overall assessment* beinhalten muss, namentlich ob ein Muster von Verletzungen des humanitären Völkerrechts und der Menschenrechte in der Vergangenheit Eingang finden muss, wurde dann in der Berufung verhandelt.

iii. Die Berufung

CAAT stellte in der Berufung weiterhin infrage, dass die Entscheidungsfindung der Regierung hinsichtlich der öffentlich zugänglichen Informationen und des

---

675 *CAAT v. Secretary of State* [2017] EWHC 1726 (QB), Para. 95 zum internen Ablauf.
676 *CAAT v. Secretary of State* [2017] EWHC 1726 (QB), Para. 210.
677 *CAAT v. Secretary of State* [2017] EWHC 1726 (QB), Para. 136.

Verhaltens von Saudi-Arabien in der Vergangenheit ausreichend war.[678] Die Berufung wurde durch das Gericht unter anderem gewährt, da es für möglich hielt, dass das Verhalten von Saudi-Arabien in der Vergangenheit nicht ausreichend Eingang in die Bewertung eines zukünftigen Risikos gefunden hatte:

> „It seems to us arguable that the Secretary of State, as a rational decision-maker, had an obligation to make some realistic overall assessment of whether, and if so to what extent, there had been historic serious violations of IHL by the coalition in the Yemen. There was no legal or evidential presumption at play. It is arguable the obligation arose from the facts as a necessary part of assessing the future risks."[679]

Das Berufungsgericht stellt darüber hinaus nochmals klar, dass die Voraussetzungen für die Schlussfolgerung, der *Secretary of State* habe angesichts der Situation *irrationally* gehandelt, hoch sind.[680] Es obliege CAAT nachzuweisen, dass der *Secretary of State* ein Verfahren angewandt habe, welches *not reasonably* war.[681] Außerhalb dessen kommt dem *Secretary* ein weiter Ermessensspielraum zu, der gerichtlich nicht überprüfbar ist.[682] Diesen Nachweis durch CAAT sah das Berufungsgericht schließlich als erbracht an: Ob es in der Vergangenheit ein Muster von Verletzungen humanitären Völkerrechts seitens Saudi-Arabiens gab, muss in die Feststellungen zum künftigen Risiko einfließen.[683] Andernfalls könne kaum von einem *overall assessment* gesprochen werden. Der abschließende Paragraf des Urteils hält fest:

> „In addition to the points already made, perhaps the most important reason for making such assessments is that, without them, how was the Secretary of State to reach a rational conclusion as to the effect of the training, support and other inputs by the UK, or the effect of any high level assurances by the Saudi authorities? If the result of historic assessments was that violations were continuing despite all such efforts, then that would unavoidably become a major consideration in looking at the ‚real risk' in the future. It would be likely to help determine whether Saudi Arabia had a genuine intent and, importantly, the capacity to live up to the commitments made. We should

678 Government Skeleton Argument S. 4, zu finden unter https://www.caat.org.uk/resources/countries/saudi-arabia/legal-2016/appeal/2019-04-02.government-skeleton.pdf (zuletzt aufgerufen am 27.08.2019).

679 [2018] EWCA Civ 1010, para. 9, zu finden unter https://www.caat.org.uk/resources/countries/saudi-arabia/legal-2016/appeal/2018-05-04.appeal-permission-granted.pdf (zuletzt aufgerufen am 27.08.2019).

680 *CAAT v. Secretary of State* [2019] EWCA Civ 1020, para. 57.

681 *CAAT v. Secretary of State* [2019] EWCA Civ 1020, para. 57.

682 *CAAT v. Secretary of State* [2019] EWCA Civ 1020, para. 57.

683 *CAAT v. Secretary of State* [2019] EWCA Civ 1020, para. 61 f.

emphasise that it is not our conclusion that there would only be one answer on future risk, if historic violations were found to have taken place, bearing in mind paragraph 2.13 of the User's Guide, and the question whether or not any violations are ‚isolated incidents', as the Divisional Court put it, in paragraph [208(iii)] of their judgment. That will be for the Secretary of State and his advisers, as Mr. Chamberlain rightly conceded."[684]

Damit macht das Gericht deutlich, dass die Regierung sich nicht vorwiegend auf Zusicherungen durch Saudi-Arabien hinsichtlich der künftigen Einhaltung verlassen durfte.

Der Regierung wurde das Recht eingeräumt, gegen dieses Urteil Rechtsmittel vor dem Supreme Court einzulegen. Es bleibt daher abzuwarten, ob das Urteil in der nächsten Instanz aufrechterhalten wird. Auch CAAT hat die Möglichkeit, Rechtsmittel einzulegen. Ihr Antrag, das Gericht müsse Stellung dazu nehmen, was *serious violations of international humanitarian law* wären, wurde abgelehnt. Das Berufungsgericht sah den Vorwurf von CAAT, der *Divisional Court* habe schwere Verletzungen des humanitären Völkerrechts mit Kriegsverbrechen nach Art. 8 Römisches Statut gleichgesetzt, nicht als nachgewiesen an.[685]

iv. Fazit

Als erstem Fall, in dem die Zulässigkeit von Waffenlieferungen im Geltungsbereich des ATT und des Gemeinsamen Standpunkts 2008/944/GASP gerichtlich überprüft wurde, kommt diesem nationalen Verfahren große Bedeutung zu. Die beiden wichtigsten Lehren, die aus dem Verfahren bisher gezogen werden können, sind der Fokus auf humanitäres Völkerrecht und die Unklarheiten beziehungsweise der weite Ermessensspielraum bei der Risikobestimmung. Mit dem Fokus auf das humanitäre Völkerrecht rückt sogleich auch die Frage danach ins Zentrum, was *serious breaches* sind. Dies wurde bisweilen als zentral in dem Verfahren erachtet.[686] Hier kann sich aber letztlich unter

684 *CAAT v. Secretary of State* [2019] EWCA Civ 1020, para. 144.

685 *CAAT v. Secretary of State* [2019] EWCA Civ 1020, para. 155 ff.; mehr zu der Frage nach der Definition von *serious breaches Laura Green und David Hamer*, The Legality of the UK / Saudi Arabia Arms Trade: A Case Study, (2017), https://www.ejiltalk.org/the-legality-of-the-uk-saudi-arabia-arms-trade-a-case-study/ (zuletzt aufgerufen am 26.08.2019).

686 *Laura Green und David Hamer*, The Legality of the UK / Saudi Arabia Arms Trade: A Case Study, (2017), https://www.ejiltalk.org/the-legality-of-the-uk-saudi-arabia-arms-trade-a-case-study/ (zuletzt aufgerufen am 26.08.2019).

Zuhilfenahme der einschlägigen Dokumente des IKRK[687] durchaus einer Definition genähert werden. Problematischer ist und bleibt die Bestimmung des Risikos und die diesbezüglichen Anforderungen an den Entscheidungsfindungsprozess der Regierung. Der *Secretary* trug für die Regierung vor, dass der Schwerpunkt auf Zusicherungen der saudischen Regierung gelegt wurde. Das Berufungsgericht hingegen verdeutlichte, dass das nötige *overall assessment* nicht ohne die Berücksichtigung des vergangenen Verhaltens von Saudi-Arabien auskommen kann. Dies steht im Einklang mit Grundgedanken von *Othman v. The United Kingdom*, einem Urteil des Europäischen Gerichtshofs für Menschenrechte, in dem der Gerichtshof zu Zusicherungen von Regierungen hinsichtlich der Sicherheit einer auszuliefernden Person Stellung nahm. Diese sind an sich durchaus zulässig, können aber im Einzelfall aufgrund der allgemeinen menschenrechtlichen Situation in dem zusichernden Staat infrage gestellt werden.[688] Eine Feststellung der Situation vor Ort ist also unerlässlich, um sich auf die Zusage verlassen zu dürfen.

(2) Vereinigte Staaten von Amerika

Laut SIPRI bezog Saudi-Arabien zwischen 2014 und 2016 zwei Drittel seiner Waffenimporte, genauer 68 Prozent, von den USA.[689] Saudi-Arabien wiederum ist für die USA zwar nur ein Markt von vielen, aber mit rund 22 Prozent der größte.[690] Im Jahr 2017 schlossen die USA einen Rüstungsvertrag mit Saudi-Arabien, der nach Angaben der Trump-Regierung einen Wert von 110 Milliarden US-Dollar hat.[691] Bis heute sollen im Rahmen dieses Geschäfts allerdings erst rund 14,5 Milliarden US-Dollar geflossen sein.[692] Das Geschäft geriet

---

687 Explanatory Note des ICRC, abrufbar unter https://www.icrc.org/en/doc/assets/files/2012/att-what-are-serious-violations-of-ihl-icrc.pdf (zuletzt aufgerufen am 30.08.2019).

688 *Othman v. the United Kingdom*, Judgement, Merits, para. 194.

689 Vgl. Grafik im Annex AI.

690 Vgl. Grafik im Annex AII.

691 Dies wird wiederum teilweise als überzogen eingestuft, da ein Teil der Waffenverkäufe schon unter der vorherigen Regierung verhandelt wurde und es sich bei dem Wert von 110 Milliarden US-Dollar wohl nur um den Wert der vorgeschlagenen Deals handelt, vgl. http://www.aljazeera.com/news/2017/06/questions-raised-110bn-arms-deal-saudi-arabia-170608033511760.html (zuletzt aufgerufen am 30.08.2019).

692 https://edition.cnn.com/2018/10/12/politics/trump-khashoggi-saudi-arabia-arms-deal-sanctions/index.html (zuletzt aufgerufen am 28.08.2019).

in den folgenden Monaten vor dem Hintergrund des Handelns der saudisch geführten Koalition im Jemen zunehmend in Kritik.[693] Im Juni 2017 erstrebte eine überparteiliche Gruppe von Senatoren die Blockade eines Teils des Waffengeschäfts, und zwar des Verkaufs von präzisionsgelenkter Munition im Wert von 500 Millionen US-Dollar. Der Antrag wurde damit begründet, dass diese Geschosse durch Saudi-Arabien im benachbarten Jemen eingesetzt werden.[694] Er scheiterte jedoch knapp mit 47 zu 53 Stimmen im Senat.[695] Trotz der Niederlage im Senat sendet dies ein durchaus starkes Signal an Saudi-Arabien, das in der letzten Zeit so mehr und mehr unter Druck von seinen Waffenlieferanten gerät.

(3) Deutschland

In Deutschland befasst sich eine Vielzahl kleiner Anfragen aus dem Bundestag an die Bundesregierung mit Waffenexporten nach Saudi-Arabien, allesamt vor dem Hintergrund des Agierens von Saudi-Arabien und der saudischen Koalition im Jemen und der prekären humanitären Situation vor Ort.[696] Die Bundesregierung berief sich wiederholt darauf, keine Erkenntnisse darüber zu haben, ob Saudi-Arabien deutsche Waffen im Jemen einsetzt.[697] Darüber hinaus habe sie keine Erkenntnisse über den Umfang der zivilen Opfer aufseiten der saudisch geführten Koalition.[698] Dies ist vor dem Hintergrund der restriktiven Rüstungsexportpolitik Deutschlands, die in diesem Zusammenhang stets betont wird, fragwürdig. Denn dass Deutschland seinen Verpflichtungen aus dem Gemeinsamen Standpunkt 2008/944/GASP und dem ATT

693 Siehe zum Beispiel https://www.hrw.org/news/2017/06/13/dozens-us-senators-say-no-weapons-saudi-arabia (zuletzt aufgerufen am 30.08.2019).

694 Siehe zum Beispiel https://www.hrw.org/news/2017/06/13/dozens-us-senators-say-no-weapons-saudi-arabia (zuletzt aufgerufen am 30.08.2019).

695 https://www.washingtonpost.com/world/national-security/symbolic-effort-to-block-part-of-saudi-arms-sale-falls-short-in-the-senate/2017/06/13/d68944f8-506a-11e7-b064-828ba60fbb98_story.html (zuletzt aufgerufen am 30.08.2019).

696 Drucksache 18/4824 vom 06.05.2015, „Deutsche Rüstungsexporte nach Saudi-Arabien vor dem Hintergrund der saudisch geführten Militärintervention im Jemen"; Drucksache 18/11389 vom 07.03.2017 „Die Zusammenarbeit Deutschlands mit Saudi-Arabien und anderen Golfstaaten"; Drucksache 18/12788 vom 19.06.2017 „Humanitäre Katastrophe und Seeblockade durch Saudi-Arabien vor der Küste Jemens".

697 Antwort auf Frage 25 Drucksache 18/4824 und Antwort auf Frage 21 Drucksache 18/11389.

698 Antwort auf Frage 11 Drucksache 18/12788.

überhaupt gerecht wird, wenn es selbst gar keine (eigenen) Nachforschungen zur Praxis des Empfangsstaates anstellt, bevor über Exporte entschieden wird, ist unwahrscheinlich. Auf die direkte Frage, ob die Bundesregierung davon ausgeht, dass Saudi-Arabien Kriegsverbrechen begangen habe, antwortete die Regierung bisher nie direkt.[699] Zu Fragen, mit welcher Begründung die Bundesregierung davon ausgehe, dass Saudi-Arabien und die Staaten der saudischen Koalition verantwortungsvoll mit den gelieferten Waffen umgehen werden und ob die Seeblockade Auswirkungen auf künftige Exporte haben werde, nimmt die Bundesregierung formularmäßig mit dem bekannten Passus Stellung:

> „Die Bundesregierung verfolgt eine restriktive Rüstungsexportpolitik. Entscheidungen werden jeweils im Einzelfall getroffen. Dabei werden alle Aspekte des jeweiligen Falls berücksichtigt, gewichtet und abgewogen. Grundlage sind die ‚Politischen Grundsätze der Bundesregierung für den Export von Kriegswaffen und sonstigen Rüstungsgütern' aus dem Jahr 2000, der ‚Gemeinsame Standpunkt des Rates der Europäischen Union vom 8. Dezember 2008 betreffend gemeinsame Regeln für die Kontrolle der Ausfuhr von Militärtechnologie und Militärgütern' und der Vertrag über den Waffenhandel. Der Beachtung der Menschenrechte wird bei Rüstungsexportentscheidungen ein besonderes Gewicht beigemessen. Die Bundesregierung wird die weiteren Entwicklungen in Saudi-Arabien und in den Staaten der von Saudi-Arabien angeführten Koalition genau verfolgen und wie bisher im Rahmen ihrer Genehmigungspraxis berücksichtigen."[700]

Im Lichte der bisherigen Erkenntnisse im Hinblick auf die *due diligence*-Verpflichtung aus dem Gemeinsamen Standpunkt 2008/944/GASP und dem ATT kann es jedenfalls nicht ausreichen, dass Deutschland sich auf Nichtwissen beruft. Beide Regelungswerke verpflichten den Staat jedenfalls dazu, Nachforschungen zur Situation vor Ort und dem Verhalten des Empfangsstaates im Hinblick auf Menschenrechte und humanitäres Völkerrecht anzustellen. Die deutsche Entscheidungspraxis ist, wie in Kapitel 3 erwähnt, geprägt von sogenannten Vorabanfragen, über die der Bundessicherheitsrat entscheidet. Diese Praxis erfährt unter anderem deshalb rege Kritik, weil sie die Regel/Ausnahme-Dynamik von Rüstungsexporten ins Gegenteil verkehrt: Statt ausnahmsweise einen Export zu genehmigen, könnte sich die Bundesregierung

---

699 Antwort auf Frage 34 Drucksache 18/12788: „Die Bundesregierung verfolgt Berichte von Verletzungen humanitären Völkerrechts im Jemen-Konflikt mit großer Sorge. Um eine unabhängige, gründliche und zügige Untersuchung der Vorwürfe zu gewährleisten, setzt sich die Bundesregierung für eine unabhängige internationale Untersuchungskommission ein."

700 Antwort auf Fragen 35–37, Drucksache 18/12788.

nach einer positiv beschiedenen Vorabanfrage in der Pflicht befinden, die Genehmigung zu erteilen, oder jedenfalls einen erhöhten Erklärungsaufwand betreiben müssen, um bei verändertem Sachverhalt deren Nichterteilung zu begründen.[701] Das Bundesverfassungsgericht urteilte jedoch, dass es sich bei der Vorabanfrage gerade nicht um eine Zusicherung im Sinne von § 38 VwVfG handle.[702] In einem Verfahren vor dem Verwaltungsgericht in Frankfurt über Lieferungen von Ersatzteilen an eine Waffenfabrik in Saudi-Arabien, hat die Klägerin, die Heckler & Koch AG, sich jedoch genau darauf berufen.[703] Das Bundeswirtschaftsministerium zögerte die Erteilung der Genehmigung mehrfach heraus und berief sich dabei unter anderem auf die aktuelle Situation im Jemen.[704] Das Gericht entschied schließlich, dass die Bundesregierung zwar eine Entscheidung fällen muss, aber wie diese Entscheidung im Einzelnen aussieht, steht in ihrer Einschätzungsprärogative.[705] Bisher war nichts weiter über das Verfahren zu hören, möglich ist, dass die Bundesregierung im Nachgang zu dem Urteil negativ über die Lieferung der Ersatzteile beschieden hat, denn nur über positive Bescheide muss die Bundesregierung dem Parlament Rechenschaft ablegen. Heckler & Koch ließ in dem Verfahren außerdem vortragen, die Genehmigungspraxis sei willkürlich, da der Export von Patrouillenbooten und Panzern genehmigt wurde sowie auch ein vergleichbarer Export der Klägerin im Jahre 2013.[706] Hierauf wurde von der Bundesregierung vortragen, dass dies nicht der Fall sei, da bei den Rüstungsgütern, die die Klägerin exportieren wollte, gerade das erhöhte Risiko des unzulässigen Reexports berücksichtigt werden müsse.[707] Weitergehende, detaillierte Erläuterungen lassen sich zum internen Entscheidungsfindungsprozess in Deutschland leider nicht finden. Deutsche Rüstungsexportentscheidungen können bisher gerade keiner gerichtlichen Überprüfung auf ihre Vereinbarkeit mit den Politischen Grundsätzen, dem Gemeinsamen Standpunkt 2008/944/GASP und dem ATT zugeführt werden. In Kapitel 3 A. V. 4. wurde schon auf diesen Umstand hingewiesen sowie auf die zentrale Bedeutung, die der gerichtlichen Überprüfbarkeit für die

---

701 So vorgetragen von den Antragsstellern im Verfahren vor dem Bundesverfassungsgericht, Urteil vom 21. Oktober 2014 – 2 BvE 5/11, Rn. 68.

702 BVerfG Urteil vom 21. Oktober 2014 – 2 BvE 5/11, Rn. 161.

703 Siehe zum genauen Hergang der Dinge: Verwaltungsgericht Frankfurt am Main, Urteil vom 23.06.2016, Az.: 5 K 3718/15.F.

704 Verwaltungsgericht Frankfurt am Main, Urteil vom 23.06.2016, Az.: 5 K 3718/15.F.

705 Verwaltungsgericht Frankfurt am Main, Urteil vom 23.06.2016, Az.: 5 K 3718/15.F.

706 Verwaltungsgericht Frankfurt am Main, Urteil vom 23.06.2016, Az.: 5 K 3718/15.F.

707 Verwaltungsgericht Frankfurt am Main, Urteil vom 23.06.2016, Az.: 5 K 3718/15.F.

Einhaltung bestehender Verpflichtungen und der Rechtstaatlichkeit als Ganzes zukommt.[708]

(4) *Weitere Staatenpraxis*

Schweden und die Niederlande sind die einzigen Staaten, die aufgrund des Konflikts im Jemen und der Beteiligung Saudi-Arabiens daran, ihre Waffenlieferungen an das Königreich zeitnah eingestellt haben. Vor allem die Versagung von Waffen durch Schweden im März 2015 erfuhr viel mediale Aufmerksamkeit,[709] unter anderem, da dem Entschluss ein Redeverbot für die schwedische Außenministerin bei einem Treffen der Arabischen Liga in Kairo vorausging.[710] Gefolgt wurde die Beendigung des bereits zehn Jahre bestehenden Militärabkommens der beiden Länder vom Abzug des saudischen Botschafters aus Schweden.[711] Auch die Niederlande liefern keine Waffen mehr an Saudi-Arabien, im März 2016 stimmte das Parlament über Waffenlieferungen an das Königreich ab.[712] Diese wurden unter Berufung auf die Praxis des Königreichs im Hinblick auf die Menschenrechte und das humanitäre Völkerrecht eingestellt.[713] In Frankreich machte unterdessen eine Website Schlagzeilen, die den

---

708 Die Tatsache, dass Exporte von Rüstungsgütern, die in der Folge im Jemenkrieg zum Einsatz kommen, den Gemeinsamen Standpunkt 2008/944/GASP verletzen, wurde zuletzt durch das Europäische Parlament in einer Resolution vom 17. September 2020 festgestellt. In dieser Resolution drängt das Europäische Parlament die Mitgliedsstaaten erneut dazu, von Rüstungsexporten an die Koalition abzusehen, European Parliament resolution of 17 September 2020 on Arms export: implementation of Common Position 2008/944/CFSP (2020/2003(INI)), Rn. 10, „*[…] urges all EU Member States, in this context, to refrain from selling arms and any military equipment to Saudi Arabia, the UAE, and any member of the international coalition, […]*“ und Rn. 11, „*recalls that such exports clearly violate the Common Position*“.

709 Vgl. statt vieler http://www.spiegel.de/politik/ausland/saudi-arabien-zieht-botschafter-in-schweden-ab-a-1022963.html (zuletzt aufgerufen am 12.11.2017).

710 https://www.theguardian.com/world/2015/mar/10/sweden-tears-up-arms-agreement-with-saudi-arabia-over-blocked-speech (zuletzt aufgerufen am 12.11.2017).

711 http://www.spiegel.de/politik/ausland/saudi-arabien-zieht-botschafter-in-schweden-ab-a-1022963.html (zuletzt aufgerufen am 12.11.2017).

712 https://www.reuters.com/article/us-netherlands-saudi-arms-idUSKCN0WH2U4 (zuletzt aufgerufen am 05.04.2021).

713 http://www.independent.co.uk/news/world/europe/netherlands-votes-to-ban-weapons-exports-to-saudi-arabia-a6933996.html (zuletzt aufgerufen am 12.11.2017).

Weg französischer Waffen in den jemenitischen Bürgerkrieg nachzeichnet.[714] Auch in Kanada fanden Rüstungsexporte an Saudi-Arabien ihren Weg vor nationale Gerichte, allerdings bisher ohne dass Klagen zur Entscheidung angenommen wurden.[715] 2018 wird über einen neuen Versuch, gerichtlich gegen Rüstungsexporte nach Saudi-Arabien vorzugehen, berichtet, ob dieser erfolgreich war, ist unklar.[716]

Besonders auffällig ist, dass die Einhaltung des ATT und die gegenwärtige Praxis der Staaten bei den *Conference of States Parties* unter dem Tagesordnungspunkt „Compliance" regelmäßig keine Erwähnung findet. Und dies, obwohl Waffenlieferungen an Saudi-Arabien und Staaten der saudischen Koalition gegebenenfalls im Widerspruch zu der durch den Vertrag geforderten *due diligence* im Hinblick auf Menschenrechte und humanitäres Völkerrecht stehen.

> „At the same time as the last Preparatory Committee for the Third ATT Conference of States Parties, the United States—an ATT signatory—announced an arms deal in excess of $100-billion USD with Saudi Arabia. Not a single state present raised the issue." [717]

Obwohl die Konferenz der Vertragsstaaten des ATT auf den ersten Blick geeignet scheint, Sachverhalte wie diesen im Hinblick auf die Einhaltung des Vertrages zu diskutieren, verwiesen Staaten im Wesentlichen darauf, dass dem Treffen lediglich administrative Bedeutung zukomme. Dies war schon bei der zweiten Konferenz der Vertragsstaaten im Jahr 2016 der Fall:

> „Discussions on implementation, transparency, and universality have all failed to address actual arms transfers happening in the actual world that are known to be resulting in actual human rights and IHL abuses. Such total lack of engagement with apparent violations of a treaty by its states parties is, to our knowledge, unprecedented.
>
> The UK, along with Germany and other states transferring weapons to Saudi Arabia, declared on Thursday that universalisation of the ATT is crucial to the credibility and effectiveness of the Treaty. The UK even said universalisation is the ‚only way' the

---

714 https://made-in-france.disclose.ngo/en/ (zuletzt aufgerufen am 28.08.2019).

715 https://www.cbc.ca/news/politics/canada-saudi-arms-deal-court-1.3949612 (zuletzt aufgerufen am 28.08.2019).

716 https://www.theglobeandmail.com/news/politics/court-rejects-ottawas-bid-to-halt-saudi-arms-deal-lawsuit/article37550869/ (zuletzt aufgerufen am 28.08.2019).

717 Vgl. Reports von Reaching Critical Will, Vol. 10.4, abrufbar unter http://www.reachingcriticalwill.org/images/documents/Disarmament-fora/att/monitor/ATTMonitor10.4.pdf (zuletzt aufgerufen am 13.08.2021).

> Treaty can be truly effective and highlighted the role that civil society and the arms industry can play in promoting the ATT."[718]

Eine Änderung dieser Handhabe trat auch in der Folge nicht ein.

Als einige Staaten dann quasi über Nacht ihre Exportpolitik im Hinblick auf Saudi-Arabien änderten, lag dies nicht in der humanitären Katastrophe im Jemen begründet. Es war vielmehr der Fall Khashoggi, der dieses Umdenken auslöste.

(5) Der Wandel durch den Fall Khashoggi: too little too late?

Besondere mediale Aufmerksamkeit bekamen Waffenlieferungen an Saudi-Arabien erneut im Oktober 2018, nach dem Mord an dem Journalisten Jamal Khashoggi im saudischen Konsulat in Istanbul. Zahlreiche Staaten, darunter Deutschland,[719] Finnland,[720] Dänemark[721] und Norwegen,[722] kündigten die Aussetzung von Waffenlieferungen an das Königreich an; auch im Senat der Vereinigten Staaten von Amerika wurde über die Versagung weiterer Unterstützung an die Regierung in Riad diskutiert.[723] Zahlreiche Staaten reagierten sodann zügig und setzten ihre Lieferungen aus. In Anbetracht dessen, dass Menschenrechte und humanitäres Völkerrecht im Jemenkonflikt schon seit langem großflächig verletzt wurden, überrascht die Eile und Entschlossenheit mit der nun vorgegangen wurde. Die Erklärung hierfür liegt in den betroffenen Interessen begründet: Im Fall Khashoggi waren neben Interventions- und Gewaltverbot, Menschenrechten und humanitärem Völkerrecht eben auch die Integrität der diplomatischen und konsularischen Mission verletzt worden.[724]

---

718 Reaching Critical Will, Vol. 10.4.

719 https://www.handelsblatt.com/politik/deutschland/fall-khashoggi-deutschland-prescht-vor-und-stoppt-ruestungsexporte-nach-saudi-arabien/23653856.html (zuletzt aufgerufen am 28.08.2019).

720 https://www.washingtonpost.com/world/2018/11/22/denmark-joins-germany-halting-arms-sales-saudi-arabia/ (zuletzt aufgerufen am 28.08.2019).

721 https://www.reuters.com/article/us-saudi-khashoggi-denmark-idUSKCN1NR0G6 (zuletzt aufgerufen am 28.08.2019).

722 https://amp.france24.com/en/20181109-norway-freezes-defence-export-licences-saudi (zuletzt aufgerufen am 28.08.2019).

723 https://www.nytimes.com/2018/11/29/opinion/saudi-senate-khashoggi-trump.html (zuletzt aufgerufen am 28.08.2019).

724 *Steven Ratner*, The Khashoggi Murder: How Mohammed Bin Salman Underestimated International Law, (2018), https://www.lawfareblog.com/khashoggi-murder-how-mohammed-bin-salman-underestimated-international-law (zuletzt aufgerufen am 28.08.2019).

Diese Garantie ist nun so zentral im zwischenstaatlichen Recht, dass ihre Verletzung unmittelbare Reaktionen nach sich zog. Im Vergleich dazu sind die Vorwürfe der Verletzung von humanitärem Völkerrecht und Menschenrechten nicht generell weniger wichtig oder gewichtig, aber schlicht weniger wichtig auf der zwischenstaatlichen Ebene. Der Schutz der diplomatischen und konsularischen Mission dient letztlich dem Schutz des jeweils anderen Staates. Systematische Verletzungen des humanitären Völkerrechts und der Menschenrechte müssten größere Empörung hervorrufen als die Tötung eines Journalisten, aber manchmal wacht die internationale Gemeinschaft erst auf, wenn die Rechte von anderen Staaten verletzt werden.[725]

Doch trotz der zunächst verbindlich wirkenden Ankündigungen, Waffenlieferungen auszusetzen, gelangen bis heute Waffen auf unterschiedlichem Wege an die Regierung in Riad. So sprach beispielsweise Deutschland im November 2018 von einem *vorläufigen* Aussetzen der Lieferungen, wobei zunächst nicht klar war, in welchem Umfang Lieferungen auf Basis schon geschlossener Verträge überhaupt von dieser sogenannten „Ruhensanordnung"[726], die wohl bis Ende 2021 verlängert wurde,[727] erfasst werden. Der faktische Exportstopp, den diese Ruhensanordnung auslöste, wurde im Wege einer Untätigkeitsklage im Jahr 2019 vor dem Verwaltungsgericht Frankfurt am Main angegriffen.[728] Das Verwaltungsgericht Frankfurt am Main hob die infrage stehenden Bescheide auf, da es in der nachträglichen Versehung der Ausfuhr- und Verbringungsgenehmigung mit Nebenbestimmungen einen Teilwiderruf nach § 49 Abs. 2 VwVfG sah und die in diesem Fall erforderliche Begründungspflicht nach § 39 Abs. 2 VwVfG für nicht erfüllt hielt.[729] Die durch das Bundesamt für Wirtschaft und Ausfuhrkontrolle vertretene Bundesregierung hat gegen diese

---

725 *Steven Ratner*, The Khashoggi Murder: How Mohammed Bin Salman Underestimated International Law, (2018), https://www.lawfareblog.com/khashoggi-murder-how-mohammed-bin-salman-underestimated-international-law (zuletzt aufgerufen am 28.08.2019).

726 Zuletzt mit der Pressemitteilung 99 vom 28.03.2019, abrufbar unter https://www.bundesregierung.de/breg-de/suche/verstaendigung-der-bundesregierung-zu-ruhensanordnungen-und-gemeinschaftsprogrammen-1595750 (zuletzt aufgerufen am 28.06.2021).

727 https://www.dw.com/de/stopp-f%C3%BCr-r%C3%BCstungsexporte-nach-saudi-arabien-verl%C3%A4ngert/a-55893545 (zuletzt aufgerufen am 28.06.2021).

728 Verwaltungsgericht Frankfurt/Main, Urteil vom 03.12.2019, Az. 5 K 1067/19.

729 Verwaltungsgericht Frankfurt/Main, Urteil vom 03.12.2019, Az. 5 K 1067/19, Rn. 45 ff.

Entscheidung Rechtsmittel eingelegt, eine Entscheidung liegt zu Beginn des Jahres 2021 noch nicht vor.[730]

2. *Waffenlieferungen durch die Islamische Republik Iran an die Huthis*

Dem Iran wird nun in diesem Konflikt auf der anderen Seite vorgeworfen, die Huthis im Jemen mit teilweise hochentwickelten Waffen und Technologien in ihrem Kampf gegen die international anerkannte Regierung von Präsident Hadi zu unterstützen. Zunächst wird dargestellt, ob diese Vorwürfe tatsächlich nachgewiesen werden können (a.), bevor auf den diesbezüglichen Briefwechsel von Saudi-Arabien und dem Iran (b.) sowie darüberhinausgehende Stellungnahmen eingegangen wird (c.).

a. *Verifizierbare Fakten*

Wie in den meisten Fällen der Waffenlieferungen in bewaffneten Konflikte, stellt es sich auch hier als besonders schwierig dar, belastbare Daten und Fakten für Lieferungen an einen nichtstaatlichen Akteur zu erlangen. So deutet beispielsweise ein Interview mit der *Financial Times* aus dem Jahr 2015 darauf hin, dass die Hisbollah seit Jahren eine enge Beziehung zu den Huthis pflegt, die die Bildung einer Miliz nach dem Modell der Hisbollah im Jemen zum Ziel hat, was die direkte Unterstützung durch die libanesische Gruppe zwar wahrscheinlich macht.[731] Der Artikel räumt jedoch sogleich ein:

> „Hard evidence is scarce, but sources in Washington, Riyadh and London insist Hizbollah and Iranian Revolutionary Guard experts are in Yemen, most likely for planning and co-ordination.“[732]

Nachgewiesen ist, dass im Februar/März 2016 die Kriegsschiffe HMAS *Darwin*, FS *Provence* und USS *Sirocco*[733], traditionelle Segelschiffe (Dauen) im Arabischen Meer abfingen und auf diesen Waffen konfiszierten.[734] *Conflict*

---

730 Antwort auf Frage 21, BT-Drucksache 19/25580 vom 27.01.2021.

731 https://www.ft.com/content/e1e6f750-f49b-11e4-9a58-00144feab7de (zuletzt aufgerufen am 28.08.2019).

732 https://www.ft.com/content/e1e6f750-f49b-11e4-9a58-00144feab7de (zuletzt aufgerufen am 28.08.2019).

733 Diese waren Teil der sogenannten CMF (Combined Maritime Forces), ein multinationaler maritimer Zusammenschluss, der Sicherheit, Stabilität und Wohlstand auf ca. 3,2 Millionen Quadratmeilen internationaler Gewässer fördern soll. Vgl. https://combinedmaritimeforces.com/about/ (zuletzt aufgerufen am 28.08.2019).

734 CAR Report November 2016 „Maritime Interdictions of Weapons Supplies to Somalia and Yemen: Deciphering a link to Iran“, S. 4.

Armament Research[735] kommt in einem Report vom November 2016 zu dem Schluss, dass:

> „All three interdictions involved significant weapon seizures, with the weight of evidence pointing to Iran as the original source and Somalia and/or Yemen as the intended destinations."[736]

Der Iran weist die Vorwürfe von sich. Zu Beginn des Jahres 2017 werden hochkomplexe *unmanned aerial vehicles*[737] entdeckt, die „Kamikaze"-Drohnenangriffe auf das Raketenabwehrsystem Saudi-Arabiens fliegen.[738] Bei dieser Art von Angriffen steuert eine unbemannte Drohne auf den Sender einer Radiofrequenz zu, um in dessen direkter Nähe zu detonieren und dabei nicht nur sich selbst, sondern auch den Sender zu zerstören. Die Huthis geben an, diese selbst gefertigt zu haben, was laut CAR nach Auseinandersetzung mit den konfiszierten UAV nicht wahrscheinlich sei.[739] Vielmehr scheint erneut der Iran involviert zu sein:

> „Their acquisition of Iranian-designed Qasef-1 UAVs supports allegations that Iran continues to bolster the capacity of Houthi and Saleh-aligned forces through the transfer of new technology and advanced weaponry."[740]

Eine Verstärkung der Unterstützung der Huthis durch den Iran mit „training, arms and financial support" wird auch von Nachrichtenagenturen berichtet, die sich auf Brigadegeneral Ahmed Asseri (den Sprecher der saudischen Koalition) berufen:

> „We don't lack information or evidence that the Iranians, by various means, are smuggling weapons into the area."[741]

Aufgrund der Tatsache, dass sich derartige Berichte jedoch schwerpunktmäßig auf Quellen stützen, die in Verbindung mit Saudi-Arabien oder der saudisch

---

735 In der Folge CAR.

736 CAR Report November 2016 „Maritime Interdictions of Weapons Supplies to Somalia and Yemen: Deciphering a link to Iran", S. 5.

737 Im Folgenden UAV.

738 CAR Report März 2017 „Iranian Technology Transfers to Yemen: ‚Kamikaze' drones used by Houthi forces to attack Coalition missile defence systems", S. 1.

739 CAR Report März 2017 „Iranian Technology Transfers to Yemen: ‚Kamikaze' drones used by Houthi forces to attack Coalition missile defence systems", S. 2.

740 CAR Report März 2017 „Iranian Technology Transfers to Yemen: ‚Kamikaze' drones used by Houthi forces to attack Coalition missile defence systems", S. 2.

741 Vgl. beispielsweise https://www.reuters.com/article/us-yemen-iran-houthis-idUSKBN16S22R (zuletzt aufgerufen am 28.08.2019).

geführten Koalition stehen, ist deren Zuverlässigkeit fraglich. Immer wieder werden Zweifel laut, ob die Verbindungen zwischen Iran, Hisbollah und den Huthis tatsächlich so stark und so eng sind, wie sie vor allem durch Saudi-Arabien in den (westlichen) Medien dargestellt werden.[742] Als die USA im Dezember 2017 erstmalig ihre Beweise für Waffenlieferungen des Irans an die Huthis veröffentlichen, sind diese wenig überzeugend.[743] Wann die Waffen wie und an wen geliefert wurden, war diesen nicht zu entnehmen, wenn überhaupt handelte es sich nur einen Nachweis, dass die Huthis mit iranischen Waffen kämpfen.

Für das Jahr 2017 verzeichnet SIPRI Lieferungen im Umfang von 20 Millionen TIV. Die Datenbank des Friedensforschungsinstitutes stellt hohe Anforderungen an die Nachweisbarkeit aufgenommener Transfers, sodass jedenfalls in diesem Umfang davon ausgegangen werden kann, dass irgendwie geartete Lieferungen staatgefunden haben.

b. Briefwechsel der durch Saudi-Arabien geführten Koalition und der Islamischen Republik Iran im Sicherheitsrat und der Generalversammlung der Vereinten Nationen

Das Königreich Saudi-Arabien wirft der Islamischen Republik Iran vor, in Verletzung der Sicherheitsratsresolution 2216 (2015) Waffen und Munition an die Huthi-Rebellen im Jemen geliefert zu haben.[744] In einem Brief an den Sicherheitsrat vom 16. September 2016 begründet das Königreich Saudi-Arabien diese Vorwürfe damit, dass es wiederholt zu Beschlagnahmungen von *illicit weapons* aus dem Iran auf hoher See kam, deren Ziel der Jemen war, und führt dazu verschiedene Beweise an.[745] Die illegalen Waffenlieferungen ordnet das Königreich Saudi-Arabien wie folgt ein:

> „The smuggling of illicit arms to Houthi-Saleh rebel militias not only is a flagrant violation of Security Council resolutions but also constitutes a direct and tangible threat to the security of the Kingdom of Saudi Arabia, Yemen and the region, as well as the maintenance of international peace and security."[746]

---

742 http://carnegieendowment.org/sada/67988 (zuletzt aufgerufen am 07.09.2017).

743 https://www.reuters.com/article/us-usa-iran-arms/in-first-u-s-presents-its-evidence-of-iran-weaponry-from-yemen-idUSKBN1E82J6 (zuletzt aufgerufen am 28.08.2019).

744 Vgl.UN-Doc. S/2016/786, S. 1/2.

745 UN-Doc. S/2016/786, S. 1.

746 UN-Doc. S/2016/786, S. 1/2.

Hier stellt sich schon die Frage, was genau unter *illicit arms* oder *illicit weapons* verstanden werden soll. Dieser Begriff taucht im Zusammenhang mit der Regulierung des Waffenhandels zwar vermehrt auf, jedoch stets ohne nähere Erklärung. Auch der ATT nimmt den Begriff in den dritten Paragrafen der Präambel auf, ohne ihn zu definieren. Die Präambel unterscheidet zwischen „illicit trade in conventional arms" einerseits und „illicit market" andererseits. Bei rechtmäßigen, autorisierten Transfers handelt es sich um solche, die *licit* sind, während *illicit* regelmäßig unrechtmäßige beziehungsweise unbefugte Transfers beschreibt.[747] Oftmals geht der rechtmäßige dem unrechtmäßigen Handel voraus.

Saudi-Arabien schließt sodann die folgende Passage an:

> „The Kingdom of Saudi Arabia reaffirms its right to take all appropriate measures to counter the threats by the Iran-funded and Iran-backed Houthi-Saleh rebel militias and will spare no effort in protecting the security and safety of the Kingdom of Saudi Arabia, Yemen and its people and the region, in accordance with the Charter of the United Nations and international law."[748]

Welche Maßnahmen hier gemeint sind, bleibt allerdings unklar. In seiner Antwort streitet der ständige Vertreter des Iran im Namen seiner Regierung die Vorwürfe Saudi-Arabiens ab und verweist seinerseits auf die Verletzung von Völkerrecht, Menschenrechten und humanitärem Völkerrecht durch das Königreich und die saudisch geführte Koalition.[749] Dabei beruft er sich unter anderem auf die Reporte des *UN Panel of Experts*:

> „Numerous reports, by the United Nations and other authoritative institutions, have so far documented the crimes committed by the Saudi-led coalition against Yemeni civilians, especially children and women, as well as the coalition's engagement in violating international law and international humanitarian law, including Security Council resolution 2286 (2016)."[750]

Die Vorwürfe des Irans in dieser Stellungnahme stehen in keinem Zusammenhang mit dem Brief Saudi-Arabiens und den Vorwürfen, Waffen an die Huthis geliefert zu haben. Auf die von Saudi-Arabien angeführten Beschlagnahmen von illegalen iranischen Waffen auf hoher See wird nicht eingegangen. Die

---

747 *Casey-Maslen* in: *Andrew Clapham et al.*, The Arms Trade Treaty: A Commentary, (Oxford Commentaries on International Law; Oxford: Oxford University Press, 2016) Rn. 0.20.

748 UN-Doc. S/2016/786, S. 2.

749 UN-Doc. S/2016/817, S. 1.

750 UN-Doc. S/2016/817, S. 1.

Antwort der durch Saudi-Arabien geführten Koalition ging am 27. Oktober bei der Generalversammlung der Vereinten Nationen ein. Die Vereinigten Arabischen Emirate (VAE) repräsentierten hier die Koalition. In dem Brief werden der Islamischen Republik Iran

> „expansionist regional policies, flagrant violations of the principle of sovereignty and constant interference in the internal affairs of Arab States“[751]

vorgeworfen, welche kontinuierlich eine negative Rolle in der Region spielten und Spannung und Instabilität erzeugten. Bezüglich der Vorwürfe durch den Iran, die Koalition verletze humanitäres Völkerrecht und Völkerrecht, verweist der Brief erneut auf die Einladung durch die amtierende jemenitische Regierung von Präsident Hadi und deren völkerrechtliche Zulässigkeit nach Art. 51 UN-Charta.[752] Die Vorwürfe, die Islamische Republik Iran mische sich in die inneren Angelegenheiten des Jemen ein, indem sie die Huthi-Rebellen finanziell, strategisch sowie militärisch durch Ausbildung von Kämpfern und illegale Lieferungen von Waffen und Munition – in Verletzung der Sicherheitsratsresolutionen 2216 (2015) und 2231 (2015) – unterstütze, werden aufrechterhalten.[753] Erneut wird diesbezüglich auf die abgefangenen Waffentransporte verwiesen. Um die expansionistischen Bestrebungen der Islamischen Republik Iran zu verdeutlichen, wird angeführt, die Tunb-Inseln und die Abu-Musa-Insel im Persischen Golf seien durch den Iran besetzt und stünden den Vereinigten Arabischen Emiraten zu.

In einem Brief an die Generalversammlung, datiert auf den 16. November 2016, geht die Islamische Republik Iran vorwiegend auf die Vorwürfe ein, expansionistische Bestrebungen an den Tag zu legen; welche sie, wie erwartet, als haltlos zurückweist.[754] Sie erinnert hierbei unter anderem daran, dass im Syrienkonflikt eine Einladung der amtierenden Regierung von Baschar al-Assad vorlag.[755]

---

751 UN-Doc. A/71/581, S. 2.
752 UN-Doc. A/71/581, S. 2.
753 UN-Doc. A/71/581, S. 3.
754 UN-Doc. A/71/617, S. 1/2.
755 UN-Doc. A/71/617, S. 2.

c. *Stellungnahmen außerhalb des Briefwechsels der Koalition und der Islamischen Republik Iran*

(1) *Islamische Republik Iran*

In einem Video vom April 2017 äußerte sich Mehdi Tayeb, ein Kleriker, der den obersten Religionsführer im Iran Ali Khamenei berät, kritisch gegenüber Präsident Hassan Rohani.[756] Er wirft diesem vor, eine Mitverantwortung für das Blutvergießen im Jemen zu tragen, da der *Joint Comprehensive Plan of Action*[757] dazu geführt habe, dass keine Lenkflugkörper an die Huthis im Jemen geliefert wurden.[758] Ferner habe man – das bezieht sich wohl auf die iranischen Revolutionswächter – dreimal versucht, dennoch Lenkflugkörper an die Huthis zu liefern, was jedoch durch Präsident Rohani unter Verweis darauf unterbunden worden sei, dass die Amerikaner androhten, in diesem Falle die Verhandlungen über den JCPOA abzubrechen.[759] Dies erscheint durchaus plausibel, am 5. April 2016 gab Thomas A. Shannon Jr. (Under Secretary for Political Affairs) ein Statement vor dem *Senate Foreign Relations Committee* ab, in welchem er das Aufrechterhalten der Sanktionen gegen den Iran und vor allem die Revolutionswächter unter anderem mit dem Schmuggel von Waffen zu den Huthis verbindet.[760] Es ist wichtig, sich vor Augen zu halten, welche Rolle die Revolutionswächter in der Islamischen Republik Iran spielen: In der Islamischen Republik ist der „Oberste Führer" Oberbefehlshaber über die Armee und steht über dem Präsidenten.[761] Es scheint, als herrsche keine Einigkeit zwischen dem Obersten Führer und der gewählten Regierung darüber, ob die Huthis mit Waffen versorgt werden sollen.

---

756 Video abrufbar unter https://twitter.com/MEMRIReports/status/854908074074800128 (zuletzt aufgerufen am 07.09.2017).

757 In der Folge JCPOA.

758 Video abrufbar unter https://twitter.com/MEMRIReports/status/854908074074800128 (zuletzt aufgerufen am 27.08.2019).

759 Video abrufbar unter https://twitter.com/MEMRIReports/status/854908074074800128 (zuletzt aufgerufen am 27.08.2019).

760 Statement abrufbar unter https://2009-2017.state.gov/p/us/rm/2016/255510.htm (zuletzt aufgerufen am 27.08.2019).

761 Vgl. für eine ausführliche Darstellung und Erklärung beispielsweise *Kenneth Katzman*, Iran: Internal Politics and U.S. Policy and Options, (2019).

(2) *Staaten der durch Saudi-Arabien geführten Koalition*

Saudi-Arabien beruft sich in seinem Vorgehen gegen die Huthi-Saleh-Allianz regelmäßig auf die Einladung durch den international anerkannten Präsidenten Hadi vom März 2015 sowie Art. 51 UN-Charta:

> „In response, we initiated a military intervention on the basis of a demand by the legitimate Government of Yemen and in accordance with Article 51 of the Charter of the United Nations."[762]

Wobei oft unklar bleibt, ob die Berufung auf Art. 51 UN-Charta auf ein Selbstverteidigungsrecht Saudi-Arabiens aufgrund von Anschlägen auf saudisches Territorium gegründet ist[763] oder ob es sich um eine Berufung auf ein Recht zur kollektiven Selbstverteidigung, auf dem die Einladung von Präsident Hadi selbst gründet, handelt.[764]

Alle Staaten der Koalition machten mit dem gemeinsamen Brief vom 18. Oktober 2016 an den Generalsekretär der Vereinten Nationen deutlich, dass sie sich bei ihrem kollektiven Eingreifen in den Konflikt im Jemen auf die Einladung des international anerkannten Präsidenten Hadi berufen und sich daher im Recht sehen.[765] Einzelne Stellungnahmen in der Generalversammlung stimmten dem zu.[766]

---

762 Al-Jubeir 01/10/15, UN-Doc. A/70/PV.24, S. 21.

763 So angedeutet in dem Brief von Saudi-Arabien vom 14.09.2016 an den Präsidenten des Sicherheitsrats, UN-Doc. S/2016/786, S. 2.

764 So scheint es jedenfalls in dem Brief der Vereinigten Arabischen Emirate im Namen der Koalitionsmächte vom 18.10.2016 an den Generalsekretär der Vereinten Nationen zu sein: „This request was issued in full conformity with international law and the right of self-defence as stipulated in Article 51 of the Charter of the United Nations." UN-Doc. A/71/581, S. 2.

765 Annex to the note verbale dated 27 October 2016 from the Permanent Mission of the United Arab Emirates to the United Nations addressed to the Secretary General; UN-Doc. A/71/581, S. 2.

766 So beispielsweise auch Sheikh Al Nahyan, Vereinigte Arabische Emirate, UN-Doc. A/70/PV.26, S 1, 02.10.2015: „My country is participating in the coalition supporting the legitimate Government of Yemen in response to the request by the President of Yemen to provide the necessary support to the Government and people of Yemen in confronting the Houthi coup, and combating other terrorist organizations such as Al-Qaida in the Arabian Peninsula and ISIL that have exploited the chaotic and unstable conditions in Yemen and increased their terrorist acts".

III. Zwischenergebnis

Der Konflikt im Jemen dauert zum Zeitpunkt des Abschlusses der Bearbeitung weiterhin an. Ein Ende ist noch immer nicht in Sicht. Waffenlieferungen an Saudi-Arabien werden noch immer vorgenommen, stehen aber auch weiterhin in der Kritik und sind Gegenstand gerichtlicher Überprüfung oder parlamentarischer Diskussion. Dass Lieferungen an einen Staat für die Beteiligung an einen innerstaatlichen Konflikt, der nicht auf seinem Territorium ausgetragen wird, in die Kritik geraten, ist neu. Dies ist sicherlich jedenfalls unter anderem auf die zunehmende Humanisierung der Rüstungsexportkontrolle zurückzuführen, in deren Zentrum im internationalen Recht der Waffenhandelsvertrag der Vereinten Nationen steht.

Die Verhandlungen im britischen Fall *CAAT v. Secretary of State* haben nun deutlich gemacht, wo in Zukunft der Schwerpunkt dieser Rüstungskontrolle liegen wird: auf dem Verfahren zur Bestimmung des Risikos der Benutzung der gelieferten Waffen für Verletzungen von Menschenrechten und/oder humanitärem Völkerrecht. Wie Regierungen dieses Risiko ermitteln und wie Gerichte diese Entscheidungen – wenn überhaupt – überprüfen können, wird maßgeblich beeinflussen, welche praktischen Auswirkungen Menschenrechte und humanitäres Völkerrecht auf Rüstungsexportentscheidungen haben können und haben werden.

D. Zusammenführung der Erkenntnisse

Wie fügen sich nun die vorherigen Erkenntnisse aus der Analyse des jemenitischen Bürgerkrieges in die allgemeinen menschenrechtlichen Verpflichtungen und die Verpflichtungen des humanitären Völkerrechts ein? Gehen diese vollends im Waffenhandelsvertrag der Vereinten Nationen auf oder werden Staaten auch über dessen Anwendungsbereich hinaus zur Einhaltung von Menschenrechten und humanitärem Völkerrecht verpflichtet? Und wie passen sich diese Verpflichtungen in die grafische Darstellung der Verpflichtungen von Staaten aus Kapitel 4 D ein?

Im Anwendungsbereich des ATT und des Gemeinsamen Standpunktes 2008/944/GASP muss gegenwärtig davon ausgegangen werden, dass diese die völkerrechtlichen Anforderungen an staatliche Sorgfaltspflichten bei der Entscheidung über Rüstungsexporte vollumfänglich abbilden, sofern sie nicht wie beispielsweise im humanitären Völkerrecht ausdrücklich modifiziert werden. Dies bedeutet, dass der ATT als kleinster gemeinsamer Nenner der internationalen Gemeinschaft die Grundregeln für den internationalen Waffenhandel aufstellt. Zentral ist hierbei, dass jeder Staat an seinen bestehenden vertraglichen Verpflichtungen festhalten lassen muss und diese schließlich die das Schutzniveau bestimmen: Wenn Staaten durch den ATT nicht an die gegebenenfalls höheren menschenrechtlichen Standards anderer Staaten gebunden werden sollen, dann müssen sie sich jedenfalls an denen festhalten lassen, denen sie außerhalb des ATT unterworfen sind.

Das Verfahren *CAAT v. Secretary of State* offenbart den Kern der staatlichen Verpflichtung in dieser Hinsicht, namentlich, dass der liefernde Staat Nachforschungen anstellen muss, um die Situation im Empfangsstaat sowie dessen gegenwärtiges und vergangenes Verhalten im Hinblick auf humanitäres Völkerrecht festzustellen. Dies muss auch für Menschenrechte gelten. Ohne eine Feststellung der Praxis des Empfangsstaats können die Vorgaben des ATT und des Gemeinsamen Standpunkts 2008/944/GASP, bei entsprechendem Risiko von einer Lieferung abzusehen, nicht eingehalten werden.

Hinsichtlich der Verpflichtungen des humanitären Völkerrechts ist festzuhalten, dass die in Art. 1 GK I–IV statuierte Verpflichtung *to ensure respect* ihrem Inhalt und Ausmaß nach wohl der des ATT und des Gemeinsamen Standpunkts 2008/944/GASP entspricht. Bei Vorliegen eines Musters an systematischen Verletzungen des humanitären Völkerrechts geht der Schutz von Art. 1 GK I–IV allerdings weiter und ein Staat verletzt bei fortgesetzten Lieferungen sowohl Art. 1 GK I–IV als auch Art. 16 und gegebenenfalls Art. 41 (2) ASR.[767] Zu Zeiten des bewaffneten Konflikts im Empfangsstaat gilt besondere Vorsicht. Zur Verdeutlichung kann auch hier die Grafik aus Kapitel 4 D, vor allem der obere, die Regierung betreffende Teil, herangezogen werden:

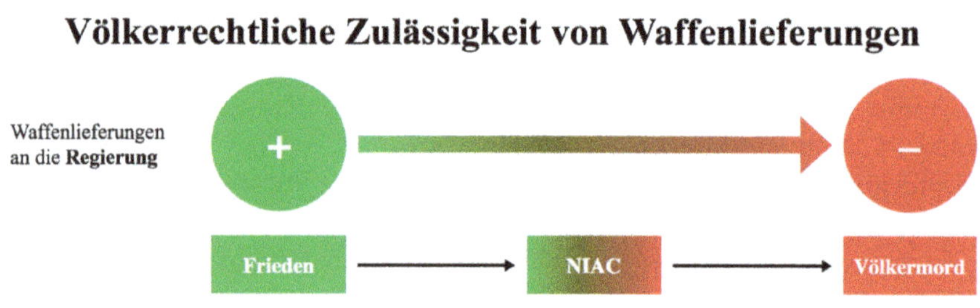

767 Mehr dazu im Folgenden in Kapitel 6 E. II.

Zu Friedenszeiten muss in der internationalen Gemeinschaft für deren Bestand und Funktionsfähigkeit davon ausgegangen werden, dass die Regierung die Aufgaben des Staates für die Bevölkerung nach innen und außen wahrnimmt und mithin auch Menschenrechte garantiert und deren Einhaltung gewährleistet. Die Regierungsform spielt hierbei zunächst keine Rolle; die generelle Haltung der Regierung zu Menschenrechten ist allerdings von Bedeutung. Mit Übergang in den NIAC tritt nun die Verpflichtung zur Einhaltung von humanitärem Völkerrecht hinzu. Menschenrechte sind überdies nun in besonderem Maße gefährdet, da die Regierung gegen eine organisierte Gruppe aus der Bevölkerung kämpft. Diese besondere Vorsicht, die mit Übergang in den NIAC zu wahren ist, schlägt schließlich mit Übergang zum Völkermord in ein Verbot um. Hierzu mehr in Kapitel 6 F. Die Grafik erweist sich auch im Lichte des humanitären Völkerrechts als überzeugend. Hier wird zu Friedenszeiten gerade keine Aussage getroffen, das humanitäre Völkerrecht trifft gerade keine Regelungen für Friedenszeiten. Zu Zeiten des NIAC ist die Rechtmäßigkeit von Waffenlieferungen im Lichte des humanitären Völkerrechts fraglich, die sodann bei systematischen Verletzungen des humanitären Völkerrechts, von denen Völkermord eine besonders extreme Ausprägung ist, in ein Verbot umschlägt.

E. Ergebnis

Staaten tragen bei der Entscheidung über Rüstungsexporte eine menschenrechtliche Sorgfaltspflicht. Diese ist nicht gewohnheitsrechtlich begründet, sie erschöpft sich für die jeweiligen Mitgliedsstaaten in den Vorgaben jener Verträge, denen sie unterworfen sind. Der gemeinsame Art. 1 GK I-V statuiert eine *due diligence*-Verpflichtung für Staaten, in jeder Situation humanitäres Völkerrecht einzuhalten. Welche Anforderungen an diese *due diligence*-Pflicht gestellt werden, ist im Detail unklar. Das Verfahren *CAAT v. Secretary of State* verdeutlicht, dass wohl jedenfalls eine Verpflichtung besteht, die notwendigen Nachforschungen über gegenwärtiges und vergangenes Verhalten anzustellen. Dies überzeugt, da nur auf Grundlage der Kenntnis über gegenwärtiges und vergangenes Verhalten ein *risk assessment* überhaupt sinnvoll durchgeführt werden kann. Dieses wiederum steht, aufgrund der Natur der zugrunde liegenden Sachverhalte und der größtenteils geheimen Informationen, weiterhin im Ermessen der entscheidungsbefugten Organe.

„[T]he supply of arms by one State to another is, in the absence, for example, of any prohibition by the United Nations, quite lawful. In addition, the Answer suggests that the responsibility for the use of those arms [...] must rest primarily upon the State which receives them. There is, however, nothing in the Answer to support the view that a State which knowingly supplies arms to another for the purpose of assisting the latter to act in as manner inconsistent with its international obligations can thereby escape legal responsibility for complicity in such illegal conduct."[768]

Kapitel 6 Staatenverantwortlichkeit in Situationen der Beteiligung

Die Verantwortlichkeit von Staaten in Situationen, die unter dem Begriff „Beteiligung" zusammengefasst werden können, ist momentan Gegenstand reger Diskussionen. Diese beschränken sich bei Weitem nicht auf spezielle Bereiche des (Völker-)Rechts. Vielmehr setzen gerade neuere Projekte, wie das der Universität Amsterdam zu *Rethinking Secondary Liability for International Crimes,* darauf, aus Völkerrecht, Zivilrecht und Strafrecht gleichermaßen Parameter abzuleiten, die es ermöglichen, im Einzelfall Verantwortlichkeit besser lokalisieren zu können.[769] Dies trägt der Tatsache Rechnung, dass es in einer hochkomplexen globalisierten internationalen Gemeinschaft mit zunehmender Verrechtlichung unweigerlich zu Unklarheiten und/oder Überschneidungen von Verantwortlichkeitsbereichen kommt. Dies soll nun gerade nicht dazu führen, dass Staaten sich ob dieser Verflechtungen ihrer Verantwortlichkeit entziehen können.

A. Gegenwärtige Diskussionen um Beteiligung und Sorgfaltspflichten: Überschneidungen, Verwechslungen und Ungenauigkeiten

In den Medien, dem Schrifttum und im zwischenstaatlichen Diskurs wird immer öfter auf die Tatsache hingewiesen, dass Staaten, beispielsweise

768 *Elihu Lauterpacht*, The Contemporary Practice of the United Kingdom in the Field of International Law – Survey and Comment VI: January 1 – June 30, 1958, International and Comparative Law Quarterly, 7/3 S. 551.

769 https://rethinkingslic.org/ (zuletzt aufgerufen am 26.08.2019).

Deutschland, mit der Lieferung von Waffen an andere Staaten oder nichtstaatliche Akteure, die mit diesen Waffen Menschenrechte oder das humanitäre Völkerrecht verletzen, für diese Handlungen mitverantwortlich sein könnten. Tatsächlich wurden in den letzten Jahren Beteiligungsformen im Allgemeineren – *complicity* – vermehrt auch zum Thema im Völkerrecht und dementsprechend, wenn auch mit unterschiedlicher Schwerpunktsetzung, vielfach bearbeitet.[770] In diese Diskussionen hielten nun auch vermehrt die oben näher dargestellten *due diligence*[771]-Verpflichtungen Einzug.

Die Ausgestaltung und Auswirkung dieser Verpflichtungen im Detail bleibt dabei allzu oft unklar.[772] Im Kern der Diskussionen stehen vor allem

---

770 *Miles Jackson*, Complicity in International Law, eds., Redgwell et al., (Oxford Monographs in International Law; Oxford: Oxford University Press, 2015); *Vladyslav Lanovoy*, Complicity and its Limits in the Law of International Responsibility, (Studies in International Law, Oxford: Hart Publishing 2016); *André Nollkaemper*, A Shared Responsibility Trap: Supplying Weapons to the Syrian Opposition, (2013), http://www.ejiltalk.org/a-shared-responsibility-trap-supplying-weapons-to-the-syrian-opposition/ (zuletzt aufgerufen am 04.08.2015); *Helmut Philipp Aust*, Complicity and the Law of State Responsibility, eds., Crawford et al., (Cambridge studies in international and comparative law; Cambridge: Cambridge University Press, 2011); *Olivier Corten und Pierre Klein*, The limits of complicity as ground for responsibility: lessons learned from the *Corfu Channel* case, in Karine Bannelier et al. (eds.), The ICJ and the Evolution of International Law: The enduring impact of the *Corfu Channel* case, (Routledge Research in International Law; London: Routledge, 2012); *Anja Seibert-Fohr*, From Complicity to Due Diligence: When do States incur Responsibility for their Involvement in Serious International Wrongdoing?, German Yearbook of International Law, 60 (2018); *Georg Nolte und Helmut Philipp Aust*, Equivocal Helpers: Complicit States, Mixed Messages and International Law, International and Comparative Law Quarterly, 58/1 (2009); *Vaughan Lowe*, Responsibility for the Conduct of other States, Kokusiho gaiko zasshi: The journal of international law and diplomacy, 101 (2002).

771 *Sarah Heathcote*, State omissions and due diligence: aspects of fault, damage and contribution to injury in the law of state responsibility, in Bannelier et al. (eds.), The ICJ and the Evolution of International Law: The enduring impact of the *Corfu Channel* case, (Routledge Research in International Law; London: Routledge, 2012); *Timo Koivurova*, Due Diligence, in: *Max Planck Encyclopedia of Public International Law*, (Oxford: Oxford University Press, 2010); *Riccardo Pisillo-Mazzeschi*, The Due Diligence Rule and the Nature of the International Responsibility of States, German Yearbook of International Law, 35 (1992); *Joanna Kulesza*, Due Diligence in International Law, (Queen Mary Studies in International Law; Leiden: Brill, 2016).

772 *Helmut Philipp Aust*, Complicity and the Law of State Responsibility, eds., Crawford et al., (Cambridge studies in international and comparative law;

Themenkomplexe wie die Menschenrechtsverpflichtungen von transnationalen Unternehmen, *Human rights and business* oder sogenannte *extraordinary renditions*[773]. In all diesen Kontexten werden seit jeher auch Waffenlieferungen am Rande thematisiert und als ein Beispiel herangezogen.[774] Meist werden sie

---

Cambridge: Cambridge University Press, 2011); *John Cerone*, Re-examining International Responsibility: „Complicity“ in the Context of Human Rights Violations, The Journal of International Law and Comparative Law, 14 (2008); *Olivier Corten und Pierre Klein*, The limits of complicity as ground for responsibility: lessons learned from the *Corfu Channel* case, in Bannelier et al. (eds.), The ICJ and the Evolution of International Law: The enduring impact of the *Corfu Channel* case, (Routledge Research in International Law; London: Routledge, 2012); *Maarten Den Heijer*, Europe and Extraterritorial Asylum, (Studies in International Law; Oxford: Hart Publishing, 2012); *Helen Duffy*, Detention and Interrogation Abroad: The ‚Extraordinary Rendition‘ Programme, in André Nollkaemper et al. (eds.), The Practice of Shared Responsibility in International Law, (Cambridge: Cambridge University Press, 2017); *Sarah Heathcote*, State omissions and due diligence: aspects of fault, damage and contribution to injury in the law of state responsibility, in Bannelier et al. (eds.), The ICJ and the Evolution of International Law: The enduring impact of the *Corfu Channel* case, (Routledge Research in International Law; London: Routledge, 2012); *Dan Joyner*, Arms Control, in André Nollkaemper et al. (eds.), The Practice of Shared Responsibility in International Law, (Cambridge: Cambridge University Press, 2017); *Vladyslav Lanovoy*, Complicity and its Limits in the Law of International Responsibility, (Studies in International Law; Oxford: Hart Publishing, 2016); *André Nollkaemper und Dov Jacobs*, Shared Responsibility in International Law: A Conceptual Framework, Michigan Journal of International Law, 34/2 (2013); *Riccardo Pisillo-Mazzeschi*, The Due Diligence Rule and the Nature of the International Responsibility of States, German Yearbook of International Law, 35 (1992); *Anja Seibert-Fohr*, From Complicity to Due Diligence: When do States incur Responsibility for their Involvement in Serious International Wrongdoing?, German Yearbook of International Law, 60 (2018); *Stefan Talmon*, A Plurality of Responsible Actors: International Responsibility for Acts of the Coalition Provisional Authority in Iraq, in Phil Shiner et al. (eds.), The Iraq War and International Law, (Oxford: Hart Publishing, 2008).

773 Vgl. allgemein *Helen Duffy*, Detention and Interrogation Abroad: The ‚Extraordinary Rendition‘ Programme, in Nollkaemper et al. (eds.), The Practice of Shared Responsibility in International Law, (Cambridge: Cambridge University Press, 2017).

774 So besonders deutlich und statt vieler *Anja Seibert-Fohr*, From Complicity to Due Diligence: When do States incur Responsibility for their Involvement in Serious International Wrongdoing?, German Yearbook of International Law, 60 (2018) S. 8.

ausschließlich im Hinblick auf entweder Menschenrechte[775] oder humanitäres Völkerrecht erörtert.[776] Eine holistische Darstellung bleibt zu vermissen. Diese zu liefern, ist ein Ziel dieses Kapitels. Dazu empfiehlt es sich zunächst, die Diskussion nachzuzeichnen und aufzuzeigen, wo sich besondere Probleme im Zusammenhang mit Waffenlieferungen ergeben.

Der Begriff Staatenverantwortlichkeit bezeichnet den Teil des Rechts, der sich mit der Frage nach der Verantwortlichkeit von Staaten für ihr Handeln befasst. Es geht vorwiegend um

> „the principles which govern the responsibility of States for internationally wrongful acts, maintaining a strict distinction between this task and the task of defining the rules that place obligations on States, the violation of which may generate responsibility."[777]

Hier tritt die Teilung des Völkerrechts in primäre und sekundäre Normen zutage. Diese Unterscheidung wird bisweilen für unzureichend und wenig hilfreich erachtet.[778] Doch erlaubt diese Einteilung, sich auf allgemeine Weise mit spezifischen Problemen der Verantwortlichkeit zu befassen, ohne auf die Herausforderungen der substanziellen Norm eingehen zu müssen. Ferner ist ein System basierend auf den allgemeinen Regeln der Verantwortlichkeit vorteilhaft und wünschenswert, da es in seinen Grundzügen allen Primärnormen gemein ist und gegebenenfalls nur in einzelnen Bereichen – namentlich Menschenrechte, humanitäres Völkerrecht und das Recht der Gewaltanwendung – angepasst werden muss oder durch *leges specialis* im Einzelfall verdrängt werden kann.

B. Der „Tatbestand" des Art. 16 ASR

Im Zentrum der Staatenverantwortlichkeit stehen für den Fall von Waffenlieferungen Art. 16 und 41 ASR. Sie geben Aufschluss darüber, ob das Liefern

---

775 So beispielsweise *Annyssa Bellal*, Arms Transfers and international human rights law, in Casey-Maslen (ed.), Weapons Unter International Human Rights Law, (Cambridge: Cambridge University Press, 2014).

776 So beispielsweise *Alexandra Boivin*, Complicity and beyond: International law and the transfer of small arms and light weapons, International Review of the Red Cross, 87 (2005).

777 Roberto Ago, ILC YBK 1970 II (2) 306.

778 *Helmut Philipp Aust*, Complicity and the Law of State Responsibility, eds., Crawford et al., (Cambridge studies in international and comparative law; Cambridge: Cambridge University Press, 2011) S. 5.

von Waffen, welche in der Folge zu völkerrechtswidrigen Zwecken eingesetzt werden, zu einer Verantwortlichkeit des liefernden Staates führen kann. Zwar regeln die *Articles on Responsibility of States for Internationally Wrongful Acts* auf den ersten Blick nur zwischenstaatliches Verhalten, im seinem Völkermord-Urteil stellte der Internationale Gerichtshof jedoch fest, dass auch die Unterstützung eines nichtstaatlichen Akteurs grundsätzlich vom Rechtsgedanken des Art. 16 ASR erfasst ist und bestätigte darüber hinaus auch noch dessen gewohnheitsrechtliche Geltung.[779] *Georg Nolte* und *Helmut Aust* stellten 2009 schon fest, dass eine allgemeine Norm, die Verantwortlichkeit begründet, in letzter Zeit vermehrt angenommen wurde, und führen dazu unter anderem die Venedig-Kommission[780] sowie ein Urteil des Bundesverfassungsgerichts[781] und eines des Bundesverwaltungsgerichts[782] an.[783] Trotz dessen bleibt auch heute der genaue Inhalt dieser Verpflichtung unklar.

Art. 16 ASR selbst hat eine Doppelnatur: Er beschreibt, welches Verhalten eines Staates im Hinblick auf das völkerrechtswidrige Verhalten eines anderen Staates zulässig beziehungsweise untersagt ist:

> „A State which aids or assists another State in the commission of an internationally wrongful act by the latter **is internationally responsible** for doing so if: (a) That State does so with knowledge of the circumstances of the internationally wrongful act; and (b) The act would be internationally wrongful if committed by that State“ (Hervorhebung durch die Verfasserin).

Gleichzeitig legt Art. 16 ASR damit aber auch gerade erst fest, dass der unterstützende Staat mit seiner Handlung dann auch Völkerrecht verletzt. Die Ausdifferenzierung zulässigen Staatshandelns an sich obliegt aber prinzipiell dem Primärrecht und gerade nicht dem Sekundärrecht, dem Art. 16 angehört.

---

779 *Application of the Convention on the Prevention and Punishment of the Crime of Genocide (Bosnia and Herzegovina v. Serbia and Montenegro)*, Judgement, I.C.J. Reports 2007, para. 420.

780 Venice Commission of the Council of Europe: Opinion on the International Legal Obligation of Council of Europe member states in respect of secret detention facilities and interstate transport of prisoners, CDL-AD(2006)009, para 45, reprinted (2006) 27 HRLJ 122.

781 BVerfG 109, 13, 26–27.

782 BVerwG 2 WD 12.04 Urteil vom 21. Juni 2005.

783 *Georg Nolte und Helmut Philipp Aust*, Equivocal Helpers: Complicit States, Mixed Messages and International Law, International and Comparative Law Quarterly, 58/1 (2009) S. 8.

Autoren nahmen daher bisweilen an, Art. 16 ASR sei gar primärrechtlicher Natur.[784] Einer Doppelnatur von Art. 16 ASR steht auch die eigentlich rein sekundärrechtliche Ausrichtung der ASR nicht entgegen, da die strikte Trennung von Primär- und Sekundärrecht nicht dauerhaft sinnvoll eingehalten werden kann.[785] Ferner sorgt auch der derivative Charakter von Art. 16 ASR, welcher die Verantwortlichkeit des unterstützenden Staates von einer eigenständigen völkerrechtswidrigen Handlung eines anderen Staates abhängig macht,[786] dafür, dass die primärrechtlichen Aspekte von Art. 16 ASR mit dem Grundgedanken der *Articles on Responsibility of States* vereinbart werden können: Es wird gerade nicht der Tatbestand einer primärrechtlichen Verpflichtung (neu) definiert, sondern vielmehr eine zwar neue, wenngleich auch abhängige Verantwortung für Unterstützungshandlungen statuiert.[787] Was wie eine technische Kleinigkeit erscheinen mag, ist zentral für das Verständnis von Art. 16 ASR und damit letztlich auch für sein Verhältnis zu anderen Verpflichtungen, die einen Staat in Zusammenhang mit einer bestimmten Handlung treffen können. Auf das nationale Recht übertragen entspricht das gedanklich der Unterscheidung von Täterschaft, Teilnahme und Beihilfe. Diese wiederum ist entscheidend für dafür, ob im Einzelfall die Verletzung einer eigenen Verpflichtung vorliegt oder ob das rechtswidrige Handeln eines anderen Akteurs zugerechnet wird. Entsprechend dem nationalen Recht zieht dies auch im Völkerrecht die Möglichkeit der Beteiligung durch einen anderen Akteur nach sich. Art. 16 ASR nimmt gerade keine Zurechnung von Handlungen vor. Der unterstützende Staat wird für seine eigene Handlung in Haftung genommen. Ob diese Haftung aber ausgelöst wird, hängt davon ab, ob ein anderer Staat eine völkerrechtswidrige Handlung vornimmt. Ein Blick auf den Tatbestand

784 *Miles Jackson*, Complicity in International Law, eds., Redgwell et al., (Oxford Monographs in International Law; Oxford: Oxford University Press, 2015) S. 149; *Bernhard Graefrath*, Complicity in the Law of International Responsibility, Revue belge de Droit International, 29 (1996) S. 371, der sich noch auf Art. 27 bezieht, welcher heute als Art. 16 Eingang in die ASR gefunden hat.

785 So auch *Miles Jackson*, Complicity in International Law, eds., Redgwell et al., (Oxford Monographs in International Law; Oxford: Oxford University Press, 2015) S. 150.

786 International Law Commission, *Draft Articles on Responsibility of States for Internationally Wrongful Acts*, November 2001, Supplement No. 10 (A/56/10), Chapter IV, para. 7.

787 *Bernhard Graefrath*, Complicity in the Law of International Responsibility, Revue belge de Droit International, 29 (1996) S. 371.

des Art. 16 ASR gibt nun Aufschluss darüber, welche Voraussetzungen erfüllt sein müssen, um eine Haftung auszulösen.

Eine zentrale Voraussetzung für eine Verantwortlichkeit nach dem Wortlaut von Art. 16 ASR ist der tatsächliche Eintritt der völkerrechtswidrigen Haupttat. Sofern dies gegeben ist, sind – überwiegender Ansicht nach – alle denkbaren Arten von Hilfe und Unterstützung von Art. 16 ASR umfasst.[788] Wie aber im Einzelnen der Nexus von Unterstützungshandlung und der völkerrechtswidrigen Haupttat beschaffen sein muss (I.), ob es ein subjektives Element gibt (II.) oder wie sich der sogenannte Gleichlauf der Verpflichtungen auswirkt (III.), wird nun näher ausgeführt.

I. Der Nexus von Hilfe und völkerrechtswidriger Handlung

Im Fall von Waffenlieferungen ist der Nexus von Hilfe und völkerrechtswidriger Handlung in Art. 16 ASR von zentraler Bedeutung. Neben dem subjektiven Element *in view of* (II.) ist es gerade dieser Nexus, der eine Abgrenzung von normaler, zulässiger, von Souveränität geprägter Zusammenarbeit ermöglicht. Waffenlieferungen könnten hier unter Umständen beides sein: nebensächlich, sofern es sich beispielsweise um Lieferungen an einen Staat handelt, der über eine große eigene Produktion, ein umfassendes Arsenal oder andere Lieferanten verfügt; wesentlich aber für einen nichtstaatlichen Akteur, dem keine andere Quelle der Versorgung mit Waffen offensteht.

Verwirrung stiftet daher der Kommentar zu den *Articles on Responsibility of States*, wenn er proklamiert, dass auch bloße nebensächliche (*incidental*) Hilfe in den Anwendungsbereich von Art. 16 ASR fallen könnte.[789] Dies steht im Widerspruch zu der vorherigen Aussage des Kommentars, dass die Handlung jedenfalls signifikant zu dem Akt beigetragen haben muss.[790] Letzterem ist unter Verweis auf eine systematische Auslegung Vorzug zu gewähren: In den sich mit dem Umfang des Verbots befassenden Paragrafen der Vorschrift wird

---

788 *Miles Jackson*, Complicity in International Law, eds., Redgwell et al., (Oxford Monographs in International Law; Oxford: Oxford University Press, 2015) S. 153. Wohl a.A. *Vaughan Lowe*, Responsibility for the Conduct of other States, Kokusiho gaiko zasshi: The journal of international law and diplomacy, 101 (2002) S. 5.

789 International Law Commission, *Draft Articles on Responsibility of States for Internationally Wrongful Acts*, November 2001, Supplement No. 10 (A/56/10), Art. 16 para. 10..

790 International Law Commission, *Draft Articles on Responsibility of States for Internationally Wrongful Acts*, November 2001, Supplement No. 10 (A/56/10), Art. 16 para. 5.

auf eine signifikante Unterstützung verwiesen, während in dem Paragrafen, der auch zufällige, also *incidental* Handlungen anspricht, der Schwerpunkt auf der Frage nach dem Grad der Verantwortlichkeit liegt.[791] Im Fall von Unterstützungen, die selbst *conditio sine qua non* für die Rechtsverletzung sind, wäre der unterstützende Staat mit dem handelnden gleichzusetzen.[792] Um zu weitreichende Einschränkungen der zwischenstaatlichen Kooperation zu vermeiden und Rechtssicherheit zu schaffen, überzeugt es hier, einen *material facilitation*-Standard anzunehmen, wonach die Unterstützung die Rechtsverletzung maßgeblich begünstigt haben muss.[793]

II. Unterstützung „in view of" und die Frage nach dem subjektiven Element

Über eine eventuelle subjektive Dimension von Art. 16 ASR herrscht Uneinigkeit. Ob der liefernde Staat mit Wissen oder gar Vorsatz handeln muss, steht im Zentrum dieser Diskussion. Auch diese ist zurückzuführen auf den nötigen Ausgleich von völkerrechtlich zulässiger Kooperation zwischen souveränen Staaten und völkerrechtswidriger Unterstützung eines völkerrechtswidrigen Aktes. Bei Waffenlieferungen kann ein eventuelles subjektives Element nun weitreichende Auswirkungen haben. Sie werden oft in Erfüllung bereits

---

791 *Miles Jackson*, Complicity in International Law, eds., Redgwell et al., (Oxford Monographs in International Law; Oxford: Oxford University Press, 2015) S. 158; *James Crawford*, State Responsibility: The General Part, eds., James Crawford et al., (Cambridge Studies in International and Comparative Law; Cambridge: Cambridge University Press, 2013) S. 402 f. So wohl auch: *Stefan Talmon*, A Plurality of Responsible Actors: International Responsibility for Acts of the Coalition Provisional Authority in Iraq, in Shiner et al. (eds.), The Iraq War and International Law, (Oxford: Hart Publishing, 2008) S. 219.

792 Aus dem International Law Commission, *Draft Articles on Responsibility of States for Internationally Wrongful Acts*, November 2001, Supplement No. 10 (A/56/10), zu Art. 16 ASR para. 10 abgeleitet, *Stefan Talmon*, A Plurality of Responsible Actors: International Responsibility for Acts of the Coalition Provisional Authority in Iraq, in Shiner et al. (eds.), The Iraq War and International Law, (Oxford: Hart Publishing, 2008) S. 219.

793 So *Georg Nolte und Helmut Philipp Aust*, Equivocal Helpers: Complicit States, Mixed Messages and International Law, International and Comparative Law Quarterly, 58/1 (2009) S. 12; *Miles Jackson*, Complicity in International Law, eds., Redgwell et al., (Oxford Monographs in International Law; Oxford: Oxford University Press, 2015) S. 158.; *Vaughan Lowe*, Responsibility for the Conduct of other States, Kokusiho gaiko zasshi: The journal of international law and diplomacy, 101 (2002) S. 5.

bestehender Verträge an Staaten geliefert oder mit humanitären Argumenten an nichtstaatliche Akteure. Ein eventueller Vorsatz zur Unterstützung völkerrechtswidrigen Verhaltens liegt also meistens jedenfalls nicht auf der Hand. Ob bloßes Wissen um eine potenzielle Rechtsverletzung mithilfe der gelieferten Waffen ausreicht, um den Tatbestand von Art. 16 ASR zu erfüllen, ist fraglich.

Zunächst ist von dem Grundsatz auszugehen, dass Staaten sich auf einen (völker)rechtmäßigen Einsatz der Hilfsleistung durch den Empfangsstaat verlassen dürfen.[794] Es stellt sich also die Frage, welche Umstände hinzutreten müssen, um Staaten in Abweichung von diesem Grundsatz Verpflichtungen auferlegen zu können. Zu unterscheiden ist hier zwischen dem Wissen um eine potenzielle Rechtsverletzung und dem Vorsatz, mit der Unterstützungshandlung eine bestimmte rechtsverletzende Handlung eines Staates zu unterstützen. Laut *ILC Commentary* muss die Unterstützung „[...] be given with a view to facilitate the commission of the act and must actually do so".[795] Dass durch Art. 16 ASR im Gegensatz zur generellen Struktur der *Articles on Responsibility of States* ein gewisses Verschulden (*fault*) oder ein gewisser Vorsatz (*wrongful intent*) vorausgesetzt wird, erschließt sich vor allem mit Blick auf die von Art. 16 ASR umfassten praktischen Fallgestaltungen: Die Unterstützungshandlung wird an einen vollständig eigenverantwortlichen Dritten geleistet. Dessen Tun oder Unterlassen steht zunächst ausschließlich in seiner eigenen Verantwortung.

Die Voraussetzung eines subjektiven Elements soll jedoch nicht dazu führen, dass Staaten sich hinter ihren Fehlen verstecken können: Hier besteht Möglichkeit einer *due diligence*-Verpflichtung von Staaten im Hinblick auf Unterstützungshandlungen und mit ihr die Verpflichtung von Staaten, sicherzustellen, dass Unterstützungshandlungen nicht für völkerrechtswidrige Zwecke verwendet werden.[796] Es wird bisweilen darauf verwiesen, dass Staaten vermehrt den Endverbrauch von Waffen zwar gesetzlich regeln, die Effektivität solcher

794 *Miles Jackson*, Complicity in International Law, eds., Redgwell et al., (Oxford Monographs in International Law; Oxford: Oxford University Press, 2015) S. 158; *Vaughan Lowe*, Responsibility for the Conduct of other States, Kokusiho gaiko zasshi: The journal of international law and diplomacy, 101 (2002) S. 5.

795 International Law Commission, *Draft Articles on Responsibility of States for Internationally Wrongful Acts*, November 2001, Supplement No. 10 (A/56/10), Art. 16 para. 3.

796 *Georg Nolte und Helmut Philipp Aust*, Equivocal Helpers: Complicit States, Mixed Messages and International Law, International and Comparative Law Quarterly, 58/1 (2009) S. 15.

Regelungen aber infrage gestellt werden muss. Interessant ist vor allem die Schlussfolgerung, die hieraus bisweilen gezogen wird:

> „In some cases therefore, a lack of intent can be offset by sufficient knowledge.“[797]

Dies kommt im Umkehrschluss der Feststellung gleich, dass Staaten bei Wissen um die völkerrechtswidrige Verwendung von Waffen eine Verpflichtung haben, von deren Export abzusehen. Dieses Wissen um eine künftige Rechtsverletzung kann wiederum nur am Ende eines *risk assessments* stehen. Wie bereits in Kapitel 5 dargestellt, stellt sich hier sodann die Frage, wann im Einzelfall das Risiko besteht, dass Waffen für Rechtsverletzungen verwendet werden, die alles andere als einfach zu beantworten ist. *Wissen* im Sinne des Art. 16 ASR kann jedenfalls nicht vorliegen, wenn der entsendende Staat das Risiko einer möglichen völkerrechtswidrigen Nutzung analysiert hat und zu einem negativen Ergebnis kam. Denn ob sich das Risiko im Einzelfall realisiert, liegt nicht in seiner Hand: Die Verantwortlichkeit hierfür liegt weiterhin beim Empfangsstaat. Die dem Entsendestaat obliegende Sorgfaltspflicht darf nicht faktisch nachträglich zu einer Erfolgsverhinderungspflicht umgedeutet werden. Im Rahmen von sekundärrechtlichen Normen wie Art. 16 ASR schließt die grundlegende Unsicherheit im Hinblick auf die Rechtmäßigkeit der Haupthandlung eine Verantwortlichkeit des unterstützenden Staates gerade aus: *Wissen* liegt bei Unsicherheit gerade nicht vor.[798]

Im Bereich von Waffenlieferungen wird aufgrund dieser hohen Voraussetzungen selten der Nachweis geführt werden können, dass Staaten andere Staaten oder einen nichtstaatlichen Akteur *in view of* Rechtsverletzungen mit Waffen unterstützt haben. Bedeutender ist auch hier der im Rahmen des Gemeinsamen Standpunktes 2008/944/GASP ausgearbeitete und zuletzt auch im ATT verkörperte Ansatz, dass von Waffenlieferungen abgesehen werden muss, sofern die Gefahr besteht, dass diese für Rechtsverletzungen verwendet werden. Diese *due diligence*-Verpflichtung von Staaten erfährt mehr und mehr Ausformulierung und Unterstützung in der Praxis.

---

797 *Georg Nolte und Helmut Philipp Aust,* Equivocal Helpers: Complicit States, Mixed Messages and International Law, International and Comparative Law Quarterly, 58/1 (2009) S. 15.

798 *Georg Nolte und Helmut Philipp Aust,* Equivocal Helpers: Complicit States, Mixed Messages and International Law, International and Comparative Law Quarterly, 58/1 (2009) S. 30.

III. Gleichlauf der Verpflichtungen

Art. 16 ASR ist schließlich tatbestandlich auf gleichlaufende Verpflichtungen beschränkt. Dies findet Ausdruck in Art. 16 lit. b ASR „*[if] the act would be internationally wrongful if committed by that State*". Lit. b dient der Verhinderung der Umgehung der *pacta tertiis*-Regel. Ohne sie könnte über Art. 16 ASR für den unterstützenden Staat gegebenenfalls eine Verantwortlichkeit nach einem Vertrag begründet werden, dem er sich nicht unterworfen hat. Dies stünde im Widerspruch zu Art. 34 und Art. 35 WVK.[799] Die Einschränkung, die dies mit sich zu bringen scheint, ist bei genauerem Hinsehen weniger weitreichend als zunächst vermutet. So setzt Art. 16 ASR mit Blick auf den Wortlaut voraus, dass die Handlung auch völkerrechtswidrig wäre, wenn der unterstützende Staat sie vorgenommen hätte, nicht jedoch, dass dieser aufgrund der gleichen Verpflichtung wie der *Haupttäter* verantwortlich wäre.

Die Voraussetzung des Gleichlaufs der Verpflichtungen wirkt sich bei Waffenlieferungen vor allem im Bereich der Menschenrechte aus, da Staaten hier teils unterschiedliche vertragliche Verpflichtungen haben. Saudi-Arabien ist beispielsweise einer der wenigen Staaten, der den IPbpR nicht ratifiziert hat. Hier muss daher gegebenenfalls auf die gewohnheitsrechtliche Geltung von Menschenrechten zurückgegriffen werden, wenn es um die Bestimmung der menschenrechtlichen Verpflichtungen geht.[800]

IV. Zwischenergebnis

Festgehalten werden kann, dass Waffenlieferungen gemäß Art. 16 ASR völkerrechtswidrig sind, sofern es sich um Unterstützung in nicht unerheblichem Umfang handelt, diese *in view of* der völkerrechtswidrigen Haupttat geleistet wird, die auch eintritt, und der unterstützende Staat auch verantwortlich wäre, hätte er selbst gehandelt.

C. Der Tatbestand des Art. 41 (2) ASR

Artikel 41 (2) weitet die Verantwortlichkeit von Staaten für die Unterstützung von Verletzungen von *ius cogens* „*after the fact*" aus. Hiervon sind allerdings nur *serious breaches* erfasst. Im Fall der Waffenlieferungen an Saudi-Arabien könnte dem nun erhöhte Relevanz zukommen. Hier steht nicht nur infrage,

---

799 Vgl. auch *Miles Jackson*, Complicity in International Law, eds., Redgwell et al. (Oxford Monographs in International Law; Oxford: Oxford University Press, 2015) S. 162 f.

800 Vgl. dazu oben unter A. IV.

ob Waffenlieferungen an das Königreich Saudi-Arabien oder an Staaten der Koalition zur Verletzung von Menschenrechten und humanitärem Völkerrecht eingesetzt werden könnten. Es stellt sich beispielsweise auch die Frage nach der Unterstützung der Seeblockade, die die humanitäre Situation im Jemen nachhaltig negativ beeinflusst.[801] Ob allerdings eine schwere Verletzung von Menschenrechten oder humanitärem Völkerrecht vorliegt, ist im Einzelfall nicht immer eindeutig und schon gar nicht leicht festzustellen. Im Falle der Seeblockade der saudisch geführten Koalition ist beispielsweise schon fraglich, welcher Natur der Konflikt ist, sprich, ob er durch das Eingreifen auf Einladung durch die Koalition internationalisiert wurde oder nicht.[802] Die Klassifizierung als innerstaatlicher bewaffneter Konflikt überzeugt, da es sich nicht um einen Konflikt zwischen Staaten handelt, sondern um einen Konflikt zwischen einem Staat und einem nichtstaatlichen Akteur.[803] In der Folge stellt sich sodann die Frage, was im Sinne des Art. 41 (2) ASR eine *serious violation* ist. Der Kommentar zu den *Articles on Responsibility of States* nennt nun als Maßstab der Feststellung einer Situation, die im Rahmen des Art. 41 (2) nicht unterstützt werden darf, folgende Passage aus dem Namibia-Urteil des Internationalen Gerichtshof von 1971:

> "[…] maintaining a situation „opposable to all States in the sense of barring erga omnes the legality of a situation which is maintained in violation of international law".[804]

---

801 HRW World Report 2019, S. 498, abrufbar unter https://www.hrw.org/world-report/2019 (zuletzt aufgerufen am 29.062019).

802 Ablehnend: *Martin D. Fink*, Naval Blockade and the Humanitarian Crisis in Yemen, Netherlands International Law Review, 64/2 (2017) und *Oliver Daum*, War in Yemen(1): Why the Saudi-led coalition's blockade is not a naval blockade, (2018), https://www.juwiss.de/43-2018/ (zuletzt aufgerufen am 25.08.2019).

803 So auch International Commission of Jurists Briefing Paper 2018, Bearing the Brunt of War in Yemen, S. 5 unter Verweis auf ICRC, *Commentary on the First Geneva Convention: Convention (I) for the Amelioration of the Condition of the Wounded and Sick in Armed Forces in the Field, 2nd edition, 2016*, Article 2, https://ihl-databases.icrc.org/ihl/full/GCI-commentary, paras. 257-263.

804 International Law Commission, *Draft Articles on Responsibility of States for Internationally Wrongful Acts*, November 2001, Supplement No. 10 (A/56/10), Art. 41, Para.11, unter Bezugnahme auf *Legal Consequences for States of the Continued Presence of South Africa Namibia (South West Africa) notwithstanding Security Council Resolution 276 (1970), Advisory Opinion, I.C.J. Reports 1971*, para. 56 und para. 126.

Hinzu treten die von Art. 16 ASR bekannten Voraussetzungen, da Art. 41 (2) ASR als dessen Verlängerung verstanden wird.[805] Schließlich verweist der Kommentar auf die Verwandtschaft von Art. 41 (2) ASR mit der Anerkennung im Völkerrecht, jedoch mit abweichendem Anwendungsbereich.[806] Im Unterschied zu Art. 16 ASR erfordert Art. 41 (2) ASR kein Wissen oder Vorsatz.[807] Die *International Law Commission* begründet dies mit dem Hinweis, dass es die Definition von *serious breach* gerade erfordert, dass es sich um eine Situation von gewissem Ausmaß handelt und andere Staaten daher ohnehin von ihr wissen.[808] Man kann durchaus argumentieren, dass Handlungen der saudisch geführten Koalition im Jemen diesen Maßstab erfüllen.

D. Staatenverantwortlichkeit für das Handeln von nichtstaatlichen Akteuren

Waffenlieferungen an nichtstaatliche Akteure spielen eine zentrale Rolle und das nicht erst seitdem nichtstaatliche Akteure und ihre Rolle im Völkerrecht allgemein verstärkt diskutiert werden. Seit jeher haben Staaten nichtstaatliche Akteure in anderen Staaten unterstützt,[809] teils wurde ihnen sogar vorgeworfen sie für ihre Zwecke richtiggehend *einzusetzen*. Die Verantwortlichkeit des liefernden Staates für die mit den Waffen durch einen nichtstaatlichen Akteur vorgenommenen Handlungen hat daher hohe praktische Bedeutung.

---

805 International Law Commission, *Draft Articles on Responsibility of States for Internationally Wrongful Acts*, November 2001, Supplement No. 10 (A/56/10), Art. 16 para. 10. Art. 41, para. 11.

806 International Law Commission, *Draft Articles on Responsibility of States for Internationally Wrongful Acts*, November 2001, Supplement No. 10 (A/56/10), Art. 41 para. 11, im Detail m.w.N. *Helmut Philipp Aust*, Complicity and the Law of State Responsibility, eds., Crawford et al., (Cambridge studies in international and comparative law; Cambridge: Cambridge University Press, 2011) S. 326 ff.

807 International Law Commission, *Draft Articles on Responsibility of States for Internationally Wrongful Acts*, November 2001, Supplement No. 10 (A/56/10), S. 115, im Detail m.w.N. *Helmut Philipp Aust*, Complicity and the Law of State Responsibility, eds., Crawford et al., (Cambridge studies in international and comparative law; Cambridge: Cambridge University Press, 2011) S. 341.

808 International Law Commission, *Draft Articles on Responsibility of States for Internationally Wrongful Acts*, November 2001, Supplement No. 10 (A/56/10), Art. 41 para.12

809 Vgl. Grafik im Annex A. I.

Grundsätzlich unterliegt die Zurechnung des Handelns von nichtstaatlichen Akteuren dem Prinzip der Geschäftsbesorgung/Geschäftsführung (*agency*) und nicht dem Prinzip der Beteiligung (*complicity*).[810] Das Handeln nichtstaatlicher Akteure ist Staaten demnach nur zurechenbar, sofern es sich entweder *de facto* um ein Organ des liefernden Staates handelt – dann ist jedes Handeln des nichtstaatlichen Akteurs dem Staat zurechenbar – oder der Staat über *eine* bestimmte Handlung *effective control* hat, wodurch diese eine Handlung zurechenbar wird.[811] Im Rahmen der *Articles on Responsibility of States* wird dies in Art. 8 kodifiziert.

Vereinzelte neuere Entwicklungen könnten jedoch auf eine zukünftige Verschiebung dieses Grundsatzes für die staatliche Zurechnung von Menschenrechtsverletzungen nichtstaatlicher Akteure hindeuten. So hat der Interamerikanische Gerichtshof für Menschenrechte schon 1998 in einem Fall der staatlichen Unterstützung von Menschenrechtsverletzungen durch nichtstaatliche Akteure – in dem Fall jedoch ein *de jure*-Staatsorgan – eine über den Sachverhalt hinausgehende Feststellung in Bezug auf die Zurechnung des Handels des nichtstaatlichen Akteurs getroffen:

> „The sole requirement is to demonstrate that the State authorities supported or tolerated infringement of the rights recognized in the Convention."[812]

Miles Jackson sieht hierin eine Verlagerung weg vom Prinzip der Zurechnung aufgrund von *agency* hin zu einer Zurechnung, die in der Beteiligung – *complicity* – gründet.[813] Wichtig ist hier, den Unterschied zur Wertung des Internationalen Gerichtshofs im Völkermord-Urteil von 2007 zu unterstreichen: Der Gerichtshof wendet dort den in Art. 16 ASR verkörperten Rechtsgedanken gewohnheitsrechtlich und analog an, indem er die Unterstützung eines Staates einer völkerrechtswidrigen Handlung eines nichtstaatlichen Akteurs als eigenständige völkerrechtswidrige Handlung ansieht.[814] Eine Zurechnung der

---

810 So zusammenfassend für eine Einordnung *Miles Jackson*, Complicity in International Law, eds., Redgwell et al., (Oxford Monographs in International Law; Oxford: Oxford University Press, 2015) S. 190.

811 *Miles Jackson*, Complicity in International Law, eds., Redgwell et al., (Oxford Monographs in International Law; Oxford: Oxford University Press, 2015) S. 190.

812 Paniagua Morales et al. (8. March 1998) IACHR (Ser C) No. 37.

813 *Miles Jackson*, Complicity in International Law, eds., Redgwell et al., (Oxford Monographs in International Law; Oxford: Oxford University Press, 2015) S. 191.

814 *Application of the Convention on the Prevention and Punishment of the Crime of Genocide (Bosnia and Herzegovina v. Serbia and Montenegro)*, Judgement, I.C.J. Reports 2007, para. 420.

Handlung des nichtstaatlichen Akteurs zum Staat erfolgt hingegen nicht. Eine Zurechnung, die auf *complicity* beruht, griff der Interamerikanische Gerichtshof in einer Entscheidung von 2005 auf.[815] Hier trug Kolumbien eine Verantwortlichkeit nach den in Art. 8 ASR verkörperten Grundsätzen vor und stützte dies auf den Zurechnungsmaßstab der *effective control* des Internationalen Gerichtshofs im Nicaragua-Urteil.[816] Der Interamerikanische Gerichtshof lehnte diesen Maßstab jedoch explizit ab und verwies auf eine *lex specialis*-Art der Zurechnung im Geltungsbereich der Konvention.[817] Auch die Interamerikanische Kommission für Menschenrechte hat diesen Ansatz im Jahr 2001 aufgenommen.[818] Auf europäischer Ebene wurde eine entsprechende Argumentation in *El-Masri v. Macedonia, Al-Nashri v. Poland* und *Husayn v. Poland* übernommen.[819] Auch im viel diskutierten Fall *Loizidou,* der zumeist bei der Frage der extraterritorialen Geltung von vertraglichen Menschenrechtsverpflichtungen angeführt wird, bedient sich der Europäische Gerichtshof für Menschenrechte dieser Art der Zurechnung – er lässt die Unterstützung der Handlung eines anderen Staates ausreichen, um dieses Verhalten dem unterstützenden Staat zuzurechnen.[820] Eine derartige Änderung des Bezugspunkts der Zurechnung würde sich gerade auch im Bereich der Waffenlieferungen nun grundlegend auswirken: Über das *agency-Prinzip* ist der Nachweis, der die Zurechnung der Handlungen nichtstaatlicher Akteure begründen würde, nur erschwert zu führen, da umfassende Kontrolle über den Akteur und/oder die Handlungen nachgewiesen werden muss. Diese wurde selbst im Fall der weitreichenden Unterstützungshandlungen der USA für die Contras im Nicaragua-Fall[821]

---

815 *Mapiripán Massacre* v. Colombia, Ser C, No. 134.

816 *Mapiripán Massacre* v. Colombia, Ser C, No. 134, para. 107.

817 *Mapiripán Massacre* v. Colombia, Ser C, No. 134 (107).

818 *Miles Jackson*, Complicity in International Law, eds., Redgwell et al., (Oxford Monographs in International Law; Oxford: Oxford University Press, 2015) S. 193. Unter Verweis auf: Riofrío Massacre, Inter-American Commission on Human Rights, Report 62/01.

819 *Miles Jackson*, Complicity in International Law, eds., Redgwell et al., (Oxford Monographs in International Law; Oxford: Oxford University Press, 2015) S. 194.

820 So auch *Marko Milanovic*, Extraterritorial Application of Human Rights Treaties, (Oxford Monographs in International Law; Oxford: Oxford University Press, 2011) S. 63 ff.; *Miles Jackson*, Complicity in International Law, eds., Redgwell et al., (Oxford Monographs in International Law; Oxford: Oxford University Press, 2015) S. 194.

821 *Military and Paramilitary Activities in and against Nicaragua*, (Nicaragua v. United States of America). Merits, Judgment. I.C.J. Reports 1986, para. 115.

nicht angenommen. Eine Verantwortlichkeit mittels Beteiligung an der Handlung von nichtstaatlichen Akteuren erscheint jedenfalls auf den ersten Blick zugänglicher.[822] Mögliche Vorteile in der Beweisbarkeit und damit schließlich im Nachweis der rechtswidrigen Handlung des Staates gehen jedoch auf Kosten der Genauigkeit. Ob eine staatliche Handlung vorliegt (Art. 2 Lit. a ASR) und ob diese Handlung wiederum Völkerrecht verletzt (Art. 2 Lit. b ASR), wird vermischt.[823] Primärrecht und Sekundärrecht, Zurechnung und Verantwortlichkeit, Abwehrpflichten und Schutzpflichten – die ohnehin unklaren Grenzen werden weiter aufgeweicht. Im schlimmsten Fall führen diese Unklarheiten zu rechtsfreien Räumen. Daher sollte von diesem Ansatz noch Abstand genommen werden, solange es ihm an der nötigen Klarheit fehlt.

E. Besonderheiten der Zurechnung im Bereich des humanitären Völkerrechts und dem Recht der Gewaltanwendung

Die ASR komplementieren die Bereiche des Völkerrechts, in denen die Verantwortlichkeit für bestimmte Handlungen geregelt ist. Sie sind *leges generalis*, wie Art. 55 ASR festlegt. Ein Blick auf die Gebiete, die Spezialregeln zu diesen allgemeinen Regeln enthalten könnten, ist daher geboten. Namentlich handelt es sich dabei um das Recht der Gewaltanwendung (I.) und humanitäres Völkerrecht (II.), nachdem bereits über menschenrechtliche Besonderheiten gesprochen wurde.

I. Besonderheiten im Bereich der Gewaltanwendung

Die Unterstützung einer Handlung eines anderen Staates, die Gewalt im Sinne der UN-Charta darstellt, unterliegt neben Art. 16 ASR noch Art. 41 ASR. Dieser etabliert ein strengeres Regime der Verantwortlichkeit für die Unterstützung bei der Aufrechterhaltung von Situationen, die aus *serious breaches* von humanitärem Völkerrecht oder Menschenrechten entstanden sind, die dem zwingenden Recht angehören. Ferner statuiert Art. 3 Lit. f der Aggressionsdefinition, dass die Unterstützung von Aggression im Sinne der Definition an sich Aggression

---

822 So auch *Miles Jackson*, Complicity in International Law, eds., Redgwell et al., (Oxford Monographs in International Law; Oxford: Oxford University Press, 2015) S. 193.

823 So auch *Miles Jackson*, Complicity in International Law eds. Redgwell et al., (Oxford Monographs in International Law; Oxford: Oxford University Press, 2015) S. 193.

darstellt. Neben diesen ersten drei Schichten an Verpflichtungen[824] – von denen Art. 16 ASR die allgemeinste darstellt[825] – bestehen nach *Helmut Aust* jedenfalls noch drei weitere. Dazu zählt eine *due diligence*-Verpflichtung, die Nutzung des eigenen Territoriums zu überwachen und davon ausgehende Schäden für andere Staaten vorzubeugen/zu verhindern.[826] Im Rahmen von Sicherheitsratsresolutionen unterstehen Staaten neben den in den Resolutionen enthaltenen Beschränkungen überdies noch der Verpflichtung aus Art. 2 (5) UN-Charta. Schließlich kommen Verpflichtungen aus dem Neutralitätsrecht in Betracht.[827] Jedoch weist *Helmut Aust* auf deren Einschränkung in Fällen hin, in denen der Sicherheitsrat der Vereinten Nationen noch keine Feststellung bezüglich der Verantwortlichkeit für den Ausbruch des Konflikts getroffen hat, was in der Mehrheit der Fälle gerade nicht der Fall ist.[828] Die Autorität für diese Feststellung verbleibt sodann bei jedem einzelnen Staat und ist durch das Neutralitätsrecht geprägt, jedenfalls solange der Sicherheitsrat der Vereinten Nationen noch keine Maßnahmen nach Kapitel VII der UN-Charta getroffen hat, die Staaten zur Teilnahme an Maßnahmen der kollektiven Sicherheit verpflichten.[829]

---

824 So *Helmut Philipp Aust*, Complicity and the Law of State Responsibility, eds., Crawford et al., (Cambridge studies in international and comparative law; Cambridge: Cambridge University Press, 2011) S. 383.

825 *Helmut Philipp Aust*, Complicity and the Law of State Responsibility, eds., Crawford et al., (Cambridge studies in international and comparative law; Cambridge: Cambridge University Press, 2011) S. 383; *Olivier Corten*, Le droit contre la guerre, (Paris: Pedone, 2014) S. 268.

826 *Stefan Talmon*, A Plurality of Responsible Actors: International Responsibility for Acts of the Coalition Provisional Authority in Iraq, in Shiner et al. (eds.), The Iraq War and International Law, (Oxford: Hart Publishing, 2008) S. 219, der dies im Jahr 2008 als *de lege ferenda* Option einschätzt, unter Berufung auf *Vaughan Lowe*, Responsibility for the Conduct of other States, Kokusiho gaiko zasshi: The journal of international law and diplomacy, 101 (2002) S. 10.

827 *Helmut Philipp Aust*, Complicity and the Law of State Responsibility, eds., Crawford et al., (Cambridge studies in international and comparative law; Cambridge: Cambridge University Press, 2011) S. 382 f.

828 *Helmut Philipp Aust*, Complicity and the Law of State Responsibility, eds., Crawford et al., (Cambridge studies in international and comparative law; Cambridge: Cambridge University Press, 2011) S. 382 f.

829 *Yoram Dinstein*, War, Aggression and Self-Defence, (6 edn.; Cambridge: Cambridge University Press, 2017) S. 164.

II. Besonderheiten im humanitären Völkerrecht

Im Anwendungsbereich des humanitären Völkerrechts muss eine Auslegung von Art. 16 ASR in dessen „Lichte“ erfolgen.[830] Die *Articles on Responsibility of States* sind grundsätzlich auch im Bereich des humanitären Völkerrecht anwendbar, es handelt sich in dieser Hinsicht gerade nicht um ein sogenanntes *self-contained regime*.[831] Dies zeigt sich sowohl in der Praxis internationaler Gerichte als auch darin, dass die Staatenverantwortlichkeitsregelungen des humanitären Völkerrechts auf den allgemeinen Regelungen beruhen. So soll vermieden werden, dass unnötige Rechtslücken entstehen.[832]

Mit der Anwendbarkeit der *Articles on Responsibility of States* bleibt im Allgemeinen jedoch offen, mit welchem Inhalt um Umfang sie zur Anwendung kommen. Obwohl es sich beim humanitären Völkerrecht nicht um ein geschlossenes System handelt, handelt es sich doch um ein besonderes System. So verlangt Art. 1 GK I–IV von den Vertragsparteien *to respect and ensure respect […] in all circumstances*. Dies geht über Art. 16 ASR hinaus, der dem unterstützenden Staat das Risiko für die Verwendung der Hilfe durch den Empfangsstaat gerade nicht aufbürdet.[833] Daraus wird ein strengerer Maßstab für Beteiligung im Bereich des humanitären Völkerrechts gefolgert: Die Lieferung von Waffen, die nicht an sich im humanitären Völkerrecht unzulässig sind, würde bei normaler Anwendung keine Verantwortlichkeit nach Art. 16 ASR auslösen, da es am erforderlichen Vorsatz mangelt. Wenn nun der liefernde Staat um die Praxis des Empfängers im Hinblick auf humanitäres Völkerrecht wüsste und diese durch systematische Verletzungen des humanitären Völkerrechts geprägt wäre, wäre jede weitere Unterstützung als *in view of* im Sinne des Art. 16 ASR anzusehen.[834] Die hohen Voraussetzungen des subjektiven Elements von Art. 16 ASR stünden sonst im Widerspruch mit der Verpflichtung aus Art. 1 GK I–IV *to respect and ensure respect*. Der unterstützende Staat ist damit sowohl

830 *Helmut Philipp Aust*, Complicity and the Law of State Responsibility, eds., Crawford et al., (Cambridge studies in international and comparative law; Cambridge: Cambridge University Press, 2011) S. 385.

831 *Marco Sassòli*, State responsibility for violations of international humanitarian law, International Review of the Red Cross, 84/846 (2002) S. 404.

832 *Marco Sassòli*, State responsibility for violations of international humanitarian law, International Review of the Red Cross, 84/846 (2002) S. 404.

833 *Marco Sassòli*, State responsibility for violations of international humanitarian law, International Review of the Red Cross, 84/846 (2002) S. 412 f.

834 *Marco Sassòli*, State responsibility for violations of international humanitarian law, International Review of the Red Cross, 84/846 (2002) S. 412 f.

hinsichtlich der Verletzung seiner aus Art. 1 GK I–IV abgeleiteten Verpflichtung *to respect and ensure respect* als auch wegen seiner Unterstützung einer Verletzung humanitären Völkerrechts über Art. 16 ASR völkerrechtlich verantwortlich. Für das *risk assessment* im Rahmen des ATT oder den Gemeinsamen Standpunkts 2008/944/GASP bedeutet dies bei möglichen Verletzungen des humanitären Völkerrechts, dass die Rechtsfolge bei Vorliegen von systematischen Verletzungen dahin gehend modifiziert werden muss, dass Lieferungen zu untersagen sind.

Trotz seiner vertretbar geringen praktischen Relevanz[835] kann Art. 1 GK I–IV jedenfalls „[...] contribute to further ‚encircle' [the] complicit State action with normative barriers".[836]

F. Das Völkermordverbot - Ein Plädoyer der Menschlichkeit an das Recht

„Vengeance is not our goal, nor do we seek merely a just retribution.
We ask this Court to affirm by international penal action man's right to live in peace and dignity regardless of his race or creed.
The case we present is a **plea of humanity to law.**"[837]

Bewusst wurde in der Überschrift das Wort Menschlichkeit gewählt, wohlwissend, dass *humanity* in diesem Zusammenhang auch mit Menschheit übersetzt werden kann. Das Wort Menschlichkeit wurde bewusst verwendet, so wie es bei Verbrechen gegen die Menschlichkeit - *crimes against humanity* - verwendet wird.

Im Laufe der Bearbeitung wurde immer wieder angedeutet, dass die Zulässigkeit der Lieferung von Waffen womöglich eine klare Grenze zu Zeiten des Völkermordes findet. Der Begriff *genocide* geht auf den polnischen Juristen *Raphael Lemkin* und das Buch „Axis Rule in Occupied Europe" aus dem Jahr

835 *Robert Kolb*, Ius in bello: Le droit international des conflits armés, (Basel: Helbig Lichtenhahn Verlag, 2009) S. 243.
836 *Helmut Philipp Aust*, Complicity and the Law of State Responsibility, eds., Crawford et al., (Cambridge studies in international and comparative law; Cambridge: Cambridge University Press, 2011) S. 389.
837 *Benjamin Ferencz*, Opening Statement for the Prosecution, Einsatztruppen Case, Trials of War Criminals, Vol. IV, S. 30.

1944 zurück.[838] Laut Art. 2 der Völkermordkonvention aus dem Jahr 1948 definiert er sich wie folgt:

> „[...] the following acts committed with intent to destroy, in whole or in part, a national, ethnical, racial or religious group, as such: (a) Killing members of the group; (b) Causing serious bodily or mental harm to members of the group; (c) Deliberately inflicting on the group conditions of life calculated to bring about its physical destruction in whole or in part; (d) Imposing measures intended to prevent births within the group; (e) Forcibly transferring children of the group to another group."

Als solcher kann der Völkermord sowohl zu Zeiten eines innerstaatlichen oder internationalen bewaffneten Konflikts stattfinden als auch vollkommen außerhalb solcher Konflikte. Insofern unterscheidet er sich maßgeblich von Kriegsverbrechen. Völkermord ist ein Begriff, der wie kaum ein anderer des Völkerrechts mit historischer, rechtlicher und nicht zuletzt emotionaler Bedeutung aufgeladen ist. Er wird von *William Schabas* daher sogar als „magischer Begriff" bezeichnet, da er jede Diskussion oder Betrachtungsweise einer bestimmten Situation augenblicklich und grundlegend zu verändern vermag.[839] Kaum ein Wort wird von Staatsoberhäuptern, der Opposition, von Kritikern oder Beobachtern mit so viel Bedacht gewählt, wie das des Völkermordes. Wohlwissend, dass in der Verwendung des Wortes immer auch ein schwerwiegendes moralisches Urteil mitschwingt, welches in den internationalen Beziehungen durchaus weitreichende Konsequenzen haben kann. Dies wird beispielsweise gegenwärtig in der Diskussion um die Anerkennung des Völkermordes an den Armeniern deutlich.[840]

Die Konvention über die Verhütung und Bestrafung des Völkermordes von 1951[841] ist ein spezieller Menschenrechtsvertrag. Als solcher erweist sie aber sich für Waffenlieferungen als zugänglich, da sie gerade keine Beschränkung in territorialer Hinsicht vorsieht. Dies erlaubte es dem Internationalen Gerichtshof

---

838 *William A. Schabas*, Genocide, in: *Max Planck Encyclopedia of Public International Law*, (Oxford: Oxford University Press, 2007) para. 3. Unter Bezugnahme auf *Raphael Lemkin*, Axis Rule in Occupied Europe, (Washington: Carnegie Endowment for International Peace, 1944) S. 79.

839 *William A. Schabas*, Unimaginable Atrocities: Justice, Politics and Rights at the War Crimes Tribunals, (Oxford: Oxford University Press, 2012) S. 100.

840 Vgl. für eine umfassenden Bearbeitung: *Gurgen Petrossian*, Staatenverantwortlichkeit für Völkermord – Unter besonderer Berücksichtigung der Ereignisse der Jahre 1915–1923 im Hinblick auf die armenisch-türkischen Beziehungen, (Schriften zum Völkerrecht, 231; Berlin: Duncker & Humblot, 2019).

841 In der Folge Völkermordkonvention.

in seinem Völkermord-Urteil von 2007 für das Bestehen der *due diligence*-Verpflichtung an die bloße Möglichkeit der Einflussnahme anzuknüpfen.[842] Ein Weg, den der Europäische Gerichtshof für Menschenrechte im *Bankovic*-Urteil für die EMRK gerade ablehnte.[843] Der Internationale Gerichtshof stellt im Völkermord-Urteil von 2007 ferner fest, dass während Mittäterschaft – *complicity* – Wissen um den geplanten oder bereits andauernden Völkermord voraussetzt, die *obligation to prevent* aus der Konvention dies gerade nicht verlangt. Hier reicht es aus, wenn der Staat wusste oder hätte wissen müssen, dass die Gefahr eines Völkermordes besteht:

> „[...] for it to incur responsibility on this basis it is enough that the State was aware, or should normally have been aware, of the serious danger that acts of genocide would be committed."[844]

Insofern muss Art. 16 ASR im Anwendungsbereich der Völkermordkonvention angepasst werden: Wie bei Art. 1 GK I–IV ist die strengere Voraussetzung des Art. 16 ASR, dass der unterstützende Staat mit Vorsatz gehandelt hat, abzuwandeln. Demnach handelt der Staat schon *in view of*, wenn er Unterstützungshandlungen leistet, obwohl er wusste oder hätte wissen müssen, dass die Gefahr besteht, dass diese zu einem Völkermord beitragen.

In der Staatenpraxis wiegt der Vorwurf der Unterstützung eines Völkermordes schwer. Waffenlieferungen sind hier durchaus von Bedeutung. So wirft beispielsweise Ruanda Frankreich vor, die Hutu-Regierung während des Völkermords 1994 noch lange mit Waffen unterstützt zu haben. Diese Vorwürfe gingen mit der Drohung einer gerichtlichen Überprüfung einher.[845] Präsident Macron setzte sodann zu Beginn des Jahres 2019 eine Kommission ein, die die französische Beteiligung am ruandischen Völkermord untersuchen soll.[846] Ein

---

842 *Application of the Convention on the Prevention and Punishment of the Crime of Genocide (Bosnia and Herzegovina v. Serbia and Montenegro)*, Judgement, I.C.J. Reports 2007, para. 430.

843 *Banković and others v. Belgium and others*, Decision on Admissibility, 12 Dec. 2001, para. 75, so auch *Marko Milanovic*, State Responsibility for Genocide: A Follow-Up, European Journal of International Law, 18/4 (2007) S. 685.

844 *Application of the Convention on the Prevention and Punishment of the Crime of Genocide (Bosnia and Herzegovina v. Serbia and Montenegro)*, Judgement, I.C.J. Reports 2007, para. 432.

845 https://www.nytimes.com/2017/12/13/world/africa/rwanda-france-genocide.html (zuletzt aufgerufen am 28.08.2019).

846 https://www.lemonde.fr/idees/article/2019/04/06/rwanda-le-droit-de-savoir_5446680_3232.html (zuletzt aufgerufen am 28.08.2019).

Blick auf die bisher schon bekannten Fakten[847] lässt dies jedenfalls möglich erscheinen.[848]

Im Falle des Völkermordes an den Rohingya in Myanmar wird Israel vorgeworfen, die Regierung mit Waffen zu unterstützen. Beweise gibt es unterdessen nur wenige. Es ist nicht das erste Mal, dass Israel vorgeworfen wird, einen Völkermord zu unterstützen. Sowohl im Fall des Völkermords in Bosnien[849] als auch hinsichtlich des Völkermordes in Ruanda[850] urteilten israelische Gerichte aber gegen eine Offenlegung möglicher Nachweise für eine Beteiligung oder Nichtbeteiligung Israels an den genannten Konflikten. Die Nachteile dieser Offenlegung würden das öffentliche Interesse Israels in diesen Fällen überwiegen.[851]

Gegenwärtig steht infrage, ob die Situation in Myanmar einen Völkermord darstellt. Während die *Independent International Fact-Finding Mission on Myanmar* 2019 noch dazu aufruft, im Angesicht einer weiter andauernden Drohung eines Völkermordes in Myanmar wachsam zu sein,[852] strebte Gambia bald darauf ein Verfahren vor dem Internationalen Gerichtshof an, da es durch die Handlungen Myanmars dessen Verpflichtungen aus der Völkermord-Konvention verletzt sah. Der Gerichtshof sah die von Gambia ins Feld geführten

---

847 Basierend auf *Linda Melvern*, Conspiracy to Murder: The Rwandan Genocide, (London: Verso, 2006).

848 Der sogenannte Duclert Report mit dem Titel „La France, le Rwanda et le génocide des Tutsi (1990–1994)“

wurde im März 2021 veröffentlicht, er kann hier abgerufen werden: https://www.vie-publique.fr/sites/default/files/rapport/pdf/279186.pdf (zuletzt aufgerufen am 13.08.2021). Einige Wochen später wurde auch ein von der ruandischen Regierung in Auftrag gegebener Report veröffentlicht, der mit der Feststellung schließt, dass die französische Regierung „bears significant responsibility for enabling a foreseeable genocide.“ Levy/Firestone/Muse, A Forseeable Genocide: The Role of the French Government in Connection with the Genocide Against the Tutsi in Rwanda vom 19 April 2021, abrufbar unter https://www.gov.rw/musereport (zuletzt aufgerufen am 13.08.2021).

849 https://www.middleeastmonitor.com/20161209-israeli-court-rules-against-exposing-israels-role-in-bosnian-genocide/ (zuletzt aufgerufen am 28.08.2019).

850 https://www.independent.co.uk/news/world/middle-east/israel-s-weapon-exports-to-rwanda-during-genocide-to-stay-secret-following-supreme-court-ruling-a6981911.html (zuletzt aufgerufen am 28.08.2019).

851 https://972mag.com/israels-involvement-in-bosnian-genocide-to-remain-under-wraps/123503/ (zuletzt aufgerufen am 28.08.2019).

852 https://www.ohchr.org/EN/NewsEvents/Pages/DisplayNews.aspx?NewsID=25197&LangID=E (zuletzt aufgerufen am 24.04.2021).

Rechte als unmittelbar bedroht, wenn auch nicht verletzt an, und ordnete unter anderem folgende Maßnahmen an:

> „Myanmar must, in accordance with its obligations under the Convention, in relation to the members of the Rohingya group in its territory, take all measures within its power to prevent the commission of all acts within the scope of Article II of the Convention, in particular: (a) killing members of the group; (b) causing serious bodily or mental harm to the members of the group; (c) deliberately inflicting on the group conditions of life calculated to bring about its physical destruction in whole or in part; and (d) imposing measures intended to prevent births within the group.[853]

Zwischen 2016 und 2018 haben Weißrussland, Russland, China, Deutschland, Israel und die Niederlande und Belgien Waffen an die Regierung in Myanmar geliefert.[854] In ihrem Report „The economic interests of the Myanmar military" geht die *Independent International Fact-Finding Mission on Myanmar* auch auf die rechtlichen Verpflichtungen von Drittstaaten ein.[855] Staaten haben demnach die Verpflichtung, das Verhalten von transnational tätigen Unternehmen, vor allem solcher, die mit Waffen und Rüstungsgütern handeln, zu regulieren, sofern diese *reasonably forseeable* Auswirkungen auf das Recht auf Leben außerhalb ihres Territoriums haben. Die *Fact-Finding Mission* scheint hier zu verkennen, dass dies bereits in allen exportierenden Staaten der Fall ist. Das Erfordernis, eine Genehmigung durch die Regierung vor dem Abschluss eines Vertrages und schließlich vor dem Export von Rüstungsgütern einzuholen, besteht. Wie dieser Entscheidungsfindungsprozess im Einzelfall allerdings ausgestaltet sein muss, vor allem, welche Rolle die menschenrechtliche Situation im Empfangsstaat spielen muss, ist fraglich. Es geht also nicht um die Regulierung der Handlungen von transnationalen Unternehmen und deren Handelsbeziehungen, die die Menschenrechte potenziell betreffen, es geht vielmehr um die menschenrechtlichen Anforderungen an die Genehmigungsentscheidung der Regierung.

853 *Application of the Convention on the Prevention and Punishment of the Crime of Genocide (The Gambia v. Myanmar)*, Provisional Measures, Order of 23 January 2020, I.C.J. Reports 2020, p. 3-

854 In Annex D. IV.

855 Report „The economic interests of the Myanmar Military", Independent International Fact-Finding Mission on Myanmar, 5. August 2019, UN-Doc. A/HRC/42/CRP.3, S. 10.

Der Report erinnert außerdem an die Verpflichtung aus Art. 1 GK I–IV.[856] Für den ATT stellt der Report fest, dass Art. 6 und die *due diligence* aus Art. 7 für die Situation in Myanmar anwendbar sind. Zwar ist keiner der Staaten, die die *Fact-Finding Mission* identifiziert, Mitglied des ATT, Israel hat den Vertrag jedoch unterzeichnet und wäre somit jedenfalls verpflichtet, von Handlungen abzusehen, die dem Sinn und Zweck des Vertrages zuwiderlaufen würden.[857] Es wurde bereits ausgeführt, dass Drittstaaten im Rahmen der Staatenverantwortlichkeit erhöhte Anforderungen nach Art. 41 ASR treffen, wenn *serious breaches* von zwingenden Normen des Völkerrechts vorliegen, hier reicht es eben nicht aus, dass von der Unterstützung abgesehen wird, vielmehr muss auch davon abgesehen werden, zur Aufrechterhaltung der durch den Bruch geschaffenen Situation beizutragen.[858] Völkermord ist ohne Frage eine dieser wenigen zwingenden Normen Völkerrechts. Das Völkerrecht ist im Fall von Völkermord eindeutig. Waffenlieferungen an Regierungen, die einen Völkermord verüben, sind unzulässig. Gleiches gilt für die Unterstützung eines Regimes bei der Aufrechterhaltung einer durch Völkermord geschaffenen Situation.

Fraglich ist nun, ob Lieferungen an nichtstaatliche Akteure währenddessen unzulässig bleiben oder ob sie gerade zur Verteidigung gegen den Völkermord notwendig werden. Ausgelöst wird diese Diskussion einerseits durch *Elihu Lauterpacht* in seiner *Seperate Opinion* zur Application of the Convention on the Prevention and Punishment of the Crime of Genocide (Preliminary Objections)-Urteil aus dem Jahr 1996. In Paragraf 102 führt er aus, dass der Sicherheitsrat der Vereinten Nationen durch das Jugoslawien-Embargo, wenn auch nicht vorsätzlich, doch faktisch, zum Völkermord beigetragen habe. Den Bosniern wurde durch das Fehlen von Waffen die Möglichkeit genommen, sich gegen die Serben zu verteidigen. Die Sicherheitsratsresolution hat seiner Ansicht nach dazu aufgerufen, den Völkermord in gewissem Maße zu

---

856 Report „The economic interests of the Myanmar Military“, Independent International Fact-Finding Mission on Myanmar, 5. August 2019, UN-Doc. A/HRC/42/CRP.3, S. 11.

857 Report „The economic interests of the Myanmar Military“, Independent International Fact-Finding Mission on Myanmar, 5. August 2019, UN-Doc. A/HRC/42/CRP.3, S. 13.

858 Siehe so auch oben C.; Report „The economic interests of the Myanmar Military“, Independent International Fact-Finding Mission on Myanmar, 5. August 2019, UN-Doc. A/HRC/42/CRP.3, S. 14.

unterstützen.[859] Er führt sodann im folgenden Paragrafen aus, dass es dennoch unwahrscheinlich sei, dass sich daraus neben dem Recht, die Resolution zu missachten, auch eine Pflicht zu Lieferung von Waffen konstruieren lasse.[860] Nun ist zu bedenken, dass die Situation, die diesen Ausführungen zugrunde lag, eine besondere war. Mit dem Embargo gegen Jugoslawien wurde der durch Abspaltung entstehende neue und alsbald auch international anerkannte Staat Bosnien-Herzegowina unvorstellbar hart getroffen. Ihm kam aber, sobald er als Staat anerkannt war, das Recht zur Selbstverteidigung nach Art. 51 UN-Charta zu und damit auch das Recht, die dafür notwendigen Mittel zu erwerben. Es handelt sich also bei genauerer Betrachtung nicht um einen Fall, in dem einem nichtstaatlichen Akteur oder einem Teil der Bevölkerung auf dem Territorium des Staates, dessen amtierende Regierung einen Völkermord gegen ebendiesen nichtstaatlichen Akteur begeht, Waffen geliefert werden sollen. Eine derartige Verpflichtung ließe sich wohl kaum konstruieren.

Man könnte höchstens noch an eine Analogie zu dem Recht eines Volkes in seinem Kampf gegen eine unterdrückerische Regierung, die Hilfe von Drittstaaten zu erbitten, denken. Dieses Recht wird in der *Friendly Relations Declaration* von 1970 anerkannt.[861] Es beschränkt sich aber wohl auf Befreiungsbewegungen und ihren Kampf gegen Kolonialisierung und Besetzung.[862] Die schon weiter oben angedeuteten Tendenzen hinsichtlich des Selbstbestimmungsrechts durch die Anerkennung des nichtstaatlichen Akteurs als „einzig rechtmäßige Vertretung des Volkes“ könnten sich, sofern sie sich verfestigen und in der Staatenpraxis materialisieren, auch hier entscheidend auswirken.

Eine Pflicht von Staaten, einem nichtstaatlichen Akteur Waffen für den Kampf gegen eine Regierung zu liefern, die einen Völkermord verübt, besteht (noch) nicht. Sie stünde schließlich auch noch vor den gleichen Herausforderungen wie Waffenlieferungen als humanitäre Intervention: Die mangelnde Kontrollierbarkeit solcher Waffenlieferungen, die nachhaltigen und möglichweise negativen Auswirkungen auf Sicherheit und Stabilität sowie die

859 *Application of the Convention on the Prevention and Punishment of the Crime of Genocide*, Preliminary Objections, Judgment, I.C.J. Reports 1996, Seperate Opinion Judge Lauterpacht, para. 102.

860 *Application of the Convention on the Prevention and Punishment of the Crime of Genocide*, Preliminary Objections, Judgment, I.C.J. Reports 1996, Seperate Opinion Judge Lauterpacht, para. 103.

861 Friendly Relations Declaration, UN-Doc. A/Res/2625 (1970), para. 5(5).

862 *Christian Henderson*, The use of force and international law, (Cambridge: Cambridge University Press, 2018) S. 428.

Ungewissheit des Erfolgs lassen die Sinnhaftigkeit einer solchen Pflicht zweifelhaft erscheinen.

G. Ergebnis

Staaten sind für ihren Beitrag zu völkerrechtswidrigen Handlungen anderer Staaten verantwortlich. Die Hürde, dies zu überschreiten ist, um diese Verantwortlichkeit auszulösen, ist hoch. Das Handeln mit der inneren Überzeugung, willentlich zu der völkerrechtswidrigen Handlung beizutragen, wird im Rahmen des Art. 16 ASR vorausgesetzt. In einzelnen Bereichen des Völkerrechts sind diese Vorgaben der ASR, vor allem hinsichtlich dieses subjektiven Elements, bisweilen entsprechend zu modifizieren.

Eine solche Modifizierung ist beispielsweise bei systematischen Verletzungen des humanitären Völkerrechts vorzunehmen: Art. 16 ASR muss im Lichte des Art. 1 GK I–IV gelesen werden. Dies führt dazu, dass *intent* (Vorsatz) durch *knowledge* (Wissen) ersetzt werden muss.[863] Entsprechendes gilt für den Tatbestand des Völkermordes. Waffenlieferungen an eine Regierung zu Zeiten, in denen diese einen Völkermord verübt, sind unzulässig. Das Vorsatzelement des Art. 16 ASR ist hier entsprechend dem humanitären Völkerrecht zu modifizieren. Dies ergibt sich entweder schon aus der Völkermordkonvention oder im Einzelfall daraus, dass Völkermord eine schwere und systematische Verletzung humanitären Völkerrechts darstellt. Es reicht daher aus, dass der liefernde Staat wusste oder wissen musste, dass die Gefahr der Unterstützung eines Völkermordes besteht. Eine Pflicht, Waffen an einen nichtstaatlichen Akteur, der sich gegen einen Völkermord verteidigt, zu liefern, besteht hingegen nicht. Ein derartige Pflicht lässt sich auch noch heute nur für Fälle der Besetzung und Kolonialisierung herleiten und ist zur Verteidigung des Selbstbestimmungsrechts der Völker außerhalb dieses Kontexts gegenwärtig, wenn überhaupt, nur im Entstehen begriffen.

Die Verantwortlichkeit für nichtstaatliche Akteure wird weiterhin überwiegend mit deren Zurechnung zum unterstützenden Staat begründet. Diese stellt hohe Anforderungen an die Unterstützungsleistung und mithin an die Verbindung von Staat und nichtstaatlichem Akteur. Einer Zurechnung aufgrund der Beteiligung (*complicity*) statt wie bisher aufgrund der Geschäftsführung (*agency*) mangelt es gegenwärtig jedenfalls noch an der nötigen Klarheit.

---

863 Vgl. für einen Hinweis auf derartige Fälle *Georg Nolte und Helmut Philipp Aust,* Equivocal Helpers: Complicit States, Mixed Messages and International Law, International and Comparative Law Quarterly, 58/1 (2009) S. 15.

Ergebnis Teil 2

Bei der Entscheidung über Rüstungsexporte müssen Interventions- und Gewaltverbot, Menschenrechte und humanitäres Völkerrecht sowie das Recht der Staatenverantwortlichkeit berücksichtigt werden. In der Praxis ist naturgemäß der Einzelfall entscheidend. Die Aus- und Einwirkungen der rechtlichen Verpflichtungen sind jedoch kaum spürbar. Die mangelnde Durchsetzbarkeit der relevanten Regelungen, gepaart mit der Geheimhaltung der Entscheidungsfindungsprozesse, führt bisweilen zum Auseinanderfallen von Praxis und Recht.

Zusammenfassend steht nach Teil 2 der Arbeit jedoch fest, dass es im Bereich des internationalen Waffenhandels nicht an (Völker-)Recht mangelt. Auf nationaler, regionaler und internationaler Ebene finden sich Regelungswerke, die darauf gerichtet sind, wirtschaftliche und politische Interessen mit den humanitären Auswirkungen von Waffenlieferungen in Ausgleich zu bringen. In der Praxis wird diesen Regeln nun oft nicht Folge geleistet. Eindeutige und einheitliche Stellungnahmen hinsichtlich der staatlichen Rechtsüberzeugungen fehlen, wo es sie gibt, erfüllen sie die Anforderungen nicht, die an die Entstehung von Gewohnheitsrecht zu stellen sind. Die Möglichkeit der Überprüfbarkeit einzelner Transfers auf ihre Vereinbarkeit mit dem geltenden Recht, vor allem die gerichtliche Überprüfbarkeit, fehlt auf nahezu allen Ebenen. Wo sie doch ausnahmsweise auf nationaler Ebene besteht, wie beispielsweise im Vereinigten Königreich, zeigt sich, wie viel derartige Prozesse zur Ausdifferenzierung und Definition des Anwendungsbereichs der entsprechenden Regeln beitragen. Auf lange Sicht ist zu erwarten, dass dies der vielversprechendste Weg sein wird, Staaten auch tatsächlich an ihren Verpflichtungen festzuhalten. Unterdessen wendet sich der Kampf um die Regulierung der Exportkontrolle und mit ihm das Auge der Öffentlichkeit schon dem nächsten Problem zu –autonomen Waffensystemen –, während in der Praxis noch die mit dem ATT erhoffte Veränderung auf sich warten lässt.

Teil 3 Zusammenfassung und Zukunftsaussichten

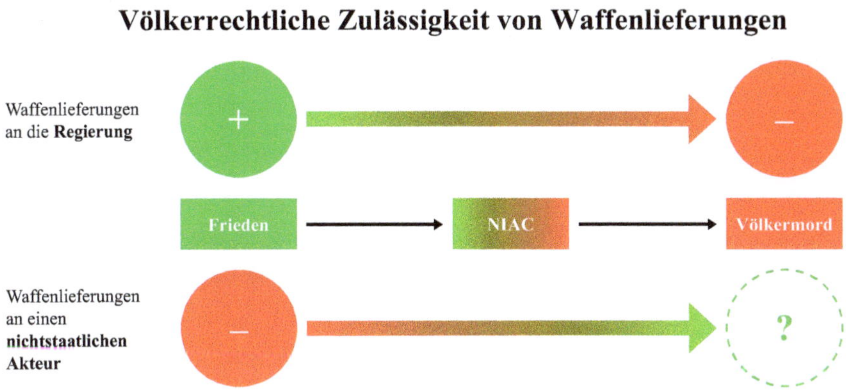

Kapitel 7 Zusammenfassung und Zusammenführung der Erkenntnisse

Die obige Grafik bildet die Tendenzen ab, die im Laufe der Bearbeitung herausgearbeitet wurden. Sie verdeutlicht vor allem die Abhängigkeit der Zulässigkeit der Lieferungen von den Gegebenheiten im Empfangsstaat. Dies gilt für das Interventions- und Gewaltverbot sowie für Menschenrechte, humanitäres Völkerrecht und Sekundärrecht gleichermaßen. An die Darstellung dieses Phänomens (B.) schließt sich ein kurzer Ausblick an (C.). Doch zuvörderst steht die Zusammenfassung der Erkenntnisse, die aus den vorherigen Kapiteln gewonnen werden konnten (A.).

A. Zusammenfassung der Ergebnisse nach Kapiteln

In *Kapitel 1* wurde der Forschungsgenstand und Forschungsbedarf dargestellt. Die Forschungsfrage, welche völkerrechtlichen Verpflichtungen einen exportierenden Staat bei der Entscheidung über Rüstungsexporte an eine Regierung oder einen nichtstaatlichen Akteur insbesondere zu Zeiten des innerstaatlichen bewaffneten Konflikts im Empfangsstaat treffen, wurde aufgeworfen.

Um das Thema der Arbeit in einem übersichtlichen Rahmen zu halten, wurden in der Folge die notwendigen Arbeitsdefinitionen dargestellt und die Arbeit in subjektiver und objektiver Hinsicht begrenzt. Gegenstand der Arbeit waren demnach nur Lieferungen von Staaten an einen anderen Staat oder einen nichtstaatlichen Akteur, unter besonderer Berücksichtigung von innerstaatlichen Konflikten im Empfangsstaat. In rechtlicher Hinsicht war die Arbeit auf das Friedenssicherungsrecht, Menschenrechte, humanitäres Völkerrecht und Sekundärrecht beschränkt. Internationale, regionale und nationale spezialgesetzliche Regelungen wurden zur Abgrenzung überblicksartig dargestellt.

Das *zweite Kapitel* der Arbeit widmete sich der Erläuterung des komplexen Interessengefüges, welches Rüstungsexportentscheidungen unterliegt. Dessen Auswirkungen bestätigten sich durch einen Blick auf die Entstehungsgeschichte der Normen der Rüstungsexportkontrolle. Hier offenbart sich, wie schwierig es war und wie lange es gedauert hat, bis Staaten sich mit der erforderlichen Einigkeit und Universalität einem internationalen Vertrag zur Regulierung des Waffenhandels, dem ATT, unterwarfen. Es wurde dargestellt, dass wirtschaftliche Interessen in diesem Zusammenhang oftmals überbewertet werden. So sind es mehr außen- und sicherheitspolitische Interessen, die bei Entscheidungen von

Staaten im Einzelfall überwiegen. Dies schlägt auch auf die bestehenden Regelungen durch, sie bleiben bisweilen ungenau, wodurch ein großer Ermessenspielraum bei den exportierenden Staaten verbleibt. Die Auswirkungen jedoch, die Waffenlieferungen – auch außerhalb des illegalen Handels – regional und vor allem auf Konflikte haben, sind schwerwiegend und tiefgreifend.

Dieser Bedeutung wird ihre rechtliche Regulierung bisweilen nicht gerecht, wie in *Kapitel 3* verdeutlicht wurde. Hier wurde ein Überblick über die nationale, regionale und internationale Rüstungsexportkontrolle gegeben. Auf Embargos als Handlungsmittel in den internationalen Beziehungen wurde anfangs kurz eingegangen, da hier das Selbstverständnis der Staaten zutage tritt. Rüstungsexporte werden als Angelegenheit angesehen, über die jeder Staat außerhalb von Embargos eigenverantwortlich entscheiden kann. Embargos werden als Reaktion auf unliebsames oder rechtswidriges Verhalten einzelner Staaten von der internationalen Gemeinschaft verhängt. Im Fortgang wurde sodann der Gemeinsame Standpunkt 2008/944/GASP der Europäischen Union besprochen. Die Europäische Union hatte im Zeitraum von 2014–2018 einen Anteil von 27 Prozent am weltweiten Export von größeren konventionellen Waffen. Wie der internationale Handel mit Waffen durch die EU reguliert wird, wirkt sich also durchaus auch nachhaltig auf den Handel insgesamt aus. Der Gemeinsame Standpunkt 2008/944/GASP stellt zwar Anforderungen an die Mitgliedsstaaten hinsichtlich der Berücksichtigung von Menschenrechten und humanitärem Völkerrecht im Empfangsstaat, diese stehen aber vor großen praktischen Herausforderungen, wie beispielsweise Unklarheiten hinsichtlich des angemessenen Verfahrens zur Bestimmung des Vorliegens eines Risikos im Sinne des Gemeinsamen Standpunktes 2008/944/GASP. Die Unterschiede in seiner nationalen Umsetzung führen ferner dazu, dass seine Einhaltung nicht in jedem Mitgliedsstaat der gerichtlichen Überprüfung zugeführt werden kann. Auf europäischer Ebene gibt es wiederum keine europarechtliche Möglichkeit, die Einhaltung des Gemeinsamen Standpunktes 2008/944/GASP zu erzwingen oder zu überprüfen. Gleiches gilt auch für den ATT: Selbst bei den Staatenkonferenzen wird das Verhalten der Mitgliedsstaaten hinsichtlich der Einhaltung des Vertrages – *compliance* – nicht diskutiert. Mit den USA und Russland haben darüber hinaus die beiden größten Rüstungsexporteure weltweit den ATT überdies noch nicht ratifiziert. Sie sind gegenwärtig für 57 Prozent des weltweiten Waffenexports verantwortlich. Für die europäischen Staaten gehen die Verpflichtungen aus dem ATT nicht über die des Gemeinsamen Standpunktes 2008/944/GASP hinaus. Beide werden meist in ein und demselben Dokument in nationales Recht umgesetzt. In allen Staaten weltweit lässt sich eine wie auch immer geartete nationale Regulierung von Rüstungsexporten finden, wenn diese auch meist nicht auf humanitären, sondern überwiegend auf sicherheitspolitischen Überlegungen beruht. Der kurze Blick auf Uganda macht ferner deutlich, dass die Interessenlage in Importnationen naturgemäß von der in Exportnationen abweicht: Bei Ersteren zielen nationale und regionale Verpflichtungen hauptsächlich auf die Bekämpfung und Kontrolle von illegalem Handel und Weiterverbreitung ab, während für Letztere einheitliche Standards für den Handeln mit Waffen im Vordergrund stehen. Schließlich kommt das Kapitel kurz auf Endverbleibserklärungen zu sprechen. Mit ihnen will der exportierende Staat sich hinsichtlich der Nichtweiterverbreitung der gelieferten Waffen absichern. In der Praxis zeigt sich allerdings, dass eine tatsächliche Überprüfung des Endverbleibs nicht erfolgt und auch nicht sinnvoll vorstellbar ist. Endverbleibsdokumente werden so zu einem bloßen Papiertiger, dem es in der Praxis am nötigen Biss fehlt.

Mit *Kapitel 4* trat die Arbeit in ihren zweiten Teil ein und wandte sich den völkerrechtlichen Verpflichtungen bei Rüstungsexportentscheidungen zu. Im Zentrum des Kapitels standen das Interventions- und das Gewaltverbot. Zu Beginn wurde festgestellt, dass die bestehende Praxis der Staaten nicht einheitlich genug ist, um eine gewohnheitsrechtliche Veränderung einzelner Normen annehmen zu können. Die beiden eng verbundenen Verbote sind in ihrer praktischen Anwendung komplex, bisweilen ist jeder Aspekt ihrer Tatbestände diskussionswürdig. Ausgangspunkt für die Fragestellung der vorliegenden Arbeit war das Nicaragua-Urteil des Internationalen Gerichtshofs. Diesem wird bisweilen entnommen, dass Waffenlieferungen an Oppositionsgruppen das Interventions- und gegebenenfalls sogar das Gewaltverbot verletzten. Das Kapitel begann daher mit der notwendigen Entmystifizierung des Nicaragua-Urteils und stellte klar, dass der Rückgriff auf die Feststellungen des Urteils durch die Besonderheiten des zugrunde liegenden Sachverhalts im Einzelfall verwehrt sein kann. Die Praxis der Staaten während des Arabischen Frühlings wird teils als Abkehr von diesem Nicaragua-Paradigma angesehen, wurden hier doch gerade aus humanitären Überlegungen Waffen an Oppositionsgruppen geliefert. Bei genauerem Hinsehen offenbarte sich jedoch, dass Lieferungen regelmäßig unter Rückgriff auf Ausnahmen zum Interventions- und Gewaltverbot oder in Ausnahmesituationen stattfanden: In Libyen aufgrund einer Sicherheitsratsresolution, in Syrien als Reaktion auf den Einsatz von chemischen Waffen und im jemenitischen Konflikt bestreitet der Iran, die Opposition mit Waffen unterstützt zu haben. Bei der Unterstützung der Regierung auch im weit fortgeschrittenen innerstaatlichen Konflikt berufen sich die Staaten – Russland im Fall von Syrien, Saudi-Arabien aufseiten der jemenitischen Regierung – vorwiegend auf die Einladung der amtierenden Regierung. Der erwartete Paradigmenwechsel blieb also durch den Arabischen Frühling aus. Die eingehende Auseinandersetzung mit den Tatbeständen von Interventions- und Gewaltverbot verdeutlichte sodann, dass durchaus Raum dafür ist, nicht jede Art von Waffenlieferung als Verletzung der Verbote einzuordnen. Für das Interventionsverbot stellte das Zwangselement und der Begriff der *domaine réservé* im Hinblick auf Waffenlieferungen eine besondere Herausforderung dar, für das Gewaltverbot vor allem die Frage nach einer *de minimis*-Schwelle. Das Zwangselement kann bei Waffenlieferungen darin gesehen werden, dass ihnen ein disruptiver Charakter zukommt. Ferner sind sie nicht sinnvoll denkbar ohne eine Absicht des liefernden Staates, die Politik des betreffenden Staates maßgeblich nach seinen Ansichten zu beeinflussen. Dennoch ist die kausale Verbindung der Handlung – Entscheidung über Waffenlieferungen – einerseits und Kampf gegen die Regierung andererseits schwach, da immer noch der nichtstaatliche Akteur dazwischentreten und aktiv werden muss. Doch selbst wenn man den disruptiven Charakter und das Motiv des Entsendestaates nicht als ausreichend betrachtet, um Zwang im Sinn des Interventionsverbotes anzunehmen, erklären Dokumente der Vereinten Nationen und der Internationale Gerichtshof in seinem Nicaragua-Urteil die Unterstützung von Aufständischen in einem anderen Staat zur tatbestandsmäßigen Intervention. Die *domaine réservé* ist dann nicht betroffen, wenn der Sicherheitsrat eine Verletzung des Weltfriedens und der internationalen Sicherheit festgestellt hat, was beispielsweise in den besprochenen Konflikten des Arabischen Frühlings der Fall war. Die Bearbeitung kam daher zu dem Ergebnis, dass das Interventionsverbot bei Waffenlieferungen an einen nichtstaatlichen Akteur zu Friedenszeiten verletzt ist, während solche zu diesen Zeiten an die Regierung zulässig sind. Im innerstaatlichen bewaffneten Konflikt muss diese Erkenntnis nun überdacht werden. Hier wurde die Ansicht vertreten, dass eine gewisse Art negativer Gleichheit angenommen werden müsste, um den völkerrechtlichen Vorgaben gerecht zu werden, also gar keine Lieferungen zulässig sein sollen, weder an den nichtstaatlichen Akteur noch an die Regierung. Dies entspricht hingegen nicht dem geltenden Völkerrecht und wird nicht von der gegenwärtigen Staatenpraxis getragen. Die Einladungsbefugnis der Regierung, kann im NIAC nicht mehr ohne Weiteres angenommen werden, da es unbillig wäre, einer Regierung, die sich ja gerade im Kampf mit einem beachtlichen Teil des Volkes befindet, das Recht zuzugestehen, weiterhin für den Staat zu sprechen und sich so die Unterstützung zu verschaffen, die sie zum Machterhalt benötigt. Der Grundsatz *volenti non fit iniuria* gilt eben nur, solange der alleinige Rechtsinhaber über das Recht disponiert. Im NIAC ist dies zumindest auch das Volk und nicht nur die Regierung. Auch dies ist allerdings gegenwärtig nicht Teil des

Völkerrechts und spiegelt sich in der Praxis der Staaten nicht wider. Vor allem Lieferungen an die Regierung finden weiterhin statt, was auch bis zur Schwelle des Völkermordes faktisch akzeptiert wird. Nach den Erkenntnissen der vorliegenden Arbeit stellen Waffenlieferungen an einen nichtstaatlichen Akteur zu Friedenszeiten nur dann eine Gewaltanwendung im Sinne des Gewaltverbotes dar, sofern sie in großem Umfang und/oder mit anderen Unterstützungshandlungen gemeinsam erfolgen. Sie erfüllen aber in keinem Fall die Anforderungen an einen bewaffneten Angriff im Sinne des Art. 51 der UN-Charta oder für eine völkerrechtlich zulässige Verteidigung gegen einen solchen Angriff. Die „Anerkennung der Opposition als einzige rechtmäßige Vertretung des Volkes“, die in den Konflikten in Libyen und Syrien von einigen Staaten zum Teil erklärt wurde, hat zwar keine direkten rechtlichen Auswirkungen, sie deutet aber eine Schwerpunktverschiebung in Richtung des Selbstbestimmungsrechts der Völker an, die die hier vertretene Sichtweise hinsichtlich der einzuschränkenden Einladungsbefugnis der Regierung in ihren Grundzügen unterstützt. Gleiches gilt für die Grundprinzipien des Neutralitätsrechts, findet es auch auf innerstaatliche bewaffnete Konflikte genau genommen keine Anwendung. Erscheinen Waffenlieferungen auch auf den ersten Blick als weniger invasiv und problematisch als beispielsweise der Einsatz bewaffneter Truppen, sind ihre Folgen dennoch weitreichend und nur schwer kalkulierbar. Sie sind daher keine geeignete Handlung im Rahmen einer humanitären Intervention oder in Wahrnehmung einer Schutzpflicht, die beide gegenwärtig zudem nicht Teil des geltenden Völkerrechts sind.

Kapitel 5 widmete sich den Menschenrechten und dem humanitären Völkerrecht. Außerdem erfolgte eine ausführliche Auseinandersetzung mit dem jemenitischen Bürgerkrieg. Zu Beginn des Kapitels stand die Feststellung, dass die Staatenpraxis keine Herleitung einer allgemeinen gewohnheitsrechtlichen Verpflichtung erlaubt, die das Absehen von Rüstungsexporten an Staaten verlangt, sofern diese dort zu Menschenrechtsverletzungen genutzt werden könnten. Ein liefernder Staat verletzt keine menschenrechtliche Achtungspflicht, wenn er einen Empfangsstaat beliefert, der in der Folge mit ebendiesen Waffen Menschenrechtsverletzungen begeht. Die fehlende Kausalität zwischen der Handlung, also der Genehmigungsentscheidung, und dem Eintritt der Verletzung, steht ferner der Verletzung einer positiven Pflicht, entgegen, da ein vollverantwortlicher Dritter, der Empfangsstaats, dazwischen tritt. Lässt der liefernde Staat aber bei der Entscheidung über Rüstungsexporte die ihm obliegende Sorgfalt außer Acht, verletzt er damit eine ihm obliegende Sorgfaltspflicht. Diese Sorgfaltspflichten erschöpfen sich für die Mitgliedsstaaten der EU beziehungsweise die Vertragsstaaten in den kodifizierten Verpflichtungen des Gemeinsamen Standpunkts 2008/944/GASP und des ATT. Eine darüberhinausgehende allgemeine menschenrechtliche *due diligence*-Verpflichtung besteht gegenwärtig wohl nicht. Sofern der infrage stehende nichtstaatliche Akteur dem liefernden Staat ausnahmsweise zugerechnet werden kann, kommt auch die Zurechnung seiner Handlungen in Betracht, die eine Achtungspflichtverletzung begründen kann. Das humanitäre Völkerrecht enthält in Art. 1 der Genfer Konventionen I–IV eine auf alle Situationen anwendbare *due diligence*-Verpflichtung, *to ensure respect* für humanitäres Völkerrecht. Diese Verpflichtung reicht weiter als die vorgenannten menschenrechtlichen Verpflichtungen, da sie keiner territorialen Einschränkung unterliegt. Der Konflikt im Jemen, insbesondere die umfassende Darstellung des Verfahrens *CAAT v. Secretary of State,* konnte einen seltenen Einblick in die Entscheidungsfindung eines zentralen Exportstaates für Waffenlieferungen geben. Neben der Frage nach der Bedeutung des Begriffs *serious breaches of humanitarian law* war die zentrale Fragestellung in dem Verfahren, ob die Regierung das vergangene Verhalten von Saudi-Arabien in gebührendem Maße bei der Entscheidung über die Aufrechterhaltung bestehender und die Genehmigung neuer Rüstungsexporte berücksichtigt hatte. Die Regierung ließ vortragen, dass es auf vergangenes Verhalten nicht besonders ankäme: Ob Saudi-Arabien also bereits humanitäres Völkerrecht verletzt hat, habe keinerlei Bedeutung für die Frage nach dem Risiko künftiger Verletzungen. Dem ist das Berufungsgericht nicht gefolgt und stellte klar, dass ein Muster von Verletzungen des humanitären Völkerrechts selbstverständlich festgestellt und Eingang in die Entscheidung finden muss. Der Fall könnte in Zukunft grundlegende Bedeutung für das Verfahren zur Bestimmung des Risikos nach dem Gemeinsamen Standpunkt 2008/944/GASP und dem ATT haben. Im Nachgang der Ermordung von Jamal Khashoggi hat eine Vielzahl von Staaten ihre Rüstungsexporte nach Saudi-Arabien mehr oder weniger strikt und abrupt eingestellt. Dass es letztlich nicht die humanitäre Katastrophe war, die Staaten zu diesem Gesinnungswandel bewegte, ist bezeichnend: Erst als mit der Unverletzlichkeit der diplomatischen und konsularischen Mission staatliche Rechte durch Saudi-Arabien verletzt wurden, hat sich dies auch auf die Genehmigungspraxis von einzelnen Staaten ausgewirkt.

Kapitel 6 schloss die rechtliche Bearbeitung mit der Darstellung der Sekundärverantwortlichkeit der liefernden Staaten. Nicht unerhebliche Waffenlieferungen, die in Ansehung der völkerrechtswidrigen Haupttat geliefert wurden, fallen unter Art. 16 ASR, sofern der Gleichlauf der Verpflichtungen gegeben ist und die Haupttat eintritt. Die Anforderungen an die Verantwortlichkeit sind mithin denkbar hoch, da ein Handeln *in view of* Art. 16 ASR Vorsatz voraussetzt. Für Verletzungen von zwingendem Recht gilt Art. 41 ASR, der diese Voraussetzungen modifiziert. Auch im Bereich der Menschenrechte, des Gewaltverbots und des humanitären Völkerrechts sind die Anforderungen von Art. 16 im Einzelfall zu anzupassen. So ist Art. 16 ASR im humanitären Völkerrecht beispielsweise im Lichte des Art. 1 GK I–IV zu lesen, sodass bei systematischen Verletzungen der Vorsatz des liefernden Staates durch Wissen ersetzt wird.

Das Völkermordverbot und das Verbot der Unterstützung von Völkermord stellt schließlich die letzte und vielleicht eindeutigste Grenze von Unterstützungshandlungen dar. Jegliche Art von Unterstützung ist zu unterlassen, das Vorsatzelement von Art. 16 ASR ist wie bei Verletzungen des humanitären Völkerrechts zu modifizieren. In der Praxis ziehen Staaten allerding auch bei Völkermord bei Weitem nicht so eine harte Grenze, wie sie rechtlich vorgeschrieben wäre.

B. „Timing matters" – Der entscheidende Zeitpunkt

Für die völkerrechtliche Zulässigkeit hat sich der Zeitpunkt von Waffenlieferungen als entscheidend erwiesen. Unterscheidet man zwischen den drei Stadien Frieden, innerstaatlichem bewaffnetem Konflikt und Völkermord, macht die Grafik deutlich: Das Völkerrecht zu Zeiten des innerstaatlichen bewaffneten Konflikts ist weitestgehend unklar. Gleiches gilt, wenn auch in abgeschwächter Form, für Lieferungen an nichtstaatliche Akteure zu Zeiten eines durch die Regierung verübten Völkermordes. Im weitesten Sinne decken sich diese Erkenntnisse auch mit der Praxis der Staaten. Diese lässt jedoch die nötige Einheitlichkeit vermissen, die zur Annahme von Völkergewohnheitsrecht notwendig wäre.

I. Frieden

In den internationalen Beziehungen muss zu Friedenszeiten davon ausgegangen werde, dass jeder souveräne Staat nach außen durch seine Regierung vertreten wird. Waffenlieferungen, werden an *den Staat* als rechtliche Konstruktion geliefert, faktisch also an die Regierung. Sie dienen der Aufrechterhaltung der inneren und äußeren Sicherheit, also der Wahrnehmung von zentralen Funktionen des Staates. Eine Intervention liegt regemäßig nicht vor, da die Regierung in die Lieferungen einwilligt, sie meist ja gerade „bestellt". Die Regierung alleine nimmt die mit der Souveränität des Staates einhergehenden Rechte und Pflichten wahr und kann über sie verfügen. Zu Friedenszeiten repräsentiert die Regierung den Staat nach außen. Ihr obliegt es, Menschenrechte zu wahren und zu garantieren. Das Selbstbestimmungsrecht des Volkes geht gerade darin auf, dass es seine politische Form, seine Regierung, selbst bestimmt.

Waffenlieferungen an einen nichtstaatlichen Akteur in einem anderen Staat zu Friedenszeiten verletzen das Interventionsverbot. Sie haben meist keinen anderen Zweck, als es einer Gruppe zu ermöglichen, die Regierung eines anderen Staates herauszufordern, zu stürzen, um so Einfluss auf dessen Politik zu nehmen. Die Unterstützung eines nichtstaatlichen Akteurs zu dieser Zeit – unterhalb der Schwelle zum innerstaatlichen bewaffneten Konflikt – ist in jedem Fall unzulässig. Zwar ist die Rebellion als solche nicht völkerrechtlich verboten, aber die Unterstützung einer Gruppe, die es bisher nicht aus eigener Kraft schaffen konnte, die Regierung ernsthaft und andauernd herauszufordern, verletzt das Interventionsverbot.

II. Innerstaatlicher bewaffneter Konflikt

Befindet sich der Empfangsstaat nun in einem innerstaatlichen bewaffneten Konflikt, in dem die Regierung auf der einen und ein nichtstaatlicher Akteur auf der anderen Seite steht, muss die obige Bewertung dem Grunde nach überdacht werden. Innerstaatliche bewaffnete Konflikte zeichnen sich gerade dadurch aus, dass das Volk beziehungsweise ein bedeutender Teil des Volkes mit der amtierenden Regierung um die Führungsrolle im Staat ringt. Es muss sich regelmäßig um einen bedeutenden Teil handeln, da es nur einer Gruppe mit ausreichend Rückhalt in der Bevölkerung möglich ist, die Schwelle zum innerstaatlichen bewaffneten Konflikt aus eigener Kraft zu überwinden. Die Frage aber, wer nun in diesen Situationen das Volk nach außen vertritt und die mit der Souveränität des Staates einhergehenden Rechte und Pflichten wahrnimmt, ist nicht mehr so einfach zu beantworten. Hier wird in der gegenwärtigen Literatur vermehrt auf die Rechtmäßigkeit der Regierung oder die Effektivität ihrer Kontrolle über das Staatsgebiet abgestellt. Wie genau in diesem Zusammenhang die Rechtmäßigkeit einer Regierung festgestellt werden soll, bleibt bisher weitgehend unklar, wobei man sich letztlich im zentralen Punkt einig ist: Im geltenden Völkerrecht kann die amtierende Regierung ihre Rechtmäßigkeit im Sinne ihrer Handlungsfähigkeit in den internationalen Beziehungen nicht verlieren.

Die vorliegende Arbeit schlägt hier nun einen anderen Weg vor. Die Zulässigkeit von Waffenlieferungen an die Regierung hängt maßgeblich von der Einladungsbefugnis ab. Eine Einladung vermag eine tatbestandsmäßige Handlung zu legitimieren, da man von dem Grundsatz *volenti non fit iniuria* ausgeht. Dem Einwilligenden, also dem Willenden, kann kein Unrecht geschehen. Voraussetzung hierfür ist aber immer, dass der Rechtsinhaber über *sein* Rechtsgut disponiert. Dem hier grundlegenden Aspekt, dass dies nur bei einem Rechtsgut zutreffen kann, das dem Verfügenden alleine zusteht, wurde dabei bisher keine größere Beachtung geschenkt. Wenn zu Friedenszeiten die Regierung die Souveränität innehat und den Staat nach außen vertritt, dann tut sie dies ohne Frage stellvertretend für das Volk. Im innerstaatlichen bewaffneten Konflikt kann nun nicht mehr davon ausgegangen werden, dass *Staat* gleichbedeutend mit *Regierung* ist. Es wird keineswegs angedeutet, dass die Regierung oder gar der Staat seine Souveränität *verliert*. Vielmehr wird darauf hingewiesen, dass im innerstaatlichen bewaffneten Konflikt mit der Herausforderung der Regierung ein Aspekt, der im Frieden in der durch die Regierung wahrgenommenen Souveränität aufgeht, neben sie tritt: das Selbstbestimmungsrecht des Volkes. Dem soll nun auch nicht Vorrang vor der Souveränität eingeräumt werden. Aber: Mit der Einladung der Regierung wird nun nicht mehr oder jedenfalls nicht mehr nur über ein Rechtsgut disponiert, welches der Regierung alleine zusteht. Dies steht in letzter Konsequenz im Einklang mit den Grundgedanken von Doktrinen wie der negativen Gleichheit oder auch der *counterintervention*. Dem fragilen Gleichgewicht zu Zeiten des innerstaatlichen bewaffneten Konflikts soll dadurch Rechenschaft getragen werden, dass keine der beiden Seiten mehr unterstützt werden darf. *De lege lata* ist dies nicht Teil des Völkerrechts. In der Staatenpraxis findet sich für diese Annahme auch keine eindeutige Bestätigung, sie lässt, wenn überhaupt, nur Tendenzen erkennen. So beispielsweise die Anerkennung nichtstaatlicher Akteure durch Staaten als „(einzig) legitime Vertretung des Volkes", wie im Fall von Syrien und Libyen. Hier wird das Selbstbestimmungsrecht der Völker in modifizierter Form ins Spiel gebracht und es bleibt abzuwarten, ob dieses in Zukunft die Basis einer Neubewertung der Einladungsbefugnis zu Zeiten von innerstaatlichen bewaffneten Konflikten bilden könnte. Die Gründe, aus denen Staaten Waffen liefern oder von Lieferungen absehen, sind im Einzelnen vielfältig und werden zumeist nicht ausdrücklich kommuniziert. Aus diesem Grund ist in der Grafik bei NIAC auch nur ein fließender Übergang von Grün und Rot zu erkennen – von der Zulässigkeit zur Unzulässigkeit und umgekehrt. Eine klare Grenze konnte gerade nicht herausgearbeitet werden.

III. Völkermord

Das Völkermordverbot und das mit ihm einhergehende Verbot einer Unterstützung von Völkermord stellt, jedenfalls aus völkerrechtlicher Sicht auf dem Papier, eine eindeutige Zäsur dar. Waffenlieferungen an eine Regierung, die einen Völkermord begeht, sind unzulässig; Art. 16 ASR muss dementsprechend modifiziert werden. Dies wirft unweigerlich die Frage auf, ob in dieser Situation Waffenlieferungen an nichtstaatliche Akteure zulässig, vielleicht sogar geboten sind, um ihnen die (Selbst-)Verteidigung gegen den Völkermord zu erlauben. Auch in dieser Diskussion klingt das Selbstbestimmungsrecht der Völker wieder an. Es ist überwiegend anerkannt, dass der Kampf eines Volkes um Selbstbestimmung nur in speziellen Fällen der Okkupation und Kolonialisierung gegebenenfalls auch von außen unterstützt werden darf. Die Grafik enthält daher an dieser Stelle nur einen angedeuteten grünen Kreis mit einem Fragezeichen. Die Praxis der Staaten offenbarte, dass Lieferungen an Regierungen, denen Völkermord vorgeworfen wird, weiterhin durchgeführt werden, während Lieferungen an die Opposition auch in diesen Fällen unterlassen oder jedenfalls nicht öffentlich kommuniziert werden.

C. No Farewell to Arms

„**We cannot indeed claim that our work is perfect or that we have created an unbreakable guarantee of peace.** For ours is no enchanted palace to ‚spring into sight at once', by magic touch or hidden power. **But we have**, I am convinced, **forged an instrument by which, if men are serious in wanting peace and are ready to make sacrifices for it, they may find means to win it**"[864] (Hervorhebung durch die Verfasserin).

Als die letzten Korrekturen an dieser Arbeit vorgenommen werden, ist die Einhaltung der (völker-)rechtlichen Vorgaben für Rüstungsexporte weiterhin uneinheitlich und bisweilen unbefriedigend. Es bleibt dabei, dass Waffen und der Handel mit ihnen aus der internationalen Politik nicht wegzudenken sind. Gleichwohl zeichnet sich in den letzten Jahren eine stetige Humanisierung der Rüstungskontrolle ab. Ihre Zukunft wird maßgeblich vom Inhalt der *risk assessments* und deren gerichtlicher Überprüfbarkeit abhängen. Das vom *European Center for Constitutional and Human Rights* angestrengte Verfahren in Italien dauert noch an, doch wurde im Juni im italienischen Parlament von der Mehrheit der Antrag gestellt, Exporte nach Saudi-Arabien

864 Remarks by Lord Halifax, British ambassador to the United States and acting chairman of the UK delegation, San Francisco, 26 June 1945, zitiert nach *Mark Mazower*, No Enchanted Palace, (Princeton/New Jersey: Princeton University Press, 2013) S. 1.

auszusetzen.[865] Welche Folgen dieses Verfahren in Italien auch in Deutschland für den Mutterkonzern des betroffenen Unternehmens, Rheinmetall, haben könnte, ist noch unklar, aber auch vor dem Hintergrund der Entwicklungen im Bereich *Business and Human Rights* werden viele Augen auf das Ergebnis gerichtet sein. Das Berufungsgericht hat im Fall von *CAAT v. Secretary of State* im Vereinigten Königreich entschieden, dass Rüstungsexporte an Saudi-Arabien jedenfalls mit dem gegenwärtigen Verfahren zur Bestimmung des Risikos unzulässig sind. Die Diskussionen rund um Waffenlieferungen reißen auch gegenwärtig nicht ab. Noch ist allerdings unklar, ob sie sich auf lange Sicht in der Änderung der nationalen Gesetzgebungen, namentlich in einer Durchsetzungs- oder Überprüfungsmöglichkeit, materialisieren könnten. Dies wäre aus vielerlei Gründen wünschenswert. Nicht zuletzt um das bestehende Defizit der Rechtsstaatlichkeit, das durch ihr Fehlen perpetuiert wird, zu beheben oder abzuschwächen. Solange auf den Staatenkonferenzen zum ATT die Einhaltung des Vertrages nicht besprochen wird, wäre dies wohl die einzige Möglichkeit, die Einhaltung des Vertrages zu fördern. Die Tatsache nämlich, dass auch mit dem ATT oder seinen nationalen und regionalen Entsprechungen kein *enchanted palace* geschaffen wurde, kein magisches Bollwerk für Frieden und humanitäre Rüstungskontrolle, bedeutet nicht, dass diese Ziele nicht längerfristig erreicht werden können. Wenn Staaten es künftig mit Rüstungskontrolle erst meinen und sie bereit sind, die entsprechenden Opfer zu bringen, haben sie mit den bestehenden nationalen, regionalen und internationalen Regelungswerken hierfür heute schon den entscheidenden Grundstein gelegt.

865 https://www.sipri.org/commentary/topical-backgrounder/2019/legal-challenges-eu-member-states-arms-exports-saudi-arabia-current-status-and-potential (zuletzt aufgerufen am 27.08.2019).

Literaturverzeichnis

Ago, Roberto „Le délit international", Recueil des cours, 68, 1939, S. 415–554.

Akande, Dapo, „Classification of Armed Conflicts: Relevant Legal Concepts" in: Elisabeth Wilmshurst, *International Law and the Classification of Conflicts*, Oxford: Oxford University Press, 2012, S. 32–79.

Akande, Dapo, „Self Determination and the Syrian Conflict – Recognition of Syrian Opposition as Sole Legitimate Representative of the Syrian People: What Does this Mean and What Implications Does it Have?", 2012. <https://www.ejiltalk.org/self-determination-and-the-syrian-conflict-recognition-of-syrian-opposition-as-sole-legitimate-representative-of-the-syrian-people-what-does-this-mean-and-what-implications-does-it-have/>, zuletzt aufgerufen am 26.08.2019.

Akande, Dapo, „Would It Be Lawful For European (or other) States to Provide Arms to the Syrian Opposition?", 2013. <http://www.ejiltalk.org/would-it-be-lawful-for-european-or-other-states-to-provide-arms-to-the-syrian-opposition/>, zuletzt aufgerufen am 24.08.2019.

Akande, Dapo und Vermeer, Zachary, „The Airstrikes against Islamic State in Iraq and the Alleged Prohibition on Military Assistance to Governments in Civil Wars", 2015. <http://www.ejiltalk.org/the-airstrikes-against-islamic-state-in-iraq-and-the-alleged-prohibition-on-military-assistance-to-governments-in-civil-wars/>, zuletzt aufgerufen am 15.08.2019.

Annan, Kofi A. „We the peoples: The Role of the United Nations in the 21 Century", United Nations, 2000.

Aronson, Jay D., „The Utility of User-Generated Content in Human Rights Investigations" in: Molly K. Land und Jay D. Aronson, *New Technologies for Human Rights Law and Practice*, Cambridge: Cambridge University Press, 2018, S. 129–148.

Athen, Marco „Der Tatbestand des völkerrechtlichen Interventionsverbotes", eds. Oliver Dörr, Axel Kämmerer und Markus Krajewski (Völkerrecht und Außenpolitik; Baden-Baden 2017).

Aubin, Yann und Idiart, Arnaud (eds.), „Export control law and regulations handbook: a practical guide to military and dual-use goods trade restrictions and compliance", Alphen aan den Rijn: Wolters Kluwer, 2016.

Aust, Helmut Philipp „Complicity and the Law of State Responsibility" eds James Crawford und John S. Bell (Cambridge studies in international and comparative law; Cambridge: Cambridge University Press, 2011).

Bartelson, Jens „Sovereignty as Symbolic Form" (Critical Issues in Global Politics; London: Routledge, 2014).

Bellal, Annyssa, „Arms Transfers and international human rights law" in: Stuart Casey-Maslen, *Weapons Under International Human Rights Law*, Cambridge: Cambridge University Press, 2014, S. 448–471.

Besson, Samantha, „General Principles in International Law – Whose Principles?" in: Samantha Besson und Pascal Pichonnaz, *Les principes en droit européen, Principles in European Law*, Genève – Zurich – Bâle: Schulthess Mèdias Juridiques SA, 2011, S. 19–64.

Bieneck, Klaus (ed.), „Handbuch des Außenwirtschaftsrechts mit Kriegswaffenkontrollrecht", Köln: Aschendorff Rechtsverlag, 2005.

Bingham, Tom „Alabama Arbitration" in: Max Planck Encyclopedia of Public International Law, Oxford: Oxford University Press, 2006.

Bockslaff, Klaus „Das völkerrechtliche Interventionsverbot als Schranke außenpolitisch motivierter Handelsbeschränkungen" (Veröffentlichungne des Instituts für Internationales Recht an der Unversität Kiel; Berlin: Duncker & Humblot, 1987).

Boivin, Alexandra „Complicity and beyond: International law and the transfer of small arms and light weapons", International Review of the Red Cross, 87, 2005, S. 467–496.

Boot, Max „Invisible Armies: An Epic History of Guerrilla Warfare from Ancient Times to the Present" (London: Liveright Publishing, 2013).

Boothby, William H. „Weapons and the Law of Armed Conflict" (2 edn.; Oxford: Oxford University Press, 2016).

Brehm, Maya „Conventional Arms Transfers in the Light of Humanitarian and Human Rights Law", (2005).

Bridgeman, Tess „The Law of Neutrality and the Conflict with Al Qaeda", New York University Law Review, 85, 2010, S. 1186–1124.

Bromley, Mark „The Review of the EU Common Position on Arms Exports: Prospects for strengthened Controls", EU Non-Proliferation Consortium, Non-proliferation Papers, 2012.

Bromley, Mark und Brzoska, Michael „Towards a Common, Restrictive EU Arms Export Policy? The Impact of the EU Code of Conduct on Major Conventional Arms Exports", European Foreign Affairs Review, 13, 2008, S. 333–356.

Bromley, Mark und Holtom, Paul „Import Controls and an Arms Trade Treaty", Stockholm International Peace Research Institute, SIPRI Background Paper, July 2011.

Burke, Edward „EU-GCC Cooperation: Securing the Transition in Yemen“ Gulf Research Center, GRC Gulf Papers, 2013.

Casey-Maslen, Stuart (ed.), „Weapons Under International Human Rights Law“, Cambridge: Cambridge University Press, 2014.

Cerone, John „Re-examining International Responsibility: ‚Complicity‘ in the Context of Human Rights Violations “, The Journal of International Law and Comparative Law, 14, 2008, S. 525–535.

Cheng, Bin „United Nations Resolution on Outer Space: ‚Instant‘ International Customary Law?“, The Indian Journal of International Law, 5, 1965, S. 23–48.

Clapham, Andrew; Casey-Maslen, Stuart; Giacca, Gilles und Parker, Sarah „The Arms Trade Treaty: A Commentary“ (Oxford Commentaries on International Law; Oxford: Oxford University Press, 2016).

Corten, Olivier „La rébellion et le droit international: le principe de neutralité en tension“ (Adi-Poche, les livres de poche de l'Académie de droit international de La Haye, 2015).

Corten, Olivier „The law against war: the prohibition on the use of force in contemporary international law“ (French studies in international law; Oxford: Hart, 2010).

Corten, Olivier „Le droit contre la guerre“ (Paris: Pedone, 2014).

Corten, Olivier und Klein, Pierre, „The limits of complicity as ground for responsibility: lessons learned from the *Corfu Channel* case“, in: Karine Bannelier, Theodore Christakis, und Sarah Heathcote, *The ICJ and the Evolution of International Law: The enduring impact of the Corfu Channel case,* London: Routledge, 2012, S. 315–334.

Corten, Olivier und Koutroulis, Vaios „The Illegality of Military Support to the Rebels in the Libyan War: Aspects of jus contra bellum and jus in bello“, Journal of Conflict & Security Law, (18), 2013, S. 34.

Crawford, James „State Responsibility: The General Part“, eds. James Crawford und John S. Bell (Cambridge Studies in International and Comparative Law; Cambridge: Cambridge University Press, 2013).

Daalder, Ivo; Flournoy, Michele; Herbst, John; Lodal, Jan; Pifer, Steven; Stavridis, James; Talbott, Strobe und Wald, Charles „Preserving Ukraine's Independence, Resisting Russian Aggression: What the United States and NATO Must Do“, The Atlantic Council, 2015.

Daum, Oliver, „War in Yemen (1): Why the Saudi-led coalition's blockade is not a naval blockade“, 2018. <https://www.juwiss.de/43-2018/>, zuletzt aufgerufen am 25.08.2019.

de Taisne, Maxime und Abilova, Olga „End-Use Certificate: A Paper Tiger?" Changemaker, 2016.

den Heijer, Maarten „Europe and Extraterritorial Asylum" (Studies in International Law; Oxford: Hart Publishing, 2012).

Dicke, Detlev Christian „Die Intervention mit wirtschaftlichen Mitteln im Völkerrecht: Zugleich ein Beitrag zu den Fragen der wirtschaftlichen Souveränität", ed. Ignaz Seidl-Hohenveldern (Völkerrecht und Internationales Wirtschaftsrecht, 10; Baden-Baden: Nomos, 1978).

Dinstein, Yoram „Non-International Armed Conflicts in International Law" (Cambridge: Cambridge University Press, 2014).

Dinstein, Yoram „War, Aggression and Self-Defence", (6 edn.; Cambridge: Cambridge University Press, 2017).

Dinstein, Yoram „War, Aggression and Self-Defence", (5 edn.; Cambridge: Cambridge University Press, 2012).

Docherty, Bonnie „Ending Civilian Suffering: The Purpose, Provisions, and Promise of Humanitarian Disarmament Law", Austrian Review of International and European Law, 15, 2010, S. 7–44.

Doswald-Beck, Louise „The Legal Validity of Military Intervention by Invitation of the Government", British Yearbook of International Law, 56, 1985, S. 63.

Duffy, Helen, „Detention and Interrogation Abroad: The ‚Extraordinary Rendition' Programme", in: André Nollkaemper und Ilias Plakokefalos, *The Practice of Shared Responsibility in International Law*, Cambridge: Cambridge University Press, 2017, S. 89–127.

Ehlers, Dirk und Wolffgang, Hans-Michael (eds.), „Recht der Exportkontrolle: Bestandsaufnahme und Perspektiven; Handbuch zum Exportkontrollrecht; zugleich Festgabe für Dr. Arnold Wallraff zum 65. Geburtstag", Frankfurt am Main: Dt. Fachverl., Fachmedien Recht und Wirtschaft, Dfv-Mediengruppe, 2015.

Erickson, Jennifer L. „Dangerous Trade: Arms Exports, Human Rights, and International Reputation" (New York: Columbia University Press, 2015).

Farer, Tom, „Paradigm of Legitimate Intervention" in: Lori Fisler Damrosch, *Enforcing Restraint: Collective Intervention in Internal Conflicts*, New York: Council On Foreign Relations Press, 1993, S. 316–347.

Feinstein, Andrew „A Shadow World: Inside the Global Arms Trade" (London: Penguin Books, 2011).

Fergusson, Ian F. und Kerr, Paul K. „The U.S. Export Control System and the Export Control Reform Initiative", Congressional Research Service, 2019.

Fink, Martin D. „Naval Blockade and the Humanitarian Crisis in Yemen“, Netherlands International Law Review, 64 (2), 2017, S. 291–307.

Fox, Gregory, „Intervention by Invitation“, in: Marc Weller, *The Oxford Handbook on the Use of Force*, Oxford: Oxford University Press, 2015, S. 816–840.

Franck, Thomas M. „Who killed Art. 2(4)? or: Changing Norms Governing the Use of Force by States“, The American Journal of International Law, 64 (5), 1970, S. 809–837.

Gardam, Judith Gail „Necessity, proportionality and the use of force by states“ (Cambridge studies in international and comparative law; Cambridge: Cambridge University Press, 2004).

Gerlach, Axel „Die Intervention: Versuch einer Definition“ (Varia iuris publici; Hamburg, Frankfurt a.M., Berlin: Metzner, 1967).

Gowlland-Debbas, Vera, „The Security Council as Enforcer of Human Rights“, in: Bardo Fassbender, *Securing Human Rights? Achievements and challenges of the UN Security Council*, Oxford: Oxford University Press, 2011, S. 36–73.

Graefrath, Bernhard „Complicity in the Law of International Responsibility“, Revue belge de Droit International, 29, 1996, S. 370–380.

Gray, Christine D., „The International Court of Justice and the Use of Force“, in: Christian J. Tams und James Sloan, *The Development of international law by the International Court of Justice*, Oxford: Oxford University Press, 2013, S. 237–262.

Gray, Christine D. „International law and the use of force“, (4 edn.; Oxford: Oxford University Press, 2018).

Grebe, Jan „Harmonized EU Arms Exports Policies in Times of Austerity? Adherence to the Criteria of the EU Common Position on Arms Exports“, Bonn International Center for Conversion, 2013.

Green, Laura und Hamer, David, „The Legality of the UK / Saudi Arabia Arms Trade: A Case Study“, 2017. <https://www.ejiltalk.org/the-legality-of-the-uk-saudi-arabia-arms-trade-a-case-study/>, zuletzt aufgerufen am 26.08.2019.

Greenwood, Christopher „The Concept of War in Modern International Law“, International and Comparative Law Quarterly, 36 (2), 1987, S. 283–306.

Grip, Lina, „Small arms control in Africa“, (Helsinki University 2017).

Hakimi, Monica „State Bystander Responsibility“, European Journal of International Law, 21, 2010, S. 341–385.

Hammond, Paul Y.; Louscher, David J.; Salomone, Michael D. und Graham, Norman A. „The Reluctant Supplier: U.S. Decisionmaking for Arms Sales“ (Massachusetts: Oelschlager Gunn & Hain Publishers Inc., 1983).

Hansen, Susanne Therese und Marsh, Nicholas „Normative power and organized hypocrisy: European Union member states' arms export to Libya", European Security, 24 (2), 2015, S. 264–286.

Hautecloque, Xavier „Zaharoff: Merchant of Death", The living Age, (May), 1932, S. XXX.

Heathcote, Sarah, „State omissions and due diligence: aspects of fault, damage and contribution to injury in the law of state responsibility", in: Karine Bannelier, Theodore Christakis, und Sarah Heathcote, *The ICJ and the Evolution of International Law: The enduring impact of the Corfu Channel case,* London: Routledge, 2012, S. 295–314.

Henderson, Christian „The use of force and international law" (Cambridge: Cambridge University Press, 2018).

Hershy, Amos S. „The Essentials of International Public Law" (New York: The Macmillan Company, 1919).

Hillier, Debbie und Wood, Brian „Shattered Lives: The Case for tough International Arms Control" Amnesty International/Oxfam, 2003.

Holtom, Paul „Prohibiting Arms Transfers to Non-State Actors and the Arms Trade Treaty", UNIDR.

Holtom, Paul und Pavesi, Irene „Trade Update 2018: Sub-Saharan Africa in Focus", Small Arms Survey, December 2018.

Hongju Koh, Harald, „Syria and the Law of Humanitarian Intervention (Part II International Law and the Way Forward)", <http://justsecurity.org/1506/koh-syria-part2/> zuletzt aufgerufen am 6.11.2014

Hongju Koh, Harald, „Syria anf the Law of Humanitarin Intervention (Part III – A Reply)", <http://justsecurity.org/1863/syria-law-humanitarian-intervention-part-iii-reply/>, zuletzt aufgerufen am 06.11.2014.

Hufbauer, Gary Clyde; Schott, Jeffery J.; Elliott, Kimberly Ann und Oegg, Barbara „Economic Sanctions Reconsidered" (3 edn.; Washington: Peter G. Peterson Institute for International Economics, 2009).

Jackson, Miles „Complicity in International Law" eds Cathrine Redgwell, Dan Sarooshi, und Stefan Talmon (Oxford Monographs in International Law; Oxford: Oxford University Press, 2015).

Joyner, Dan, „Arms Control", in: André Nollkaemper und Ilias Plakokefalos, *The Practice of Shared Responsibility in International Law,* Cambridge: Cambridge University Press, 2017, S. 781–796.

Kälin, Walter und Künzli, Jörg „Universeller Menschenrechtsschutz: der Schutz des Individuums auf globaler und regionaler Ebene" (Baden-Baden: Nomos, 2013).

Katzman, Kenneth „Iran: Internal Politics and U.S. Policy and Options", Congressional Research Service, 2019.

Klinger, Joseph „Counterintervention on Behalf of the Syria Opposition? A Illustration of the Need for Greater Clarity in the Law", Harvard International Law Journal, 55, 2014, S. 483–523.

Koivurova, Timo „Due Diligence", in: Max Planck Encyclopedia of Public International Law, Oxford: Oxford University Press, 2010.

Kolb, Robert „Ius contra bellum" (Collection de Droit International Pubilc; Bâle: Helbing Lichtenhahn Verlag, 2009).

Kolb, Robert „Ius in bello: Le droit international des conflits armés" (Basel: Helbig Lichtenhahn Verlag, 2009).

Kolb, Robert „Peremtory International Law – *Ius Cogens*: A General Inventory" (Oxford: Hart Publishing, 2015).

Koskenniemi, Martti „From Apology to Utopia:The Structure of International Legal Argument" (Cambridge: Cambridge University Press, 2005).

Krasner, Stephen D. „Sovereignty: Organized Hypocrisy" (Princeton New Jersey: Princeton University Press, 1999).

Kulesza, Joanna „Due Diligence in International Law" (Queen Mary Studies in International Law; Leiden: Brill, 2016).

Kunig, Philip „Das völkerrechtlicht Nichteinmischungsprinzip: zur Praxis der Organisation der afrikanischen Einheit (OAU) und des afrikanischen Staatenverkehrs" (Völkerrecht und Außenpolitik; Baden-Baden: Nomos, 1981).

Künzli, Jörg „Vom Umgang des Rechtsstaates mit Unrechtsregimes: Völker- und landesrechtliche Grenzen des Verhaltensspielraums der schweizerischen Aussenpolitik gegenüber Völkerrecht missachtenden Staaten" (Bern: Stämpfli Verlag AG, 2008).

Lanovoy, Vladyslav „Complicity and its Limits in the Law of International Responsibility" (Studies in International Law; Oxford: Hart Publishing 2016).

Larsen, Jeffrey Arthur, „An Introduction to Arms Control", in: Jeffrey Arthur Larsen, *Arms Control: Cooperative Security in a Changing Environment*, Boulder: Lynne Rienner Publishers, 2002, S. 1–20.

Lauterpacht, Elihu „The Contemporary Practice of the United Kingdom in the Field of International Law – Survey and Comment VI: January 1 – June 30, 1958", International and Comparative Law Quarterly, 7 (3), S. 514–576.

Le Mon, Christopher „Unilateral Intervention by Invitation in Civil Wars: The Effective Control Test Tested", International Law and Politics, 35, 2003, S. 741–793.

Lemkin, Raphael „Axis Rule in Occupied Europe“ (Washington: Carnegie Endowment for International Peace, 1944).

Lieblich, Eliav „International Law and Civil Wars“ eds Chandra Lekha Sriram, Julie Mertus, Karin Aggestam, und Lorraine Elliott (Law, Conflict and International Relations; London: Routledge, 2013).

Lieblich, Eliav, „Intervention in Civil Wars: Intervention and Consent“ (Columbia University, 2012).

Linderfalk, Ulf „The Creation of *Ius Cogens* – Making sense of Article 53 of the Vienna Convention“, ZaöRVR, 71, 2011, S. 359–378.

Linnenkamp, Hilmar und Mölling, Christian „Rüstung und Kernfähigkeiten“, Stiftung Wissenschaft und Politik. Deutsches Institut für Internationale Politik und Sicherheit, Juni 2014.

Lowe, Vaughan „Responsibility for the Conduct of other States“, Kokusiho gaiko zasshi: The journal of international law and diplomacy, 101, 2002, S. 1–10.

Marsh, Nicholas „Two Sides of the Same Coin? The Legal and Illegal Trade in Small Arms“, Brown Journal of World Affairs, 9 (1), 2002, S. 217–228.

Marxsen, Christian „Violation and confirmation of the law: the intricate effects of the invocation of the law in armed conflict“, Journal on the Use of Force and International Law, 5 (1), 2018, S. 8–39.

Mazower, Mark „No Enchanted Palace“ (Princeton/New Jersey: Princeton University Press, 2013).

Melvern, Linda „Conspiracy to Murder: The Rwandan Genocide“ (London: Verso, 2006).

Milanovic, Marko, „The Clearly Illegal US Missile Strike in Syria“, 2017. <https://www.ejiltalk.org/the-clearly-illegal-us-missile-strike-in-syria/>, zuletzt aufgerufen am 24.08.2019.

Milanovic, Marko „Extraterritorial Application of Human Rights Treaties“ (Oxford Monographs in International Law; Oxford: Oxford University Press, 2011).

Milanovic, Marko „State Responsibility for Genocide: A Follow-Up“, European Journal of International Law, 18 (4), 2007, S. 669–694.

Milanovic, Marko, „The Syria Strikes: Still Clearly Illegal“, 2018. <https://www.ejiltalk.org/the-syria-strikes-still-clearly-illegal/>, zuletzt aufgerufen am 24.08.2019.

Moore, Matthew „Selling to Both Sides: The Effects of Major Conventional Weapons Transfers on Civil War Severity and Duration“, International Interactions, 38, 2012, S. 325–347.

Nollkaemper, André, „A Shared Responsibility Trap: Supplying Weapons to the Syrian Opposition", 2013. <http://www.ejiltalk.org/a-shared-responsibility-trap-supplying-weapons-to-the-syrian-opposition/>, zuletzt aufgerufen am 04.08.2015.

Nollkaemper, André und Jacobs, Dov „Shared Responsibility in International Law: A Conceptual Framework", Michigan Journal of International Law, 34 (2), 2013, S. 359–438.

Nolte, Georg „Eingreifen auf Einladung: Zur völkerrechtlichen Zulässigkeit des Einsatzes fremder Truppen im internen Konflikt auf Einladung der Regierung", eds Jochen Abr. Frowein und Rüdiger Wolfrum (Beiträge zum ausländischen öffentlichen Recht und Völkerrecht, Berlin: Springer, 1999).

Nolte, Georg und Aust, Helmut Philipp „Equivocal Helpers: Complicit States, Mixed Messages and International Law", International and Comparative Law Quarterly, 58 (1), 2009, S. 1–30.

Nowak, Christina „The changing law of non-intervention in civil wars – assessing the production of legality in state practice after 2011", Journal on the Use of Force and International Law, 5 (1), 2018, S. 40–77.

Nowak, Christina „Das Interventionsverbot im Bürgerkrieg" (Europäische Hochschulschriften, 5994; Berlin: Peter Lang, 2018).

O'Connell, Mary Ellen, „The Prohibition on the Use of Force", in: Nigel D. White und Christian Henderson, *Research Handbook on International Conflict and Security Law: Jus ad Bellum, Jus in Bello, and Jus post Bellum*, Cheltenham: Elgar, 2013, S. 89–119.

Oeter, Stefan „Neutralität und Waffenhandel", eds Rudolf Bernhardt, Jochen Abr. Frowein, und Helmut Steinberger (Beiträge zum ausländischen öffentlichen Recht und Völkerrecht; Berlin: Springer Verlag, 1992).

Oppenheim, Lassa Francis Lawrence „Peace" (London [u.a.]: Longmans, Green, 1912).

Orakhelashvili, Alexander „Peremptory Norms in International Law" (Oxford: Oxford University Press, 2008).

Pattison, James „The Ethics of Arming Rebels", Ethics & International Affairs, 29 (4), 2015, S. 455–471.

Perkins, John A. „The Right of Counterintervention", Georgia Journal of International and Comparative Law, 17, 1987, S. 171–227.

Peters, Anne, „Drei Versionen der Verhältnismässigkeit im Völkerrecht", in: Giovanni Biaggini, Christine Diggelmann, und Christine Kaufmann, *Polis und Kosmopolis, Festschrift für Daniel Thürer*, Baden-Baden: Nomos, 2015, S. 589–603.

Peters, Anne und Marxsen, Christian (eds.), „Self-Defence against Non-State Actors", Cambridge: Cambridge University Press, 2019.

Petrossian, Gurgen „Staatenverantwortlichkeit für Völkermord – Unter besonderer Berücksichtigung der Ereignisse der Jahre 1915–1923 im Hinblick auf die armenisch-türkischen Beziehungen" (Schriften zum Völkerrecht, 231; Berlin: Duncker & Humblot, 2019).

Pisillo-Mazzeschi, Riccardo „The Due Diligence Rule and the Nature of the International Responsibility of States", German Yearbook of International Law, 35, 1992, S. 9–52.

Puttler, Adelheid „Völkerrechtliche Grenzen von Export- und Rexportverboten: eine Darstellung am Beispiel des Rechts der Vereinigten Staaten von Amerika und der Bundesrepublik Deutschland", ed. Ignaz Seidl-hohenveldern (Völkerrecht und Internationales Wirtschaftsrecht; Baden-Baden: Nomos, 1989).

Rappert, Brian und Moyes, Richard „The Prohibition on Cluster Munitions: Setting International Precedents for Defining Inhumanity", Nonproliferation Review, 16, 2009, S. 237–256.

Ratner, Steven, „The Khashoggi Murder: How Mohammed Bin Salman Underestimated International Law", 2018. <https://www.lawfareblog.com/khashoggi-murder-how-mohammed-bin-salman-underestimated-international-law>, zuletzt aufgerufen am 28.08.2019.

Ress, Hans-Konrad „Das Handelsembargo: Völker-, europa- und außenwirtschaftsrechtliche Rahmenbedingungen, Praxis und Entschädigung", eds Jochen Abr. Frowein und Rüdiger Wolfrum (Beiträge zum ausländischen öffentlichen Recht und Völkerrecht, 137; Berlin: Springer, 2000).

Ritterband, Charles E. „Universeller Menschenrechtsschutz und völkerrechtliches Interventionsverbot" (St. Galler Studien zur Politikwissenschaft; Bern: Haupt, 1982).

Rosenau, James N. „Intervention as a Scientific Concept", The Journal of Conflict Resolution, 13 (2), 1969, S. 149–171.

Roth, Brad R. „Governmental Illegitimacy in International Law" (Oxford: Oxford University Press, 1999).

Ruys, Tom „‚Armed Attack' and Art. 51 of the UN Charter" (Cambridge Studies in International and Comparative Law; Cambridge: Cambridge University Press, 2013).

Ruys, Tom „The meaning of ‚force' and the boundaries of the *ius ad bellum:* are ‚minimal' uses of force excluded from UN charter article 2(4)?", American Journal of International Law, 108, 2014, S. 159–210.

Ruys, Tom „Of Arms, Funding and ‚Non-lethal Assistance' – Issues Surrounding Third-State Intervention in the Syrian Civil War", Chinese Journal of International Law, 13, 2014, S. 13–53.

Ruys, Tom und Corten, Olivier (eds.), „The Use of Force in International Law: A Case-based Approach", Oxford: Oxford University Press, 2018.

Sands, Philippe; Clapham, Andrew und Ghrálaigh, Blinne Ní „The lawfulness of the authorisation by the United Kingdom of weapons and related items for export to Saudi Arabia in the context of Saudi Arabia's military intervention in Yemen", Legal Opinion, 2015.

Sassòli, Marco „State responsibility for violations of international humanitarian law", International Review of the Red Cross, 84 (846), 2002, S. 401–434.

Schabas, William A. „Genocide", in: Max Planck Encyclopedia of Public International Law (Oxford: Oxford University Press, 2007).

Schabas, William A. „Unimaginable Atrocities: Justice, Politics and Rights at the War Crimes Tribunals" (Oxford: Oxford University Press, 2012).

Schmitt, Michael N. „Legitimacy Versus Legality Redux: Arming the Syrian Rebels", Journal of National Security Law and Policy, 7, 2014, S. 21.

Schmitt, Michael N. „Preemptive Strategies in International Law", Michigan Journal of International Law, 24 (2), 2003, S. 513–548.

Schörnig, Niklas, „Rüstung, Rüstungskontrolle und internationale Politik", in: Carlo Masala und Frank Sauer, *Handbuch Internationale Beziehungen*, Wiesbaden: VS Verlag für Sozialwissenschaften, 2015, S. 1–26.

Seger, Paul, „The Law of Neutrality", in: Andrew Clapham und Paola Gaeta, *The Oxford Handbook of International Law in Armed Conflict*, Oxford: Oxford University Press, 2014, S. 248–272.

Seibert-Fohr, Anja „From Complicity to Due Diligence: When do States incur Responsibility for their Involvement in Serious International Wrongdoing?", German Yearbook of International Law, 60, 2018, S. 667–708.

Simonet, Loic „Le Traité sur le Commerce des Armes: genèse, analyse, enjeux, perspectives du premier instrument juridique consacré à la réglementation des transferts internationaux d'armes conventionnelles" (Paris: Pedone, 2015).

Slijper, Frank „Under the radar: The United Arab Emirates, arms transfers and regional conflict", PAX, September 2017.

„Small Arms Survey 2007: Guns and the City", eds Eric G. Berman, Keith Krause, Emile LeBrun, und Glenn McDOnald, Small Arms Survey, 2007.

Stahl, Sandra „Schutzpflichten im Völkerrecht – Ansatz einer Dogmatik: Ein Beitrag zu Grund, Inhalt und Grenzen der völkerrechtlichen Schutzpflichtendogmatik im Bereich konventionell geschützter Menschenrechte"

(Beiträge zum ausländischen öffentlichen Recht und Völkerrecht; Berlin/ Heidelberg: Springer Verlag, 2012).

Stanley, John und Pearton, Maurice „The International Trade in Arms" (London: Chatto and Windus Ltd, 1972).

Starski, Paulina „Right to Self-Defense, Attribution and the Non-State Actor -- Birth of the ‚Unable or Unwilling' Standard?", ZaöRVR, 75, 2015, S. 455–501.

Steenberghe, Raphael Van, „The Alleged Prohibition on Intervening in Civil Wars Is Still Alive after the Airstrikes against Islamic State in Iraq: A Response to Dapo Akande and Zachary Vermeer", 2015. <http://www.ejiltalk.org/the-alleged-prohibition-on-intervening-in-civil-wars-is-still-alive-after-the-airstrikes-against-islamic-state-in-iraq-a-response-to-dapo-akande-and-zachary-vermeer/>, zuletzt aufgerufen am 15.08.2019.

Talmon, Stefan „Determining Customary International Law: The ICJ's Methodology between Induction, Deduction and Assertion", The European Journal of International Law, 26 (2), 2015, S. 417–443.

Talmon, Stefan, „A Plurality of Responsible Actors: International Responsibility for Acts of the Coalition Provisional Authority in Iraq", in: Phil Shiner und Andrew Williams, *The Iraq War and International Law,* Oxford: Hart Publishing, 2008, S. 185–230.

Talmon, Stefan „Recognition of Governments in International Law: With Particular Reference to Governments in Exile" ed. Ian Brownlie (Oxford Monographs in International Law; Oxford: Oxford University Press, 2011).

Talmon, Stefan „Recognition of Opposition Groups as the Legitimate Representative of a People", Chinese Journal International Law, 12 (2), 2013, S. 219–253.

Talmon, Stefan, „Recognition of the Libyan National Transitional Council", 2011. <https://www.asil.org/insights/volume/15/issue/16/recognition-libyan-national-transitional-council>, zuletzt aufgerufen am 18.06.2019.

Tams, Christian J., „The Abuse of Executive Powers: What Remedies?" in: Andrea Bianchi und Alexis Keller, *Counterterrorism: Democracy's Challenge,* Studies in International Law Volume 19, Oxford: Hart Publishing, 2008, S. 313–334.

Trautner, Tobias „Die Einmischung in innere Angelegenheiten und die Intervention als eigenständige Verbotstatbestände im Völkerrecht" (Europäische Hochschulschriften 2614; Berlin: Peter Lang, 1999).

Treves, Tullio „Customary International Law", in: Max Planck Encyclopedia of Public International Law (Oxford: Oxford University Press, 2006).

Tuzmuchamedov, Bachtijar Raisovič „Legal dimensions of arms control agreements: an introductory overview“ (Recueil des cours. Collected Courses, 377; The Hague, Netherlands: Nijhoff, 2016).

UNHCR „Yemen UNHCR Update“, 21–27 July 2017.

Vincent, R. J. „Nonintervention and international Order“ (Princeton: Princeton University Press, 1974).

Wearing, David „A Shameful Relationship: UK Complicity in Saudi State Violence“, Campaign Against the Arms Trade, April 2016.

Weatherall, Thomas „Ius Cogens: International Law and Social Contract“ (Cambridge: Cambridge University Press, 2015).

Wezeman, Pieter D.; Fleurant, Aude; Kuimova, Alexandra; Tian, Nan und Wezeman, Siemon T. „Trends in international arms transfers, 2017“, Stockholm International Peace Reseach Institute, SIPRI Factsheet, March 2018.

Wezeman, Pieter D., Fleurant, Aude, Kuimova, Alexandra, Tian, Nan und Wezeman, Siemon T. „Trends in international arms transfers, 2018“, Stockholm International Peace Research Institute, SIPRI Factsheet, March 2019.

Winfield, P. H. „The History of Intervention in International Law“, British Yearbook of International Law, 3, 1922–1923, S. 130–149.

Wisotzki, Simone „Between Morality and Military Interests: Norm Setting in Humanitarian Arms Control“, Peace Research Institute Frankfurt, PRIF-Reports No. 92, 2009.

Wright, Quincy „International Law and Civil Strife“, Proceedings of the American Society of International Law, 53 Annual Meeting, 1959, S. 145–153.

Yakemtchouk, Romain „Les Transferts Internationaux d’Armes de Guerre“ (Paris: Pedone, 1980).

Yihdego, Zeray „The Arms Trade and International Law“ (Studies in International Law; Oxford: Hart Publishing, 2007).

Ziegler, Katja „Domaine Réservé“, in: Max Planck Encyclopedia of Public International Law (Oxford: Oxford University Press, 2013).

Internetquellenverzeichnis

Autor/Titel	Link	Zuletzt aufgerufen
Human Rights Watch World Report 2019	https://www.hrw.org/world-report/2019	15. August 2019
Ergebnisse der Sondierungsgespräche von CDU, CSU und SPD 12.01.2018	https://www.tagesschau.de/inland/ergebnis-sondierungen-101.pdf	15. Januar 2021
„The lawfulness of the authorisation by the United Kingdom of weapons and related items for export to Saudi Arabia in the Context of Saudi Arabia's military intervention in Yemen" 11, Dezember 2015 Legal Opinion	https://www.amnesty.org.uk/files/webfm/Documents/issues/final_legal_opinion_saudi_arabia_18_december_2015_-_final.pdf	15. August 2019
„Deutschland stoppt alle Rüstungsexporte nach Saudi-Arabien" Spiegel online 19. November 2018	https://www.spiegel.de/politik/deutschland/jamal-khashoggi-deutschland-stoppt-ruestungsexporte-nach-saudi-arabien-komplett-a-1239216.html	15. August 2019
„Rüstungsgüter für gut eine Milliarde Euro an Kriegsallianz" Zeit online 16. Juni 2019	https://www.zeit.de/politik/deutschland/2019-06/jemen-krieg-ruestungsexporte-deutschland-saudi-arabien	15. August 2019
Bericht der Bundesregierung über ihre Exportpolitik für konventionelle Rüstungsgüter im Jahr 2018	https://www.bmwi.de/Redaktion/DE/Publikationen/Aussenwirtschaft/ruestungsexportbericht-2018.html	15. August 2019

Autor/Titel	Link	Zuletzt aufgerufen
„A Bosnian signs off weapons he says are going to Saudi Arabia – but how did his signature turn up in Aleppo?“ Robert Fisk Independent online 19. Juli 2018	https://www.independent.co.uk/voices/syria-war-bosnia-saudi-arabia-aleppo-weapons-arms-deals-a8451841.html	15. August 2019
„Exclusive: U.S. pursues sale of over $2 billion in weapons to Taiwan, sources say, angering China“ Reuters online 05. Juni 2019 Mike Stone und Patricia Zengerle	https://www.reuters.com/article/us-usa-taiwan-exclusive/exclusive-u-s-pursues-sale-of-over-2-billion-in-weapons-to-taiwan-sources-say-angering-china-idUSKCN1T62CA	15. August 2019
„UK says 2018 was ‚best year ever‘ for its arms exports“ Aljazeera online 31. Juli 2019	https://www.aljazeera.com/news/2019/07/uk-2018-year-arms-exports-190731074142657.html	17. August 2019
„Russland droht mit neuen Waffenlieferungen an Syrien“ Zeit online 20. April 2018	https://www.zeit.de/politik/ausland/2018-04/syrien-konflikt-russland-waffenlieferung-luftabwehr-sergei-lawrow	17. August 2019
„Weapons of the Islamic State: A three year investigation in Iraq and Syria, December 2017“ Conflict Armament Research Bericht	https://www.conflictarm.com/download-file/?report_id=2568&file_id=2574	17. August 2019
“Definitions of Small Arms and Light Weapons“ Small Arms Survey	http://www.smallarmssurvey.org/weapons-and-markets/definitions.html	17. August 2019
„The Al Yamamah Arms Deals“	https://sites.tufts.edu/corruptarmsdeals/the-al-yamamah-arms-deals/	17. August 2019
„Margaret Thatcher's lobbying of Saudi royals over arms deal revealed“ Richard Norton-Taylor und Rob Evans The Guardian online 16. Juli 2015	https://www.theguardian.com/politics/2015/jul/16/margaret-thatcher-lobbying-saudi-royals-arms-deal	17. August 2019

Autor/Titel	Link	Zuletzt aufgerufen
„‚National interest' halts arms corruption inquiry" David Leigh and Rob Evans The Guardian online 16. Juli 2005	https://www.theguardian.com/uk/2006/dec/15/saudiarabia.armstrade	17. August 2019
„BAE protesters win SFO injunction" Alistair Dawber Independent online 03. März 2010	https://www.independent.co.uk/news/business/news/bae-protesters-win-sfo-injunction-1914892.html	17. August 2019
Saferworld Annual Review 2017–2018	https://www.saferworld.org.uk/downloads/pubdocs/saferworld---signed-accounts-31-march-2018.pdf	17. August 2019
SIPRI Sources and Methods	https://www.sipri.org/databases/armstransfers/sources-and-methods	17. August 2019
Duden zu „Dual-Use-Produkt"	http://www.duden.de/rechtschreibung/Dual_Use_Produkt	17. August 2019
Website der European Working Group on Non-Lethal Weapons	https://www.non-lethal-weapons.org/nlw.html	17. August 2019
„U.S. to give Ukraine's military an Additional $75 Million in Nonlethal Aid." New York Times online 11. März 2015	http://www.nytimes.com/2015/03/12/us/us-imposes-sanctions-on-pro-russian-separatists-in-ukraine.html	17. August 2019
„Who, What, Why: What is a defensive weapon?" BBC online 05. Februar 2015	http://www.bbc.com/news/blogs-magazine-monitor-31141840	18. August 2019
Endverbleibsdokument Deutschland	https://www.bafa.de/DE/Aussenwirtschaft/Ausfuhrkontrolle/Antragsstellung/Endverbleibsdokumente/endverbleibsdokumente_node.html	18. August 2019
SIPRI „Financial Value of the global arms trade"	https://www.sipri.org/databases/financial-value-global-arms-trade	19. August 2019
„Killer facts: The scale of the global arms trade" 24 August 2015 Amnesty International online	https://www.amnesty.org/en/latest/news/2015/08/killer-facts-the-scale-of-the-global-arms-trade/	19. August 2019

Autor/Titel	Link	Zuletzt aufgerufen
„The Arms Trade Treaty: Building a Path to Disarmament“ Sergio Finard, Brian Wood, Peter Danssaert, Ken Matthysen March 2013	https://www.thesolutionsjournal.com/article/the-arms-trade-treaty-building-a-path-to-disarmament/	19. August 2019
Interview with Zbigniew Brzezinski, Le Nouvel Observateur Paris, 15.–21. Januar 1998	https://archives.globalresearch.ca/articles/BRZ110A.html	20. August 2019
„Syriens Rebellen profitieren von Europas Zerrissenheit“ Martin Winter 28. Mai 2013 Süddeutsche Zeitung online	https://www.sueddeutsche.de/politik/eu-hebt-waffenembargo-auf-syriens-rebellen-profitieren-von-europas-zerrissenheit-1.1682693	20. August 2019
„UK arms exports to Saudi Arabia can continue, high court rules“ Alice Ross 10. Juli 2017 The Guardian online	https://www.theguardian.com/world/2017/jul/10/uk-arms-exports-to-saudi-arabia-can-continue-high-court-rules,	20. August 2019
„Court rejects Ottawa's bit to halt Saudi arms deal lawsuit“ Steven Chase The Globe and Mail 09. Januar 2018	https://www.theglobeandmail.com/news/politics/court-rejects-ottawas-bid-to-halt-saudi-arms-deal-lawsuit/article37550869/	20. August 2019
„Fallbeschreibung: Europas Verantwortung für Kriegsverbrechen im Jemen“ April 2018 European Center for Constitutional and Human Rights (ECCHR) e.V.	https://www.ecchr.eu/fileadmin/Fallbeschreibungen/Fallbeschreibung_Jemen_Italien_Waffen_ECCHR_Mwatana_ReteDisarmo_20180418.pdf	20. August 2019
Bruttoinlandsprodukt (BIP) in Deutschland von 1991 bis 2018 (in Milliarden Euro)	https://de.statista.com/statistik/daten/studie/1251/umfrage/entwicklung-des-bruttoinlandsprodukts-seit-dem-jahr-1991/	20. August 2019

Autor/Titel	Link	Zuletzt aufgerufen
World Bank Data GDP Current US$	https:// data.worldbank.org/indicator/ NY.GDP.MKTP.CD?locations=EU- US-CN	20. August 2019
Österreichisches Policy Paper 13. Mai 2015	https://im.ft-static.com/content/ images/1721c482-bcbc-11e2-b344- 00144feab7de.pdf	20. August 2019
„EU countries free to ship arms to Syria" EUobserver 28. Mai 2013 Andrew Rettman	https://euobserver.com/foreign/ 120273	20. August 2019
„EU lässt Waffenembargo gegen Syrien auslaufen" 28. Mai 2013 Zeit online	https://www.zeit.de/politik/ausland/ 2013-05/eu-aussenminister-syrien- sanktionen	20. August 2019
„EU ends arms embargo on Syria rebels" 28. Mai 2013 Ian Pannell BBC online	https://www.bbc.com/news/world- middle-east-22684948	20. August 2019
Gemeinsamer Standpunkt 2008/944/GASP des Rates vom 8. Dezember 2008 betreffend gemeinsame Regeln für die Kontrolle der Ausfuhr von Militärtechnologie und Militärgütern	http://eur-lex.europa.eu/legal- content/DE/TXT/HTML/ ?uri=CELEX:32008E0944& from=DE	20. August 2019
Überarbeiteter Neunzehnter Jahresbericht gemäß Artikel 8 Absatz 2 des Gemeinsamen Standpunkts 2008/944/GASP des Rates betreffend gemeinsame Regeln für die Kontrolle der Ausfuhr von Militärtechnologie und Militärgütern (2018/C 397/01)	https://eur-lex.europa.eu/legal- content/DE/TXT/PDF/?uri= CELEX:52018XG1031(01)&from=EN	20. August 2019

Autor/Titel	Link	Zuletzt aufgerufen
Achtzehnter Jahresbericht gemäß Artikel 8 Absatz 2 des Gemeinsamen Standpunkts 2008/944/ GASP des Rates betreffend gemeinsame Regeln für die Kontrolle der Ausfuhr von Militärtechnologie und Militärgütern (2017/C 153/ 01)	https://eur-lex.europa.eu/legal-content/DE/TXT/HTML/?uri=CELEX:52017XG0516(01)&from=EN,	20. August 2019
Siebzehnter Jahresbericht gemäß Artikel 8 Absatz 2 des Gemeinsamen Standpunkts 2008/944/ GASP des Rates betreffend gemeinsame Regeln für die Kontrolle der Ausfuhr von Militärtechnologie und Militärgütern (2016/C 163/01)	https://publications.europa.eu/en/publication-detail/-/publication/25534a47-11bf-11e6-ba9a-01aa75ed71a1/language-de	20. August 2019
Entschließung des Europäischen Parlaments vom 13. September 2017 zu Waffenexporten und der Umsetzung des Gemeinsamen Standpunkts 2008/944/ GASP (2017/2029(INI))	http://www.europarl.europa.eu/sides/getDoc.do?type=TA&reference=P8-TA-2017-0344&language=DE&ring=A8-2017-0264#ref_1_12	20. August 2019
„History made as Arms Trade Treaty agreed" Oxfam	https://www.oxfam.org.au/2013/04/history-made-as-arms-trade-treaty-agreed/	21. August 2019
„Arms trade treaty: A historic opportunity to reduce suffering"	https://www.icrc.org/eng/resources/documents/statement/2013/06-03-att-beerli.htm	21. August 2019
„UN: Landmark Arms Trade Treaty to become reality with 50th ratification" 25. September 2014 Amnesty International	https://www.amnesty.org/en/latest/news/2014/09/un-landmark-arms-trade-treaty-become-reality-th-ratification/	21. August 2019

Autor/Titel	Link	Zuletzt aufgerufen
„Landmark Arms Trade Treaty Enters into Force“ International Justice Resource Center	https://ijrcenter.org/2014/12/29/landmark-arms-trade-treaty-enters-into-force/	21. August 2019
Reaching Critical Will ATT Monitor vom 14. September 2017, Vol. 10, No. 4	http://www.reachingcriticalwill.org/images/documents/Disarmament-fora/att/monitor/ATTMonitor10.4.pdf	21. August 2019
United Nations Treaty Collection The Arms Trade Treaty	https://treaties.un.org/Pages/ViewDetails.aspx?src=IND&mtdsg_no=XXVI-8&chapter=26&clang=_en	21. August 2019
Defense Security Cooperation Agency Department of Defense United States Foreign Military Sales	http://www.dsca.mil/programs/foreign-military-sales-fms	21. August 2019
Defense Security Cooperation Agency Department of Defense United States Fiscal Year 2017 Sales Total $41.93B	http://www.dsca.mil/tags/fms-sales-figures	21. August 2019
France and the Control of the Arms Trade 2016 Ministère de la Défense	https://www.defense.gouv.fr/content/download/453467/7156832/2016-FranceControlArmTrade.pdf	22. August 2019
„Des documents classés confidentiels détaillent les armes françaises utilisées dans la querre au Yémen“ Aude Mazoue 14. April 2019 France24 online	https://www.france24.com/fr/20190415-documents-secret-defense-ventes-armes-francaises-yemen-arabie-saoudite	22. August 2019
„Politische Grundsätze der Bundesregierung für den Export von Kriegswaffen und sonstigen Rüstungsgütern“ Bundesregierung 26. Juni 2019	https://www.bmwi.de/Redaktion/DE/Downloads/P-R/politische-grundsaetze-fuer-den-export-von-kriegswaffen-und-sonstigen-ruestungsguetern.pdf?__blob=publicationFile&v=4	22. August 2019

Autor/Titel	Link	Zuletzt aufgerufen
„Für eine zurückhaltende und verantwortungsvolle Rüstungspolitik" Bundesministerium für Wirtschaft und Energie	https://www.bmwi.de/Redaktion/DE/Dossier/ruestungsexportkontrolle.html	22. August 2019
„Rheinmetall verlangt 120 Millionen Euro Schadensersatz" Karoline Kopp 16. März 2015 Produktion online	https://www.produktion.de/wirtschaft/rheinmetall-verlangt-120-millionen-euro-schadensersatz-108.html	22. August 2019
„Wer bezahlt Gabriels Exportstopp?" 09. August 2014 Johannes Wendt Zeit online	https://www.zeit.de/politik/ausland/2014-08/waffenhandel-rheinmetall-russland	22. August 2019
„China Releases Draft Export Control Law for Public Comment" 21. Juli 2017 Covington	https://www.cov.com/-/media/files/corporate/publications/2017/07/china_releases_draft_export_control_law_for_public_comment.pdf	22. August 2019
„Ballern im Badischen" Arno Frank 22. September 2015 Spiegel online	https://www.spiegel.de/kultur/tv/meister-des-todes-ard-film-ueber-waffenhandel-mit-mexiko-a-1054160.html	22. August 2019
„Zwei Mitarbeiter von Heckler & Koch wegen illegaler Waffenexporte zu Bewährungsstrafen verurteilt" 21. Februar 2019 Pressemitteilung Landgericht Stuttgart	http://www.landgericht-stuttgart.de/pb/,Lde/Startseite/Aktuelles/Urteil+im+Verfahren+gegen+Mitarbeiter+von+Heckler+_+Koch/?LISTPAGE=1195716	22. August 2019
„Das erstaunliche Schweigen der Ständeräte bei der Änderung der Kriegsmaterialverordnung" Heidi Gmür 30. August 2018 Neue Zürcher Zeitung online	https://www.nzz.ch/schweiz/das-schweigen-der-staenderaete-ld.1416084	22. August 2019

Autor/Titel	Link	Zuletzt aufgerufen
„Der Bundesrat stochert beim Kriegsmaterial im Ungefähren“ Heidi Gmür 22. Juni 2018 Neue Zürcher Zeitung online	https://www.nzz.ch/schweiz/kriegsmaterialverordnung-bundesrat-stochert-im-ungefaehren-ld.1397075	22. August 2019
„Emergencies preparedness, response Ebola virus disease – Republic Uganda“ World Health Organization	https://www.who.int/csr/don/13-june-2019-ebola-uganda/en/	22. August 2019
Uganda National Action Plan for Arms Management and Disarmament 2012–2017 Uganda National Focal Point on Small Arms and Light Weapons	https://www.mia.go.ug/sites/default/files/txt%2C%20pdf%2C%20doc%2C%20docx%2C%20ps/NAP%202012-2017.pdf	22. August 2019
„Porous Borders in Weapons & Ammunition Management“ United Nations Institute for Disarmament Research	https://www.youtube.com/watch?v=MwZc5zBvtX0	22. August 2019
Ministry of Internal Affairs Republic of Uganda National Action Plan	https://www.mia.go.ug/content/national-action-plan	22. August 2019
Ministry of Internal Affairs Republic of Uganda National Focal Point	https://www.mia.go.ug/department/national-focal-point	22. August 2019
Uganda Country Refugee Response Plan January 2019 – December 2020 UNCHR	https://reporting.unhcr.org/sites/default/files/Uganda%20Country%20RRP%202019-20%20%28January%202019%29.pdf	22. August 2019
„Final Report of the Independent Counsel for Iran/Contra Matters“ Lawrence E. Walsh 4. August 1993	https://archive.org/details/WalshReport/page/n3	23. August 2019

Autor/Titel	Link	Zuletzt aufgerufen
NATO and Libya Operation Unified Protector North Atlantic Treaty Organization	https://www.nato.int/cps/en/natolive/71679.htm	23. August 2019
„C.I.A. Study of Covert Aid Fueled Skepticism About Helping Syrian Rebels" 14. Oktober 2014 Mark Mazetti New York Times online	https://www.nytimes.com/2014/10/15/us/politics/cia-study-says-arming-rebels-seldom-works.html	23. August 2019
„Arming Libya rebels not allowed by UN resolutions, legal experts warn US" 30. März 2011 Robert Booth The Guardian Online	www.guardian.co.uk/world/2011/mar/30/arming-libya-rebels-america-warned	23. August 2019
„NATO ready to support international efforts on Libya" 15. März 2011 North Atlantic Treaty Organization	https://www.nato.int/cps/en/natohq/news_71446.htm?	23. August 2019
„No-fly zone plan goes nowhere as US, Russia and Nato urge caution" 01. März 2011 Ewen McAskill und Julian Borger The Guardian online	https://www.theguardian.com/world/2011/mar/01/libya-no-fly-zone-cameron	23. August 2019
„Debatte über Syrien: Obama muss Militärschlag ohne Cameron planen" 29. August 2013 Handelsblatt online	https://www.handelsblatt.com/politik/international/debatte-ueber-syrien-russland-liefert-weiter-seine-waffen-an-den-diktator/8715504-2.html?ticket=ST-987627-2fPfbhLw3O1q49gO7VKo-ap4	23. August 2019
„Wie Putin und Assad den Westen erpressen wollen" 18. März 2019 Richard Herzinger Welt online	https://www.welt.de/debatte/kommentare/article190418673/Syrien-Wie-Putin-und-Assad-den-Westen-erpressen-wollen.html	23. August 2019

Autor/Titel	Link	Zuletzt aufgerufen
„Syria Events of 2018" Human Rights Watch online	https://www.hrw.org/world-report/2019/country-chapters/syria	23. August 2019
„UN Commission of Inquiry on Syria: Urgent steps needed to prevent outright catastrophe in north-western Syria" 09. Mai 2018 United Nations Human Rights Council	https://www.ohchr.org/EN/HRBodies/HRC/Pages/NewsDetail.aspx?NewsID=24586&LangID=E	24. August 2019
„Putin calls U.S. support for rebels in Syria illegal" 27. September 2015 Carol Morello Washington Post online	https://www.washingtonpost.com/world/national-security/putin-calls-us-support-for-rebels-in-syria-illegal/2015/09/27/3cf71884-e2a5-4eef-97be-3e871d03d656_story.html	24. August 2019
Syria: Military Aid: Written question – 4763 30. Juni 2015 Parliament UK	https://www.parliament.uk/business/publications/written-questions-answers-statements/written-question/Commons/2015-06-30/4763	24. August 2019
„Syria: Britain could go it alone in arming rebels" 12. März 2013 Damien McElroy Telegraph online	https://www.telegraph.co.uk/news/worldnews/middleeast/syria/9925816/Syria-Britain-could-go-it-alone-in-arming-rebels.html	24. August 2019
„L'aide militaire fournie aux rebelles syriens a indirectement contribué à armer l'EI" 14. Dezember 2017 Benjamin Barthe und Madjid Zerrouky Le Monde online	https://www.lemonde.fr/proche-orient/article/2017/12/14/l-aide-militaire-fournie-aux-rebelles-syriens-a-indirectement-contribue-a-armer-l-ei_5229750_3218.html	24. August 2019
„Comment et pourquoi la France a livré des armes aux rebelles en Syrie" 21. August 2014 Yves Michel Riols, Benjamin Barthe, Cyril Benismon Le Monde online	https://www.lemonde.fr/proche-orient/article/2014/08/21/comment-paris-a-livre-des-armes-aux-rebelles-syriens_4475027_3218.html	24. August 2019

Autor/Titel	Link	Zuletzt aufgerufen
„Syria and Iran condemn US for offering support to anti-Assad rebels" 02. März 2013 Julian Borger The Guardian online	https://www.theguardian.com/world/2013/mar/02/syria-iran-us-assad-rebels	24. August 2019
SIPRI UN arms Embargo on Iraq	https://www.sipri.org/databases/embargoes/un_arms_embargoes/iraq	24. August 2019
SIPRI UN arms Embargo on Afghanistan (Taliban)	https://www.sipri.org/databases/embargoes/un-arms-embargo-on-afghanistan-%28taliban%29	24. August 2019
„IS-Kämpfer erbeuteten Bundeswehr-Gewehre" 08. März 2016 Matthias Gebauer Spiegel online	https://www.spiegel.de/politik/ausland/islamischer-staat-erbeutete-bundeswehr-waffen-von-peschmerga-a-1081284.html	25. August 2019
„Deutschland liefert panzerbrechende Waffen in den Nordirak" 01. September 2014 Süddeutsche Zeitung online	https://www.sueddeutsche.de/politik/kampf-gegen-is-deutschland-liefert-waffen-in-den-nordirak-1.2110964	25. August 2019
Independent International Fact-Finding Mission on the Conflict in Georgia, Report, Volume I–III, 2009, Max-Planck-Institut für ausländisches öffentliches Recht und Völkerrecht	http://www.mpil.de/en/pub/publications/archive/independent_international_fact.cfm	25. August 2019
Institut de Droit International, Session Neuchâtel 1900	http://www.idi-iil.org/en/sessions/neuchatel-1900/?post_type=publication	26. August 2019
Institut de Droit International, Session Wiesbaden 1975	http://www.idi-iil.org/en/sessions/wiesbaden-1975/?post_type=publication	26. August 2019
Institut de Droit International, Session Rome 1973	http://www.idi-iil.org/en/sessions/rome-1973/?post_type=publication	26. August 2019

Autor/Titel	Link	Zuletzt aufgerufen
Institut de Droit International, Session Rhodes 2011	http://www.idi-iil.org/en/sessions/rhodes-2011/?post_type=publication	26. August 2019
Institut de Droit International, Session Naples 2009	http://www.idi-iil.org/en/sessions/naples-2009/?post_type=publication	26. August 2019
„Deutschland – Zulieferer für den Bürgerkrieg in Jemen" 2. Dezember 2016 Paul-Anton Krüger und Christoph Hickmann Süddeutsche Zeitung online	https://www.sueddeutsche.de/politik/waffenlieferungen-zulieferer-fuer-den-buergerkrieg-im-jemen-1.3278144	26. August 2019
Arms Treaty Negotiation Mapping Database Issue Human Rights	https://web.archive.org/web/20150225065916/http://armstreaty.org/issue/human-rights/	15. August 2021
Control Arms Blog ATT 2nd Prepcom Summaries: March 1, 2011 07. April 2011	https://controlarmsblog.wordpress.com/archive-2/att-2nd-prepcom-summaries-march-1-2011-am-session/	26. August 2019
Arms Treaty International Humanitarian Law	http://armstreaty.org/issue/international-humanitarian-law/	26. August 2019
Rethinking Secondary Liability for International Crimes	https://rethinkingslic.org/	26. August 2019
„Death toll Yemen conflict passes 10,000" 17. Januar 2017 Aljazeera online	http://www.aljazeera.com/news/2017/01/death-toll-yemen-conflict-passes-10000-170117040849576.html	27. August 2019
„Der Fall Khashoggi – eine Chronologie der Ereignisse" 19. Juni 2019 Fabian Urech Neue Zürcher Zeitung online	https://www.nzz.ch/international/fall-khashoggi-die-ereignisse-im-chronologischen-ueberblick-ld.1428258?reduced=true	27. August 2019

Autor/Titel	Link	Zuletzt aufgerufen
„State Dept. Approves $670 Million Arms Deal with Saudi Arabia“ 22. März 2018 Helene Cooper New York Times online	https://www.nytimes.com/2018/03/22/us/politics/us-arms-sales-saudi-arabia-.html	27. August 2019
„UK approved nearly £650m in arms sales to Saudi Arabia six months after Jamal Khashoggi murder“ 22. Juli 2019 Ashley Cowburn Independent online	https://www.independent.co.uk/news/uk/politics/uk-saudi-arabia-arms-deals-khashoggi-murder-government-licences-caat-a9015736.html	27. August 2019
„Gewehre aus Deutschland für den Krieg“ 13. April 2017 Markus Bickel Zeit online	http://www.zeit.de/politik/2017-04/die-profiteure-des-terrors-markus-bickel-buch-ursula-von-der-leyen-militaer-ruestung-export	27. August 2019
U.S. Department of State U.S. Relations with Saudi Arabia	https://www.state.gov/r/pa/ei/bgn/3584.htm	27. August 2019
„Houthis take over“ 27. September 2014 The Economist online	https://www.economist.com/news/middle-east-and-africa/21620284-are-they-ansar-houthis-take-over	27. August 2019
„Präsident und Regierung im Jemen treten zurück“ 23. Januar 2015 Spiegel online	http://www.spiegel.de/politik/ausland/jemen-praesident-und-regierung-treten-zurueck-a-1014501.html	27. August 2019
„Präsident Saleh verlässt Jemen“ 22. Januar 2012 Spiegel online	http://www.spiegel.de/politik/ausland/arabischer-fruehling-praesident-salih-verlaesst-jemen-a-810675.html	27. August 2019
„Key facts about the war in Yemen“ 25. März 2018 Aljazeera online	http://www.aljazeera.com/news/2016/06/key-facts-war-yemen-160607112342462.html	27. August 2019
„5 Things to Know About the Houthis of Yemen“ 12. Februar 2015 The Wallstreet Journal online	https://blogs.wsj.com/briefly/2015/02/12/5-things-houthis-yemen/	27. August 2019

Autor/Titel	Link	Zuletzt aufgerufen
„Human cost of Yemen war laid bare as the death toll nears 100,000“ 20. Juni 2019 Rod Austin The Guardian online	https://www.theguardian.com/global-development/2019/jun/20/human-cost-of-yemen-war-laid-bare-as-civilian-death-toll-put-at-100000	27. August 2019
UNHCR Yemen Emergency	https://www.unhcr.org/yemen-emergency.html	27. August 2019
Made in France Yemen Papers Disclose	https://made-in-france.disclose.ngo/en/	27. August 2019
Syria: Military Aid: Written question – 662 01. Juni 2015 Parliament UK	https://www.parliament.uk/business/publications/written-questions-answers-statements/written-question/Commons/2015-06-01/662	27. August 2019
Campaign against the Arms Trade Government skeleton argument CAAT v. Secretary of State	https://www.caat.org.uk/resources/countries/saudi-arabia/legal-2016/appeal/2019-04-02.government-skeleton.pdf	27. August 2019
Campaign against the Arms Trade Appeal Permission CAAT v. Secretary of State	https://www.caat.org.uk/resources/countries/saudi-arabia/legal-2016/appeal/2018-05-04.appeal-permission-granted.pdf	27. August 2019
„Legal challenges to EU member states' arms exports to Saudi Arabia: Current Status and potential implications“ 28. Juni 2019 Giovanna Maletta SIPRI	https://www.sipri.org/commentary/topical-backgrounder/2019/legal-challenges-eu-member-states-arms-exports-saudi-arabia-current-status-and-potential	27. August 2019
Campaign against the Arms Trade Resources Saudi Arabia legal challenge	https://www.caat.org.uk/resources/countries/saudi-arabia/legal-2016	27. August 2019
Campaign against the Arms Trade Judgement 10. July 2017 CAAT v. Secretary of State	https://www.caat.org.uk/resources/countries/saudi-arabia/legal-2016/2017-07-10.judgment.pdf	27. August 2019

Autor/Titel	Link	Zuletzt aufgerufen
Campaign against the Arms Trade Exhibit eb 1-13 CAAT v. Secretary of State	https://www.caat.org.uk/resources/countries/saudi-arabia/legal-2016/exhibits/eb1-13.pdf	27. August 2019
„Questions raised over $110bn arms deal to Saudi Arabia" 08. Juni 2017 William Roberts Aljazeera online	http://www.aljazeera.com/news/2017/06/questions-raised-110bn-arms-deal-saudi-arabia-170608033511760.html	27. August 2019
„Dozens of US Senators Say No Weapons to Saudi Arabia" 13. Juni 2017 Aelxandra Schmitt Human Rights Watch online	https://www.hrw.org/news/2017/06/13/dozens-us-senators-say-no-weapons-saudi-arabia	27. August 2019
„Symbolic effort to block part of Saudi arms sale falls short in the senate" 13. Juni 2017 Anne Gearan Washington Post online	https://www.washingtonpost.com/world/national-security/symbolic-effort-to-block-part-of-saudi-arms-sale-falls-short-in-the-senate/2017/06/13/d68944f8-506a-11e7-b064-828ba60fbb98_story.html	27. August 2019
„Streit zwischen Schweden und Saudi-Arabien" 11. März 2015 Spiegel online	http://www.spiegel.de/politik/ausland/saudi-arabien-zieht-botschafter-in-schweden-ab-a-1022963.html	27. August 2019
„Netherlands votes to ban weapons exports to Saudi Arabia" 16. März 2016 Adam Withnall Independent online	http://www.independent.co.uk/news/world/europe/netherlands-votes-to-ban-weapons-exports-to-saudi-arabia-a6933996.html	27. August 2019
„Saudi Arabia recalls ambassador to Sweden as diplomatic row deepens" 10. März 2015 David Crouch The Guardian online	https://www.theguardian.com/world/2015/mar/10/sweden-tears-up-arms-agreement-with-saudi-arabia-over-blocked-speech	27. August 2019

Autor/Titel	Link	Zuletzt aufgerufen
„Senate Steps up on Saudi Arabia" 29. November 2018 The New York Times online	https://www.nytimes.com/2018/11/29/opinion/saudi-senate-khashoggi-trump.html	27. August 2019
„Norway freezes defence export licences to Saudi" 09. November 2018 France 24 online	https://amp.france24.com/en/20181109-norway-freezes-defence-export-licences-saudi	27. August 2019
„Denmark suspends Saudi weapon export approvals over Khashoggi, Yemen concerns" 22. November 2018 Reuters online	https://www.reuters.com/article/us-saudi-khashoggi-denmark-idUSKCN1NR0G6	27. August 2019
„Finland and Denmark join Germany in halting arms sales to Saudi Arabia" 22. November 2018 Rick Noack The Washington Post online	https://www.washingtonpost.com/world/2018/11/22/denmark-joins-germany-halting-arms-sales-saudi-arabia/	27. August 2019
„Deutschland prescht vor und stoppt Rüstungsexporte nach Saudi-Arabien" 19. November 2018 Axel Höpner, Martin Murphy, Thorsten Riecke, Annett Meiritz, Donata Riedel, Dr. Jens Münchrath Handelblatt online	https://www.handelsblatt.com/politik/deutschland/fall-khashoggi-deutschland-prescht-vor-und-stoppt-ruestungsexporte-nach-saudi-arabien/23653856.html	27. August 2019
About Combined Maritime Forces (CMF)	https://combinedmaritimeforces.com/about/	27. August 2019
„Lebanon's Hizbollah and Yemen's Houthis open up on links" 08. Mai 2015 Erika Solomon Financial Times online	https://www.ft.com/content/e1e6f750-f49b-11e4-9a58-00144feab7de	28. August 2019

Autor/Titel	Link	Zuletzt aufgerufen
„Exclusive: Iran steps up support for Houthis in Yemen's war – sources" 21. März 2017 Jonathan Saul, Parisa Hafezi, Michael Georgy Reuters online	https://www.reuters.com/article/us-yemen-iran-houthis-idUSKBN16S22R	27. August 2019
„Iran's Small Hand in Yemen" 14. Februar 2017 Mareike Transfeld Carnegie Endowment for International Peace	http://carnegieendowment.org/sada/67988	27. August 2019
„Senior Khamenei Advisor Reveals Iranian Attempts to Arm Houthis with Surface-to-Surface Missiles" 19. April 2017 Video MEMRI Twitter The Official Twitter Account of the Washington D.C.-Based Middle East Media Research Institute	https://twitter.com/MEMRIReports/status/854908074074800128	27. August 2019
„Iran's Recent Actions and Implementation of the JCPOA" US Department of State 05. April 2016	https://2009-2017.state.gov/p/us/rm/2016/255510.htm	27. August 2019
„Billions of pounds worth of weapons have been licensed by the UK to Saudi Arabia since start of Yemen war" 22. August 2019 Lizzie Dearden Independent online	https://www.independent.co.uk/news/uk/home-news/saudi-arabia-arms-sales-uk-trade-yemen-war-crimes-a9073836.html	28. August 2019
„Federal Court denies bid to block Canada-Saudi Arabia arms deal" 24. Januar 2017 Katheen Harris cbc online	https://www.cbc.ca/news/politics/canada-saudi-arms-deal-court-1.3949612	28. August 2019

Autor/Titel	Link	Zuletzt aufgerufen
„Génocide au Rwanda: le droit de savoir et le devoir de vérité“ 06. April 2019 Le Monde online	https://www.lemonde.fr/idees/article/2019/04/06/rwanda-le-droit-de-savoir_5446680_3232.html	28. August 2019
„Rwanda accuses France of Complicity in 1994 Genocide“ New York Times online 13. Dezember 2017 Jina Moore	https://www.nytimes.com/2017/12/13/world/africa/rwanda-france-genocide.html	28. August 2019
„Israeli court rules against exposing Israel’s role in Bosnian genocide“ 09. Dezember 2009 Middle East Monitor online	https://www.middleeastmonitor.com/20161209-israeli-court-rules-against-exposing-israels-role-in-bosnian-genocide/	28. August 2019
„Israel’s ‚weapon exports to Rwanda during genocide‘ to stay secret, following Supreme Court ruling“ 13. April 2016 Loulla-Mae Eleftheriou-Smith Independent online	https://www.independent.co.uk/news/world/middle-east/israel-s-weapon-exports-to-rwanda-during-genocide-to-stay-secret-following-supreme-court-ruling-a6981911.html	28. August 2019
„Supreme Court rules against exposing Israel’s role in Bosnian genocide“ 05. Dezember 2015 John Brown +972 Magazine online	https://972mag.com/israels-involvement-in-bosnian-genocide-to-remain-under-wraps/123503/	28. August 2019
„What are ‚serious violations of international humanitarian law‘?“ Explanatory Note International Committee of the Red Cross	https://www.icrc.org/en/doc/assets/files/2012/att-what-are-serious-violations-of-ihl-icrc.pdf	30. August 2019
Treaty Status Arms Trade Treaty	https://thearmstradetreaty.org/treaty-status.html?templateId=209883	30. November 2019

Autor/Titel	Link	Zuletzt aufgerufen
SIPRI Arms Embargos Libya 2011	https://www.sipri.org/databases/embargoes/un_arms_embargoes/libya/libya_2011	03. Dezember 2019
„Source: Obama approves arming Syrian rebels" 14. Juni 2013 Aamer Madhani, Jim Michaels, Tom Vanden Brook USA Today	https://eu.usatoday.com/story/news/politics/2013/06/13/us-confirms-chemical-weapons-syria/2420763/	03. Dezember 2019
„Inside the White House During the Syrian ‚Red Line' Crisis" 03. Juni 2018 Ben Rhodes The Atlantic	https://www.theatlantic.com/international/archive/2018/06/inside-the-white-house-during-the-syrian-red-line-crisis/561887/	03. Dezember 2019
„Obama warns Syria not to cross ‚red line'" 21. August 2012 CNN	https://edition.cnn.com/2012/08/20/world/meast/syria-unrest/index.html	03. Dezember 2019
„Fragen und Antworten zu Rüstungsexporten" Bundesministerium für Wirtschaft und Energie	https://www.bmwi.de/Redaktion/DE/FAQ/Aussenwirtschaft/faq-ruestungsexporte.html	15. Januar 2021
„Luftschläge nach Angriff auf Regierung Jemens" 31. Dezember 2020 ZDF online	https://www.zdf.de/nachrichten/politik/jemen-angriff-regierung-vergeltung-100.html	15. Januar 2021
„Made in Europe, bombed in Yemen: How the ICC could tackle the responsibility of arms exporters and government officials" Case Report, February 2020 European Center for Constitutional and Human Rights (ECCHR) e.V.	https://www.ecchr.eu/fileadmin/Fallbeschreibungen/CaseReport_ECCHR_Mwatana_Amnesty_CAAT_Delas_Rete.pdf	15. Januar 2021

Autor/Titel	Link	Zuletzt aufgerufen
„Deutsche Rüstungsgüter über Umwege nach Saudi-Arabien geliefert" 30. Oktober 2020 Zeit online	https://www.zeit.de/politik/2020-10/ruestungsexporte-saudi-arabien-deutsche-waffen-umwege-exportstopp	19. Februar 2021
„Für eine zurückhaltende und verantwortungsvolle Rüstungsexportpolitik" Bundesministerium für Wirtschaft und Energie	https://www.bmwi.de/Redaktion/DE/Dossier/ruestungsexportkontrolle.html	20. Februar 2021
„EU failure will allow UK, France to arm Syrian rebels" 27. Mai 2013 Justyna Pawlak und Adrian Croft Reuters online	https://www.reuters.com/article/us-syria-crisis-eu-idUSBRE94Q09320130527	19. April 2021
„CAAT files new judicial review application against decision to renew arms sales to Saudi Arabia" 27. Oktober 2020 Press release Campaign against the Arms Trade	https://caat.org.uk/news/caat-files-new-judicial-review-application-against-decision-to-renew-arms-sales-to-saudi-arabia/	03. April 2021
„Dutch parliament votes to ban weapon exports to Saudi Arabia" 15. März 2016 Reuters online	https://www.reuters.com/article/us-netherlands-saudi-arms-idUSKCN0WH2U4	05. April 2021
Tugar v. Italy, no. 22869/93, ECHR (First Chamber), Decision of 18.10.1995, D.R. n° 83-A, p. 26	https://free.eurocases.eu/Doc/CourtAct/4538044	21. April 2021

Autor/Titel	Link	Zuletzt aufgerufen
„UN Independent International Fact-Finding Mission on Myanmar calls on UN Member States to remain vigilant in the face of the continued threat of genocide“ 23. Oktober 2019 OHCHR	https://www.ohchr.org/EN/NewsEvents/Pages/DisplayNews.aspx?NewsID=25197&LangID=E	24. April 2021
„Stopp für Rüstungsexporte nach Saudi-Arabien verlängert“ 10. Dezember 2020 DW	https://www.dw.com/de/stopp-f%C3%BCr-r%C3%BCstungsexporte-nach-saudi-arabien-verl%C3%A4ngert/a-55893545	28. Juni 2021
„Verständigung der Bundesregierung zu Ruhensanordnungen und Gemeinschaftsprogrammen“ 28. März 2019 Pressemitteilung 99 Presse- und Informationsamt der Bundesregierung	https://www.bundesregierung.de/breg-de/suche/verstaendigung-der-bundesregierung-zu-ruhensanordnungen-und-gemeinschaftsprogrammen-1595750	28. Juni 2021
„China Issues New Export Control Law and Related Policies“ 26. Oktober 2020 Congressional Research Service Report	https://fas.org/sgp/crs/row/IN11524.pdf	13. August 2021
„La France, le Rwanda et le génocide des Tutsi (1990–1994)“ 26. März 2021	https://www.vie-publique.fr/sites/default/files/rapport/pdf/279186.pdf	13. August 2021
„A Forseeable Genocide: The Role of the French Government in Connection with the Genocide Against the Tutsi in Rwanda“ 19. April 2021 Levy/Firestone/Muse	https://www.gov.rw/musereport	13. August 2021

Annex

A. Eigene Grafiken

I. Waffenlieferungen an nichtstaatliche Akteure basierend auf SPRI-Daten

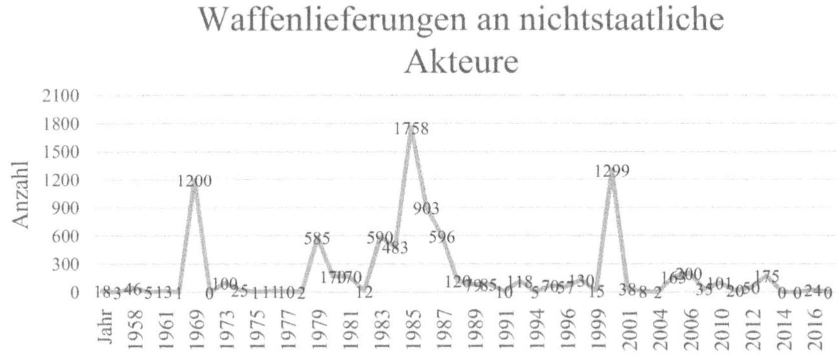

Diese Grafik wurde mit Daten aus der öffentlich zugänglichen Datenbank des Stockholm International Peace Research Institutes selbst zusammengestellt.

II. Völkerrechtliche Zulässigkeit von Waffenlieferungen

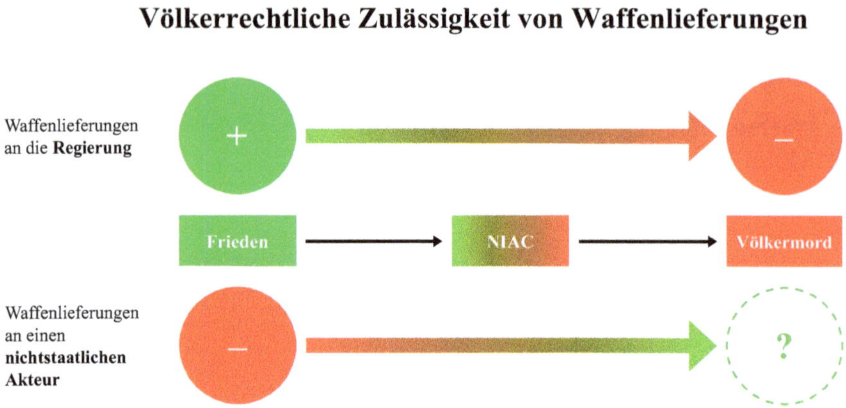

B. Beispiel für ein End-Use-Zertifikat für Kriegswaffen (Deutschland)

Anlage A 3: EUC for war weapons

Please use original official headed paper of end user

<u>Insert here:</u> Name and address of the supplier in the Federal Republic of Germany

END-USE CERTIFICATE (EUC)

for presentation to the Export Control Authorities of the Federal Republic of Germany

Section A – Parties

Consignee (name, address and contact details)
End-user (name, address and contact details), if different from consignee
Supplier (name, address and contact details in block letters)

Section B – Good(s)

Description of the good(s)
Quantity
Value (EUR)

Section C – End-use / Purpose of the good(s)

Purpose of the good(s)

Section D – Country of final destination

Country of final destination (specification of the end-use location)

Anlage A 3: EUC for war weapons

Please use original official headed paper of end user

Insert here: Name and address of the supplier in the Federal Republic of Germany

Section E – End-user undertaking with regard to good(s)

In accordance with the regulations of the Federal Republic of Germany which state that granting of an export license is dependent on the presentation of an EUC, we (I) certify

- that we (I) are (am) the final end-user of the goods.
- that the goods will only be used for the purpose specified above in **section C**.
- that the goods will remain in______________________________________
- that we (I) will not re-export, temporarily or permanently, the above-mentioned good(s) whether in whole or in part, or integrated without the prior written approval of the Federal Ministry for Economic Affairs and Energy of the Federal Republic of Germany

______________________	______________________
Place, Date	Original signature of the end-user/government official
______________________	______________________
Company stamp/Official seal	Name and title of signer in block letters

abrufbar unter https://www.bafa.de/DE/Aussenwirtschaft/Ausfuhrkontrolle/Antragsstellung/Endverbleibsdokumente/endverbleibsdokumente_node.html (zuletzt aufgerufen am 15.08.2019)

C. Grafiken des Stockholm International Peace Research Institutes

I. Die 10 größten Rüstungsexporteure von größeren konventionellen Waffen im Zeitraum 2014–2018

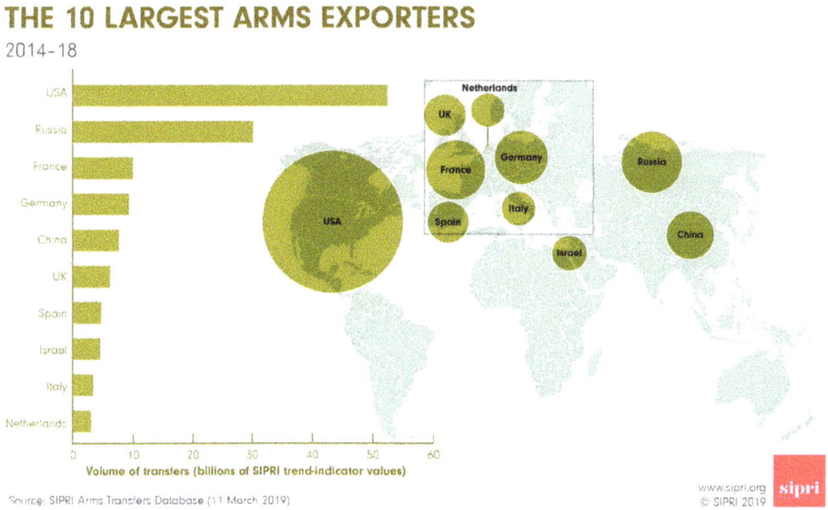

II. Die 10 größten Rüstungsimporteure von MCW im Zeitraum 2014–2018

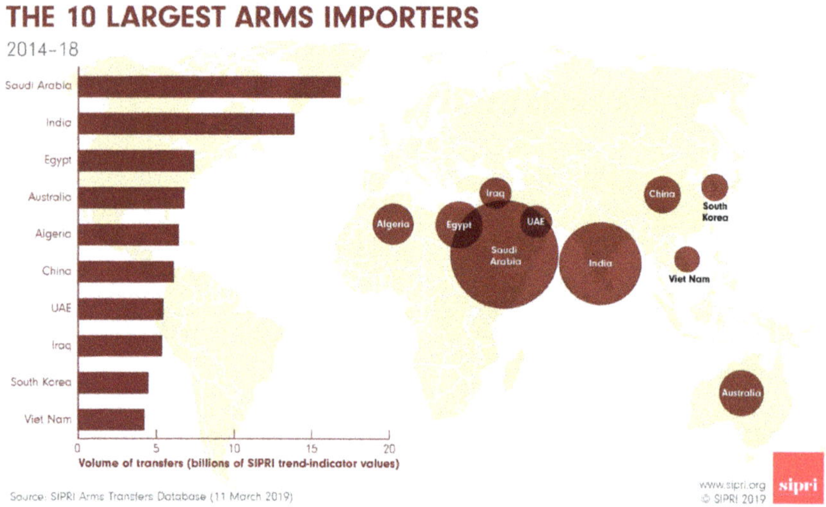

III. Die 25 größten Exporteure von MCW und ihre Abnehmer, 2014–2018[866]

Table 1. The 25 largest exporters of major arms and their main clients, 2014–18

Note: Percentages below 10 are rounded to 1 decimal place; percentages over 10 are rounded to whole numbers.

		Share of arms exports (%)		Per cent change from 2009–13 to	Main clients (share of exporter's total exports, %), 2014–18		
	Exporter	2014–18	2009–13	2014–18[a]	1st	2nd	3rd
1	United States	36	30	29	Saudi Arabia (22)	Australia (7.7)	UAE (6.7)
2	Russia	21	27	-17	India (27)	China (14)	Algeria (14)
3	France	6.8	5.1	43	Egypt (28)	India (9.8)	Saudi Arabia (7.4)
4	Germany	6.4	6.1	13	South Korea (19)	Greece (10)	Israel (8.3)
5	China	5.2	5.5	2.7	Pakistan (37)	Bangladesh (16)	Algeria (11)
6	United Kingdom	4.2	4.3	5.9	Saudi Arabia (44)	Oman (15)	Indonesia (11)
7	Spain	3.2	2.9	20	Australia (42)	Turkey (13)	Saudi Arabia (8.3)
8	Israel	3.1	2.1	60	India (46)	Azerbaijan (17)	Viet Nam (8.5)
9	Italy	2.3	2.7	-6.7	Turkey (15)	Algeria (9.1)	Israel (7.6)
10	Netherlands	2.1	1.9	16	Jordan (15)	Indonesia (15)	USA (11)
11	South Korea	1.8	1.0	94	Indonesia (17)	Iraq (17)	UK (15)
12	Ukraine	1.3	2.7	-47	China (27)	Russia (23)	Thailand (14)
13	Switzerland	1.0	0.9	20	Saudi Arabia (19)	China (18)	Indonesia (9.3)
14	Turkey	1.0	0.4	170	UAE (30)	Turkmenistan (23)	Saudi Arabia (10)
15	Sweden	0.7	1.9	-62	Saudi Arabia (16)	UAE (14)	Algeria (10)
16	Canada	0.6	0.9	-33	Saudi Arabia (22)	India (13)	UAE (7.6)
17	Norway	0.5	0.6	-12	Oman (28)	Finland (23)	USA (21)
18	UAE	0.3	0.2	103	Egypt (41)	Jordan (10)	Yemen (7.6)
19	Czechia	0.3	0.1	472	Iraq (40)	USA (17)	Viet Nam (9.9)
20	Belarus	0.3	0.5	-26	Viet Nam (37)	Sudan (18)	Myanmar (12)
21	Australia	0.3	0.3	3.9	USA (53)	Indonesia (25)	Oman (8.8)
22	South Africa	0.3	0.5	-35	USA (21)	UAE (21)	India (9.8)
23	Brazil	0.2	0.2	21	Afghanistan (32)	Indonesia (25)	Lebanon (9.1)
24	Finland	0.2	0.2	-9.1	Poland (56)	UK (7.1)	Sweden (6.7)
25	Portugal[b]	0.2	0.0	457	Romania (89)	Belgium (7.0)	Uruguay (2.7)

UAE = United Arab Emirates.

[a] Figures show the change in volume of the total arms exports per exporter between the 2 periods.

[b] For Portugal, the percentage change from 2009–13 to 2014–18 is 0.03%.

Source: SIPRI Arms Transfers Database, Mar. 2019.

866 *Pieter D. Wezeman et al.*, Trends in international arms transfers, 2018, SIPRI Factsheet (March 2019) S. 2.

IV. Die 25 größten Importeure von MCW und ihre Lieferanten, 2014–2018[867]

	Importer	Share of arms imports (%)		Per cent change from 2009–13 to 2014–18[a]	Main suppliers (share of importer's total imports, %), 2014–18		
		2014–18	2009–13		1st	2nd	3rd
1	Saudi Arabia	12	4.3	192	USA (68)	UK (16)	France (4.3)
2	India	9.5	13	-24	Russia (58)	Israel (15)	USA (12)
3	Egypt	5.1	1.8	206	France (37)	Russia (30)	USA (19)
4	Australia	4.6	3.6	37	USA (60)	Spain (29)	France (5.0)
5	Algeria	4.4	3.1	55	Russia (66)	China (13)	Germany (10)
6	China	4.2	4.8	-7.0	Russia (70)	France (10)	Ukraine (8.6)
7	UAE	3.7	4.2	-5.8	USA (64)	France (10)	Turkey (7.8)
8	Iraq	3.7	1.6	139	USA (47)	Russia (33)	South Korea (8.0)
9	South Korea	3.1	3.6	-8.6	USA (51)	Germany (39)	UK (3.0)
10	Viet Nam	2.9	1.8	78	Russia (78)	Israel (9.1)	Belarus (4.1)
11	Pakistan	2.7	4.8	-39	China (70)	USA (8.9)	Russia (6.0)
12	Indonesia	2.5	1.4	86	UK (19)	USA (18)	Netherlands (13)
13	Turkey	2.3	3.2	-21	USA (60)	Spain (17)	Italy (15)
14	Qatar	2.0	0.7	225	USA (65)	Germany (15)	France (7.4)
15	Israel	2.0	0.5	354	USA (64)	Germany (27)	Italy (8.9)
16	United States	1.8	3.7	-47	Germany (22)	Netherlands (13)	France (11)
17	Taiwan	1.7	1.0	83	USA (100)	Germany (0.2)	Italy (0.1)
18	Oman	1.6	0.6	213	UK (39)	USA (30)	Norway (8.5)
19	United Kingdom	1.6	1.7	2.3	USA (71)	South Korea (17)	Germany (4.5)
20	Italy	1.5	0.6	162	USA (59)	Germany (26)	Israel (7.5)
21	Japan	1.4	1.3	15	USA (95)	UK (3.1)	Sweden (1.5)
22	Singapore	1.3	3.7	-63	USA (46)	France (21)	Spain (11)
23	Azerbaijan	1.3	1.2	15	Russia (51)	Israel (43)	Turkey (2.8)
24	Morocco	1.2	2.0	-35	USA (62)	France (36)	Italy (0.6)
25	Bangladesh	1.2	0.7	75	China (70)	Russia (18)	USA (3.2)
26	Canada	1.0	0.8	42	USA (63)	Netherlands (16)	Germany (6.9)
27	Thailand	1.0	0.7	46	South Korea (20)	Ukraine (18)	China (18)
28	Greece	1.0	1.5	-30	Germany (67)	USA (20)	France (8.4)
29	Kuwait	1.0	0.2	348	USA (87)	Russia (3.4)	Switzerland (2.9)
30	Kazakhstan	0.9	0.3	232	Russia (84)	Spain (5.5)	France (3.0)
31	Jordan	0.9	0.6	61	Netherlands (37)	USA (30)	Italy (5.8)
32	Norway	0.8	1.1	-22	USA (76)	South Korea (9.3)	Italy (6.2)
33	Afghanistan	0.8	1.6	-48	USA (66)	Russia (18)	Brazil (10)
34	Mexico	0.7	0.5	40	USA (63)	France (9.4)	Netherlands (8.9)
35	Brazil	0.6	1.0	-28	France (26)	USA (17)	UK (15)
36	Myanmar	0.6	1.1	-40	China (61)	Russia (20)	Belarus (6.5)
37	Finland	0.6	0.4	64	USA (37)	Netherlands (19)	Norway (19)
38	Poland	0.6	0.6	2.5	Germany (28)	Finland (20)	Italy (16)
39	Turkmenistan	0.5	0.4	59	Turkey (43)	China (31)	Russia (13)
40	Peru	0.5	0.1	303	South Korea (34)	Russia (22)	Italy (14)

867 *Pieter D. Wezeman et al.*, Trends in international arms transfers, 2018, SIPRI Factsheet (March 2019) S. 6.

V. Trend-indicator value Top 5 2018

TIV of arms exports from the top 5 largest exporters, 2018-2018				
Figures are SIPRI Trend Indicator Values (TIVs) expressed in millions				
Figures may not add up due to the conventions of rounding.				
A '0' indicates that the value of deliveries is less than 0.5m				
For more information, see http://www.sipri.org/databases/armstransfers/sources-and-methods/				
Source: SIPRI Arms Transfers Database				
Generated: 20 August 2019				
Rank 2018-2018	Rank 2017-2017	Supplier	2018	2018-2018
1	1	United States	10508	10508
2	2	Russia	6409	6409
3	3	France	1768	1768
4	4	Germany	1277	1277
5	9	Spain	1188	1188
		Others	6437	6437
		Total	27587	27587

D. *Trade Register* des Stockholm International Peace Research Institutes in TIV

I. Libyen

1. *Regierung*

TIV of arms exports to Libya HoR, 2005-2018

Figures are SIPRI Trend Indicator Values (TIVs) expressed in millions.

Figures may not add up due to the conventions of rounding.

A '0' indicates that the value of deliveries is less than 0.5m

For more information, see http://www.sipri.org/databases/armstransfers/sources-and-methods/

Source: SIPRI Arms Transfers Database

Generated: 25 August 2019

	2005	2006	2007	2008	2009	2010	2011	2012	2013	2014	2015	2016	2017	2018	Total
Belarus											14				14
Egypt										7	22				30
Netherlands														10	10
UAE										6	1	13	5		25
United States										3					3
Unknown supplier(s)													1		1
Total										17	38	13	6	10	83

2. House of Representatives

TIV of arms exports to Libya HoR, 2005-2018

Figures are SIPRI Trend Indicator Values (TIVs) expressed in millions.

Figures may not add up due to the conventions of rounding.

A '0' indicates that the value of deliveries is less than 0.5m

For more information, see http://www.sipri.org/databases/armstransfers/sources-and-methods/

Source: SIPRI Arms Transfers Database

Generated: 25 August 2019

	2005	2006	2007	2008	2009	2010	2011	2012	2013	2014	2015	2016	2017	2018	Total
Belarus											14				14
Egypt										7	22				30
Netherlands														10	10
UAE										6	1	13	5		25
United States										3					3
Unknown supplier(s)													1		1
Total										17	38	13	6	10	83

II. Syrien

1. Regierung

TIV of arms exports to Syria, 2005-2018

Figures are SIPRI Trend Indicator Values (TIVs) expressed in millions.

Figures may not add up due to the conventions of rounding.

A '0' indicates that the value of deliveries is less than 0.5m

For more information, see http://www.sipri.org/databases/armstransfers/sources-and-methods/

Source: SIPRI Arms Transfers Database

Generated: 20 August 2019

	2005	2006	2007	2008	2009	2010	2011	2012	2013	2014	2015	2016	2017	2018	Total
Belarus				172											172
China					56	15				5					76
Iran		54		40	45	45	86	20	10	15	6	5			325
North Korea	20	20	20	20	20										100
Russia	15	26		44	72	348	392	461	461	2	16	3	25	181	2045
Total	35	100	20	276	193	408	478	481	471	21	22	8	25	181	2718

2. Rebellen

TIV of arms exports to Syria rebels*, 2005-2018

Figures are SIPRI Trend Indicator Values (TIVs) expressed in millions.

Figures may not add up due to the conventions of rounding.

A '0' indicates that the value of deliveries is less than 0.5m

For more information, see http://www.sipri.org/databases/armstransfers/sources-and-methods/

Source: SIPRI Arms Transfers Database

Generated: 20 August 2019

	2005	2006	2007	2008	2009	2010	2011	2012	2013	2014	2015	2016	2017	2018	Total
Turkey													1		1
United States													1		1
Unknown supplier(s)								1	1	0					2
Total								1	1	0			2		4

III. Jemen

1. Regierung

TIV of arms exports to Yemen, 2010-2018

Figures are SIPRI Trend Indicator Values (TIVs) expressed in millions.

Figures may not add up due to the conventions of rounding.

A '0' indicates that the value of deliveries is less than 0.5m

For more information, see http://www.sipri.org/databases/armstransfers/sources-and-methods/

Source: SIPRI Arms Transfers Database

Generated: 25 August 2019

	2010	2011	2012	2013	2014	2015	2016	2017	2018	Total
Belarus	135	28	28							191
Czechia	2			1						3
Jordan	6									6
Russia	90									90
Saudi Arabia	1					3				4
South Africa	24	4	11	11	6					54
Spain				8						8
UAE						19	5	6	9	39
Ukraine		1								1
United States		12		4		11				27
Unknown supplier(s)							2			2
Total	258	45	38	23	6	33	7	6	9	424

2. Nichtstaatlicher Akteur

TIV of arms exports to Huthi rebels (Yemen)*, 2010-2018

Figures are SIPRI Trend Indicator Values (TIVs) expressed in millions.

Figures may not add up due to the conventions of rounding.

A '0' indicates that the value of deliveries is less than 0.5m

For more information, see http://www.sipri.org/databases/armstransfers/sources-and-methods/

Source: SIPRI Arms Transfers Database

Generated: 25 August 2019

	2010	2011	2012	2013	2014	2015	2016	2017	2018	Total
Iran								20		20
Total								20		20

IV. Myanmar

TIV of arms exports to Myanmar, 2010-2018

Figures are SIPRI Trend Indicator Values (TIVs) expressed in millions.

Figures may not add up due to the conventions of rounding.

A '0' indicates that the value of deliveries is less than 0.5m

For more information, see http://www.sipri.org/databases/armstransfers/sources-and-methods/

Source: SIPRI Arms Transfers Database

Generated: 25 August 2019

	2010	2011	2012	2013	2014	2015	2016	2017	2018	Total
Belarus						6	51			57
Belgium							0			0
China	5	277	254	190	64	184	169	8	105	1255
France					8	8				16
Germany						4	4			8
India				6		27	12		3	48
Israel	20	1						11	11	42
Netherlands								18		18
North Korea	5									5
Russia	44	380	144	55	28	12		60	73	796
Ukraine		7				4				11
Unknown supplier(s)		1				4	1			6
Total	73	667	398	251	100	248	237	96	192	2261

V. Lieferungen an Saudi-Arabien

TIV of arms exports to Saudi Arabia, 2010-2018

Figures are SIPRI Trend Indicator Values (TIVs) expressed in millions.

Figures may not add up due to the conventions of rounding.

A '0' indicates that the value of deliveries is less than 0.5m

For more information, see http://www.sipri.org/databases/armstransfers/sources-and-methods/

Source: SIPRI Arms Transfers Database

Generated: 20 August 2019

	2010	2011	2012	2013	2014	2015	2016	2017	2018	Total
Austria	2					4	4			9
Belgium		7	21	21	10					59
Bulgaria						8	1	15		24
Canada		33	40	34	45	111	11	2	14	291
China						35	15	35	40	125
Finland			4	4	7	7				22
France	89	84	25	54	184	174	78	142	155	985
Georgia							6	7		13
Germany	12	73	79	80	63	2	14	105	114	540
Italy			1			89	89	48		227
Netherlands		13	25	25	25	25				113
Serbia						4	11	2		17
Slovakia				1	0	3	3			6
South Africa		4			1	5	4	6		20
South Korea									3	3
Spain		98	196		98	208		15	70	685
Sweden	3	3			160		1			167
Switzerland	40	40			83	142	44			350
Turkey	29	33	33	44	39	52	39	13		281
United Kingdom	550	438	216	746	615	751	858	425	61	4659
United States	358	397	394	607	1411	1714	1746	3246	3353	13226
Total	1083	1222	1033	1615	2741	3334	2923	4060	3810	21822

www.ingramcontent.com/pod-product-compliance
Ingram Content Group UK Ltd.
Pitfield, Milton Keynes, MK11 3LW, UK
UKHW021921290926
8980IPUK00016B/1399

9 783631 865637